KB076287

열린공간박물관의 탄생

폐광지역 비미쉬는 어떻게 살아있는 박물관이 되었을까

열린공간박물관의 탄생

폐광지역 비미쉬는 어떻게 살아있는 박물관이 되었을까

2018년 12월 31일 처음 펴냄

지은이 프랭크 앳킨슨
옮긴이 이용규
펴낸이 신명철
편집 윤정현
영업 박철환
경영지원 이춘보
디자인 최희윤
펴낸곳 (주)우리교육 검둥소
등록 제 313-2001-52호
주소 03993 서울특별시 마포구 월드컵북로 6길 46
전화 02-3142-6770
팩스 02-3142-6772
홈페이지 www.uriedu.co.kr

ISBN 978-89-8040-876-4 03920

이 도서의 국립중앙도서관 출판시도서목록(CIP)는
서지정보유통지원시스템 홈페이지(http://seoji.nl.go.kr)에서 이용하실 수 있습니다.
(CIP 제어번호:CIP2018038149)

열린공간박물관의 탄생

폐광지역 비미쉬는 어떻게 살아있는 박물관이 되었을까

프랭크 앳킨슨 지음 | 이용규 옮김

BEAMISH
NORTH OF ENGLAND OPEN AIR MUSEUM

사진 1

사진2

사진3

사진1 버려진 증기해머를 활용한 비미쉬 박물관 입구
사진2 비미쉬 상징인 촐드론 탄차
사진3 비미쉬 간판

사진 4

사진 5

사진 4·5　수집된 초창기 탄차들
사진 6　제임스 와트의 증기기관차 복제품
사진 7　복원된 증기기관차에서 관람객들이 내리고 있다.

사진8

사진8 비미쉬 전경, 비숍 오클랜드에서 옮겨온 교회와 학교 건물
사진9 탄차 레일과 권양기(사진 앞부분)
사진10 석탄을 쏟아붓는 콜 드랍(슈트)

사진 11

사진 12

사진 11 비미쉬 박물관 내에 전시된 탄차
사진 12·13 1825년 증기기관차 수리반

사진 13

ONLY
Waggonway Men

사진14

사진 14　19세기 역무원실
사진 15　20세기 초 등사기로 찍어낸 벽보
사진 16　보관된 촐드론 탄차

사진17

사진18

사진 17·18·19 수집된 탄광촌 생활사 유물과 광부 사택 내부

사진19

사진 20 제1차 세계대전에 사용된 독일산 대포
사진 21 낡고 부서진 유류탱크
사진 22·23 비미쉬를 순환하는 트램

사진 22

사진 23

사진 24

사진24 20세기 초 광산촌 거리. 각종 상점들이 복원되어있다.
사진25·26 광산촌 거리에 있는 협동조합 상회 내부 모습

사진 27

사진 28

사진 27 뉴캐슬 전차동호회로부터 기증 받은 트램
사진 28 비미쉬 박물관 내부 운송수단 가운데 하나인 마차
사진 29 복원된 빅토리아시대의 야외음악당과 관람객들

사진 29

축적의 시간을 거치면
'쓰레기'도 다시 태어난다

박원순_서울특별시장

이용규 '정선군도시재생지원센터장'이 영국에서 돌아온 첫 해에 우리는 희망제작소에서 만났습니다. 함께 시민사회에 대안을 제시하는 민간 싱크탱크를 만들어보자는 나의 제안에, 내 기억이 맞다면 이 센터장은 "저의 희망은 강원도 폐광지역에 산업유산을 활용한 국내 최초의 열린공간박물관을 만드는 것입니다. '박변'께서 그 일을 도와주신다면 희망제작소를 위해 최선을 다하겠습니다."라고 답했습니다.

그때 나는 '열린공간박물관'이라는 말을 처음 들었습니다. 낡고 오래된 것이 지역의 훌륭한 자산이고 보물이라는 것은 알고 있었지만 당시 한국에 산업유산이란 말은 너무나도 생소했습니다. '이미 문을 닫은 광산과 광산촌을 활용해 박물관을 만든다?' 결코 쉬운 일이 아닐 거라 생각했습니다.

이 센터장은 희망제작소 뿌리센터의 '지역만들기' 팀장을 맡은 후 전국을 다니며 지역의 새로운 대안을 만들기 위해 밤잠을 줄여가며 열정적으로 일했습니다. 2010년 그는 희망제작소를 떠나 정선군 사북읍에 '산업문화유산연구소'를 만들었습니다. 처음 내게 제안했던 일을 본격적으로 하기 위해서였습니다. 폐광지역의 대안 찾기에 나선 그의 활약은 눈부실 정도였습니다.

그는 아무 연고도 없는 물설고 낯선 지역에서 목표를 이루기 위해 혼신의 힘을 기울였습니다. 《사북열린공간박물관 자료집》, 《사북읍지》, 《폐광지역 구술사 채록집》, 강원도 폐광지역 백서 《20년 전 그 약속》을 펴냈고, '정선군도시재생지원센터'를 설립하는 데 앞장섰습니다.

책을 읽다 보니 그가 왜 이 책을 번역했고, 왜 자신에게 바이블과 같다고 했는지 알 수 있었습니다. 저자인 프랭크 앳킨슨을 이용규로 바꿔 놓아도 어색하지 않을 만큼 박물관에 대한 한 인간의 열정이 고스란히 담겨있었습니다.

흔히 박물관이라고 하면 좋은 건물에, 유리관 속의 무언가를, 화살표를 따라 조심조심, 숨죽여가며, 눈으로 관찰하고, 설명 자료를 하나씩 읽어가는 곳이라 여깁니다. 하지만 영국 비미쉬 박물관은 다릅니다. 동선이 자유롭고, 마음껏 떠들어도 됩니다. 심지어 냄새마저 그 당시의 냄새이며, 모든 것들을 만져보고, 체험해볼 수 있는 오감五感을 통해 경험하는 박물관입니다. 아, 열린공간박물관이 이런 것이구나 싶었습니다.

재미있는 점은 저자가 수집한 물건들이 대부분 일상생활에서 흔히 볼 수 있는 것이라는 사실입니다. 성냥, 우산, 전축, 텔레비전, 의자, 침대, 옷걸이, 새장, 간판, 팸플릿, 도로교통 표지판, 이동식 화장실, 빗자루, 통조림, 칠판, 구슬, 접시, 술병, 유니폼, 지도, 전화기…. 뭐 이런 것까지 전시할까 싶은 소품까지 꼼꼼하게 수집해놓았습니다. 너무 흔해서 언제라도 볼 수 있을 것 같지만, 시간이 흐르면 낡고 닳아 사라지고 마는 것이 많습니다. 사람들은 특별한 것, 희소가치가 있는 것을 수집하지만 저자는 달랐습니다. 흔한 일상도 축적의 시간을 거치면 전혀 다른 새로운 것이 된다고 믿었기 때문입니다.

한국사회를 말할 때 압축성장, 속도경쟁, 재개발, 재건축 등 단어가 떠오릅니다. 불과 몇 년 전까지 흔하게 쓰던 것이 인식도 못한 채 새 것으로 대체됩니다. 디지털 사회에서 그 속도는 더 빠릅니다. 복제가 진품을 대체하기까지 합니다. 비미쉬 박물관에는 그 어떠한 복제도, 마네킹도 없습니다. 시간이 공회전하는 양, 박물관 사람들이 낡고 오래된 수집품을 닦고 조이고 기름칠하면서 매일매일 관람객을 맞이합니다.

프랭크 앳킨슨의 치밀한 준비와 계획, 좌절을 딛고 일어서는 불굴의 의지에 동지를 보는 것 같아 마음이 따뜻했습니다. 시대를 앞서가는 사람들은 언제나 관성의 저항을 경험하게 마련입니다. 일상에서 매일 보는 물건으로 박물관을 채우겠다고 했을 때 주위에서는 헛소리로 치부했을 터입니다.

1960년대 영국은 대중문화가 퍼지고 새로운 가전제품이 보편화되는 시대였습니다. 낡고 오래된 것은 곧 버려야 할 것이나 다름없었습니다. 저자는 이해관계자를 두루 만나 박물관의 필요성과 역할을 부단히 설득했습니다.

진정 지역을 사랑한다면 지역과 싸워야 한다는 말이 있습니다. 이 책은 진정으로 지역을 사랑한 한 사람이 지역과 싸워온 치열한 과정의 기록입니다. 마침내 저자는 비미쉬 박물관을 개관했고 오늘날 영국 북동부 지역의 대표적인 박물관이 되었습니다. 비미쉬 박물관의 성공은 시시포스 같은 인간의 노력과 몇 가지 우연 덕일지도 모릅니다. 이것은 비미쉬뿐 아니라 뭔가를 새롭게 시작하거나 그 과정을 겪는 사람이라면 반드시 치러야 하는 과정인 것 같습니다.

한국의 프랭크 앳킨슨, 이용규 센터장은 지금 이 순간에도 폐광지역의 산업유산을 활용한 열린공간박물관을 만들기 위해 헌신적으로 노력하고 있습니다. 이 책을 읽으며 수많은 광산설비와 사택, 생활사 유산이 점차 사라지는 것에 대한 그의 안타까움을 조금이나마 이해할 수 있었습니다. 얼마 전 그가 나에게 이렇게 말했습니다.

"저의 당대에 안 된다면 후대의 누군가가 할 수 있는 기반은 만들어놓아야 하지 않겠습니까. 이 박물관은 만드는 과정이 매우 중요합니다. 열린공간박물관은 폐광지역 주민들이 함께 참여해 만들어야 의미가 있습니다. 테마파크를 만드는 일이 아니기 때문에 더욱 그렇습니다."

이 말을 들었을 때 저는 왠지 슬펐습니다. 그가 많이 지치고 힘이 빠진 것 같았기 때문입니다. 나는 그가 좌절을 딛고 일어설 수 있는 용기와 힘이 필요할 때라고 생각해 흔쾌히 추천의 글이나마 쓰겠노라 했습니다. 처음 만났을 때 눈을 반짝이던 그 청년에게 줄 수 있는 작은 보답이 아닐까 생각합니다.

책을 덮고 보니 이 책은 박물관에 관한 책이 아닌 것 같습니다. 역자가 밝혔듯이 우리 사회 곳곳에서 더 나은 세상을 만들기 위해 묵묵히 헌신하는 사람들에게 용기를 주는 책이라는 생각이 듭니다.

집요하게 꿈꾸는 모든 사회혁신가들이 위로와 희망을 얻게 되길 바랍니다. 강원도 정선군 사북읍에서 열린공간박물관을 꼭 보게 되길, 박물관을 찾는 이가 늘어 도시에 활력이 도는 성공적인 도시재생의 예로 두루 알려지길 기대합니다.

역자 서문

이 책은 영국 북동부 지역에 위치한 비미쉬 열린공간박물관Beamish Open Air Museum을 설립한 프랭크 앳킨슨Frank Atkinson의 자서전이다. 오랜 지병 끝에 2014년 12월 30일, 90세를 일기로 세상을 떠났다. 영국 BBC는 그에 죽음을 애도하며 "우리가 간과하는 가장 일상적이고 흔한 것들을 끌어모아 영국에서 가장 성공적인 생활사 박물관을 만든 사람이며 몽상을 현실로 바꾼 인물"이라고 애도의 뜻을 표했다. 본래 박물관 학예사였던 그는 1950년대 북유럽을 여행하는 도중 노르웨이의 마이하우겐 박물관을 방문하고 큰 충격에 빠졌다. '영국에는 왜 이런 박물관이 없을까? 왜 영국의 박물관들은 박제된 채 죽어있고 모조품들만 있는 걸까? 실제 사람들이 그 안에 거주하고 가축들과 생활하면서 당시의 삶을 생생히 보여주는 살아있는 박물관을 만들 수는 없을까?' 이때의 충격을 그는 타르수스의 사울(신약 사도행전 9장에 묘사된 사건. 사도 바울이 다마스커스를 가는 도중 하나님의 음성을 듣고 회심한 이야기)이라 표현했다.

그는 곧바로 영국으로 돌아와 그야말로 닥치는 대로 유물을 수집하기 시작했다. 단추, 연필에서부터 증기기관차, 심지어 대포에 이르기까지. 유물들이 점차 많아지면서 수장고가 부족하게 되자 인근 군부대의 연병장과 창고를 임시 수장고로 사용하기도 했다. 자서전에는 유물수집과 관련한 각종 에피소드들이 많은데, 그 중 하나를 소개하면 다음과 같다. 뉴캐슬 강변에 있던 오래된 남자 화장실-항구에서 일하는 남자 노동자들을 위한 화장실-을 통째로 뜯어 옮기려 했는데 막상 현장을 와보니 작업이 그리 녹록지 않았다. 왜냐하면 강철재질의 주물로 만들어져서 그 무게가 수 톤에 달했고 이음새의 나사가 기성품이 아닌 지역의 나사 장인이 하나하나 만든 것이었다. 게다가 나사와 주물이 용접되어있기까지 했다. 해체하려면 나사를 떼어내야 하는데 다시 합체를 하려면 나사와 주물 모두 손상이 가서 자칫 조립도 못하는 상황이 될 것이기 때문이다. 애초에 반나절이면 해체해서 비미쉬 박물관으로 옮길 것이라 예상했는데 거의 한 달이나 시간이 소요됐다는 것이다. 이 밖에도 제1차 세계대전 당시 사용했던 대포를 찾아낸 일, 영국 최초의 성냥 제조사를 알아낸 일 등 많은 일화들이 자서전에 소개되고 있다.

　이렇게 유물을 수집하는 한편 그가 북유럽에서 경험했던 살아있는 박물관Living Museum, 일명 열린공간박물관(야외박물관, 지붕없는 박물관, 생태박물관이라고 한다)을 기획했다. 당시 그가 살던 곳은 탄광으로 유명한 영국 북동부의 더럼 지역으로 광산이 문을 닫으면서 광업소 건물과 광부사택, 탄차, 각종 설비들이 철거, 해체, 방치돼있는 상황이었다. 이를 일컬어 '산업유산'이라고 하는데 그는 박물관의 콘셉트를 산업유산을 활용한 북동부 영국의 열린공간박물관으로 정하게 되었다. 1958년에 기획을 시작하여 1971년 박물관이 문을 열게 되기까지 13년의 세월이 흘렀고 그가 수집한 유물 수만 해도 80여 만 점에 이르렀다.

　비미쉬 박물관을 기획하면서 그는 18세기에서 20세기까지 영국 북동부 지역의 농촌생활사와 사회사에 눈을 뜨게 되었고 각종 농기구와 오래됐다는 이유만으로 버려지는 가구들, 사라져가는 마을의 장인匠人들을 쉼

없이 찾아다녔다. 가죽 구두 장인, 못을 만드는 장인, 나무 수레바퀴를 만드는 장인 등. 하지만 막상 박물관을 기획하고 박물관이 들어설 입지를 선정하고 이를 위해 자금을 모으는 일은 결코 쉽지 않았다. 산업유산을 가지고 박물관을 만든다는 것 자체가 당시 영국 사람들은 이해할 수 없는 일이었다. 특히 지방 관료들과 의원들은 그의 기획을 반려했고 예산을 세워주지 않았다. 몇몇 공무원들은 그를 적대시하고 반대를 위한 반대를 하기도 했다고 자서전은 기록하고 있다. 뿐만 아니라 박물관 개관을 몇 년 앞두고 영국정부의 재정난으로 인한 긴축정책은 지방정부에도 영향을 미쳐 지자체 간 비미쉬 박물관 컨소시엄도 무산될 위기에 처하게 되었다. 하지만 저자의 뚝심과 그의 진심을 잘 아는 몇몇 정치인들과 언론들은 그의 기획에 적극 동의해 박물관에 대한 예산 축소를 필사적으로 막아주기도 했다. 그 또한 지역의 유력 정치인을 찾아다니면서 지역의 유산을 활용한 박물관 설립의 당위성을 설명했고, 영국 문화부 장관에게 직접 사라져가는 산업유산의 실태를 생생히 보게끔 하여 장관의 감동을 이끌어내는 능력을 발휘하기도 하였다.

1971년 마침내 비미쉬 박물관이 개관했다. 밀려오는 관람객들의 모습에 그는 감동의 눈물을 흘렸다고 한다. 그 바쁜 와중에도 그는 관람객들이 지체하지 않고 유물들을 관람할 수 있는 시간 당 입장객 수를 측정하는 치밀함을 보이기도 했다. 뿐만 아니라 컴퓨터가 등장하면서 그는 늦깎이 나이에 컴퓨터를 배웠고 이를 통해 유물관리와 입장객 수, 회계 관련 프로그램들을 배우고 직접 개발하여 비미쉬 박물관에 적용하기까지 했다. 박물관이 개장한 후에도 유물수집은 지속됐다. 그는 유물수집에 대해서는 철저한 원칙을 가지고 있었다. "어제까지의 모든 것을 수집합니다to collect everything up to yesterday. 그것이 쓰레기든 무엇이든

간에 당신은 수집을 하세요. 판단하고 분류하는 것은 내가 할 겁니다."

이렇게 해서 설립된 비미쉬 박물관은 1987년 유럽의 올해의 박물관 상 등 세계 유수의 각종 박물관 상을 수상했다. 매년 50만 명 이상이 영국 북동부의 작은 마을에 설립된 비미쉬를 방문하고 있으며 박물관 입장료 수익만으로 예산의 90퍼센트 이상을 충당할 정도로 탄탄한 재정구조를 갖고 있다. 촘촘하게 짜인 연간 프로그램은 언제 어느 때 방문하더라도 비미쉬의 매력을 느낄 수 있게 해주며 박물관에 들어선 순간 19세기 영국 북동부 광산지역으로 시간여행을 한 듯한 착각을 불러일으킨다. 이곳에 근무하는 직원들 역시 광부의 자녀 혹은 지역주민이 대다수이며 여름 성수기에는 자원봉사자를 포함 약 300여 명의 직원들이 근무를 한다. 자원봉사자들은 반드시 한 달간 비미쉬에서 자기가 맡은 분야와 관련한 교육을 이수해야 박물관에서 근무할 수 있을 만큼 철저하다.

이 책은 영국의 유명한 한 박물관을 소개하는 책이라기보다는 박물관을 사랑한 한 인간이 불굴의 의지를 갖고 헌신적으로 노력하여 일궈온 과정을 가감 없이 보여주는 생애사에 가깝다. 저자가 북유럽을 다녀와서 충격을 받고 영국에 박물관을 만들었듯이 역자 역시 영국의 비미쉬를 보고 충격을 받아 강원도 정선의 한 탄광지역에 내려와 그와 같은 일을 하고 있다. 이 책은 나에게 바이블과 같다. 어렵고 힘들 때마다 프랭크가 겪었던 일들을 반추해본다. 그가 13년을 걸렸으니 나도 13년은 족히 걸릴 거라 생각한다. 아니 내 일생에 안 될 수도 있다. 한국에서 비미쉬와 같은 박물관을 만든다는 것은 참으로 어려운 일이다. 아직까지 개발 위주의 지역발전이 유효하다고 생각하는 사람들이 많거니와 이미 만들어놓은 지역박물관들 역시 제대로 운영을 하지 못해 지역의 천덕꾸러기로 전락해있기 때문이다. 어느 시인의 말처럼 박물관을 만드는 일이 과연 하늘의 뜻인지, 나의 능력의 문제인지, 이 일이 과연 시의적절한 것인지 자문해보기도 한다.

아직까지 산업유산, 열린공간박물관, 살아있는 박물관 등 용어가 독자들에게는 생경할 것이다. 하지만 북유럽에서는 이미 19세기 말 정확히는 1890년대부터 사용하기 시작했고 영국은 1960년대부터 이 용어가 사용되었다. 자신의 과거, 지역의 과거를 보존하고 이를 되살려 지역발전의 수단으로 삼는다는 것이 철거 위주, 개발 위주, 첨단 위주의 삶을 살아온 한국사회의 발전전략과는 상반되는 일일 것이다.

하지만 오늘날 발전의 밑거름이 됐던 탄광과 광부들의 노동현장, 이들의 열악하고 치열했던 생활과 삶의 애환을 건물의 철거와 함께 과거로 묻어만 둔다면 우리의 미래는 한없이 초라해지고, 소중하고도 풍부한 사회 역사 자산을 잃게 되는 것이다. 장차 한국사회의 미래를 이끌어갈 후손들에게는 선배세대들의 노고를, 기성세대에게는 역사를 이끌어온 자부심을 안겨줄 살아 숨 쉬는 박물관이 하나쯤은 있어야 하지 않을까. 게다가 앞만 보고 달려온 사람들이 한번쯤 잠시 쉬어갈 침묵의 공간, 폐허의 공간, 성찰의 공간이 필요한 시점이 되지 않았나 생각한다.

번역을 하면서 부수적으로 19세기에서 20세기에 이르기까지 영국 북동부 지역의 생활사와 산업고고학을 공부하게 되었고, 심지어 영국 북동부 지역사람들(조디Geordie)의 사투리까지 알게 되었다. 한 권의 책을 완역한다는 것이 때로는 지루하고 피곤한 일이지만 새로운 사실을 알게 되는 기쁨은 그것을 상쇄하고도 남는다. 번역의 오류는 전적으로 역자의 책임이다. 이 책이 박물관을 사랑하고 아끼는 박물관 관계자들뿐만 아니라 의미 있고 가치 있는 일에 헌신하는 지역 활동가와 사회단체들에게 격려와 힘이 되기를 바란다.

책을 출간하는 과정에서 여러 사람들과 사회단체들로부터 도움을 받았다. 먼저 강원도 폐광지역 사회단체, 그 중에서도 "고한, 사북, 남면, 신동 지역 살리기 공동추진위원회" 이태희 위원장과 역대 위원장들을 비롯한 관계자 분들께 지면을 빌어 감사를 드린다. 또한 (재)3.3기념사업회 문금수 이사장과 재단 식구들에게도 감사의 뜻을 전해야 할 것 같다. 낯선 지역살이를 하면서 받은 이 분들의 도움은 잊지 못할 것이다. 그리고 특별히 김경환 한겨레두레협동조합 상임이사가 없었다면 이 책은 빛을 보기가 어려웠을 것이다. 그의 지지와 성원은 힘들고 지칠 때마다 다시 일어설 수 있는 힘이 되었다. 이 책의 절반은 그의 몫이나 마찬가지다. 또한 어려운 출판환경에서 대중서가 아닌 책을 선뜻 내주신 신명철 우리교육 대표에 대한 고마움도 잊기 어렵다. 그의 진지한 조언과 꼼꼼한 편집은 종이 원고에 불과한 내용을 멋진 출판물로 탄생시켜주었다. 마지막으로 타인에 대한 배려와 겸손함을 일찍부터 일깨워주신 어머니와 장인, 장모님, 타지에서 생활하는 남편을 불평 없이 늘 지지해준 아내 유여경과 두 딸 정원, 규원에게 사랑한다는 말로 고마움을 대신한다.

2018년 11월
사북공공도서관에서 역자 씀

| 차례 |

프랭크 앳킨슨이 1987년 1월 1일 박물관과 미술관 위원회the Museum and Galleries Commision 위원으로 임명되었다. 지난 몇 년 동안, 박물관 관장을 위원으로 임명하는 것에 대해 지속적이면서 야단스러운 반대가 있었는데, 위원회의 의장인 나는 이런 현실을 매우 안타깝게 생각하고 있었다. 오히려 위원회 내부에서나 박물관 전문가들 가운데서는 프랭크의 임명에 대해 반대하는 사람이 아무도 없었다. 그야말로 지극히 당연한 일로 보았기 때문이다.

영국 최초의 '민속Folk'박물관, 비미쉬의 '유일한 창시자'로서 그의 명성이, 1974~1975년에 영국 박물관협회 회장, 명예박사학위, 1995년에 받은 대영제국 사령관 훈장 이상으로 그의 전문적 지위를 보장했던 것이다. 프랭크가 비미쉬를 만들었다. 비미쉬는 그의 이상이자 꺾을 수 없는 결의였고, 그의 이상을 삶과 연결시켰던 기본자세이자 타협에 대한 거절이었다. 이러한 점들이 비미쉬를 1986년 올해의 박물관 상과 (말해야 잔소리가 되지만) 1987년 올해의 유럽 박물관 상을 수상케 하였다.

나는 프랭크가 1855년 광산 권양기winding engine를 보존하고자 했을 때 국립유산기념기금의 일원으로 함께 그곳을 방문했던 일을 결코 잊지 못할 것이다. 답사 중에 그는 우리를 재건축한 헤튼 광산사택으로 인도

했는데 그곳에는 상태가 좋은 오르간을 비롯해 진품의 가구들이 있었다. 그가 제안하는 도중에 내가 오르간 건반을 두드렸는데 어느덧 기금 관계자들이 '쿰 론다Cwm Rhondda'(론다계곡이라는 찬송가풍의 웨일스 전통 노래-역자 설명)와 찬송가 '때 저물어 날 이미 어두니Abide with me'를 이제까지 경험해보지 못한 열정과 하모니로 노래하고 있었다. 우리는 프랭크에게 20만 파운드를 승인해주었다. 그 오르간에 프랭크가 얼마의 비용을 지불해야 할지 상상하기 힘들다.

프랭크는 영리하게도 우리에게 비미쉬 광산 갱도 전체를 보여주는 안내 역할을 자원봉사 안내자들과 전직 광부들에게 맡기고 자리에서 벗어났다. 광산의 위험과 재난, 초기의 일부 광산 소유자들의 비인간성에 대한 당사자들의 설명은 생생하고도 비참했다. 아서 스카길Arthur Scargill(정치인이자 영국광산노동자연맹의 위원장-역자 설명)이 있었다면 이 장면을 자랑스럽게 여겼을 것이다. 그러나 프랭크는 결코 자신의 박물관을 당리당략의 요체로 만드는 데 이용하지 않았다. 그의 연민은 더욱 깊고 강렬했다.

그는 속속들이 '박물관맨museum man'이지만 그가 박물관계에 이바지한 최고의 공로는 여전히 거의 알려지지 않은 상태다. 박물관과 미술관 위원회에서 그는 박물관 등록위원회Registration Committee의 회장으로 선출된 한편, 박물관의 수집, 해설, 문서정리, 전시, 경영, 재무회계와 관람객 서비스에서 탁월한 수준에 도달하기 위해 필요한 계획을 입안했고 과거 50년간 이룩했던 것을 뛰어넘어 기준을 한층 끌어올렸다. 박물관 등록위원회는 훌륭한 자극이었고, 박물관 관리자들과 직원들에게 그들이 이룬 성과에 대해 새로운 자부심을 심어주었다. 그들은 프랭크 앳킨슨에게 감사의 마음을 갖고 있다. 1989년 4월에 등록된 첫 박물관이 보우 박물관

이었다는 사실은 당시에 그리 놀라운 일이 아니었다. 프랭크는 초창기 30
년간 이 박물관 관장으로 있었다.

프랭크가 이렇게 말한 적이 있다. "박물관 관리자는 두 가지 자질을 갖
추어야만 합니다. 반드시 수집품들을 사랑해야 하고 사람들에게 수집품
들에 관해 이야기하는 일을 사랑해야만 합니다." 이 자서전을 읽어내려
가면서 나는 그가 사랑하는 몇몇 수집품들을 적어두었다. 침상체, 모루,
할덴, 커지 천, 석탄을 운반하기 위해 말이 끄는 도르레coal gins, 나무로
된 바퀴, 짐 싣는 평평한 수레, 19세기 승합용 마차, 지붕을 받치는 한 쌍
의 각재로 된 헛간, 까뀌, 쇠망치, 구멍을 뚫기 위한 숟가락 모양의 송곳
spoon-augers, 진갠, 도크푸딩, 로드롤러(도로를 다지는 기계), 아이언 페어리
iron fairies(철로 만든 요정들), 콜 드랍(석탄 운반 장치), 촐드론 탄차, 데스 침
대, 증기굴착기, 구식 축음기, 공원 같은 곳에 있는 음악당, 그리고 공기압
축기실의 커다란 선풍기 모양의 와들 팬 등이다. 프랭크는 위의 물건들을
페이지마다 즐겁게 묘사했는데, 수집품에 대해 얘기하기 좋아하는 그의
마음이 비미쉬를 건립하기 위해 10년간 거의 2,000번에 가까운 강연(프랭
크의 추산)을 하도록 이끌었다.

심지어 그는 은퇴한 후에도 멈출 수가 없었다. 그는 토마스 뷰익의 탄
생지 박물관인 체리번 설립에도 관여했는데, 1985년 2월에 국립유산기념
기금이 그곳을 방문했을 때 우리 모두에게 액자로 된 두루미wading bird
목판화를 선물했다. 액자 뒤에는 다음과 같이 쓰여 있었다. '기념품-국립
유산기념기금으로부터 받은 기금으로 최근 150점의 수집품을 획득하여
오리지널 목판화를 인쇄하다.' 훌륭한 노신사 프랭크! 그의 손이 닿은 것
은 결코 잃어버리지 않는다!

나는 박물관을 사랑하는 모든 이들과, 위대한 사람들이 어떻게 위대

한 업적을 이룩하게 됐는지 알기 원하는 모든 이들에게 이 책을 추천한다.

모리스 성의 모리스 경Lord Morris of Castle Morris

서문

    타르수스Tarsus의 사울Saul(사도행전에 사울이 섬광을 보았다고 기술한 것을 기억할 것이다)의 경험과 영감이 떠오르던 순간을 단순 비교하는 것은 매우 주제넘을 수도 있다. 하지만 1952년 8월 말 어느 날 저녁에 내가 놀라운 결론에 도달했다는 사실에는 의심의 여지가 없다. 나는 당시 노르웨이를 여행하고 있었는데, 그 일을 계기로 내가 큰 영향을 받았다는 사실을 일기가 증명하기 때문에 그것은 매우 분명하다.

    나는 일생 동안 박물관에 관심을 가졌고, 열 살 때 처음으로 작은 조개화석 표본을 수집했다. 65년이 지난 지금 나는 여전히 박물관과 관련을 맺고 있는데, 이에 관해서는 이어지는 이야기들을 통해 설명하고자 한다.

    1952년 여름에 나는 노르웨이와 스웨덴을 여행 중이었고, 그들이 일컫는 이른바 '민속박물관folk museums'이라는 것을 보았다. 민속박물관은 당시만 해도 영국에는 알려지지 않은 박물관의 한 형태였지만 스칸디나비아에서는 성공적으로 확산되고 있었다. 나는 할리팩스 박물관의 젊은 관장 자격으로 카네기영국재단Carnegie United Kingdom Trust으로부터 장학금을 받아 전후戰後 그들 나라에서 일어났던 일들을 보기 위해 떠났다.

◀ 노르웨이 릴레함메르의 '민속박물관'. 1952년 영국에도 이와 같은 박물관이 필요하다는 확신을 갖게 해준 방문이었다.

모든 것들이 새로웠고 흥분됐다. 특히 이러한 민속박물관들이 시골의 염색 방식을 실제로 보여주는 아주 뛰어난 전시 방법뿐만 아니라 나의 어린 시절을 또렷하게 떠오르게 하는 거의 사라진 기술과 장인들의 완벽함, 오래된 건물과 상점의 상품들, 가정의 식기와 가구들을 보면서 매혹당했다.

1952년 8월 말 초저녁 릴레함메르 박물관의 작은 목조다리 난간에 기댄 채 나는 환상적인 순간을 조용히 떠올렸고 영국에도 이러한 박물관을 반드시 만들겠다고 다짐했다. 그러지 않으면 우리의 과거를 모두에게 이야기해줄 수 있는 너무나 중요한 기회들을 잃기 때문이다.

릴레함메르 박물관은 나의 시작점이며 나는 사울처럼 영감을 받고 영국으로 돌아왔다. 그 후 나는 이 일을 지속적으로 추진했고(아마 사울 역시 그러했을 것이다) 내가 좀 더 특별히 북부지역 박물관 개념을 개발할 수 있게 되었을 때 마침내 박물관 부지와 비미쉬 박물관Beamish Museum이라는 이름도 얻게 됐다.

열린공간박물관open air museum이라는 개념(나는 민속박물관보다 이 용어를 더 선호한다)은, 나중에 좀 더 자세히 설명을 하겠지만, 스웨덴 사람 아르투르 하셀리우스Artur Hazelius에 의해 만들어진 것으로 그는 최초로 이와 같은 박물관을 스톡홀름에서 시작했다. 지금은 스칸센skansen으로 알려져 있으며 매년 수백만 명이 방문한다. 대략 20년 후인 1907년, 노르웨이 사람 앤더스 산드비Anders Sandvig가 아름다운 호수가 내려다보이는 노르웨이 중부지방 릴레함메르의 평온한 농촌에 유사한 박물관(그가 마이하우겐〈Maihaugen: 5월의 언덕이라 불렀던-역자 설명〉)을 건립하기로 결심했다. 그는 이에 대해 다음과 같이 썼다.

마이하우겐은 실존하는 가정집들의 컬렉션이 되어야 할 것이다. 누군가가 마치 실제로 살고 있는 사람들을 방문하는 것처럼 보일 것이고 그곳에서 삶의 양식과 문화 그리고 그들의 노동을 배울 수 있을 것이다. 왜냐하면 가정의 형태와 그곳의 가구들은 거주자들의 모습이며, 계곡의 오래된 농가들은 개개인의 삶뿐 아니라 세대를 이어온 전체의 역사whole race를 반영하는 것이기 때문이다.

하지만 낡거나 잊혀진 기억으로부터 그것을 보존하고자 하는 나의 의도는 단지 흩어져 있는 집들을 무심코 모아놓는 것이 아니다. 단언하건대, 수집한 모든 것들로 만들어진 전체 지역은 커다란 화보집 같을 것이다. 많은 건물들과 자랑스러운 가보家寶가 있는 거대한 농장뿐만 아니라 소농과 노동자들의 집들도 있으며 언덕 비탈의 한편에 지방의 장인들이 거주하던 오두막집과 숲속 깊은 곳에는 목장도 있다. 그리고 단지 작은 예배당이 아닌 오래된 교회의 종소리가 저 언덕으로부터 지나간 세대를 예찬하는 소리로 울려 퍼질 것이다.

하셀리우스나 산드비 그리고 비슷한 생각을 가진 많은 사람들과 마찬가지로 나는 너무 늦기 전에 특정 지역사회에서 일상의 물품들을 수집하고, 지역의 자존감을 북돋기 위해 그것들을 세심히 설계하고 관리하며 소개할 수 있기를 원했다. 내가 서문에서 첨언해야만 하는 것이 있는데, 자신의 물건을 전시하기를 원하는 사람, 발견한 것에 대해 일반인들에게 알리고자 하는 사람, 그리고 이것들로부터 뭔가를 도출하고자 하는 사람들을 돕고자 하는 인물이 열정적이며 철두철미한 수집가와 결합됐을 때만이 '훌륭한 박물관인good museum man'이라는 점이다. 그는 동시에 양쪽을 갖춘 사람이고 이런 사람들이 박물관에서 일해야 한다! 그러니 나는 두 가지 행운을 가진 셈이다. 게다가 나를 이해해주고, 지지해주고, 도움을 주고, 그러면서도 자신의 개성을 지켜온 아내가 있으니 내가 3중의 축복을 가졌다고 말해도 억지는 아닐 것이다.

　살아오는 내내 내 삶이 얼마나 행운이었는지 나는 여기에 써내려간 글들을 다시 읽고 나서야 깨닫는다. 나는 농담 삼아 내 나름의 방식대로 하고 싶다고 누차 얘기해왔다. 실제 대체로 그렇게 되었다. 나는 놀라울 만큼 지지를 받거나 기막힐 정도로 제멋대로였는데 모든 것들이 아내 조앤Joan 덕분이었다.

　변화무쌍한 삶이 이어졌는데 나는 그 삶을 마치 하나 위에 다른 하나가 포개지는 지층과도 같다고 종종 얘기한다. 여기에는 내가 취미삼아 한 다양한 일들도 포함된다. 어린 시절 그리스어에 심취하고 자연사natural history에 대한 관심에서 시작하여 딱정벌레, 암석과 화석을 수집하고, 지질학과 화학서적을 읽고, 코우크스와 부산물을 만들었다. 그리고 1950년대 예술 분야, 특히 바바라 헵워스Barbara Hepworth와 헨리 무어Henry Moore의 예술에도 관심을 가졌다. 그리고 구혈竪穴에서 동굴형성에 이르기까지 실천적이고도 이론적인 활동을 했고 또한 18세기로 거슬러 올라가 프랑스와 스페인의 회화에 관심을 갖기도 했다. 또 사회사에 몰두하기도 했고 산업고고학Industrial archaeology으로 관심을 옮기기 전까지 오로지 토속건축에 깊이 빠져있던 적도 있다. 그리고서 드디어 비미쉬에 대한 아이디어에 푹 빠져들었고 다른 많은 사람들도 확신을 갖게 되자 현실이 되었다. 큰 성공으로 한결 마음이 놓인 나는 이후 박물관과 미술관 위원회 그리고 박물관 등록the Museum and Galleries Commission and the Registration of Museums에 관한 이론적 분야로 옮겨갔다. 그 사이 체리번이 불쑥 건립되었고 토머스 뷰익 탄생지 박물관the Thomas Bewick birthplace

Museum이 만들어졌고 이어서 나는 '창조적 개성 박물관Creative Personality Museum'의 개념 쪽으로 옮겨갔다. 촌락의 삶은 너무나도 만족스러웠다. 우리는 도시에서 그다지 멀지 않은 근교에 살게 되어 행운이었다.

조앤과 나는 부산스럽게 아들 셋을 낳고 키웠다. 나는 몇 권의 책을 썼고, 텔레비전과 라디오에서 몇 꼭지를 맡았고, 다양한 자문기관에서 역할도 해봤고, 몇몇 명예직도 얻었다. 그리고 지금은 매혹적인 중세시대의 집에서 살고 있다. 이 모든 일들이 정말로 일어났는지 믿기지 않는 순간들이 종종 찾아오곤 한다.

이어지는 장들 속에서 내가 살아오면서 (나를 둘러싸고 지나갔던) 인생의 몇몇 어렴풋한 발자취들을 따라가보고자 한다. 그러면서 비미쉬를 건립하기 위해 애썼던 일을 집중 조명하려고 한다. 초창기에는 확실해 보이지 않았다 할지라도 비미쉬는 반드시 건립될 것으로 믿었다.

내가 비미쉬라 불렀던 개념이 잉글랜드 북동부가 아닌 다른 곳에서도 현실화됐을 수도 있다는 점을 모르는 바는 아니지만 그것을 주도하여 선택했던 것은 조디인Geordies(잉글랜드 북동부 타인사이드 출신 사람)이었고, 그들에 대해 감사하지 않을 수 없다. 나는 그들이 너무나도 만족스러워했다고 생각한다. 그리고 요크셔 사람으로서 나는 그들이 주목하지는 않았지만 추구했던 수많은 문화와 사회역사적 문제들을 관찰해왔다. 그래서 우리는 스칸센과 마이하우겐이 한 것처럼 미래로 갈 수 있는 뭔가에 착수하기 위해 서로 간에 전적으로 도움을 줘왔던 것이다.

1. 어린 시절

어린 시절을 회상하면 네 가지 기억이 떠오른다. 홀The Hole, 헛간The Shed, 작업실The Place 그리고 오두막The Hut.[1] 나는 홀이라는 놀이가 어떻게 시작됐는지 확실히 알지 못한다. 아마도 인접해 있던 광산에서 유래된 것 같다. 나는 광산의 위험한 장소에는 거의 가질 않았기 때문에 증기기관이 내뿜는 소리, 커다란 기계장치들 그리고 더러운 옷을 입은 까만 얼굴의 사내들이 있다는 사실을 좀 더 커서야 알게 되었다. 어떤 의미를 담고 있든 홀이라는 놀이는 내게 중요했다. 크기는 작았지만(왜냐하면 어린 시절의 채굴 능력이 우리의 열정을 따라잡지는 못했기에) 그 정교함에서 그런 대로 보충이 되었다. 우리는 유모차 바퀴와 같은 '헤드기어'를 나무로 만들어 도르래처럼 맨 위에 설치했다. 내 기억에 따르면 우리는 아주 조심스럽게 상자 하나를 구덩이 아래로 내렸고, 모종삽으로 흙을 퍼서 상자의 반을 채운 후 조심스럽게 끌어올린 다음 천천히 뒤쪽의 흙더미에 쏟아 부었다. 돌이켜보면 체계적이며 행정적인 나의 성향을 그

---

1. 역자 주: 각각은 저자가 어린 시절 추억으로 간직했던 놀이 또는 장소를 의미한다. the hole
   은 사진에도 나오듯이 구덩이를 파서 도르래를 이용한 놀이이며, the shed는 일반적인 영국
   가정의 마당에 있는 헛간을 말함.

◀ '더 홀', 1935년경 반즐리 인근의 매플웰. 지방광산(혹은 광업소)에서 착안하여 우리 집 정원에
   구멍을 파고 권양기를 급조했다. 전면에 앞을 보고 있는 사람이 프랭크 앳킨슨이고 오른쪽이 형
   스티븐.

때부터 친구들에게 보여주었던 게 아닌가 싶다. 왜냐하면 나는 어린 시절 내내 아버지가 근무하던 곳에서 버려지는 장비 카탈로그들을 보며 지냈고 그래서 기계류와 일반도구로부터 조명과 운반에 이르기까지, 조만간 만들어질 커다란 구덩이를 파기 위해 필요한 사항들을 이미 마음속에 그려두고 있었기 때문이다. 몇 년 후에 어머니가 내 친구 레이몬드가 했던 말을 회상하며 내게 들려주신 말이 있다. "프랭크, 매번 우리가 무엇을 할지 말하기보다 직접 행동으로 옮겼다면 그나마 견딜 만했을 거야!"

한두 해쯤 지나 내가 이 구덩이에 새끼고양이 두 마리를 묻고 흙으로 덮었던 것으로 기억한다.

헛간은 좀 더 오래 지속되었다. 헛간은 약 7~8피트 높이 담장을 의지해 지어졌고 정원 쪽으로는 여러 개의 나무말뚝들이 둘려있었다. 목재로 지어지고 펠트 지붕을 얹은 헛간에는 건축용 모래와 아버지가 사용하던 다양한 도구와 소품들을 보관했다.

형 스티븐과 나에게 헛간은 다양한 용도가 있었다. 리즈의 한 극장에서 팬터마임을 관람한 후로 헛간은 극장으로 바뀌었다. 우리는 낡은 널빤지로 무대를 만들고 낡은 캔버스 천 조각들을 매달아 배경막으로 사용했다. 전문가들과 비교하면 뭔가 불충분했지만, 우리의 건축 능력을 연기력이 따라주지 못해 처음 생각한 일들은 이내 접고 말았다.

오래도록 잊지 못할 사건이 헛간에서 일어났다. 지붕을 타르로 다시 발라야 했는데, 동네 청년 아놀드에게 타르통을 따뜻하게 데워서 지붕을 칠하는 일을 맡겼다. 타르통이 사다리 꼭대기 부근에서 간신히 균형을 잡고 있었는데 아놀드가 지붕에 다다랐을 때 타르통이 서서히 기울어졌고 데워진 타르가 그의 바지에 쏟아지고 말았다. 아주 잠깐 동안 느낀

온기 뒤로 상상하기조차 싫은 끔찍함에 휩싸였지만 당시에는 도무지 어찌할 방법이 없었다. 그 후로 꽤 오랫동안 그가 겪었을 고통은 상상에 맡기겠다.

작업실은 온전히 아버지의 공간이었다. 이 작은 작업실에서 아버지는 석유 모터가 달린 낡은 선반을 돌리는 취미를 가지고 있었다. 커다란 선반에는 나사를 깎는 장비가 달려있었다. 이 선반을 돌리지 않는 경우가 자주 생겼는데 그럴 때면 아버지는 도움이 필요한 사람들의 낡은 나무롤러들을 부드럽게 매만지며 손질하는 걸 즐기셨다. 그곳은 작업실로 불렸는데, 추측컨대 임시로 붙인 이름으로 시작됐지만, 우리가 그곳에서 살았던 기간 내내 그렇게 불렀던 것 같다.

작업실 옆에는 오두막이 있었다. 이 작은 벽돌건물은 아버지가 어린 두 사내자식들의 놀이공간으로 지은 것인데 맏형이 이 오두막을 물려받을까 걱정하기도 했지만 이곳은 내 생애의 첫 박물관이 되었다.

이때가 대략 열 살에서 열한 살이었던 것으로 기억한다. 나는 1924년생이다. 부모님에게는 제1차 세계대전이 여전히 생생한 기억으로 남아있었고, 거의 전 영역에서 '불황'이라는 말이 웨스트요크셔 탄광촌을 휩쓸고 있는 상태였다. 대화재great conflagration는 아직 발생하지도 않은 시점이었다.

내가 박물관 개발을 시작한 시점도 이 즈음이다. 나는 빅토리아풍(우리가 지금은 그렇게 부르는 것처럼)의 폐품들을 수집했다. 구리업자에게 한 쌍의 황동 리어링호스(말이 뒷발로 서 있는 모습-역자 설명)를 싸게 구입했고, 한 아주머니가 버린 몇 개의 샹들리에 촛대도 가져왔다. 독일식 군용칼(톱날같이 날카로워 독일인들이 마치 짐승 같았음을 보여주는!)이나 토미의 군용모[2]와 산탄총알 같은 것들을 전쟁에서 돌아온 아버지 친구 분으로부터 받았다. 이러한 물건들을 보고 있노라면 목발에, 의족을 하고, 눈을 이상하게 굴리는 전투신경증에 걸린 한 남자가 생각나곤 했는데 이 남자는 마을 아래쪽에 살고 있었다. 우리는 그가 의족 소리를 내며 거리에 나올 때면 몸을 숨기거나 불안해하곤 했다. 그가 도로 한복판에 서 있으면(거의 잘 나타나지도 않았지만) 갑자기 이상한 기운이 돌곤 했는데 왜냐하면 당시에는 도로에 차들이 거의 다니지 않았기 때문이다. 가끔 마차가 석탄을 실어날랐다. 훗날 내가 반즐리에서 초등학교를 다닐 즈음이 돼서야 아주 이따금 버스가 다니곤 했던 길이다.

인생에서의 커다란 변화를 앞두고 나는 절반만 해부한 두꺼비를 변성 알코올 병에 담그고 있었다. 어머니는 웨스트 아드슬레이 마을에서 최초로 고등학교에 다녔던 소녀였다. 어머니가 보관하고 있던 대학교재에서 두꺼비 내장, 심장 등의 해부도를 발견했고 나는 그것을 보며 해부를 시작했다. 그 뒤로 한참이 지날 때까지 내가 깨닫지 못한 것이 있었는데, 그 해부도가 측면에서 두꺼비의 내부를 보여주는 것이며 복부 표면 또는 복부 아래쪽이 해부가 더 잘 된다는 점이었다. 그러니 내가 아주 어려운 해부작업을 했던 셈이었다. 그러나 그 실험물은 왁스로 봉해진 유리병에서 꽤 오랜 시간 보관됐다.

나는 용돈 가운데 1페니를 빼고는 매주 토요일 4개의 초콜릿 토피를 사는 데 모두 썼고 가끔 웨이크필드에서 골동품을 구입하는 데도 사용했다. 당시에 샀던 석궁을 지금도 가지고 있는데 몇 안 되는 초기 수집품 중 하나다. 또 다른 보물은 열 번째 생일 무렵에 받은 것으로 19세기의 놋쇠 현미경으로 널빤지 상자 안에 여러 장의 '산호충 침상체Gorgonia

---

2. 역자 주: Tommy's tin hat 또는 Tommy Helmet이라고도 하는데 1940년대 영국 군인들이 전투시 착용했던 군용 철모를 뜻한다.

spicules'슬라이드가 함께 들어있었다(침상체들은 아주 다양하며 작은 석회질의 못처럼 생긴 뿔이 나 있고 주로 단단한 산호초의 굳어진 구조 일부를 형성한다. 내 현미경을 소유했던 과거 빅토리아시대 전문가가 누구였건 간에 그는 틀림없이 이 침상체에 열중했을 것이다. 당시에는 렌즈의 광학적 질을 테스트하기 위해 그 촘촘한 세부 패턴들이 흔히 사용되었다). 너무도 귀한 것이라 오두막에 두지 않고 집에 보관했지만 정확한 장소는 기억이 나지 않는다.

돌이켜보면 형과 나는 부모 덕을 많이 보았다. 아버지의 청년기에 제1차 세계대전이 벌어졌는데, 당시 아버지는 프랑스에서 장교 운전병으로 2년을 보냈다. 덕분에 대다수 사람들보다 살아남을 수 있는 기회가 더 많았다. 당시에 운전기술을 가진 사람은 매우 드물었다. 자전거에서 오토바이 나아가 초기 자동차까지 체험할 수 있었다는 것은 행운 중의 행운이었다. 그 뒤로 아버지는 배관공으로 일했고 좀 더 나중에는 반즐리의 변호사와 할머니에게 돈을 빌려 살고 있던 마을에 여섯 채의 집을 지었다. 집들은 당시 유행을 따라 공동마당과 야외화장실을 갖추었다. 집 짓는 일 대부분은 아버지 혼자 했지만 벽돌직공과 소목을 고용하기도 했다. 이 사업은 성공하는 듯 보였다. 반즐리 지역 근처에 또 다른 비슷한 부동산을 구입했고 마지막에 가서는 4~6 블록에 30~40채의 집을 지었기 때문이다. 토요일 오전이면 나는 부모님과 임대료를 받기 위해 차를 타고 이 집 저 집 돌아다녔던 기억이 난다. 아버지는 내게 기계 조작기술을 가르쳐주셨다. 그래서 기계에 관한 약간의 지식은 물론 손도구, 선반, 바이스 등 다양한 장비를 다루는 기술을 익힐 수 있었다. 이것은 훗날 건축업에 종사하면서 실제 공정 전반에 대한 관리자 역할을 맡았을 때 내게 자신감을 안겨준 요소임에 틀림없다. 내가 익힌 기술이 결코 대단하지는 않았지만 그런 이해가 있었기에 여러 세대의 장인匠人들과 대화할 수 있었다.

아버지가 웨이크필드 근처의 웨스트 아드슬레이에서 광부로 일할 때 어머니는 고등학교를 졸업하고 립폰 트레이닝 칼리지로 진학한 후 그곳에서 교사가 되었고 마침내 유아학교의 교장이 되었다. 부모님이 처음 만난 곳이 바로 여기였다. 아버지가 학교에 유리를 갈아 끼우려고 갔다가 마주친 젊고 매력적인 교장과 사랑에 빠진 것이다. 부모님은 호흡이 잘 맞았다. 두 아들을 키우며 둘이 힘을 합쳐 배관설비 회사를 설립했고, 택지를 잘 처분하여 주유소를 겸한 자동차 수리점을 단번에 확장시키기도 했다. 나는 어머니에게 책과 배움에 대한 사랑을 배웠고 기본적인 비즈니스 원리에 대해 교육받았다. 몇 년 후에 어머니는 부동산 소유가 돈을 버는 수단으로서 매력이 떨어질 것이라고 예상했다. 예를 들어 앞으로 집들은 실내에 침실과 수세식 화장실을 갖추어야 하고 부동산이 이익을 남기는 시대는 끝날 것이라 하셨다. 그리고 그 예상은 맞아떨어졌다. 30년대에 어머니는 아버지를 설득해 부동산을 팔았고 몇 년이 지나 아버지는 이를 고맙게 생각했을 게 틀림없다.

매플웰Mappelwell에 있었던 우리 집은 크기가 작았던 것으로 기억한다. 아마 대략 15평방피트의 거실이 있었고 아버지는 쓸만한 부엌을 만들기 위해 계단 하나를 내려가면 있는 부엌방을 넓히셨다. 계단은 곧바로 정문과 이어졌고 그 계단 밑에는 식품창고가 있었다. 정문을 열고 나가면 바로 좁은 골목길이 접해있었다. 이층엔 침실이 두 개 있었다. 큰 방은 부모님이 사용했고 형 스티븐과 내가 사용하는 방은 침대 두 개와 찬장과 작은 책꽂이가 간신히 들어가 있었다. 아버지는 본채와 연결된 작업장 건물의 이층을 확장해서 욕실을 만들었다. 이곳에는 말하자면 증기소리가 나고 불꽃이 이글거리며 뜨거운 물이 캔버스호스를 타고 흘러나오게 만든 감동적인 가스온수기가 있었다.

거실에는 코코넛 매트가 깔려 있었고 벽난로 앞에는 천으로 엮어 만든 깔개가 있었다. 마호가니 찬장은 한쪽 구석에 붙어있었고, 벽난로 맞은편 벽에는 붙박이 찬장세트가 있었다. 벽난로 양쪽에 흔들의자 두 개, 거실 한가운데는 정사각형의 탁자가 놓여있었고 한쪽 벽면에는 피아노가 자리하고 있었다. 접이식 병풍이 문으로부터 들어오는 틈새바람을 막아주었는데 또 다른 벽면에는 엉성하게 만든 서랍장이 서 있고 그 위에 낡은 축음기가 놓여있었다. 도로에 면해 있는 창문 아래 아버지가 만든 기다란 선반에 장난감과 책들이 꽂혀있었다. 전기가 다른 마을보다 좀 더 일찍 들어온 게 틀림없다. 둥그런 나무로 만든 플러그가 전원을 공급하는 것에 신기해했던 것 같다.

돌아보면 세간이라고 할 만한 것들이 별로 없었고, 더욱이 여가라는 측면에서 봐도 마찬가지라 할 수 있다. 고무케이스로 된 축음기를 갖고 있었는데 아마도 20곡 정도가 녹음되어있었던 것 같다. '페어리 벨 마주르카Fairy Bells Mazurka(3박자의 생동감 있는 폴란드 춤곡)를 제외하고는 알 만한 곡이라고는 없었다. 나는 미친 게 아니냐는 소리를 들을 때까지 틀고 또 틀었다. 그래서 지금도 외우기 쉬운 곡조 일부를 되뇔 수 있다.

아버지가 사온 검은색 일본산 금속케이스의 무선 코소Cossor 라디오 조립식 세트가 있었다. 나는 아버지를 작은 물건들을 잘 다루는 솜씨 좋은 사람으로는 생각도 안 했는데 내가 잘못 생각했던 것 같다. 라디오 조립을 다 했으니 말이다. 또한 어머니가 사용하던 작은 책장이 있었는데 거기에는 교과서와 대학교재, 주일학교에서 받은 상장도 있었다. 어머니가 정기적으로 도서관에서 책을 대출받았던 기억은 나지만 책을 많이 샀는지는 기억나질 않는다. 반즐리에는 (약 3마일 정도 떨어진 곳에) 괜찮은 도서관이 있었고 주중 하루 저녁에는 주민 한 사람이 두세 상자의 책을 마을학교에 풀어놓곤 했다. 작은 도서 전시회라 할 수 있는데, 반즐리에서 주기적으로 책을 바꿔오는 듯했다. 이 '지역 사서'는 낮에는 마차를 몰며 마을에 석탄을 날랐다.

당시 우리의 즐거움은 단순하고 소박했다. 부모님은 술과 담배를 하지 않았고 우리의 주요 여가활동은 주말에 차를 타고 소풍을 떠나는 것이었다. 생각해보면 차를 가졌다는 것은 일종의 행운이었다. 학교 친구들은 거의 대부분 차가 없었다. 아버지는 자동차 관련 사업을 하셨기 때문에 차를 한 대 소유할 수 있었다. 게다가 아버지는 기계에 대해서도 밝으셨다. 자동차 수리와 기름 판매 사업은 아버지의 초기 관심사인 모터바이크에서 비롯되었다. 젊은 시절 사이클을 잘 탔던 아버지는 내가 태어나기도 전에 자전거 경주에서 우승했고 그때 받은 술병 장식대는 아직도 남아있다.

내가 자랐던 매플웰의 마을은 못 제조산업의 중심지로 번창했다는 게 희미하게 기억난다. 나중에 내가 가족사에 관심을 갖게 되었을 때 증조할머니가 못을 만드는 공정 일부를 담당했던 사실을 알게 되었다. 못을 만들기 위해 철근을 구매해야 하는 단계가 있고 다음으로 그것들을 못을 만드는 업자에게 넘기게 되는데, 거기에는 제작하기에 앞서 못의 개수에 관한 지침들이 들어있다. 예를 들어 '10페니'라고 하면 천 개의 못이 10파운드(약 4.5킬로그램)의 무게라는 뜻이다. 그들이 '10파운드'의 못을 만들라고 하면 결국은 '10페니'가 되는 것이었다. 그 다음 업자들은 농부나 목수들에게 생산된 못을 판매했고 나중에 알게 되었지만 증조할머니 형제 가운데 한 분은 한 번에 며칠씩 말을 타고 지방을 다니면서 곳곳에 못을 배달했다고 한다.

아버지에게 듣기로는 (그 역시 광부였던) 할아버지가 돌아가시고 아버지가 다섯 살일 즈음에 가족의 생계를 위해 할머니가 아마 외가의 도움을 받아 집 뒷마당에 작고 안정적인 특이한 모양의 모루stiddies와 화로를 설치하고 작은 못을 만들기 시작했는데, 나는 당시 할머니가 쓰시던 못 머리를 찍어내는 그 독특한 도구를 지금도 갖고 있다. 아버지의 회고에 따르면 막내 여동생은 아직 아기여서 모루 옆에다가 어린 여동생을 눕힌 요람을 두고 어머니는 이따금 요람을 발로 흔들거리면서 화로에서 못을 만들었다고 한다. 할머니는 가족들의 생계를 위해 '거실'을 잡화상점으로 만들어냈다. 할머니는 상점을 성공적으로 꾸려간 듯하다. 왜냐하면 몇 년 후 식구들이 살기에 알맞은 크기의 집을 지을 형편이 되었고 마을 중심지에도 상점을 열었는데 미혼의 두 딸들(나의 숙모들)이 내가 소년이 될 때까지 이 상점을 운영했다. 할머니는 딸 여섯과 아들 하나를 키웠고 그들 모두를 훌륭하게 사회로 내보냈다.

나의 열한 번째 생일선물(나의 특별한 요청에 따른)은 리즈 시티 박물관을 구경하러 가는 것이었다. 나중에 제2차 세계대전이 일어나고 독일 공습의 직접적 타격을 받아 이 2층짜리 건물은 파괴되었다. 박물관 입구에 들어서면 거대한 유리관 안에 호랑이 한 마리가 전시되어있고 그 뒤쪽으로는 이집트 미이라 실물이 있었으며 유리관들 가운데 하나에는 대리석의 그리스 말머리 상이 우뚝 서 있었다. 2층은 갤러리였는데 철재 나선형 계단을 타고 올라가게 되어있었다. 거기에는 원숭이의 절인 뇌처럼 전율을 느낄 만한 전시품들이 많았다. 그날 이후로는 박물관이 완전히 다르게 느껴졌다. 이때 기분은 내가 처음 울리 에지Wooley Edge의 사암에 박혀있는 작은 조개 화석을 발견하고 놀라운 흥분을 느꼈던 때와 너무나

흡사했던 것 같다.

학교생활은 거의 기억에 없는데 유일하게 기억에 남아있는 거라면 초등학교 시절 내내 책을 보며 지냈던 일이다. 물론 그리 크지 않은 초등학교 도서관이었지만 나중에는 더 이상 읽을 책이 남지 않게 되었다. 나는 교실 뒤쪽에서 닥치는 대로 아무 책이나 읽으면서 시간을 보냈고 아주 가끔 현실로 돌아왔던 것 같다. 당시의 학교 사진은 한 학급 안에 다양한 가정환경을 가진 학생들이 함께 있었음을 보여준다. 이가 생기지 않도록 짧게 자른 머리카락과 누더기가 된 신발을 신고 찢어진 스웨터를 입은 소년들과 함께 넥타이와 재킷에 윤기 나는 신발을 신은 소년들도 있다. 하지만 우리는 유별난 선생님들과 (지금은 그렇게 느껴지는) 엄격하고 약간은 새디스트 면모를 지닌 교장선생님의 변덕을 견디며 함께 잘 지냈

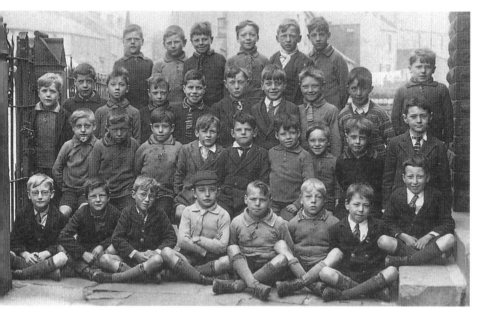

1934년 매플웰 학교의 소년들. 프랭크 앳킨슨이 앞줄 오른쪽 끝에 앉아 있다.

반즐리 자연주의자와 과학협회 박물관. 나는 1930년대 말 이 협회의 최연소 회원이었다.

던 것 같다.

　그리고 나서 '장학금' 또는 '카운티 마이너'(일종의 성적장학금으로 나중에 'Ⅱ Plus'로 되었다)를 받기 위해서 반 아이들 대부분은 나중에 반즐리 중학교로 떠났다.

　(자세히 기억할 수는 없으나) '반즐리 자연주의자와 과학협회Barnsley Naturalist and Scientific Society'의 발견은 내 인생에 커다란 변화를 가져왔다. 왜냐하면 비슷한 관심사를 갖고 있는 사람들을 만났기 때문이다. 비록 대부분 나이가 많아 수염을 기르고 담배를 피우는 사람들이었지만 그들은 석탄층에 포함된 화석에 대해 알고 있었다. 그들은 유리 진열장에 외

래종의 딱정벌레와 나비를 진
열했고 진열장 위에는 박제 비
늘돔과 이제까지 반즐리에 떨
어진 가장 큰 우박 사진을 조
심스럽게 보관하고 있었다. 나
는 이들의 모임에 들어가 토요
일 오후 산책에 합류했다. 우
리가 거대한 서식지를 찾아내
기도 하고, 어느 무더운 여름
에 삼림지대를 만나거나 딱정
벌레와 나비들이 북적거리는
모래투성이 황야의 히스 덤불
을 발견한 것도 그때였다. 나

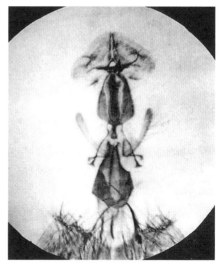

검정파리 혀의 현미경 사진. 19세기 유리 슬라이드
에 올려놓고 18세기 놋쇠현미경을 통해 작은 상자
형 카메라로 찍은 사진. 열세 살 때 찍은 다섯 번째
사진.

는 (곤충학자들이 요청하는 모든 것을 공급해주는 장비업체인) 왓킨스와 돈
캐스터Watkins and Doncaster와 (현미경학자에게 모든 것들을 공급해주는 업체
인) 플래터스와 가넷Flatters and Garnett에 주문하고 물건을 받는 또 다른
기쁨을 발견하기도 했다.

애석하게도 반즐리 협회는 제2차 세계대전 중 문을 닫았고 박물관의
수집품들은 1949년에 시로 이관되었다. 1960년에 가서는 시청사 수리 때
문에 박물관이 문을 닫아, 소장품들은 뿔뿔이 흩어져버리고 말았다. 이
책에 수록된 사진은 내가 기억하는 박물관의 원래 모습 그대로를 보여주
고 있지만 그토록 넘쳤던 온정과 열기를 놓칠 수밖에 없었던 것에 슬픔
을 표할 따름이다. 불행히도 박물관은 반대 의견에도 아랑곳없이 공공의
소유라는 이해하기 힘든 이유로 해체가 결정되었다. 그들이 말하는 보장

이라는 것은 언제든 취소될 수 있고 덧없는 미래의 약속에 불과한 것이었다.

또 이즈음에 학교 화학 수업에 감동을 받았다. 그래서 레이놀즈와 브랜슨과 함께 돈을 들여 리즈에 아주 작은 실험실을 만들었는데, 실린더와 실험도구 심지어 증류기까지 갖추었다.

얼마 후 졸업장을 받게 되었다. 나는 박물관 경력을 쌓기로 굳게 결심했다. 하지만 이것은 나의 장래에 대하여 어떠한 충고나 조언도 하지 않으셨던 부모님께 큰 골칫거리를 안겨드린 꼴이 되고 말았다(수십 년 후에 똑같은 문제에 직면한 나를 발견하게 됐다. 다시 말하면 전자공학에 열정을 갖고 있는 것으로 보였던 장남 가이가 수학에 매료되었던 것이다. 전혀 뜻밖이었다. 식물학자가 되고 싶어 했던 둘째 아들 마크Mark는 별 문제 없이 그 길로 갔다).

마침내 (내가 모르는 어떤 연줄을 통해) 어머니는 쉐필드 박물관의 학예사로 있는 배굴리 씨에게 나를 데리고 갔다. 배굴리는 내가 어려서부터 이어온 꿈을 이루기 위해 수없는 시행착오를 앞서서 경험했던 사람이기도 했다. 그는 박물관 일이라는 것이 돈벌이도 되지 않고 진로도 협소한 직업이라는 이유를 들어 하지 말라고 나를 설득했다. 그는 나를 위해 1938년에 출판된 마크햄의 영국 박물관 몰락에 관한 보고서 사본을 빌려주었다. 기억하기로 나는 기쁜 마음으로 읽었고 이 일이 바로 내가 하기를 원했던 바로 그 일이라는 것을 깨달았다.

웨이크필드 박물관을 알게 되고 얼마 지나지 않아 주말마다 그곳에서 전시, 카탈로그, 미술품 감정의 뒷이야기와 예술작품의 사진 등을 준비하는 일을 돕기 시작했다.

아이들을 위한 잡지인 《근대의 경이로움Modern Wonder》이 1937년 발간되자마자 나는 이 잡지의 첫 독자가 되었다. 나중에 두 번째 권의 모든 이슈들을 모아 철했고(첫 번째 권은 어떻게 했는지 기억나지 않는다) 그곳에 실린 전함과 증기기관, 비행기, 서치라이트와 라디오의 컬러사진들은 아직도 가지고 있다. 이 매력적인 잡지의 첫 특전은 120 박스카메라 한 대와 교환할 수 있는 쿠폰을 주는 것이었는데 나는 얼마 후 쿠폰을 모아 그 카메라와 교환하여 오랫동안 소중히 간직했다. 이 박스카메라는 초점이 고정되어있고 고정된 렌즈 크기(내 생각엔 f8)와 25분의 1초의 단일셔터 속도였는데 그것은 당시 필름에 적합했다. 나는 현미경을 통해 사진을 찍는다든지 뭔가 새로운 방식을 시도했다. 이 작업은 일정한 노출시간이 필요했다. 그래서 사진촬영 시 검은 무명실을 조리개를 움직이는 작은 금속 용수철에 묶어 상자 안의 작은 구멍을 통해 뽑아냈다. 그렇게 하면 카메라를 현미경의 접안렌즈와 고정시킨 뒤 몇 초간 적당량의 노출을 만들 수 있었다.

안경 형태의 오목-볼록렌즈를 고무찰흙(요즘에는 '블루-택'이라고도 한다)을 이용하여 카메라 앞에 붙여 '접사' 사진을 찍었는데 이것도 내가 시도한 하나의 변형 모델이었다. 형 스티븐이 만든 작고 단단한 발사나무[3] 모델의 사진을 이것으로 찍을 수 있었다.

당시 물리학 선생은 원하는 학생들 누구에게나 암실을 이용할 수 있게 해주었다. 나는 우유빛 셀룰로이드 필름이 내비치는 감광이미지를 보면서 필름을 현상하는 믿을 수 없는 짜릿한 스릴을 느끼기도 했다. 나는 곧바로 집으로 가서 '인화지'를 사용해서 필름을 인화했다.

그러나 그것은 궁극적으로 나의 관심을 사로잡았던 컬러사진을 만들어내기 위한 기술이었고 점차 나의 시간과 정력의 대부분을 쏟았기 때

---

3. 역자 주: balsa wood는 열대 아메리카산으로 이 나무를 이용하여 주로 구명보트를 만든다. 뿐만 아니라 모형비행기, 모형군함을 만드는 재료로 사용한다.

문에 결국 졸업시험이 위태로워졌다. ATCPthe Autotype Trichrome Carbro Process(자동삼색카본인화법)로 알려진 이 방법은 극히 정교한 작업이었다. 세 가지 색상분리음화가 만들어졌고, 각각은 특정한 색상 필터를 통하여 (이것들은 젤라틴 형태를 이용한 것이었다) 똑같은 비율로 확대된 사진이 노출과 현상 등이 정확하고 밀접한 조건 아래서 만들어지는 것이다.

착색된 젤라틴지(사용된 필터에 보충적으로)를 젖은 인화지에 고무판으로 문지르고 정해진 시간을 기다린다. 내 기억으로 이러한 작용은 젤라틴을 그을리는 것이다. 그러고 나서 따뜻한 물에 헹구게 된다(물론 온도와 밀접하게 관계된다). 색깔이 나타나게 되는 부분들은 물로 닦이고 포지티브 색상 이미지만 남게 된다. 그 다음에 이미지를 유지하게 하기 위해 셀룰로이드지에 떠운다. 세 가지 이미지가 준비되었다면 그것들은 두 번째 인화지에 각각 떠오르게 되고 하나씩 겹쳐지게 된다(적절한 순서는 내 생각에 노란색이 맨 처음이었다). 이것이 전체 과정에서 가장 어려운 부분이기도 하다. 궁극적으로 완벽한 사진은 다시 인화지로 옮겨지게 되고 이때에 행운과 더불어 특별히 준비된 용지가 있다면 누구나 아주 훌륭한 사진을 갖게 되는 것이다.

이 작업은 너무나도 많은 고유의 난제들을 가졌고 대단한 인내와 엄밀한 적용이 요구되었다. 내 생각에는 헌신적이고 열정적인 청소년이 시간적인 여유를 갖고 그것을 이루고자 하는 노력을 더할 때야 가능한 일일 것 같다. 심지어 그렇게 많은 시간을 낭비해서도 안 된다!

나의 학창생활에 있었던 중대한 결정은 내가 아닌 나의 스승 가운데 한 분에 의해 이루어졌는데 나는 그분에 대한 고마운 마음이 가신 적이 없다. 나는 고등학교에 들어가기 전부터 고고학에 관심을 가졌다. 당시 고고학은 이집트학이나 고전 고고학을 의미했다. 따라서 열네 살에 그리스어를 공부할 기회가 생기자 덥석 잡았던 것 같다. 우연히 우리 학교애 그리스로마 연구자인 스쿨링이 교장으로 부임하게 되었고, 공교롭게도 화학 대체 과목으로 그리스어를 제안한 분이 바로 그분이었다. 나는 일찍이 물리 대신 역사를 선택한 적이 있는데 비록 당시에는 합리적으로 보였지만 몇 년이 지나자 물리를 놓친 것이 무척 애석했다. 어쩌다 보니 이제는 또다시 화학을 놓칠 위기에 처하게 되었는데, 이제는 기억도 나지 않는 그리스어에 그토록 심취했었기에 나는 그 선택을 맘껏 향유했다. 이유는 단 한 가지, 내가 그리스어를 너무도 잘하는 덕에 후회를 상쇄하고도 남기 때문이다.

정말 행복하게도 화학 선생이었던 헨리 홀은 내가 화학을 즐기고 소질이 있다는 것을 알고는 어느 날 저녁 그날 수업했던 실험을 계속하기 위해 나에게 학교로 다시 돌아올 수 있는지 친절하게 물었다. 더 나아가 시간표를 속여가면서 졸업장을 딸 때까지 화학공부를 지속할 수 있었는데 지금 생각하면 그것은 필수과목을 놓칠 수도 있었던 아주 아찔한 상황이기도 했다. 그리스어와 화학 두 과목 모두를 수강하는 학생이 많았을 리가 없다. 헨리 홀 선생님께 깊이 감사드린다.

나중에 대학에 가서 부전공으로 화학을 선택했고 대체로 즐거웠다. 물론 물리, 화학이 상당히 따분하다는 걸 알게 되었음을 이제는 시인한다. 박물관 일을 시작하고 난 후 나는 화학이 본질적으로 예술적이며 주관적인 학문이라는 생각을 갖게 됐다. 화학이 유물에 대한 보존과 처리를 위해 정말 중요한 학문임과 더불어 상당 부분 기술적으로 빠르게 변화하고 있다는 것을 깨닫게 되었다.

당연히 각자 자신의 의제 안에서 놀라운 사실들은 늘 습득될 수 있게 마련이어서, 나는 막내아들 닐과 대화를 나누며 DNA의 경이로움에 대해, 그리고 나의 학창 시절에는 알려지지 않았다가 최근 들어 풀리게 된 대부분의 생화학의 복잡한 문제들에 대해 배우는 걸 좋아한다.

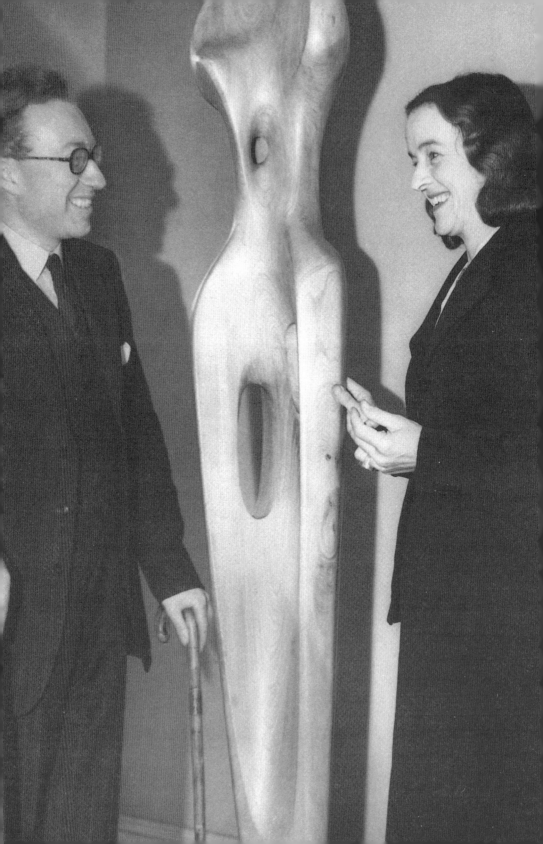

2. 대학 그리고 첫 직장

　내가 졸업시험-당시 사람들은 16$^+$ 또는 15세 시험이라 불렀다-을 준비하던 해에 바로 제2차 세계대전이 발발했다. 우리는 새로 부임한 교장 선생님과 더불어 가을학기를 시작했다. 비록 예비 졸업생들이 가정에서 공부할 교과서와 노트를 모으고 단체로 등교해서 수업을 받는다 할지라도 공습에 대비한 안전한 피난처가 학교 지하실에 만들어질 때까지 전체 학교는 학생들을 소집하지 말아야 한다고 1939년 9월에 교장단은 결정했다. 맨 처음 한 달 정도는 자율학습을 했고 아마 한두 번 정도는 수업 또는 과제를 받으러 학교에 갔다. 이것은 일종의 파업과도 같았고 학교는 일련의 과도한 예방조치로 언론의 주목을 받았다.

　3년 또는 그 얼마 후쯤, 나는 고등학교 졸업장을 받았고 전쟁은 절정으로 치달았다. 나는 대학에서 이학사를 취득할지 군대를 가야 할지 선택의 기로에 섰다. 당시 정부는 이공계 출신 졸업자들이 매우 필요했고 우리 또한 이공계 학위를 받기 위해 노력했다. 학위를 받기 위해서는 대학 안에 있던 장교양성학교에 출석해 일정 정도 주말훈련을 하고 매주 오후

◀ 1951년 웨이크필드 아트 갤러리에서 프랭크와 바바라 헵워스. 축제 참가의 일환으로 회고전을 준비하면서 그녀의 작품 앞에서. 비극적인 페니겐트 동굴탐사(99쪽 사진 참조)에서 극적으로 생환한 직후 찍은 사진.

에 한 번과 매년 군사캠프에 14일간 입소하는 것을 조건으로 하고 있었다. 헤진 군복이 이 과정을 성공적으로 마쳤음을 증명할 수는 없지만 어쨌든 나는 장교양성학교의 필수과정을 모두 이수하고 수료증을 받을 수 있었다.

전쟁으로 인한 전환기에도 불구하고 나는 쉐필드 대학에서 즐거운 시간을 보냈는데 지금은 모든 것들이 아주 오래전 일처럼 느껴진다. 연구실에서의 실험, 책읽기, 강의, 현미경 검사 등 모든 것들이 뒤범벅된 상태였다. 더군다나 우리는 매년 4학기를 이수해야 했고 보통 3년의 과정을 2년 3개월 정도에 마쳤다. 이 모든 일들과 장교양성학교를 마치기 위해서 우리는 매우 바쁜 생활을 할 수밖에 없었다.

오늘날 쉐필드는 말로 표현할 수 없을 정도로 변했고 그 변화 가운데에는 심하게 덜커덕거리던 이층전차가 사라진 것도 있다. 내가 대학에 계속 머물렀더라면 얼마나 재미있었을까 어렴풋이 반추해보지만 이미 지나간 일이다. 우리가 배웠던 수많은 것들은 그것이 일상생활과 직장 일에 밀접하다 할지라도 이미 구시대의 것이 되고 말았다. 하지만 비판적 사고, 사물에 대한 균형 잡힌 감각 추구, 엄밀한 관찰, 상대방의 관점에서 보기, 심지어 어디서 어떻게 사실을 추구할지와 같은 평범한 문제들조차도 다양하면서도 정의내리기 어렵다는 것을 대학에서 배웠다.

자격을 갖추자마자 나는 이러지도 저러지도 못하는 상황에 처했다는 걸 알게 됐다. 이학사 학위는 보류 판정이 났고 낙하산부대 지원병이 아니면 아무리 노력해도 입대가 불가능했다. 그런데 안경잡이에다 근시였던 나를 군대에서 받아들일 리 없었다. 그래서 나는 아주 당연하게 '과학' 관련 일을 계속해야 했고, 운 좋게도 집에서 출퇴근 거리에 있는 웨이크필드 인근 코크스와 부산물 생산 공장에서 일하게 됐다. 그 일이 임시

코크스와 부산물 공장. 내 첫 직장은 웨이크필드 인근의 크리글스톤에 있는 사진과 같은 작업장에서 화학자의 보조로 일하는 것이었다.

직이라는 걸 알았기에 언젠가는 자유롭게 박물관에서 일하게 되리라는 희망을 품었다. 물론 그때가 되면 일자리를 찾을 수 있을 거라고 늘 가정하면서 한동안 웨이크필드 박물관에서 자원봉사자로 주말과 어떤 경우에는 휴일에도 일했다.

그 후로 1940년대에 나는 이따금씩 이공계 학위가 있는 사람들에 대해서 호기심을 갖고 바라봤는데 프레드 호일의 자서전, 《바람 부는 곳에 있는 집Home is Where the Wind Blows》에 내가 겪었던 것과 똑같은 문제가 언급되어 있음을 우연히 발견하고 흥미를 갖게 되었다. 그는 다음과 같이 썼다. "…제1차 세계대전에서 과학자들은 그들의 학위와는 상관없이 군대에 징집되었으나 제2차 세계대전에서 과학자들은 전혀 징집되지 않았다. 몇몇 과학자들은 군대를 가려고 시도했지만 그조차 어려웠다. 그것은 마치 제1차 세계대전에서 군 복무를 회피하는 것만큼이나 군복무를 하면서 과학 연구를 하기가 어려워졌다는 것이다…"

그래서 나는 MBBPMessrs Benzol and By-Product 사에 입사했는데 이 회사는 광산을 소유하고 있고, 코크스 공장과 다양한 종류의 화학비축장비를 갖추고 있었다. 나는 '현장연구' 부서에 들어갔고 쓸모가 있든 적든 간에 화학에 대한 이론적 지식을 재빨리 터득했다. 그곳은 부지런하고 유능한 지원자가 필요하다기보다는 일상적이고 평범한 일들을 수행하는 곳이었다. 그 중 하나가 탄광에서 채취한 탄가루 샘플을 시험하는 일인데 폭발성 물질을 인화성이 낮은 수준으로 안정화시키는 일이었다. 금세기초에 발견된 현상처럼, 탄가루 혹은 탄분진이 어떤 폭발과정에 급속히 유입되면 석회석 가루를 뿌려 안전한 수준으로 탄분진을 '희석'시켜야 한다.

지하갱도를 따라 정해진 간격에 맞춰 주기적으로 샘플을 채취해야 하는 지점이 표시가 되어있었다. 샘플은 조그만 도가니에 집어넣어 무게를 달고, 정해진 시간 동안 가열한 후에 다시 무게를 쟀다. 무게의 감소가 너무 크다는 것은 흩뿌려진 석회가루로 희석되지 않아 탄분진이 차지하는 비율이 너무 높다는 표시였고, 따라서 어떤 식으로든 폭발할 수 있었다. 이러한 평범한 업무에 한 가지 업무가 추가되었다. 누군가가 지하갱도로 내려가서 샘플을 채취해야 하는데 나는 종종 그 일을 자원했고 점차적으로 광산과 광산에서 하는 일에 대해 알게 되었다.

반복되는 업무가 또 있었는데 나는 이내 그 업무가 나만의 일이라는 것을 알게 되었다. 왜냐하면 어느 누구도 하지 않으려 했고 복잡하고 까다롭기 때문이었다. 나는 오히려 그 일을 즐겼다. 그 업무는 바로 코크스 공장에서 발생하는 석탄가스의 성분을 계측하는 것이었다. 매일 가스 샘플을 채취해서 발명가의 이름을 따라 붙인 '할덴Haldane'(석탄가스 성분 계측기)이라는 복잡한 구조의 유리관 속에 집어넣었다. 수은이 관을 따라 오르락내리락 이동하면서 가스 샘플의 양이 측정되었고 그 다음 차례대로 다양한 성분을 지닌 가스가 주입되면서 일련의 화학물질로 처리되었다. 각종 가스가 흡수된 후 그 양이 다시 측정되었고 오직 질소만 남게 된다. 완전한 불활성 가스. 나는 이 과정에 매료되어 이것을 자동화하기로 결심했다. 결국 나의 초창기 노력들은 화학주임의 눈길을 사로잡았다. 1~2년이 지난 후 회사는 국영화되었으며 나는 새롭게 설립된 국가석탄위원회National Coal Board에서 그 분야의 전문과학자로 일하게 되었다. 정말 행복했고 오랫동안 추구했던 박물관 업무에 발판을 내딛는 계기가 되었다.

그에 앞서 나는 '야간학교'를 다녀보기로 했고 첫 해에 코크스와 부산물 공장에서 도시와 길드City and Guilds Certificate 자격증(일종의 직업교육 수료증)을 얻었다. 야간학교를 다니는 동안 목욕용 소금을 만드는 재미에 푹 빠져있었는데 사장이 지역의 자선바자회나 축제에 소요되는 많은 분량을 요청하여 연구소는 그것을 생산하기 위한 체제로 전환됐다. 소금 결정체를 만들기 위한 다양한 반응속도에 대한 실험들(때론 커다란 결정체를 얻기 위해)과 또한 염색, 향수 등 여러 종류를 생산했는데 이 모든 것들은 병입되거나 포장되어 정식으로 판매되기도 했다.

또 이즈음에 나는 광산측량 견습생이었던 광업소장의 아들과 친해졌다. 그는 광산의 환기시설에 관한 업무를 맡게 되었는데, 내가 그의 일을 도와주기로 했다. 우리는 탄광 갱도 내의 공기순환문제를 해결하고자 모든 광부들이 야간조로 지하갱도에 내려간 다음 밤 11시에 지하로 내려가곤 했다. 우리는 새벽 4시까지 작업했고 우리가 고안한 일정량의 수은이 담긴 커다란 장치를 가지고 돌아다녔다. 일을 마치고 다른 광부들보다 먼저 나와서 광업소장 개인용 목욕탕에서 샤워를 하고 매점에서 아침을 먹곤 했다. 그러고 나서 연구소 안에 있는 막사용 침대의 슬리핑백에서 아침 8시까지 잠을 잤다. 두 번째 아침식사를 하기 위해 일어났고 그런 다음 연구소에서 나머지 일과를 봤다. 한 달 동안 이런 식의 조사를 끝내고 나서 그 후 몇 주 동안 위장병으로 심하게 고생해야만 했다.

이제까지 업무 중에서 가장 재미있었던 것은 모든 임무가 전적으로 나의 주도하에 맡겨진 일이었다. 그것은 코크스 화로 아래쪽에 자리한 모든 칸 안에 부착된 복잡한 가스열량계를 점검·유지·보수하는 일이었다. 오염물질이 제거된 석탄가스는 제어속도에 따라 파이프로 이동하며 제어된 수로관은 열로 데워진다. 그런 다음 수온과 열량을 보여주는 눈금자가 움직이며 종이에 기록된다. 자칫하면 많은 일들이 잘못될 수도 있었지만 이제까지 별일 없이 진행된 것이 신기할 따름이다. 내 업무는 가스열량계를 정기적으로 조절하고 점검하여 정확하고 일관되게 유지하는 것이었다. 경우에 따라서는 업무의 전문성이 오히려 나를 힘들게 하기도 했다. 새롭게 발생하는 가스분출은 다양한 가스 압력하에 실험을 해야 하기 때문에 나는 오셋ossett 가스공장에서 며칠씩 보내기도 했다. 그런데 이 공장은 항상 가스로 가득 차 있고 서로 다른 불꽃의 온도와 길이와 연일 씨름해야만 했기 때문에 고통 그 자체였다.

그렇지만 코크스 공장 자체로는 매력적이었다. 석탄은 세척하고 분쇄해 파쇄기로 잘게 부순 후 약 6피트 높이의 길고 좁은 철제통 속에 채워졌는데 그 길이는 아마 한 발 폭보다 조금 더 긴 20피트 정도였다. 습기를 머금어 눅눅한 석탄을 딱딱한 상태가 되도록 압착하는데 이것을 '케이크'라고 불렀다. 다음 단계로 이 케이크를 대기 중인 화로에 넣는다. 화로 문이 열린 상태에서 이글거리는 화염을 뿜는다. 그 다음 육중한 문이 닫히고 화로 안의 다양한 추출가스들이 본관으로 보내지면 24시간 넘게 화로 안에서 일명 '요리'가 된다. 이 과정이 완전히 끝나면 다음 단계로 가스방출이 이어지는데 멀리 떨어져 있는 문이 열리고 백열광의 코크스가 화차에 부어지고 그 다음에는 코크스를 '냉각'시키기 위해 강력하고도 거대한 물줄기가 뿌려진다. 이 과정이 밤새 계속된다. 케이크처럼 된 석탄, 코크스 형성과 냉각 그리고 처리공정을 위해 끊임없이 이동하는 가스. 여기에서 벤젠과 톨루엔이 추출되고 마찬가지로 타르와 나프타, 암모니아 그리고 황화수소와 최종적으로 (상대적으로 순수한) '도시가스'가 나오는데 여기에 다양한 화학물질을 첨가하기 위해 파이프를 통해 오셋공장으로 보내진다.

웨이크필드 박물관과 아트 갤러리에 박물관 학예사로 임명되기 전까지 나는 이 업무와 광부들, 광산 그리고 실험실에 꽤나 애착을 가졌고 그 시절을 회상할 때면 보통 계란 썩는 냄새로 알려진 황화수소의 은은한 향기를 항상 떠올리곤 한다.

웨이크필드 박물관에서 자원봉사를 하다 전혀 예상치 못한 기회를 얻게 되었는데 그것은 보로Borough 박물관의 담당 학예사가 이직을 했기 때문이다. 구인공고가 났고 나는 면접 후 운 좋게 박물관과 미술관 위원회에 의해 채용됐다. 내 기억으로 연봉이 250파운드였던 것 같다.

홈필드 하우스에 있는 시티박물관City Museum은 수년 동안 내가 고대했던 바로 그 박물관이었다. 오늘날 박물관에 취업하려는 젊은 졸업생들은 대체로 스스로를 많은 직원들 중 일부로, 보조 기술직 혹은 디자이너 중 한 분야를 취직자리로 생각하는 경향이 있다. 그들은 아마 1년을 무심코 지내거나 마치 대학원생들이 다니는 '학교' 정도로 생각하고 지내기도 하는데, 한 사람이 자기 자신만의 왕국을 세울 수도 있는 매력적인 일로 생각하지는 않는 것 같다. 내 상관인 에릭 웨스트부룩은 도시의 반대편에 있는 아트 갤러리를 책임지고 있었는데 그와 가끔가다 한 번씩 만나곤 했다. 내가 그곳에 있을 때 나의 유일한 조력자라고는 한 잡역부밖에는 없었는데 그는 내가 부임하기 전까지는 가끔 방문하는 방문객들을 지켜보거나 파트타임으로 청소하는 사람들을 감독하는 일을 했다. 하지만 내가 부임하자마자 그의 일이 바뀌었다. 나는 바닥에서 천장까지 사방을 채우고 있는 유리상자 속 (박제된) 조류들을 치우기로 결정하고 그와 함께 두 가지 새로운 주제, 즉 지질과 조류들의 일상으로 바꾸기로 했다.

돌이켜보면 나의 엄청난 자신감에 스스로도 놀랍다. 미리 생각한 밑그림조차 없는 상황에서 로저슨Rogerson과 나는 조류 상자를 빼냈다. 밑바닥에는 커다란 목조 구조물이 있었는데 내 생각대로 쓸모없는 이 목재를 자르고, 붙이고, 고정시킨 후 그곳을 채워 이내 아주 놀라운 전시시설을 갖추었다. 몇 가지 단순한 생각을 주제로 삼았고 그것을 아주 재미있게 활용키로 했다. 예를 들면 공작의 꼬리깃털에 빛을 비추면 빛이 굴절되거나 통과하는 동안 투과율의 차이가 생긴다. 한쪽에는 낯익은 밝은 형태

왼쪽_1947년 웨이크필드 박물관의 오래된 조류 박제실. 당시 나와 함께한 유일한 동료, 로저슨.
오른쪽_1948년 새롭게 개편한 웨이크필드 박물관의 조류 전시실. 진열방식은 관람객들의 참여를 고취시키는 방법을 사용했다. '이 둥지가 어느 새의 둥지인지 맞혀보세요.'

가, 또 다른 쪽에는 전체적으로 옅은 갈색이 생기는 식이다. 곧이어 나는 관람객들이 이러한 차이를 관찰할 수 있도록 간단한 똑딱이 스위치로 직접 작동하는 전등을 비치했다.

나는 또 새의 둥지와 알꾸러미도 설치했다. 속이 비어있는 새 뼈의 가벼움을 보여주기 위해 작은 저울 한 쌍을 설치하여 한쪽에는 닭 다리뼈를, 다른 한 쪽에는 같은 크기의 고양이 뼈를 올려놓기도 했다.

정말로 골치를 썩었던 문제는 지질에 관한 부분이었다. 당시 나를 매료시켰던 것은 박물관 근처 시골에 있던 석회석이었는데, 물이 투과할 수 없는 요데일Yoredale 암석을 활용하여 물을 흘려보내는 모형을 제작해 석회암 아래 뚫린 구혈로 물이 사라지는 것을 보여줌으로써 이를 설명하기로 했다. 또한 이 모형도에서는 절개된 단면을 통해 기다란 동굴 형태를 보여주고 전시모형도의 한쪽 구석으로 사라진 물이 굴곡진 강의 하류지역에서 다시 나타나 흐르는 것을 보여주는 것이었다. 여기에서 물이 탱크로 흘러들어가게 해야 하는데 매일 아침 감춰놓은 수동펌프를 이용하여 물을 탱크 위로 끌어올리는 일을 로저슨이 맡아주었다(그는 정말 인내심이 강한 사람이다). 당연히 그것은 새어 나왔고, 아침마다 바닥을 가로질러 점점 커져가는 웅덩이를 볼 수 있었다. 수없이 시도한 끝에 난 완전히 포기하고 물을 전부 빼버렸다.

전시는 대체로 순조롭게 진행됐다. 당시 리즈 박물관 관장이던 데이비드 오웬 박사가 나에게 힘이 되어주었다. 나는 《박물관 저널the Museum Journal》에 〈박물관 전시에 있어 색상과 움직임 효과〉라는 논문을 썼는데 그것은 현대의 기준에서 보면 매우 '서툴고' 순진했다. 하지만 아주 흥미로운 논문이었고 나에게는 배움의 기회가 되기도 했다.

새로운 전시기획의 성공으로 내가 제안한 특별 전시회에 좀 더 많은 관람객들을 끌어 모을 수 있었고 우리가 간과했던 새로운 분야로 주제들이 확장되는 계기가 됐다. 지금은 제목을 기억할 수 없지만 이 특별 전시회에는 리즈 박물관으로부터 대여받은 솜으로 채운 커다란 빨간 사슴 박제품과 염색체가 쪼개지고 두 개의 핵을 형성하며 분리되는 세포분열을 설명하기 위해 16밀리 필름의 만화영화까지 배경으로 깔아준 독특한 전시였다.

이 만화영화의 제작은 매우 우스꽝스러운 계획으로 보였지만 실제로는 성공적이었다. 나는 단일노출로 찍을 수 있는 구식 16밀리 카메라를 빌려서 탁자 위에 설치했다. 사방에 조명을 설치하고 색종이를 잘게 잘라 여러 염색체 형태로 배열하고 이어서 한 쌍의 해부용 바늘로 움직이며 각 장면들을 촬영했다. 나는 또 '우노'사의 레터링(플라스틱 형판 사이로 특수 펜을 이용하여 글자를 새김)을 이용하여 라벨을 그려 붙였다. 극도의 집중력이 요구됐기 때문에 하루 종일 식사는 물론 커피조차 마시지 않고 내내 촬영하기도 했다. 며칠 후 완성된 필름을 영사해보니 매우 만족스러웠다. 그런데 갑자기 심한 편두통이 몰려와 잠시 기절하기까지 했다. 나는 집중해서 작업을 하거나 긴장한 다음 갑자기 풀어지면 심한 편두통이 오곤 했는데 지금도 마찬가지다.

홈필드 하우스는 은둔자에게 이상적인 장소였다. 내 사무실은 박물관 중앙에 눈에 잘 띄지 않는 곳에 있었는데, 경사가 가파르고 어두운 계단을 내려가서 온열파이프를 넘어 들어가야 하는 작은 방이었다. 전시실로 사방이 둘러싸여 있는 이 방에는 작은 창문이 하나 나 있어 그나마 외부를 볼 수 있었다. 이 사무실은 또 19세기 말이나 20세기 초 무렵에 만들어진 '자연사와 도자기' 관련 책들로 빽빽한 책장과 연결되어있었고 좀약(지금은 물론 위험한 화학약품이지만) 냄새로부터 좀처럼 벗어날 수도 없었지만 진정 박물관학의 자궁 속으로 들어가는 탈출구였다. 이 화학물질이

풍기는 향은 지금도 과거의 모든 일들을 떠오르게 한다.

1948년, 카슬포드에서 멀지 않은 곳에서 태어난 헨리 무어 작품의 회고전을 에릭 미술관에서 열기로 결정했다. 그리고 내가 맡고 있는 부서에 막중한 임무가 떨어졌다. 그때까지 예술에 대한 나의 취향은 현대미술과 거리가 멀었는데 지금 생각해보면 당시에 나는 교양이 없는 사람이었던 것 같다. 하지만 이 전시를 제대로 열기 위해서는 내가 반드시 참여할 필요가 있었다. 헨리 무어의 조각과 회화에 둘러싸여 보낸 몇 주 동안 나는 커다란 감동을 받았다. 전시기간은 훌쩍 지나가, 작품을 철거하고 모든 것들을 해체해야 한다고 생각하니 너무도 아쉽고 슬프기까지 했다. 그 전시는 나에게 전적으로 새로운 세상을 열어준 거나 다름없었다.

내가 강사로서 자신감을 갖게 된 계기는 역시 에릭 미술관에서의 경험이 크게 작용했다고 할 수 있다. 물론 다른 우연한 기회를 통해 그렇게 될 수도 있었을 것이다. 하지만 살아오는 동안 긴 시간을 대중 앞에서 이야기해본 적이 없었던 만큼 그 기회는 아주 어렵게 찾아왔다. 운 좋게도 에릭 미술관에서 겨울강의 시리즈의 강사진을 내가 소개하는 것으로 결정했다. 하지만 그때까지 대중 앞에 나서본 경험이 없던 나는 질겁하고 말았다. 요즘 아이들은 학창 시절부터 많은 사람들 앞에서 발표하는 법을 배우지만 나는 결코 그런 교육을 받은 적이 없었고 감히 시도할 생각조차 하지 못했다. 하지만 이제 해야만 했기에 홈필드 하우스 근처 가로등 사이의 어둠 속에서 첫 번째 강사 소개문 두세 문장을 큰 소리로 외우며 연습했던 기억이 지금도 생생하다. 나는 해냈고 그 뒤로는 걱정하거나 불안해하는 일이 없었다. 어느 누구라도 발표에 앞서 잠시 긴장되는 것은 자연스러운 일이다. 특히 밝은 빛의 텔레비전 스튜디오에서 카메라를 마주보면 움츠러들 게 마련이다. 약간의 '긴장감'조차 없다면 정말이지 김

빠진 일이 될 것이다. 훌륭한 뉴스해설자이자 방송인인 스튜어트 히버드 Stuart Hibberd가 어느 날 이렇게 말한 적이 있다. "초조함이 없어지는 날이 제가 방송을 그만두는 날입니다." 얼마나 멋진 말인가!

1949년에 나에게 커다란 변화가 찾아왔는데, 에릭 미술관이 영국 예술의 막대한 후원자인 영국문화협회(1934년 창립)의 전시 프로그램을 운영하게 됐고 때맞춰, '웨이크필드 시티 아트 갤러리와 박물관' 관장 자리가 공석이 되었다. 위원회는 나를 6개월 수습기간의 관장으로 임명했다 (나는 위원회 의장이 압력을 넣은 거라고 생각한다). 그때 내 나이는 불과 스물다섯이었다. 그들은 젊은 사람이 오히려 책임감이 있을 것이라 생각한 것 같다.

웨이크필드에서 에릭 웨스트부룩Eric Westbrook과 2년간 함께 일을 하고, 그 이후에 블레이클리Blakeley 의장과 함께 일하면서 나는 큰 경험을 쌓았다. 이 두 사람은 나에게 정말 도움을 많이 주었다. 이들과 함께 일할 수 있어 행운이었다고 생각한다. 블레이클리 의장처럼 훌륭한 분과 함께 일하는 행운은 내 인생에 다시 오지 않을 것이다. 그녀는 의원으로서 보기 드물게 친절하고 예의를 아는 사람이었지만 '시스템 운용'에도 천부적인 재능이 있는 전문가였다. 그 뒤로 몇몇 의장들과 함께 일했고 그들 중에는 꽤 괜찮은 인물들도 있었다. 하지만 어느 누구도 자신의 목적을 분명히 설정하고 그것을 이루기 위해 관장인 나와 함께 일한 이는 없었다. 당시에는 정말, 공동의 목표와 각자의 역할에 대한 상호 이해, 함께 일할 수 있는 능력을 갖춘 이 두 사람에게만 해당하는 요령이 있었던 것 같다. 그러나 웨이크필드에서 내 인생의 황금기를 보낸 이후로는 직원들의 생각은 무조건 자신을 반대하는 것이거나 아니면 가치 없는 것으로 여기는 의장도 만났다. 또 아무런 계획이나 목적도 지침도 없이 그저 회의를 위한 회의만 챙기는 의장도 있었다. 오직 사람들 비위를 맞추는 것을 목표로 삼는 의장들도 있었다. 나이가 들어간다는 신호일 수도 있겠지만 나는 최근 몇 년 동안 지방 공공기관 위원들의 도덕적, 지적 수준이 악화되는 하나의 경향이 아닐까 의구심이 들었다.

1950년에는 웨이크필드에서 평상시처럼 아주 바쁜 일상을 보냈는데, 특히 홈필드 하우스 박물관과 미술관에서 전시 관련 정책을 생동감 있게 한 단계 끌어올리는 일에 집중했다.

연중 가장 큰 이벤트 가운데 하나는 웨스트라이딩West Riding 아티스트 전시회였다. 해를 거듭할수록 규모가 커졌는데, 나는 자연스럽게 그 일에 참여하게 되었다. 우리의 작은 조직에 비해 인력과 행정의 막대한 노력이 요구되는 일이었다. 갤러리에는 수백 점의 그림과 데생 그리고 조각품들이 들어왔고 작품선정위원회가 열리는 날까지 일련번호를 매기고 점검하고 보관해야만 했다. 400~500점 가운데 100점이 넘는 작품이 선정됐다. 그 다음 목록을 만들고 작품을 걸 준비를 하고 남는 시간에는 선정에서 제외된 작품들을 되돌려줄 준비를 하는데, 아주 빡빡한 일정으로 모든 일들이 이루어졌다. 이 과정에서 나는 우리의 정기후원자였던 라우리Lowry의 작품뿐만 아니라 헨리 무어와 바바라 헵워스 그리고 다른 지역 예술가들과도 친숙해졌다. 전시 작품을 거는 일도 시간이 많이 걸리는 일이었다. 특별개막전을 거쳐 마침내 몇 주 후에 작품들이 철거되어 작가들에게 되돌려 보내졌다. 이 연중 이벤트가 설령 나와 직원들에게 심각한 후유증을 불러일으켰을지라도 이것은 아주 훌륭한 홍보 수단이었고 도시에 예술적 삶을 부여하는 좋은 기회이기도 했다. 이 행사는 전임 관장이었던 어니스트 머스그레이브Ernest Musgrave가 처음 시작했다. 나중에 그가 리즈 시티 아트 갤러리Leeds City Art Gallery로 자리를 옮긴 뒤에는 에릭 웨스트부룩이 행정력을 발휘하여 이 행사를 점차 큰 규모로 만들어 나갔다.

관장으로서 나의 지위가 굳건하게 된 것이 아마 이때였을 게다. 우리는 갤러리의 많은 업무를 담당할 새로운 학예사를 뽑기 위해 모집공고를 냈다. 정말이지 놀랍게도 신임 학예사로 위압적이며 당당한 독일 여성 예술사가인 마리아 슈타인 레싱Maria Stein-Lessing 박사를 뽑게 되었다. 그녀는 온화한 남편 레오Leo와 함께 남아프리카에서 왔는데, 웨이크필드가 자신의 전공인 예술사 분야에 대해 진지한 이해가 부족한 곳으로 생각하여 박물관에 지원했다고 했다. 그녀는 몇 달 동안 엄청난 양의 참고자료를 분류하고 시대별로 신문자료를 스크랩하는 업무를 수행했다. 그런데 작품의 운반과 수송을 맡아 수행하는 도중 수해를 당해 고생했고 그래서인지 결국 남편 레오와 남아프리카로 되돌아가기로 결정했다. 덕분에 우리는 평범한 일상으로 되돌아올 수 있게 되었다. 어쩌면 그렇게 느낀 건지도 모르겠다.

웨이크필드에서 지내는 동안 나는 박물관협회의 석사학위를 취득하기 위해 공부했는데, 연구를 위해 몇 주 정도를 의미 있게 보내려고 당시 영국 박물관 즉, 지금의 자연사박물관Natural History Museum에서 공부하며 지냈다. 그런데 영국 박물관에서의 생활은 놀라운 경험이었다. 박물관의 각 부서를 경험할 수 있었고 부관장과 기술자들과 대화를 하면서 그들의 기술과 방법에 대하여 얼마간의 식견을 얻을 수 있었다. 나는 파리와 딱정벌레의 확대 모형들이 경이롭게도 연속체로 만들어지는 것을 보았고, 복잡한 대상의 모형을 석고반죽으로 뜨는 조형 틀의 비결을 알게 되었다. 박물관이라는 것이 일반인들이 관람하는 전시실보다 잠긴 문 뒤에 훨씬 더 많은 작품들이 있다는 사실도 접하게 되었다. 그곳에서 한 디자인 책임자가 신설된 보직(내 생각에 곤충학 분야)으로 이제 막 승진했는데, 나와는 공통점이 많은 사람이었다. 그는 나에게 자신의 부서가 계속 확대되니, 새롭게 생기는 자리에 지원해보라고 제안했지만 나는 그렇게 하지 않았다. 내가 궁극적으로 하고자 했던 일과는 너무나 거리가 먼 분야로 판단했기 때문이다. 여전히 영국 박물관에서의 경험은 재미있는 기억으로 남아있고 몇 년 후 보우 박물관Bowes Museum으로 자리를 옮겼을 때 새로운 직무를 만들기 위해 내가 위원회를 설득했던 가장 첫 번째 자리 중 하나가 바로 디자인 관리자였다. 이 자리는 박물관의 수준을 훌륭하게 끌어올리기 위해 꼭 필요한 직무였기 때문이다. 나의 첫 번째 디자이너인 로이 반델Roy Varndell은 런던 바깥에서는 그 업계에서 그야말로 두 번째로 임명된 디자이너였다. 레스터Leicester 박물관의 트레버 월든Trever Walden이 우리가 로이를 보우 박물관에서 임명하기 불과 몇 달 전에 자신의 첫 번째 디자이너를 임명할 수 있었기 때문이다.

1951년은 영국축제Festival of Britain의 해였다. 내 생애에서 가장 흥분되는 해이기도 했다. 전쟁은 끝났고 영국 곳곳이 활기를 되찾기 시작했다. 1951년을 영국 정부가 축제의 해로 정한 것은 1851년 만국박람회가 열린 지 한 세기가 되는 해였고, 사람들에게 활력을 불어넣기 위해 대규모 행사가 필요하다고 판단했을 것이다. 영국축제의 백미는 런던 템스강변의 사우스뱅크 지역에 자리한 거대한 디스커버리 엔드 스카이론 돔the Dome of Discovery and Skylon이었다. 이 주최측은 오랜 기간 단조로운 세월을 보낸 직후라 그런지 다양한 색상과 빛을 이용한 실로 경이로운 연출력으로 놀라운 전시물을 만들어내 오랜 기간 단조로운 세월을 보낸 나와 수천 명의 인파를 끌어모았다. 여기에는 최신 아이디어들과 연출, 건축전시 등이 포함되었다. 하지만 안타깝게도 지금까지 남아있는 것이라고는 페스티

벌홀뿐이다. 1951년 10월 다시 수상으로 돌아온 윈스턴 처칠이 모든 축제라는 것이 노동당의 과열된 상상의 산물일 뿐이며 될 수 있는 한 빨리 철거해야 한다고 결정했기 때문이다.

집집마다 마을마다 온 나라에 걸쳐 사람들은 그들 자신의 축제를 준비했다. 프리스틀리J. B. Priestley의 소설 〈파브리지에서의 축제Festival at Farbridge〉는 여전히 당시의 분위기를 엿볼 수 있게 해준다.

웨이크필드에서 나는 바쁘고 흥분되는 한 해를 보내고 있었는데 그것은 바바라 헵워스의 회고전 때문만이 아니라 박물관 아래층에서 찰스 워터톤Charles Warterton(1782~1865, 웨이크필드 외곽의 월톤 홀에서 살았던 여행가이자 자연주의자로 알려져 있다)의 생애와 작품을 기념하기 위한 전시가 기획되고 있었기 때문이다. 그는 높은 돌담으로 에워싼 공원, 즉 자연야생보호구역을 만들었던 인물이기도 하다. 엄청난 양의 새와 동물 박제품 같은 자료들은 그의 유언에 따라 모교인 스토니허스트Stonyhurst에 기증되었다. 학교 측은 쉽게 파손될 수 있는 이 자료들을 웨이크필드로 옮기길 꺼려했다. 충분히 이해할 만했다. 이틀 동안 사진을 찍겠다고 요청했고 학교 측이 허락해주었다. 실제 표본을 입수할 수 없는 상황에서 차선의 선택이었다. 입체사진이 전시를 소개하는데 도움이 될 거라 판단했다. 좋은 입체사진 한 쌍을 만들어내기 위해 삼각대를 이용하여 두 군데 고정된 위치에서 번갈아 카메라를 사용했는데 고정을 위해 황동으로 된 패럴레러그램brass parallelogram(평행사변체)을 제작하여 활용했다. 나중에 나는 입체사진을 들여다볼 수 있는 패널을 사람들의 평균 키 높이에 탑재했고 입체렌즈 한 쌍을 각각의 위치에 설치했다. 관람객들은 이 새로운 고안물을 좋아하는 것 같았다. 나는 아직도 이 황동기구들과 몇 개의 입체사진의 쌍이 찍힌 초창기 코닥크롬 필름을 간직하고 있다.

웨이크필드에서의 마지막 기억들은 좀 슬프기도 한데, 그것은 홈필드 하우스에 있는 우리 박물관 부지를 갑작스레 비워줘야 했기 때문이다. 그때까지 작지만 꽤 인기 있는 박물관이었는데 말이다. 그 이유는 인근의 톤즈 중학교에서 심각한 화재가 발생해 수업을 홈필드 하우스에서 하기로 결정되었기 때문이다. 박물관을 해체하고 운영하기에는 터무니없이 짧은 시간만 주어졌다. 그런데 아이러니하게 박물관이 옮겨간 곳이 도시 외곽에 창고로 활용되고 있는 폐교였다. 박물관을 완전히 문 닫도록 결정했던 것은 아니었기 때문에 한 교실의 반을 활용하여 자료의 일부를 전시하고 나머지 자료들은 꼼꼼히 포장해서 그 작은 학교의 한쪽에 보관했다. 하지만 맥 빠지게도 내가 할리팩스Halifax 박물관과 예술 갤러리의 관장으로 임명되어 자리를 옮기자마자 이 박물관은 완전히 문을 닫고 말았다.

박물관과 갤러리, 예술 그리고 과학을 어떻게 관람객들에게 소개하는지 등 너무나 많은 것을 배웠던 웨이크필드를 떠나는 것이 많이 슬펐지만, 다른 한편으로는 할리팩스가 또 다른 새로운 기회가 될 것이라는 기대로 흥분되기도 했다. 돌이켜보면 나는 웨이크필드에서 이때까지 내가 가장 좋아하는 일에 폭 빠져 정신없이 살았기 때문에 앞으로 이러한 날이 또 올 수 있을까라는 상념에 빠져있었다. 그 무렵 나에게는 수년 간 지녔던 낡은 자전거가 있었다. 진한 청색에 3단 기어뿐만 아니라 페달을 거꾸로 밟아 속도를 줄이는 백 페달 브레이크가 달린 당시로서는 매우 특별한 자전거였다. 아마도 8년에서 10년 정도 된 중고로 12실링 6펜스(62파운드)를 주고 샀는데 구입하자마자 에나멜 칠을 했고 아버지께서 브레이크와 기어를 고쳐주셨던 기억이 난다.

한번은 자전거를 타고 골목을 나와 웨이크필드 중심대로 쪽으로 진입하고 있었다. 당시 내 머릿속은 온통 할리팩스에 대한 생각으로 가득 차 있었고 나도 모르게 지나가는 자동차를 향해 돌진하고 말았다. 다행스럽게도 그 자동차와 가까스로 비껴 지나갔다. 그러고 보면 내 자전거는 지금까지 나의 고행보다 더 많은 수난을 당했던 것 같다. 애당초 중심축이 휘어져 있었기 때문에 자전거는 똑바로 갈 수가 없었다. 게다가 앞바퀴 부분이 뒷바퀴에 비해서 왼쪽으로 휘어져 개가 종종걸음으로 달리는 것처럼 보이기까지 했다. 참 당황스러운 일이었다!

웨이크필드에 대한 마지막은 정말 행복했다고 기억한다. 바바라 헵워스의 전시였는데 이 전시는 규모가 큰 회고전이었다. 나는 평소 전시와는 다르게 야외에 몇 개의 조각상을 세워놓기로 결정했다. 오늘날 사람들은 반달리즘을 걱정하기도 하고 상대적으로 작은 조각품들은 도둑맞을 위험이 있다고 했지만 우리는 웬트워스 테라스에 있는 아트 갤러리의 뒷마당에 대좌를 만들어 그 위에 조각상을 올려놓았다. 그곳은 꽤 오래전부터 목사관으로 사용했던 제법 넓은 정원이었다.

개막식이 열리던 날은 화창했다. 개막식 진행을 위해 작가이자 예술비평가인 허버트 레드를 초빙했고 그 외에도 많은 사람들이 참석했다. 나는 두 개의 목발에 의지해서 전시된 작품 전체를 둘러보려 했지만 힘든 일이라는 사실을 이내 깨달았다. 전시회가 열리기 얼마 전 나는 페니겐트 동굴탐사를 마치고 돌아왔는데 동굴탐사 때 일어난 사건으로 외상 후 장애를 겪고 있었기 때문이었다. 동굴탐사 도중 대원 가운데 한 사람을 잃었던 비극적 사건(다음 장을 보라)을 겪은 직후였고 또한 제1차 세계대전의 '참호족염(참호에서 근무하는 병사들이 추위와 습기로 발에 걸리는 병-역자 설명)'과 비슷한 증상으로 고통을 받고 있었다. 다리 아래는 엄청 부어올랐고 너무나 고통스러웠다. 나는 간병인의 부축을 받아야만 2층에 올라

1951년 바바라 헵워스 전시회 개막식. 갤러리의 야외 후원(後園)에서 열렸고 허버트 레드(맨 왼쪽)가 개막선언을 했고 블레이클리 의원(조각상 왼쪽)은 나에게 너무나도 훌륭한 의장이었다. 그녀의 남편은 당시 시장이었다. 그와 나는 카메라를 등지고 있다.

갈 수 있었고 마찬가지로 어디를 가더라도 간병인의 도움을 받아야만 앉거나 설 수 있었다.

　웨이크필드에서 지낸 마지막 달은 글을 쓰면서 보냈는데 갤러리와 전시 프로그램, 특히 웨스트라이딩 아티스트 전시회 운영 방안에 대해 마지막까지 세밀하게 정리하면서 보냈다. 왜냐하면 우리는 이제 곧 새로운 학예사를 임명해야 했고 이 학예사가 한 달 후면 박물관을 관리하도록 되어 있기 때문이었다. 새로 온 학예사 헬렌 카프Helen Kapp는 전쟁 기간 동안 CEMA(음악예술진흥원:영국 예술협회의 선구자)에서 근무했고 수년간 웨이크필드를 정기적으로 방문했던 회원이기도 했다. 내가 떠난 후 그녀는 마침내 관장으로 승진했고 훗날 켄달에 있는 '아트센터와 갤러리'를 출범시킴과 동시에 그녀의 화려한 경력을 마치고 웨이크필드를 떠났다.

3. 노스요크셔에서의 동굴탐험

　주중에는 웨이크필드의 '박물관과 갤러리'에서 바삐 근무했지만 주말에는 거의 빠짐없이 동굴을 탐험하며 지냈다. 거의 매주 토요일 오후 웨이크필드에서 첫 버스를 타고 리즈에 도착, 거기서 세틀 Settle로 가는 기차를 타곤 했다. 지금은 대부분의 사람들이 잊고 있겠지만 1940년대 말에서 1950년대 초에는 주당 44시간 근무가 당연했고 토요일 오전까지도 이 근무시간에 포함되어있었다. 근무를 마치고 토요일 오후에 출발해서 일요일은 동굴탐험을 했고 그날 밤 늦게 집으로 되돌아오는 생활을 반복했다.

　'대중에게 개방된 동굴' 외에는 다른 어떤 곳도 가보지 못한 사람들에게 동굴탐험은 마치 자기 학대처럼 보일 것이다. 동굴탐사는 요트, 행글라이더, 카누와 같은 것들을 타는 활동적인 취미들과 마찬가지로 닥치는 어려움을 헤쳐나가는 데 그 기쁨이 있지만 여기에는 그보다 훨씬 더한 무언가가 있다. 아래로 뚫린 좁다란 길을 따라가거나, 좁은 터널을 통해 요리조리 내려가 누군가의 헤드램프 불빛이 비출 때까지 암흑천지였던, 버

◀ 킹스데일의 징글링 동굴. 1934년 엘리 심슨(또는 '씨미')에 의해 등재된 인상 깊은 구혈 형태의 동굴이다. 밧줄과 나무로 만든 사다리를 가설해놨는데 1950년대에도 이 장비가 줄곧 사용되었다.

스 몇 배 크기의 돌덩이들이 여기저기 흩어져 있는 널찍한-때에 따라서는 거대한-절대 침묵의 지하 공간을 찾아내는 즐거움, 저 먼 곳으로 뻗어나가는 즐거움을 묘사할 능력이 내게는 없다.

이러한 흥미로운 직업(나에게는 스포츠 이상이었다)에 대해 나를 일깨워준 것 가운데 하나가 1933년 프랑스에서 처음 출판된 노르베르 카스테레Norbert Casteret의 책이었는데 1939년에 《땅 밑에서의 10년Ten Years under the Earth》이란 제목으로 영국에서 출간됐다. 그의 이야기 가운데는 반신반의하며 받아들여야 할 부분도 있지만 당시에는 이러한 주제의 책이 거의 없었고 사진 역시 꽤 의미 있는 것들이 많았다.

12세 때 처음 지하 공간에 가본 것으로 기억하는데 내가 특별한 부탁을 했기 때문이다. 그곳은 노스요크셔 지방에 있는 잉글턴 근처 킹스데일Kingsdale의 요다스Yordas 동굴이었다. 요다스 동굴은 내게서 휴일의 편안함은 빼앗아갔으나 그때의 방문을 지금도 또렷이 기억한다. 우리는 근처 농가를 방문했는데 그곳 사람들은 구충 제거를 위해 양들을 약물에 씻기는 중이었다. 우리는 돈을 내고 열쇠와 몇 개의 양초를 얻었다. 그들은 너무 바빠 가이드를 해줄 수 없었다. 우리가 동굴 입구로 다가가자 수백 마리의 산토끼들이 들판으로 흩어졌고 우리는 곧 석회암 언덕을 발견하게 됐다.

지하에 들어서자 가까운 곳에서 물이 규칙적인 간격으로 퐁당 소리를 내며 떨어졌고 조금 멀리에는 시냇물 소리가 들릴 듯 말 듯 졸졸 소리를 내며 흐르고 있었다. 손에 쥔 두툼하면서도 뜨거운 양초는 아주 희미한 불빛을 냈고 바닥은 온통 울퉁불퉁하고 질척질척했다. 우리는 지하에 내려와 있었다. 그야말로 바로 내가 기다려왔던 순간이었다. 그러나 지금 내게는 내가 그토록 원했던 빛에서 멀어지는 모험을 부모님들이라면 결코 감행하지 않았으리라는 곤혹스러움만이 기억으로 남아 있다.

　나는 그 이후 대학교에 가서야 한 번 더 지하세계에 들어갈 수 있었다. 그때 간 곳이 더비셔Derbyshire에 있는 엘든 동굴Eldon Hole이었다. 이때는 지하세계로 들어가는 것보다 햇빛 속에서 이루어지는 활발한 활동이었다. 햇빛이 비추는 입구에서부터 어둡고 물방울이 떨어지는 100피트의 수직통로를 내려가는 일이었다. 동굴탐험가들은 이곳을 찾은 사람들이 구멍의 깊이가 얼마나 되는지 알아보기 위해 지난 수십 년간 위에서 돌을 던져 쌓아 놓은 엄청난 양의 원추형 돌무더기 꼭대기에 서보기도 한다.

　내 생각에는 예전에 구멍 주위를 에워싼 석벽이 있었고 석벽의 돌들이 떨어져 일부는 이 돌무더기를 만든 것임에 틀림없다. 또한 최근에 일정한 간격으로 박은 말뚝에 철조망을 둘러쳐 입구 언저리의 추가 붕괴를 막은 것처럼 보였다. 이 차단 울타리 때문에 사람들은 옆으로 기어 내려가야만 했고 과거에는 커다란 입구였을 맨 꼭대기 아래 부분이 쪼그라들어 지금은 4분의 3 가량이 돌부스러기로 채워져 있다. 그 다음 구혈 아래 수로 쪽으로 좀 더 내려가면 지금은 아치형의 석교 아래를 지나게 되는데 이곳에서 올려다보면 천정이 높고 거대한 공간 안에 자신이 있음을 발견하게 된다. 이 부근에서 더 이상 안으로 들어갈 수 없게 되었지만 이 동굴은 한번 가볼만한 가치가 있고 내 동굴탐험 경력의 출발점이라 하기에 충분한 곳이었다.

　대학에 있는 동안 나는 산악클럽에 가입했고 쉐필드의 사암으로 이루어진 '정상'을 주말마다 오르며 즐거운 시간을 보냈다. 그러나 몇 차례 산악클럽끼리 미팅을 하면서 우리는 더비셔의 또 다른 동굴(지금은 그 이름을 잊었지만)을 탐험하기로 했다. 이 동굴탐험이 버비지Burbage 봉우리나 심지어 킨더스카우트Kinderscout를 걷는 도보산행보다 더욱더 많은 재미와 만족을 줄 거라 생각했다. 그 후 할 수만 있다면 그것이 어디에 있든 동굴이나 수직구혈 탐험에 더욱 열을 올리게 되었다.

마침내 웨이크필드에서 근무를 시작할 즈음에 나는 영국동굴학회British Speleological Association를 우연히 알게 됐는데 이 학회의 정기학술대회가 아마도 개핑 길Gaping Ghyll에서[4] 열린다는 사실을 신문에서 보고 알았던 것 같다. 그 후 요크셔 북서부의 구혈과 동굴지역인 일명 크레이븐Craven 지역을 탐험하는 일로 바쁜 시간을 보내기 시작했다. 다행스럽게도 나는 구혈을 찾을 때마다 빠짐없이 작은 일지에 기록했고 그 때문인지 오늘에 와서도 당시의 몇몇 구혈을 다시 찾을 수도 있다.

나중에 개핑 길의 학회를 통해 알게 된 거대한 구혈을 발견하고 느끼는 희열에 비하면 더비셔에서 경험한 나의 '구혈 찾아다니기'는 정말이지 아무것도 아니었다. 1946년 6월이었는데 나는 처음으로 거대한 구혈로 내려갔고 이어 연결된 통로를 탐험했고 영국동굴학회가 주관하는 2주의 '정기학술대회' 기간 동안 그곳 캠프에서 계속해서 동굴탐험을 했다. 학회 기간 동안 동굴탐험은 아주 잘 조직된 이벤트였던 것으로 기억한다. 장비를 갖추기는 했지만 특히 구혈의 넓은 입구 위를 가로질러 가기도 했고 내구성이 강한 보조밧줄을 위아래로 고정시켜 이것에 목재의자를 매달고 가솔린 엔진으로 움직이는 또 다른 밧줄을 이용하여 아래로 내려가기도 했다. 한번은 정기 동굴답사 때였다. 어느 날 나는 누군가의 구조 요청으로 아침 일찍 잠에서 깨게 되었다. 그는 구혈 아래에서 밤을 지새

---

4. 역자 주: 영국 노스요크서 지방에 있는 자연동굴. 특히 개핑 길은 위에서 아래로 뚫려있는 일종의 수직구혈식 동굴임.

우면서 플래시 사진을 찍었다. 이 당시 플래시 사진은 플래시 파우더(곱게 갈린 마그네슘)을 사용하는 것이 특징인데 불투명한 백색 산화마그네슘이 공기 중에서 아주 밝은 빛을 띠게 되는 게 원리였다. 그런데 이 백색 산화마그네슘은 공기의 순환 정도에 따라 아주 오랫동안 대기 중에 떠돌아다니기도 한다.

이 사진기사가 어리석은 짓을 했는데 플래시 파우더와 도화선을 함께 가지고 와서는 그것이 왜 폭발하지 않는지 알아보려고 했던 것이다. 물론 폭발했고 그는 얼굴에 아주 심한 화상을 입었다. 당시 구혈 아래에 있던 사람들은 몇 시간 동안 지표에 있는 사람들과 연락할 수가 없었다. 왜냐하면 밤에는 전화 교환수 역할을 하는 사람이 없었기 때문이다. 그런데 아침 일찍 일어난 한 동료가 구혈 입구 근처에 우연히 갔다가 유도밧줄이 흔들리는 것을 보고 뭔가 이상함을 느끼고는 의자를 내려 보냈다. 캠프에 있던 사람들이 소식을 듣고 모두 달려와 내려보낸 들것에 부상자를 실어 클랩햄 역Clapham Station으로 후송했다.

이 사건이 동굴탐험에 대한 나의 생각에 별 영향을 주진 않았지만 플래시 사진의 위험성에 대해서는 확실히 깨닫게 되었다. 개핑 길 의회의 본회의장에 걸려 있는 유명한 사진은 동굴학계의 원로인 엘리 심슨Eli Simpson이 30대에 찍은 것인데 이 정도면 두 개의 거대한 플래시 분말 덩어리가 소요됐을 꽤 상당한 양이었다.

영국동굴학회는 그때보다 규모가 상당히 커졌고 세틀 중심가에 학회 사무실을 두었다. '학회사무실'은 조개탄 난로가 있는 낡은 1층 방이었다. 커다란 탁자에는 동굴탐사계획 또는 도면이 덮여있었고 여러 개의 사물함과 서류보관함 그리고 벽면에는 개핑 길, 징글링 구혈Jingling Pot 그리고 킹스데일 구혈과 같이 잘 알려진 곳을 찍은 커다란 암갈색 사진이 몇 장

걸려있었다. 엘리 심슨이 찍었던 이 사진들은 그와 그의 작업, 그리고 그의 열정을 둘러싼 신비감을 유지하는 데 도움이 됐다. 나는 그의 대표작인 징글링 구혈 사진을 복제했고 우리가 1950년대 동굴탐험 당시 사용했던 밧줄과 나무로 엮은 사다리를 삽화로 넣어 설명에 활용했다.

'씨미Cymmie'는 그가 좋아했던 애칭이다. 내가 알기로 그는 웨스트라이딩 섬유회사 가문에서 적지 않은 돈을 상속받아 30대에 오스트윅으로 이사를 했고 그 이래로 줄곧 동굴사진만 찍었다. 내가 그를 처음 안 것은 그의 나이 예순 살 무렵이었다. 그는 사랑스럽기도 했지만 한편 고집불통인 사람이기도 했다. 영국의 동굴과 구혈 특히 영국 북서부 동굴지역에 대해서는 타의 추종을 불허할 정도의 권위를 가졌는데, 시간이 날 때마다 모든 일을 내려놓고 동굴과 구혈에 대한 방대한 조사계획을 입안하고 실행했다. 또한 동굴학사에 남을 만큼 유명한 기록사진을 남기기도 했다.

그는 영국동굴학회를 창립했고 열성 지지자들을 중심으로 학회를 이끌어나갔지만 몇 년이 지나면서 지지자들이 점차 떨어져 나가게 되었다. 그는 별도의 동굴연구회를 조직했는데 오랜 친구들과 그를 지지하는 많은 사람들의 반대 속에서 이루어졌다. 그 반대라는 것이 새로운 조직을 만드는 것에 대한 분노라기보다는 씨미의 고집불통 성격에 대한 서글픔이었을 것이다. 하지만 씨미는 그 점을 알지 못했다. 사람들이 자기와 함께 하든지 아니면 동굴 속 황량함에 버려지든지 관심조차 없었다.

그는 항상 새로운 동굴을 찾았고 30대 초반 이래로 쭉 그렇게 살아왔으며 양차 세계대전 기간에도 그런 생활은 계속됐다. 하지만 지금은 동굴의 매력에 빠진 젊은이들을 격려하고 그들의 열정을 지지하고 있다. 그 당시 우리는 모두 젊었고 감성적이었으며, 최신 동굴을 발견하면 항상 긴장감에 휩싸였다. 매주 또 다른 탐사루트를 찾거나 '갈' 수 있는 동굴이 여전히 남아있을 거라는 생각으로 탐험에 나서곤 했다.

내가 동굴과 구혈에 대한 씨미의 이론적, 실질적 경험과 그의 지적 수준에 흠뻑 빠져들게 된 것은 어쩌면 당연했다. 당시의 커다란 논쟁 중에 하나가 석회암 동굴의 형성과정에 관한 이야기들이었다. 석회암 동굴이 순전히 석회암의 용해에 의해 형성됐는지 혹은 석회암의 일부 층이 손상된 상태가 또 다른 요인을 제공했는지, 그리고 어떤 부분이 퇴적암 내부의 층리면과 세일층에 연관되는지와 같은 것들이다. 씨미는 데이비스와 브레츠Bretz가 제안한 '프리에틱phreatic' 이론(지하수면 아래에서 지하수가 서서히 스며드는 임의적인 순환활동에 의해 석회암 동굴이 형성된다는 이론-역자 설명)을 경멸했는데, 씨미는 석회암의 일부가 지하수면의 아래에 있고 따라서 영구히 물에 젖어있는 상태이기 때문에 동굴은 발생단계에서 단순히 압력을 받은 물의 용해작용에 의해 형성된 것이라고 제시했다. 나역시 직접 관찰해보고 나서 이 견해가 옳다고 확신하게 되었다. 수많은 거대 동굴들은 종종 뾰족한 돌무더기들이 어지럽게 널려있는데 우리가 매주 크레이븐 석회암지대를 탐사했던 바에 따르면 전체적으로 이러한 방식(프레에틱 이론)으로는 형성될 수 없다.

크레이븐 석회암지대는 특히 동굴형성의 관점으로 보면 흥미로운 지역인데 용식작용으로 형성된 공동空洞의 좋은 예를 볼 수 있기 때문이다. 각진 암석들 옆에는 물리적 붕괴에 의해 떨어져 나간 모양과 떨어진 암석 파편들의 모양이 서로 같은 지역들이 존재한다. 이러한 동굴들은 때로 편평한 천장과 종종 붕괴하여 떨어진 거대한 돌덩이와 미세한 진흙들로 반쯤은 채워져 있었다.

사진들은 이러한 근거를 좀 더 명확하게 보여준다. 랭커스터 구혈의 콘

1949년, 콘즈 동굴, 랭커스터 구혈. 아주 거대하고 편평한 지붕과 건조한 텅 빈 방과 같은 곳에 커다랗고 다양한 둥근 모양의 암석이 어지럽게 널려있다. 두 사람이 서 있는 모습은 이 공간의 규모가 어느 정도인지를 짐작케 해준다.

1949년, 더비셔의 피크 동굴. 이 사진 속의 동굴은 일반인들에게 개방되지 않았으며, 1949년에 발견됐다. 이 사진은 지하수면 아래에서 용해작용에 의해 형성된 '프리에틱'을 보여주고 있다. 절리 혹은 퇴적층의 층리면이 횡단면의 절단에 영향을 미쳤다. 물에 젖은 두 탐사대원이 물속을 저벅거리며 걷고 있다.

즈 동굴Cornes Cavern의 사진은 흩어져있는 둥근 암석들과 거대하고 편평한 천장으로 된 공간을 보여준다. 90쪽 위 사진을 보면 세 명의 동굴 탐사대원을 볼 수 있는데 그중에 두 명 사이의 거리가 동굴의 규모를 알려준다. 한편 더비셔에 있는 피크 동굴의 '벅스톤 지하수Buxton Water' 사진은 '프리에틱' 또는 용식작용에 의한 '튜브 형태'의 사례로 중간선을 가로지르는 퇴적암의 층리와 이판암을 따라 초기에 형성되었다. 이러한 종류의 통로가 지금은 명확히 지하수면 위로 올라갔다 하더라도 형성은 지하수면 아래였다. 아래 사진을 보면 두 명의 탐사대원이 입은 작업복이 물에 젖어있는데, 방금 전까지 깊은 물을 헤치고 왔음을 보여준다. 세 번째 전형적인 통로 형태는 '수로stream passage'라고 불리기도 하는데 종종 10피트 이상의 높이에 매우 구불구불하면서도 좁고 지그재그 모양으로 뚫려있다. 대개 물은 이러한 수로를 따라 흘러내려 가는데 탐사대원들은 힘겹게 이 길을 따라 이동할 수 있었다. 이 동굴들에는 '베이도스vadose'(프리에틱과 구분짓기 위해)라는 기술용어를 붙이는데 물의 이동과 그것의 용식작용에 의해 동굴이 형성됐고 그 물에는 탄산가스가 녹아있기 때문에 약산성을 띤다. 이 모든 것은 지하수면 위에 있다. 이 좁은 수로의 벽은 일반적으로 물이 흐르면서 움푹 파인 주머니 모양 또는 '가리비 모양'을 띠는데 이것의 횡단면을 보면 원래 물이 흘렀던 방향을 알 수 있다.

동굴 지붕의 갈라진 틈들은 방해석이 녹아든 물(탄산칼슘이 용해된 지하수-역자 설명)이 흐르며 통과하는 공간이고 이렇게 흘러내린 물은 서서히 공기 중으로 증발한다. 가끔 길고 가느다란 빨대 모양 또는 종유석 모양으로 만들어지기도 하지만 때로는 다른 조건들이 발생(아마 사소한 공기의 움직임 혹은 다양한 결정작용)하게 되면 상상하기 힘든 기괴한 모

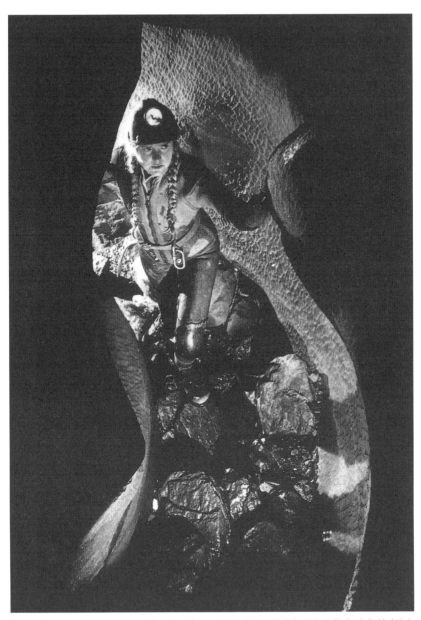

'수로'는 (프리에틱의 반대 의미로) '베이도스'라고 한다. 이것은 활기찬 물의 흐름에 의해 형성된다.
이 수로는 때로 이 사진보다 좁은 경우도 있고, 물의 용해작용에 의해 항아리 모양이나 가리비 모양을
띤다(크리스 하우즈가 찍음).

양이 생길 수도 있다. 또 다른 방해석의 형성은 '커튼' 모양의 반투명 종유석을 만들기도 하고 때로는 천사의 날개를 닮거나 상업적인 동굴에서 볼 수 있는 좀 더 평범한 형태인 베이컨 비곗살과 같은 모양이 되기도 한다.

씨미는 이판암층에 대해서도 무척 강조하곤 했는데 이판암이 석회암층 사이에 끼워져있어서 석회동굴을 설명하는 데 있어 핵심적 부분이기도 했다. 크레이븐 지역의 수많은 동굴들의 편평한 지붕들은 확실히 이주장을 뒷받침하기 위해 빌려온 것이라 할 수 있다. 나는 씨미의 여러 아이디어들을 차츰차츰 부분적으로 채택하며 나의 이론을 확립했다. 최초의 프리에틱 기간도 포함했고 여기에 내가 직접 관찰한 것도 근거로 삼았다. 이 과정에서 몇 군데의 석회암 지역이 다른 지역에 비하여 심하게 파쇄됐고 이는 당연히 물의 흐름이 암석을 파쇄한 것이고(이판암 혹은 기반암에 의해 영향을 받기도 했다) 점차적으로 암석을 이동시키고 거대한 암괴를 분리시키거나 파편화시키게 된다.

몇 년의 시간이 지나고 나는 이것을 논문으로 써야겠다고 생각했고, 1963년 쉐필드에서 열리는 학회에 발표자로 초청을 받아 이 논문을 쓰게 됐다. 하지만 나는 이 주제와 관련하여 왜 어떤 지역은 파쇄의 정도가 상당히 진전됐지만 어느 지역은 그렇지 않은가를 설명할 수 없었다. 나는 동굴 단층지역의 조인트에 관한 와그너L.R Wagner의 논문을 참고하여 작성했다. 이것은 확실히 조인트의 '복잡한' 주향을 설명하는 데 있어서는 도움이 됐지만 '암편patchiness'에 관해서는 설명할 수 없는 부분으로 남았다('조인팅'은 균열의 일종으로 때론 두 개의 조인트가 직각을 이룬 형태가 석회암에서 발견되는데 언덕의 노두에서 잘 관찰된다). 카약을 서구방식으로 사용하여 그린란드를 개척했던 탐험가 지노 왓킨스Gino Watkins의 동료였던 로

렌스 와그너는 조인트의 주향에 대한 정리를 완벽히 해낸 인물이었다. 나는 나중에 더럼 카운티의 기획가였던 그의 아들을 우연히 만나 무척이나 기뻤다. 훗날 비미쉬가 된 지역 열린공간박물관Regional Open Air Museum 계획에 소요되는 부지점검 목록을 한동안 함께 만들기도 했다.

조인트가 심한 지역이 왜 생기는지에 대한 복잡한 문제가 내 마음속 한 구석에서 떠나지 않고 수년 동안 남아있었다. 나는 지질학자인 클루스H. Cloos가 만든 하나의 관찰을 주목하게 됐는데, 그것은 '왜'라는 설명 없이 지대地帶를 제시했던 것이다. 마침내 나는 노팅엄 대학에서 조인트를 연구했던 젊은 지질학자인 필립 도허티Philip Doughty를 만나게 됐다. 그는 석회암이 기반암인 경우 다른 암석에 비해 더 많은 조인트가 생길 수 있음을 확인해주었다. 부분적으로 이것은 왜 랭커스터 동굴(또는 에즈 길 동굴)과 같은 거대한 석회동굴이 일정한 수평면에서 발견되는지, 왜 다른 것들은 그렇지 않은지에 대한 설명에 도움을 줄 수 있었다. 마조리에 스위팅Marjorie Sweeting이 이러한 관찰에 대해 초기의 설명을 제공했는데 그는 이것이 다양한 지하수면의 변화에 기인한 것이라 했지만 그럴듯하게 보일 뿐 제대로 된 설명은 아니었다.

나느 필립과 함께 내 이론을 검증하기 위해 집중적인 고저 수준측량을 시행하려 했으나 가정사로 인해 도저히 짬을 내지 못했다.

지금까지 1940년대 말 나의 주말 동굴 찾기 여행에서 시작하여 많은 이야기들을 했다. 하지만 당시 내가 참여했던 몇몇 집중탐사에 대해서는 얘기해야 할 것들이 남아있다. 약 4년간 좁은 공간에서 새롭게 발견된 동굴 통로 약 10마일을 조사했다. 새로운 통로는 전쟁이 끝난 직후 집중적으로 동굴 찾기에 참여했던 젊은 탐사대원들에 의해 놀라울 정도로 빠르게 발견된 곳이다. 개핑 길 동굴로부터 새롭게 연결된 부분은 어비 펠 동

동굴 조사, 1949년(오른쪽이 필자). 매우 질퍽거리지만 물에서 기어가기는 양호했다.

굴The Cavern on Ireby Fell까지 연장되어있었고, 미어 길Mere Ghyll 동굴과 새롭게 연결된 신 랭커스터 동굴지대 전체였다는 사실이 확인되었다. 이 모든 동굴과 이를 찾기 위해 동원했던 모든 인력과 시간의 경험은 나에게 정말이지 아주 역동적인 기간으로 남아있다.

나는 동굴탐험의 선봉대원이 되기에는 역량이 충분치 않아 주말에 이어지는 예비측량에 참여하는 두 번째 팀에 속하곤 했다. 우리는 측량의 필요성을 항상 강조했을 뿐 아니라 가장 힘들고 어려운 조건 하에서 측량 임무를 수행했다. 95쪽 사진은 피크 동굴Peak Cavern에서 측량팀이 찍은 사진이다. 이 사진은 측량팀이 아주 더러운 수로에 있으면서도 적당히 건조한 곳에서 똑바로 서 있는 것처럼 찍혀 '훌륭한 작업조건'에서 측량하는 것 같은 생각이 들게 했다. 왼쪽에 서 있는 사람은 공군 예비역으로 물기에 흠뻑 젖은 나침반을 사용 중이었고 나는 오른쪽에 메모장을 들고 있다. 우리의 복장은 1949년 당시의 전형적인 탐사복이었는데 지금이라면 잠수용 고무 옷을 입었을 것이다.

한번은 어비 펠 동굴에서 복잡하고도 규모가 아주 큰 통로들이 있음을 확인했고, 나는 나침반과 진흙으로 범벅된 메모장과 점토연필을 들고 '줄자'를 가진 보조인원과 함께 몇 시간 동안 줄기차게 작업을 했다. 당시에는 더러운 조건하에서 사용할 수 있는 금속이나 천 형태로 감겨있는 줄자가 없었기 때문에 직접 만든 두툼한 끈 한 타래를 준비했다(이 끈을 만들기 위해 늘릴 수 있는 모든 것들은 다 사용했다!). 그리고 납으로 된 낡은 가스배관을 납작한 고리 모양으로 만들기 위해 망치로 두들겼고 각각을 수십 피트 길이로 찍어냈다. 작업은 잘됐고 무거운 진흙이 됐든 유속이 빠른 물속이든 모든 조건하에서 사용할 수 있게 만들었다.

어비 펠 동굴에 대한 조사가 거의 끝나갈 무렵 연필을 감아쥐었던 나의 오른손이 갑자기 경련을 일으켰다. 애써 힘주지 않으면 손가락을 똑바로 펴는 것조차 힘들었다. 또 확실히 기억나는 것은 조사지점을 메모장에 기입할 때 쓰는 '여기here'라는 철자를 어떻게 써야 할지 몰랐다. 결국육체적으로 최악의 상태임을 알게 되었다! 생각해보면 지금이야 이 사실을 외부에 밝힐 수 있지만 당시는 그럴 생각조차 하지 못했다.

더비셔에서의 생활 가운데 카슬톤 인근 '페버릴 봉우리'의 깎아지른 절벽 아래에 페버릴Peveril 성과 더불어 자리한 피크 동굴이 생각난다. 동굴 입구는 아주 넓었고, 어두침침한 바닥 쪽으로 크고 오래된 밧줄을 타고 내려갔던 흔적이 최근까지 남아있었다. 이 동굴은 매우 넓고 인상적이었다. 인근의 아주 작은 오솔길 옆을 따라 강물이 쏟아져 내리는 이 동굴을 안내책자는 18세기에 선조들이 우리가 쓰는 것보다 통속적이고 좀더 저속한 표현인 '악마의 똥구멍Devil's Arsehole'이라고 불렀다고 소개하고 있다. 이곳은 상업적 동굴로 잘 알려져 있고 관광 가이드도 제공하고 있는데, 1940년대 말 우리 중 몇몇이 잘 알려진 길 이외에 '추가로' 더 길을 만들기도 했다. 그리고 이런 일도 있었다. 어떤 비좁은 구멍에 대한 탐사에 착수하기 위해 내 차례가 오기를 기다리며 적당히 마른 흙이 있는 곳까지 다리를 쭉 뻗고 있었다. 그러던 중 세 개의 아주 작은 흰 점을 발견했다. 그것이 몇 마리의 진드기임을 알게 되었다. 나는 곧바로 채집했고 영국 자연사박물관의 전문가들에 의해 새로운 종으로 확인됐으며, 그 이름이 유가머서스 앵글로케이번아름Eugamasus anglocavernarum(영국동굴진드기)으로 명명되었다.

몇 년 동안 나는 동굴탐험과 같이 호기심을 불러일으키는 스포츠를 즐겼으나 모든 좋은 일들이 그러하듯 이 일을 정리해야 했고 1951년 결국 동굴탐험을 그만두었다. 앞서 이미 설명했듯이 나는 바바라 헵워스의 전시회를 개막하기 직전까지도 주말에 동굴탐험을 다닐 만큼 무모했다. 당시 우리는 페니겐트 구혈Penyghent Pot을 조사할 계획이었는데 발견한 지 얼마 되지 않은 신생 구혈이었고 탐험은 정말 힘들었다. 12피트 길이의 도구를 이용하여 구혈의 깊이를 측정했는데, 흐르는 물이 구혈을 차고도 넘쳤기 때문에 모든 것들이 젖어버렸다.

우리는 아주 어려운 조건 속에서 이 구혈을 찾았는데 사다리를 물에 닿지 않게 설치하기란 애초에 불가능했다. 그래서 조사하는 과정 내내 물에 흠뻑 젖을 수밖에 없었다. 오늘날 동굴탐험가들은 방수가 되는 고무 옷을 입지만 당시의 웃옷은 실로 엮거나 울 소재의 셔츠, 모자가 달린 풀오버 한두 벌, 원피스의 뻣뻣한 작업복 정도이고 신발은 들어온 물이 밖으로 나가야 하기 때문에 위에 구멍이 뚫려있어야 했다.

탐사는 여느 때와 마찬가지로 시작되었다. 일요일 아침 일찍 세틀을 떠나 오래된 밴에 사다리 꾸러미와 밧줄을 싣고 작업복 한쪽 주머니에 약간의 음식을 쑤셔 넣고 다른 주머니에는 조사목록을 집어넣었다. 우리는 천천히 한 피치 한 피치 하강했는데, 사다리조가 앞장을 서서 먼저 내려갔고 우리들 가운데 두세 명은 조사팀을 뒤따라 내려갔다. 우리는 많은 요크셔의 구혈에서 했던 것처럼 물이 흐르지 않고 암석으로 막혀 더 이상 탐사를 진행할 수 없는 곳까지 내려갔다.

항상 그렇지만 되돌아 나가는 길은 더 지치게 마련이다. 그 지점에서 찍은 사진이 다음 사진이다. 우리 가운데 체력이 출중한 한두 사람 정도를 제외하고는 사진에서 보듯이 대부분은 지친 모습이다.

그러던 중 우리 가운데 한 대원이 심각한 탈진 상태를 보이기 시작했다. 처음에 우리는 그가 몰래 술병을 감추어 놓고 우리 모르게 마신 게 아닌지 의심하기까지 했다. 지금처럼 우리가 더 많은 지식을 가졌다면 아

1951년 북부 요크의 페니겐트 구혈. 둥그런 모양의 동굴 안에서 찍은 대원들 사진. 맨 왼쪽 존 윌리엄스는 나중에 사망한 채 발견됐다. 켄 피어스, 트레버 쇼, 케이스 브레이스웨이트, 그리고 맨 앞에 앉은 필자. 탐사대장이었던 봅 리키가 촬영했다.(82쪽 사진 참조)

마도 겉모습만 보고도 이 친구의 상태를 알 수 있었을 것이다.

우리는 그가 더 이상 구혈을 오르지 못하는 상황이 될 때까지 한 사람씩 돌아가며 부축했고 심지어 그를 밧줄로 감아 끌어당겨 올렸다. 대장인 봅 릭키Bob Leaky가 마지막으로 올라왔고 나는 가장 선두에 섰다. 결국 그 대원을 건조하고 평평한 돌출부 위에 내려놓을 수밖에 없었다. 대장 봅이 그를 지키고 있는 사이 나머지 세 명이 가능한 한 빨리 위로 올라가 구조를 요청하기로 했다. 나 역시 완전히 지쳐있었다. 일행의 맨 윗부분에 머물렀는데 그곳은 거의 '기다시피'해야 할 만큼 높이가 낮았다. 이런 공간 구조에서는 사다리에서 내려서 사다리를 빼내는 등 복잡한 과정을 거쳐야만 한다. 몇 시간이 흘렀다. 우리 세 명은 점점 추위를 타기 시작했다. 봅과 나는 때로 서로에게 소리를 질렀다. 그때 나는 바위가 1피트 정도쯤 패인 공간에 누운 채 반쯤 의식을 잃은 상태였던 것 같다.

어렴풋한 소리에 나는 깨어났고 첫 번째 구조대원이 내 뒤에 힘겹게 도착했다. 그는 나를 밀치면서 사다리에서 내려섰다. 그때 나는 우리 대원이 죽었다는 사실을 알게 되었다. 나는 도움을 받으며 끌어 당겨지다시피 밖으로 나오게 되었다. 정말이지 끝날 것 같지 않은 여행이었다. 그 사이 구조대는 봅과 함께 대원의 시신를 데리고 나오고 있었다.

마침내 우리는 땅 위로 나왔고 조사노트를 잃어버렸다는 것을 나중에야 깨달았다. 우리는 조사결과에 대해서도 만족하지 못했다.

다음 날 나는 마지막으로 일했던 웨이크필드 아트 갤러리로 복귀했고 1951년 영국 축제의 해를 맞아 웨이크필드 지역이 맡았던 바바라 헵워스의 회고전을 준비하기 시작했다.

잠시 동안이지만 나는 너무나도 다른 두 가지 삶의 방식으로 매주 지내는 것이 가능했고 두 일 모두 혼신의 힘을 다해 일했다. 주중에 나는 거의 밤낮없이 완전히 웨이크필드 박물관 혹은 갤러리 일에 묻혀 지내는 한편 주말에는 지독히 차가운 물에 푹 빠져있거나 두꺼운 진흙에 덮여서 석회암 동굴 형성의 우아함, 즉 꾸불꾸불한 지하하천 유로의 형성, 지층의 형성, 바위의 붕괴, 그리고 '부채꼴 모양의 조개' 혹은 구혈에 아주 푹 빠져있었다. 내 생각에 많은 사업가 겸 골퍼들은 이와 유사한 이분법적인 생활을 즐기거나 또는 고생을 하거나 할 것이다.

비록 그 후로 세틀에 뭔가에 홀린 사람처럼 다시 가긴 했지만 나는 어쨌든 지하세계 탐험의 열정을 모두 소진했고 그것을 다시 회복할 수는 없었다.

4. 할리팩스 시절

할리팩스에 있는 동안 나는, 정확하게 우리는 거의 모든 시간을 말로 표현할 수 없을 정도로 행복하게 지냈다. 나는 결혼을 하고 가정을 꾸렸다. 나는 작지만 유능한 직원들과 함께 일할 수 있는 좋은 박물관을 가졌고, 박물관에서 우리가 무엇을 할 수 있는지, 어떻게 해야 하는지 점차 눈을 떠가고 있었다. 그리고 경영과 홍보 그리고 공적 관계, 전시계획 및 진열, 디자인과 출판에 대해 배웠다. 우리는 모직섬유 전시자료들을 재편성했다. 작은 모직방적기 복제품을 창안했고, 18세기 훌륭한 커지Kerseys 직물(밝은 색상의 모직물) 상인이었던 샘 힐Sam Hill의 편지를 출판하고, 고고학 전시관을 만들고, 버마(지금의 미얀마-역자 설명)의 뛰어난 전통의상에 대한 목록을 만들어 출판했다. 언덕에 자리한 18세기, 19세기 광산에 대해서도 배웠고, 몇몇 나이 많으신 장인匠人(못 만드는 사람, 나막신 만드는 사람, 대장장이, 오트밀 비스켓 굽는 사람 등)들을 찾아내어 기록했다. 작은 열린공간박물관을 건립하여 개관하기도 했고, 중세와 17세기의 뛰어난 건축물이었던 십든 홀Shibden Hall을 완벽하게 재현하여 출판물로 내기도 했다. 중세풍의 회랑이 있는 홀을 발견하여 기록하는 짜릿한 경험도 해봤

◀ 할리팩스의 십든 홀. 아름다운 17세기 지주의 집으로 당시 오크 가구들로 채워져 있다. 인근의 헛간은 농기계와 각종 도구들이 있었다. 할리팩스에서 내가 관여했던 3개의 박물관 가운데 하나다.

고, 러던든 풋Luddenden Foot 위의 가파른 언덕에 있는 두 채의 습기 차고 쓰러져가는 18세기 오두막집을 새롭게 수리하기도 했다.

할리팩스에 있던 기간은 지극히 창조적이고 활동적인 시간이었다. 너무나도 많은 일을 했고 또 너무나도 많은 것들을 발견하고 관찰하고 기록했던 시기였다. 나는 당시 마을에 흩어져있던 세 개의 박물관에 대한 책임을 맡고 있었다. 벨 뷰Belle Vue는 중앙도서관뿐만 아니라 자연사 수집품 보관장소로도 이용되고 있었고, 십든 홀은 중세 가정집이었고 그리고 뱅크필드Bankfield 박물관은 빅토리아시대 모직물 상인의 거주지였다.

오래전 과거를 뒤돌아보면 약간 꺼림직스러워지기도 하고, 결혼 전 그 시절이 얼마나 꿈같은 시기였는지 실감나기도 한다. 나는 체스터톤Chesterton의 유명한 인용구를 참고로 나의 기억을 지금 막 되살려냈다. 그는 아내에게 이런 전보를 보냈다. '내가 있어야 할 곳은 어디지?Am in Crewe?' 웨이크필드 박물관에서 근무할 때 할리팩스 박물관에 있는 동료를 만나러 가는 길이었다. 나는 멍청하게도 버스를 탔고, 버스에서 내렸을 땐 길을 찾을 수가 없어서 당황해했다(나는 당시 할리팩스라는 이름과 후더스필드Huddersfield라는 이름이 이상하리만치 혼동됐다). 대부분의 사람들이 길을 찾기 위해 펍을 이용하지만 나는 지금도 박물관을 이용한다. 그러나 당시에 나는 할리팩스 박물관의 이름조차 기억할 수 없었고 후더스필드 박물관만 자꾸 생각났다. 하는 수 없이 경찰관을 찾아가서 물었다 "이 마을에 톨손 기념 박물관Tolson Memorial Museum이 있나요?" "예." 경찰관이 대답했고 어떻게 찾아가야 할지 알려줬다. "고맙지만 괜찮습니다." 나는 용감하게 대답하며 또 이렇게 물었다. "할리팩스로는 어떻게 가야 하는지 알려 주시겠어요?" 나는 사람들이 자기 직업을 뛰어넘어 더 많은 것을 상상할 수 있다고는 믿지 않는다. 체스터톤의 전보에서 보듯이 이 책을 통해 좀 더 확실하게 해둘 부분은 내 직업으로는 도저히 상상할 수 없는 것들 대부분을 결혼 이후 아내 조앤 덕분에 맛볼 수 있었다. 그녀는 내 인생의 절반을 책임져준 사람이다.

당시에는 몰랐지만 내가 하고자 했던 가장 중요한 일은 빠른 시일 안에 박물관의 초급 보조원 자리를 만드는 것이었다. 초급 보조원의 역할은 편지를 타이핑하고, 수장품들을 분류하기 위해 수장품 목록을 관리하고, 수집품에 대한 카탈로그를 만들고, 새로운 전시 및 진열을 준비하고, 사전준비를 포함한 모든 것들을 처리하는 일이다. 나는 리즈 예술대학에서 공부했고 박물관에서 일하기를 원했던 능숙한 젊은 여성과 인터뷰하고 그녀를 채용한 것은 대단한 행운이었다. 농부의 딸인 조앤 피어슨Joan Peirson은 당시 박물관의 독특한 분위기에 이내 적응했는데, 어느 순간 내가 주말에 그녀를 불러 할리팩스 안에서 또는 주변에서 발굴 중이었던 아주 흥미로운 것들에 대한 기록과 사진촬영을 요청하고 있다는 사실을 알게 되었다.

돌이켜보면 우리의 연애 시절 대부분은 할리팩스 인근의 언덕에서 이루어졌다. 우리의 첫 번째 발견 가운데 하나가 언덕 비탈길을 따라 단단하게 쌓아올린 높은 석벽인 '주드 월judd wall(113쪽 사진)'이었는데 산비탈이 아주 가파르기 때문에 석벽을 쌓아 그 위로 도로 또는 통행로를 만들었다.

그 다음에 나는 우연히 석탄채굴 권양기[5]의 원형트랙 흔적(아마 지름이 25피트 정도)을 발견했는데 낮은 원형석벽으로 둘러싸여 있었고 지름을 가로질러 양쪽 끝에 수직으로 세워진 한 쌍의 나무기둥으로 받쳐져 있

---

5. 역자 주: 탄광에서 지하의 석탄을 끌어올리기 위해 지표면에 설치한 일종의 도르래 시설.

었다. 이렇게 호기심을 자극하는 몇몇 구조물들이 할리팩스 골동품협회의 멤버들에 의해 발견되기도 했지만 그들은 그것들이 어떻게 작동하는지 결코 알지 못했다(그들은 기술적인 입장이라기보다는 역사가의 입장에 좀 더 가깝다). 기둥들이 커다란 크로스빔을 받치며 중앙의 지줏대를 지탱시켰고 그 지줏대는 큰 나무로 만들어진 편평한 북 모양의 구조물을 받치고 있었다. 말이 석벽 안쪽에서 한 바퀴를 돌면 드럼이 돌아 드럼을 싸고 있는 밧줄이 감기고 그러면 수직 석탄갱에 있는 석탄바구니를 들어 올리게 된다. 원형트랙은 아주 독창적인 건축물이었다. 특히 석벽으로 쌓은 것은 당시 할리팩스에서는 아주 독특한 구조물이었고 조앤과 나는 열두 개 남짓을 찾아내서 그림을 그리고 사진을 찍어 기록해놓았다. 재미있는 일도 있었다. 내가 그 석벽의 높이를 측정하던 중 지나가던 농부가 궁금하여 내게 말을 걸어왔다. 나는 이곳이 작은 탄광을 에워싸고 있었다고 설명을 해주었고 만일 우리가 권양기 아래 중심부에 있는 덤불을 치우면 그 안에 작은 회전축 구멍 안에 침하된 벽돌을 발견할 수 있었을 것이라 얘기해주었다. 그는 의아스럽다는 표정이 역력했지만 계속된 설명에 뭔가를 알게 된 듯 꽤 감동을 받은 눈치였다. 그는 그 뒤로 우리를 돕지 않을 수 없었다.

이러한 할리팩스의 탄광들이 나로 하여금 진피트_{gin pits}[6] 탄광들을 찾아 더 멀리 나아가게 했는데, 어떻게 찾았는지 이제는 기억도 나지 않지만 웨이크필드 근처에서 하나를 발견했다. 늦은 저녁 누군가의 안내를 받아 그곳으로 차를 몰고 간 기억이 생생하다. 너무 늦은 밤이어서 그 모습을 제대로 볼 수 없어 나는 플래시를 터뜨려 사진을 찍었는데, 거친 잡목

---

6. 역자 주: 말을 사용하여 도르래 원리를 이용한 재래식 권양기. 진 피트(gin pit)라는 것은 이러한 장치를 갖춘 광산을 말한다.

웨이크필드 로스웰에 있는 19세기 탄광의 말을 이용한 권양기 시설. 1952년 늦은 밤 이것을 발견했다. 아주 보기 드문 발견이었다.

1953년 할리팩스의 십든 홀에 똑같은 권양기를 복원해서 다시 세웠다. 드럼에 감긴 로프가 인근의 광산 수직갱의 도르래를 위아래로 움직였다.

림 속에 자리 잡은 그 모습에 마치 이 세상 것이 아닌 듯한 감동적 효과가 더해졌다. 바로 이 진 피트 탄광이 우리가 마침내 손에 넣어 해체하여 옮긴 다음, 새로 건립한 '웨스트요크셔 민속박물관West Yorkshire Folk Museum'의 한쪽에 할리팩스 탄광을 대표해서 최종적으로 복원하여 재건한 것이다.

1950년대 중반 할리팩스에서 보낸 신혼기에 조앤과 나는 박물관에서 함께 일했다. 우리는 초저녁에 마을로 내려가 스타카페에서 소시지와 감자칩을 먹었고 작은 텔레비전으로 테니스 경기를 시청하곤 했다. 그 다음에 남은 일을 좀 더 하기 위해 박물관으로 되돌아가거나 스팁행 버스를 타고 종점에서 내려 언덕에 있는 우리 집, '홀린스 게이트Hollins Gate'로 걸어 올라가곤 했다.

내가 할리팩스에 맨 처음 왔을 때 발견했던 것 가운데 하나가 칼더Calder 계곡 위쪽 소어비Sowerby 마을 근처의 언덕이었다. 중심가를 벗어나면 언덕이 있었는데 그곳은 아주 외진 곳으로 거의 사람이 살지 않았다. 여기 살고 있는 사람들은 그들의 인생을 통틀어 멀리까지 여행할 필요가 전혀 없어 보였다.

조앤과 내가 1953년 결혼을 약속했을 때, 우리는 이 마을에서 오두막집을 물색하고 있었는데 마침내 홀린스 게이트로 알려진 러던든 풋 위쪽에서 두 개의 오두막집을 발견할 수 있었다. 우리는 두 오두막집을 터서 하나로 만들었다. 우리는 지역을 좀 더 알아보기 위해 이곳에서 가끔 주말을 보내곤 했다. 프랭크 헬리웰Frank Helliwell도 여기서 만났다. 그는 볼더 클로우Boulder Clough 위쪽에 있는 샌즈 팜에서 농사를 짓고 있었는데, 단 한 번 블랙풀Blackpool에 갔던 것을 빼고는 (정말이지 웬만하면) 결코 할리팩스보다 더 멀리 나가본 적이 없노라고 말했다. 그와 그의 여동생은

이 작은 산비탈에서 소작 일을 했으며 동네 사람들은 그를 '프랭크 오 샌즈'라고 불렀다.

1955년 우리의 첫 아이가 태어났다. 우리는 '잔디 위 아기' 사진을 찍기 위해 16밀리 카메라를 장만했는데 이 카메라로 지역의 장인匠人들과 농사 과정을 컬러사진으로 기록해두려는 의도도 있었다. 나는 이 카메라로 뭔가를 만들어야겠다고 결심을 했고 원조라는 이름을 붙일 수 있는 나의 첫 번째 영화 '페나인 지역 건초만들기Pennine Haymaking'를 만들었다. 나는 영화제작 과정과 영화 관련 용어들 그리고 필요장비를 기록해놓았는데 이때 재사용된 '스틸사진'은 영화를 만들기 이전에 촬영한 것이었다. 나는 또 1951년 크럼프W. B. Crump가 지은 《작은 언덕농장the Little Hill Farm》이라는 매력적인 책에 대해 잠시나마 감사의 인사라도 올려야 할 것 같다. 하지만 불행하게도 당시 그는 중병에 걸려있었고 내가 할리팩스에 도착하자마자 세상을 떠났기에 그를 대면할 기회는 없었다.

1955년 7월 대략 한 주 동안은 영화를 찍으며 보냈는데 프랭크 헬리웰과 그의 여동생에게 정말 고맙게 생각한다. 왜냐하면 나는 다양한 각도로 움직이는 과정을 모두 보여주려 했기 때문에 그들을 천천히 움직이게도 하고 아니면 평상시처럼 움직이라고 지시하기도 했다.

할리팩스 박물관에 있는 동안 나는 박물관 일을 홍보하기 위한 방법으로 라디오의 역할이 중요하다는 것을 알게 됐다. 당시 내 눈에 띄었던 것이 북부지역 프로덕션에서 제작되어 오후 1시 뉴스에 방송되는 '위클리 어헤드weekly ahead'와 같은 주간 라디오 프로그램이었다.

'뉴스아이템'의 문구를 잘 만들어냈던 나는 맨체스터를 근거로 활동하던 프로듀서 캐슬린 버크Kathleen Burke의 눈에 띄게 되었다. 그녀는 매주 화요일 전화를 걸어 나를 초대해서 200 단어 이내로 의견을 말하게끔 하였다. 나는 리즈 방송국에 다니곤 했는데 리즈 방송국은 맨체스터와 뉴 캐슬간 통신선이 연결되어 있던 시절이다. 당시 뉴캐슬 방송국의 캐스터 는 이본 애덤슨Yvonne Adamson이었는데, 나는 목소리로는 그녀를 잘 알 고 있었지만 수년 동안 만나보지는 못했다. 내 원고는 꼼꼼하게 검토를 받았고 두세 단어를 첨삭해 정확하게 분량을 맞췄다. 리허설 후 각자 점 심식사를 위해 인근의 매점으로 갔다가 뉴스가 끝날 무렵이면 다시 모였 다. 방송이 시작할 무렵 긴장의 기운이 점차 고조됨에 따라 가슴이 두근 두근 떨리기도 했다. 오늘날 전시장을 방문한 리포터가 휴대용 녹음기를 들고 정신없이 온갖 부산을 떨며 진행하는 인터뷰와는 너무나 다른 시간 이기도 했다. 때론 담당 피디와 약간의 갈등을 겪기도 했지만 재미있었고 확실하게 박물관을 홍보할 수단이기도 했다. 18세기에 제작된 피아노들 이 포함된 전시회 때의 일인데 나는 제작사의 제작연도를 새겨 흥밋거리 를 추가하자고 제안했다. 그러나 캐슬린 버크는 광고 수주에 대해 걱정을 했고 나의 소소한 제안은 이내 잘려버리고 말았다.

이후 그 프로그램의 몇 주년인가의 기념일에 맨체스터에서 있었던 점 심식사 자리에서 캐슬린과 이본 애덤슨 자매를 만났고, 내가 훗날 잉글랜 드 북동부로 이사하면서까지 이어진 이본과의 우정이 이때 시작되었다. 당시에 나는 텔레비전이라는 새로운 매체에 관여하게 되었는데 특히 뉴 캐슬 방송국의 '예스터데이 쇼Yesterday Show'에 참여했다.

수년 전 일찌감치 텔레비전을 눈여겨보았던 조앤과 나는 할리팩스 박 물관에서 "동물, 식물 그리고 광물Animal, Vegetable and Mineral"[7]-고고학자

---

7. 역자 주: 모티머 휠러가 출연했고 글린 대니얼이 좌장인 텔레비전 프로그램으로 데이비드 아텐보로가 제작을 했다. 한 주에 동물, 식물, 광물들의 표본을 갖고 나와 전문가들이 이에 대한 각종 정보를 상호 주고받는 인기 프로그램. 1952년부터 1959년까지 방송됨.

모티머 휠러Mortimer Wheeler와 글린 대니얼이 출연하고 진행한 프로그램으로 젊은 시절의 데이비드 아텐보로가 제작 중이었다—로의 도전에 나섰다.

데이비드 아텐보로David Attenborough는 우리가 프로그램에 제공하려던 물건을 보기 위해 할리팩스에 왔다. 우리는 어느 날 밤 생방송으로 진행하는 프로그램을 보기 위해 스튜디오에 초대받았다. 나는 출품된 물건들을 일일이 기록해두지 못한 것을 후회하지만, 그것들은 확실히 직조물, 사회사社會史, 고고학 등 우리의 풍부한 수집품의 한 단면을 보여주었다. 키플링Kipling이 말했듯이 초창기 텔레비전에서 보여주는 것들은 '세상은 새롭고 밝다'였다. 우리가 텔레비전을 통해 바라본 첫 화면은 방송에 출연했던 동료들이 뱅크필드 박물관에서 도로로 내려오는 장면이었다. 그들 중에는 할리팩스에서 최초로 텔레비전 세트를 구매했던 사람도 있을 것이다. 우리는 대략 우편 엽서 크기의 옅은 보라색 화면을 시청했었고 일종의 도전 프로그램이었던 '더 팀The Team'이라는 프로그램에 열광했다.

한참이 지난 후 팀(그리고 도전자)에 출연했던 사람들은 텔레비전 쇼에 앞서 아주 훌륭한 저녁식사를 대접받았다. 와인 선별에 일가견이 있던 글린 대니얼Glyn Daniel이 와인을 직접 골라주기도 했다. 팀들이 스튜디오 조명 아래에서 말도 잘하고 두려움도 없어진 것은 그리 놀라운 일이 아니었다. 오히려 나는 스튜디오에서 불상사가 일어나지 않은 것이 이상했다.

스튜디오 제작이 좀 더 정교하면서도 복잡해짐에 따라 당시의 단순한 즐거움들이 사라졌다. 그 중 하나가 프로그램을 소개했던 구르는 상자였다. 카메라가 촬영하는 가운데 상자를 천천히 굴리다 멈추면, 뚜껑이 슬그머니 열리며 안에 있는 물건이 보이게 된다. 내가 구르는 상자에 대해 놀란 것은 상자 아래에서 소품 담당자가 웅크리고 앉아 손잡이로 핸들을 재빠르게 돌려 탁자 위의 상자를 돌리는 모습이었다. 나는 이 모습을 보면서 너무나도 재미있어했다.

내가 거의 매달리다시피 했던 또 다른 지역 활동은 맥주 만들기였는데, 특히 십든 홀의 부속건물 중 하나가 과거에 맥주를 만들던 곳이라는 사실을 알게 됐기 때문이다. 우리는 몇몇 맥주 양조장을 찾아 돌아다녔고 해체해서 가져올 수 있는 장비들을 결국 십든 홀로 옮겨왔다. 커다란 술통을 지탱하기 위한 원형의 벽돌 구조물이 있어야 했다. 그 아래에 작은 화로를 설치했고, 그리고 맥아즙을 옮기거나 맥주가 되어가는 과정에서 액체들을 이동시키기 위해 나무와 구리 펌프를 옆에 설치했다. 또 길고 얕은 나무홈통이 있었고 비록 모든 것들이 부족했지만 특별히 디자인한 두 개의 나무 양동이도 있었다. 이러한 방식과 비슷한 맥주제조 공장이 영국에 두 군데가 있었다. 하나가 옥스퍼드의 퀸즈 칼리지Queen's College에 있고 다른 하나가 셰익스피어 지방의 샬레코트 매너Charlecote Manor에 있었다. 어찌 되었든 간에 나는 제대로 된 방법을 찾고자 남쪽으로 향했고(당시에 나처럼 급하게 그 방법을 찾고자 서두른 사람도 없었다), 이 두 군데의 양조장에 대한 기록을 찾아보려고 했다. 이런 노력 덕분인지 아주 쉽게 내가 살던 동네의 술통제작자가 만든 비슷한 술통을 확보할 수 있었다.

이 시점에서 다른 이야기를 하자면 나는 항상 할리팩스 지역에 대한 약탈적인 유물수집을 거리낌 없이 감행했음을 인정해야 할 것 같다. 그리고 가끔 여러 해 전부터 보존됐어야 할 몇 가지 유물들을 발견하기도 했는데 예를 들어《전원생활Country Life》이라는 잡지의 독자투고란에 실린 내용을 우연히 접했고 그것을 오려 몇 년간 보관했다. 그 내용은 한 짝만 남아있는 바퀴에 관한 것이었다. 이 바퀴는 레이크 디스트릭트Lake District

1952년 할리팩스의 부스타운 위쪽에서 찍은 조앤(훗날 나의 아내)과 '주드judd' 성벽.

근처에 무너질 듯한 낡은 작업장에 여전히 보관되어있었다. 마침내 나는 그곳을 간신히 찾아갔는데, 세드버그Sedbergh라는 곳으로 기억한다. 작업대 아래 찌그러진 채 놓여있던 바퀴들을 찾아낼 수 있었다. 그리고 그것들에 대해 거론된 지 수년이 지난 시점에 초로의 수레 목수에게서 그것들을 가져올 수 있었다. 그것은 각 바퀴마다 차축과 휠이 효과적으로 부착된 '나무로 된 바퀴clog wheels'였고 마차 아래쪽에 고정된 철재鐵材 사이에서 삐그덕 소리를 내며 돌아갔던 것으로 추측된다. 이러한 기술을 가능케 한 것은 직접적으로는 청동기시대로 거슬러 올라가야 하며 영국에서 이와같이 현존하는 바퀴는 아마 단 하나밖에 없을 것이다.

다양한 활동을 계속하는 한편 우리는 십든 홀에서 '웨스트요크셔 민속박물관' 건설을 위한 각종 계획을 세웠다. 마침내 박물관 건립에 필요한 모든 사안들을 점검하는 흥미로운 시간을 갖게 되었다. 우리는 임시로 뱅크필드에서 십든 홀로 이사를 했고 홀의 타워 꼭대기 방에서 일상적인 집무를 봤고 동시에 간단한 음식을 준비할 수 있는 작은 사무실을 열었다. 나의 열성적인 부사수였던 론 인Ron Innes이 점심식사가 준비됐다며 창밖에서 나팔을 불듯 우리에게 알려주던 그 목소리가 나와 조앤의 기억에 생생하다. 왜냐하면 우리는 홀의 주변이나 부속건물 밖에서 뿔뿔이 흩어져 작업을 했기 때문이다.

얼마 후 나는 모직물에 매료되어 샘 힐과 관련된 진기한 직물로 일을 시작했다. 샘 힐은 1700년대 초 상트페테르부르크만큼이나 먼 곳까지 커지 또는 샬룬 등의 천 따위를 팔던 상인이었다. 나는 겨우 남아있는 그의 편지대장 일부를 발췌·편집해서 샘 힐의 일기와 코넬리우스 애쉬워드Cornelius Ashworth의 일기를 연결시키게 되었다. 코넬리우스는 언덕에 오두막집을 짓고 작게 농사를 지으며 살았던 사람으로 그는 2~3주에 한 번씩 할리팩스 피스 홀Piece Hall에 내려와 '샘 힐의 천 조각을 나르던'(즉 모직 옷감을 둘둘 마는 일) 사람이었다. 이 일기의 편집에 많은 시간과 노력이 들었다. 당시 장남 가이Guy가 아기였을 때인데 나는 언덕 위로 그를 밀어 올리고 유모차로 오두막 주변을 맴돌기도 하고 잠을 재우기 위해 요람을 흔들던 기억이 아련하다. 그 후 조앤과 나는 좀 더 많은 편지와 관련된 증거들을 확보하기 위해 지역에 정착하기로 했다. 'wd', 'wch', 그리고 'Yrs' 발음은 또박또박 큰 소리로 읽기가 쉽지 않았다.

당시 커다란 흥미를 가져다 준 또 하나의 일기는 여러 세대에 걸쳐 십든에서 살았던 가문 가운데 하나인 앤 리스터Anne Lister가 19세기에 쓴 것들이었다. 그녀의 엄청난 양의 일기가 문서보관실에 보관되어있었다. 아주 최근에 이 일기의 일부가 오히려 외설스럽게 출판되었는데 왜냐하면 그녀는 레즈비언이이자 여행광이며 사적인 암호를 이용하여 발췌하고 기록하는 버릇이 있었기 때문이다. 론 인과 나는 이 암호를 해독하느라 여러 날 밤을 지새웠고 비록 우리가 그 이후의 것들에 대해서는 좀 더 풀어내야 하지만 결국 그 비밀을 알아냈다. 스릴은 비밀이 깨지는데 있다고 나는 생각한다. 훗날 나는 시립도서관 사서들은 암호를 안전하게 보관하는 것이 자신들의 업무라는 것을 알게 됐지만 적어도 우리는 스스로의 힘으로 암호를 풀어내는 기쁨을 느꼈다.

그러는 동안 십든은 한창 개발 중에 있었고 소장품들은 지속적으로 늘어나고 있었다.

어느 날 마차 한 대를 수집했는데 오래전 호화스럽던 '헥-카트heck-cart' 였다는 것으로 결론이 났다. 나는 그것을 왜 그렇게 부르는지, 어떻게 사용했는지 헥-카트에 푹 빠진 마차 주인으로부터 배워야 했다. 끌채 위에서 말 뒷부분 위로 꺾어져 나아가는 돌출 부위가 있고 짐이 언덕 위쪽으로 끌어 당겨질 경우 부대자루가 돌돌 말려 올라가는데 그것에 의해 끌채가 말을 누르게 된다. 반대로 마차가 언덕 아래로 움직이면 부대자루는 마차의 본체 쪽으로 풀어지게 되어있는 것이다. 이것은 확실히 언덕이 많은 지역에서 흔히 볼 수 있는 마차 형태이며 저지대에서는 찾아보기 어렵다. 이러한 종류의 작은 기능의 변형은 나로 하여금 민초들의 생활에 커다란 흥미를 느끼게끔 만들어주었다. 추측컨대 이 모든 것들은 사회사social historical에 해당하는 것이라기보다는 고고학이 그 출발점이 되어야 한다는 것이 내 생각이다. 사라진 생활양식에 대한 생생한 기억이 그대로 남아있기 때문이기도 하다.

조앤과 나는 우연히 민속학 수집가이자 연구자를 만났다. 오흘리Ohly 라는 이름의 이 남자에 대하여 비록 많은 것들을 기억할 수는 없지만 런던 외곽의 아주 신기한 장소에 살고 있었는데, 그곳은 일찍이 개인 '민속

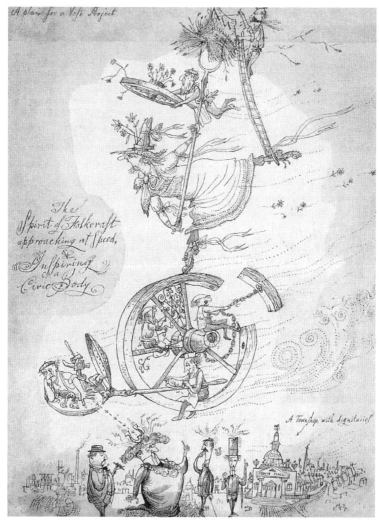

최초의 '열린공간박물관' 또는 '민속박물관'이 1953년 데번셔 공작에 의하여 십든에서 문을 열었다. 데번셔 공작은 할리팩스는 민속박물관이 가야 할 길을 선명히 밝혀주는 곳이며 다른 장소들이 할리팩스의 사례를 닮아가기를 희망한다고 말했다. 에멧[8]이 《펀치》(1953년 7월 15일)라는 잡지에서 이와 같은 카툰을 만드는 데 영감을 받았다.

박물관'이었던 셈이다. 다양한 오두막집과 건물은 곳곳에 흩뿌려놓은 것처럼 자리 잡고 있었고 조앤과 내가 손님으로 그곳에 머무른 적도 있었다. 여러 오두막집 중 한군데에서 잠도 잤고 중앙에 위치한 좀 더 큰 집에서 식사를 하기도 했다. 농장에는 별채와 마차 차고가 있었고 귀한 가구 수집품들과 농사도구와 마차 그리고 다른 운송수단도 있었다. 우리는 어떻게든 하여 몇 가지 유형의 마차를 얻었고 십든의 소장품으로 추가할 수 있었다.

오흘리는 이 땅을 일종의 예술가 정착촌으로 만들 생각이었다. 후에 그곳이 베네딕트 수도원의 한 분파에 의해 특별한 다양성을 가진 '민속공원Folk Park'으로 설립되었음을 알게 되었다. 내가 그곳의 역사에 대하여 많이 배우지는 못했지만 유추해보면 수도사 가운데 한 명이 유러피안 수도원을 방문했음에 틀림없고 그 동료들이 영국의 한 곳에 수도원을 설립할 것을 설득했다. 그곳을 '수도원 민속공원The Abbey Folk Park'이라 불렀는데 1934년에 개장했고 영국의 최초의 민속공원이라 주장하고 있다. 그러나 1950년 말에 문을 닫게 됐다. 소문에 의하면 수도사가 그것을 팔고 호주로 갔다는 말이 있다.

아무래도 오흘리가 그 부지를 사들여 장인과 예술가들이 정착해 활동할 수 있는 장소를 제공했던 것 같다. 이내 우리는 연락이 끊겼고 나중에 어떤 일이 있었는지 아는 바 없기 때문에 성공을 거두지 못했을지라도 그것은 고결한 생각이었다. 남아있는 작은 소개 책자에 근거해 판단해본다면 박물관은 신석기시대 호숫가 근처 주거지와 엮은 나뭇가지에 진흙을 바른 철기시대 오두막집의 재현에서부터 실제 13세기 십일조 곡식

---

8. 역자 주: Frederick Rowland Emett(1906~1990년). 영국의 카툰작가이자 기묘하고도 독특한 동적조형예술가. 그는 《펀치》라는 카툰잡지의 편집인이기도 했다.

학교에 이르기까지 만들어 방문자들에게 보여주었던 것 같다. 수집품은 스테인드글라스 종류, 납화타일(불에 달구어 착색한 타일), 다양한 도자기류와 한 벌의 일본 갑옷이 포함되어있었다.

아마 비평적 관점없이 너무 광범위한 영역을 다루었고 세심하게 수립된 정책의 부재로 인한 실패 사례라고 말할 수 있을 것 같다.

그 즈음 우리는 블랙풀 인근에서 열린 장례업자들의 100주년 회의를 우연치 않게 접하기도 했다. 그곳에서는 말이 이끄는 장의마차의 휘황찬란한 쇼와 심지어 '유리관(커다란 유리슬라이드로 된 운구용 관)'까지도 함께 동원되었다. 이 유리관이라는 단어는 1820년대 런던의 조지 쉴리비어George Shillibeer에 의해 맨 처음 제작된 커다란 승합용 마차에만 엄밀하게 적용해야 한다고 나는 생각한다. 그러나 장의사들은 나중에 이 단어를 웅장한 영구차에도 사용했다. 우리는 몇 개의 관棺을 어렵사리 확보할 수 있었다. 어느 늦은 밤 우리가 화차로 의기양양하게 관을 가지고 돌아왔을 때, 몸 상태가 좋지 않았던 뱅크필드 박물관의 거주 경비원을 깜짝 놀라게 하고 말았다. 가련한 경비원은 창문 밖으로 상체를 내밀며 "지금 날 죽일 작정이오!"라고 소리 질렀고 우리는 그날 밤만은 건물 앞으로 관을 살짝 옮겨놓아야만 했다.

앞에서 우리들의 주요 관심사는 사회사社會史와 관련한 것이었다. 할리팩스에서는 이 밖에도 아주 다양한 활동을 하면서 바쁘게 시간을 보냈다. 또 달리 흥미로웠던 것은 뱅크필드 박물관에서 예술품 전시를 계획하고 실행했던 일이다. 조앤과 나는 새로운 아이디어를 짜내기 위해 노력하곤 했는데 그 중에 하나가 매슈 스미스Matthew Smith의 작품에 관한 소개였다. 그는 현대화가로 잘 알려진 인물로 할리팩스의 철사제조업자 가문에서 태어났다는 사실에 사람들은 꽤 놀라워했다. 우리는 농후한 색채의 매우 멋진 누드화 다수를 포함한 그의 작품을 아주 잘 대표해주는 전시회를 성공적으로 개최했다. 우리는 관람객들이 박물관 소장품 가운데 일부 작품은 구입해가기를 원했다. 하지만 그것은 정말이지 불가능했다. 왜냐하면 지역 의원들에 앞서 먼저 작품을 구입할 수 없었기 때문이다. 당시 조앤과 나는 우리의 능력에 맞춰 작품을 구입할 생각이었다. 그래서 몇 년에 걸쳐 나눠서 구입하기를 원했고 또 그렇게 하기도 했지만 당시 150파운드는 우리에게 버거운 금액이었다. 결국 나는 아름답고 커다란 밝은 색상의 누드화 구입을 포기해야만 했다. 우리는 박물관 본관 전시실의 정중앙에 이것을 걸어놓고 우연한 것처럼 의장의 테이블을 그 앞에 놓아, 공식적인 전시 개막행사 때 이 그림을 정면에서 볼 수 있도록 했던 것이다. 하지만 의장은 훌륭한 정치인이기는 했으나 한편에서는 아주 거친 염색노동자 출신으로 그는 개막행사 후 자신이 앉을 곳을 찾느라 정신이 없었다. 그마저도 아주 화가 나있던 상태였다.

나를 매우 흥분시켰던 일도 있었다. 그것은 우리가 십든에 건립하기 시작한 민속박물관의 멋진 양식이기도 했다. 건축양식 본래의 특색을 잘 간직한 와피데일Wharfedale의 아름다운 석조건물로 크럭cruck[9] 양식의 헛간이었다. 그러나 언덕 위에서 이 헛간을 처음 발견했을 때는 서서히 무너지고 있는 중이었다. 당시의 긴장감을 나는 지금도 생생히 기억하고 있다. 그것을 기록하고 그 소유자를 찾고자 작은 텐트 안에서 거의 밤을 세우다시피하며 보냈다. 나중에 이 건물의 소유주가 데번셔 공작Duke of Devonshire으로 밝혀져서 그가 소유한 땅이 이 건물을 포함하여 꽤 넓은 지역을 포함했음에 틀림없었다. 마침내 우리는 그것을 해체할 수 있었고

---

9. 역자 주: 중세 건물의 토대에서 지붕 꼭대기까지 연장시켜 지붕을 받치는 만곡된 한 쌍의 큰 각재의 일종.

십든으로 옮겨와 그곳에서 크럭과 석조구조 등 모든 것을 다시 복원했다. 헤더[10]로 지붕을 올렸고 농산업국 지부를 통해 그 연원을 추적할 수 있었고 당시 이러한 지붕을 설치할 수 있는 세스Seth라는 이름의 장인이 그 일을 도와주었다. 복원하는 동안 아마도 내가 석회 모르타르를 사용해야 한다고 고집을 폈던 것 같다. 급히 일을 진행하려다 보니 박공[11]이 완전히 무너져내렸다. 우리의 기술진인 존 마그손John Magson이 비계를 가져와 바닥에 설치했다. 다행스럽게도 그는 일찍이 수년간 낙하산 대원으로 활동했고 여전히 어떻게 뛰어내리고 구르는지 알고 있었다. 기껏해야 그는 타박상 말고는 다치는 경우가 없었다.

카네기영국재단 장학금을 받아 스칸디나비아 열린공간박물관을 방문했을 때의 일도 어렴풋이 기억난다. 할리팩스 조합Halifax Corporation이 우리를 위해 십든에 헛간을 다시 세울지 말지에 대한 중요한 결정을 내릴 예정이었다. 직장생활하는 동안 이와 비슷하게 중대한 결정을 내려야 할 순간이 항상 있었지만 나는 어떡해서든지 이러한 상황을 피하곤 했다. 그러나 그들은 올바른 결정을 내렸고(나는 그렇게 믿는다!) 스톡홀름의 유스호스텔에 머무는 동안 전보를 통해 소식을 들었다.

할리팩스에서 마지막으로 '혼신의 힘을 쏟은 일'은 뱅크필드 박물관에서 지었던 '할리팩스의 집들Halifax Houses'에 대한 전시였다. 나에게 상당한 영향을 준 전임자 링 로스H. Ling Roth는 17세기 미장공사 전통을 훌륭히 이어온 사람이었다. 당시에 그는 뱅크필드 박물관에서 메인 룸 가운데 하나였던 큰 방의 벽체 윗부분 공사를 진행하고 있었다. 그래서 나는 할

---

10. 역자 주: 진달래과의 관목. 지붕 덮개로 활용됨.
11. 역자 주: 물매지붕(경사진 지붕)의 양쪽 끝부분에서 지붕면과 벽이 이루고 있는 삼각형 단면의 모서리.

1954년 할리팩스 인근 버려진 잉 팜Ing Farm에 있는 전형적인 박공창.

리팩스의 특징을 결정지었던 15세기와 17세기 양 기간에 걸쳐있던 전체 방을 그에게 내주기로 결정했다.

우리는 중세 박공구조물로 결합된 할리팩스 근교의 옛 건물을 발견하기도 했다. 이 건물은 폐허가 된 17세기 석조물로 둘러싸여 있었고 통나무 구조는 해체되어있었는데 박물관에서 그것을 다시 복원했다. 우리는 당시 잘 보존되어 있던 네 개 창 위에 두 개의 창으로 된 박공창문을 발견했고 그것을 복원하기 위해 박물관으로 가져왔다.

1958년 뱅크필드 박물관의 '할리팩스 하우스'의 실내전시 때 복원한 121쪽 사진의 박공창.

마지막으로 우리는 아주 커다란 할리팩스 지역의 지형도를 제작했는데 세로로 편집되어있고 모든 계곡을 나타내주며 약 200개의 작은 전구로 주요 부분들을 표시했다. '폐가'는 빨간불로 '잔류가옥'은 녹색으로 표시하는 식이다. 그 다음에 허리 높이의 패널을 200개 만들었고 할리팩스에 남아있는 모든 집들의 사진을 엽서 크기로 해서 패널에 붙였다. 그 자체로 훌륭한 작업이었다. 단추를 누르면 200개의 작은 전기회로에 불이 들어왔다. 사람들은 사진을 보기도 하고, 집들이 어디쯤에 있는지, 여전히 그곳에 있는지 찾기 위해 해당하는 버튼을 눌렀다. 정보와 사물들에 대한 수집은 거의 완벽에 가까워 감동마저 불러일으켰다. 하지만 뜻밖에도 바너드 성Banard Castle의 보우 박물관에서 학예사 채용공고를 냈고 나는 지원했다. 비록 겉으로 드러나지는 않았지만 할리팩스에 점차 실증을 느끼던 차였다.

우리는 좀 더 많은 땅을 확보하려고 했으나 공원과가 허가하지 않아 십든에서 더 이상 박물관을 확장할 수 없었다. 하지만 내 판단에는 할리팩스는 몇 가지 측면에서 허가를 내줄 수 있는 방법들이 있었다. 결국 '할리팩스의 집들' 전시는 스스로를 즐겁게 만들기 위한 일시적인 방편이었는지도 모른다. 의외로 시간이 오래 걸렸지만 나는 면접을 보게 되었고 보우 박물관에서 일할 기회를 얻었다. 나는 할리팩스에 사직서를 냈고 집과 가족들의 이사를 준비했다. 조앤은 오히려 그의 부모와 좀 더 가까이 있기를 기대하는 것 같았다. '할리팩스의 집들' 개막식 때, 다시 말해서 할리팩스에서의 생활을 거의 접을 무렵 의장은 내게 황당한 이야기를 했다. 내가 공식 개막선언을 하면 좋겠고 그러면 나한테는 큰 기쁨이 되지 않겠냐고…. 사전에 나에게 전혀 알려주지 않고 이런 상황으로 몰아가면서 의장은 분명히 나에게 복수하고 있다고 생각했을 것이다. 매슈 스미스의 누드 앞에 앉아야 했던 것에 대한 앙갚음으로 말이다.

아주 흥미진진했던 7년을 마감할 시기가 다가왔다. 그 사이 나는 결혼을 했고 아들 둘을 낳았다. 정말 재미있게 일을 했고 많은 것들을 배웠으며 할리팩스 언덕에서 너무나도 행복한 시절을 보냈다. 뿐만 아니라 우리는 박물관을 성장시키고 완전히 새로운 박물관으로 탈바꿈시켰다. 무엇보다 여러 종류의 매력적인 물건들과 원숙한 장인들이 나막신 만들기, 호밀 케이크 만들기, 짚풀 만들기, 못 만들기, 쇠붙이 자르기, 밧줄과 실 꼬

할리팩스의 바키스랜드 홀. 이러한 멋진 출입구는 17세기 할리팩스 언덕의 수많은 집들과 비교하여 단지 약간의 공을 더 기울인 것일 뿐이다.

기 등 온갖 종류의 물품을 만들고 거래하는 흥미로운 사실들을 알게 되기도 했다. 심지어 어느 날 우리는 까뀌adze[12]를 이용하여 운하의 수문을 열고 닫는 문을 만들기 위해 통나무를 다듬고 있는 한 남자를 발견하기도 했다. 다음 장에서는 사라진 장인들이 갖고 있던 기술技術들에 대하여 회고하고자 한다. 어쩌면 나와 같은 사람들이 수많은 장인들이 했던 각종 작업에 대하여 얘기할 수 있는 마지막 세대가 될 거라는 생각이 든다. 또한 우리 세대야말로 견습공으로서 장인들의 기술을 배웠던 세대이기도 하다. 이 장인들이야말로 생계 유지 말고 다른 어떤 것, 또는 돈을 많이 번다는 것조차 생각할 수 없었던 이들이었다. 조앤과 나는 다른 어떤 곳보다도 할리팩스를 우리의 '고향'으로 생각한다.

---

12. 역자 주: 나무를 깎거나 다듬는 연장의 일종을 말한다.

5. 사라져가는 장인들

　할리팩스에서 살았던 시절을 돌이켜 볼 때마다 우리는 이른바 사회사 분야에서 실로 많은 것들을 발견했음을 알게 되었다. 그것은 훗날 내가 비미쉬를 설립하고자 착수했을 때 커다란 도움이 되었다. 따라서 별개의 장으로 1957년을 명시할 만한 가치가 충분하다고 느낀다.

　물론 우리는 할리팩스와 관련한 여러 사실들을 발견했고 그것들은 그곳에서 이루어진 우리의 작업 속에서 구체화할 수 있었다. 이러한 발굴과 발견 가운데 어떤 것들에 대해서는 전 장章에서 어느 정도 개요를 설명했던 것 같다. 하지만 이제 나는 할리팩스 박물관의 그 어떤 것보다도 훨씬 다양하고 재미있는 장인들과 그들의 기술을 우리가 기록하고 수집했던 것들 위주로 소개하려고 한다.

　할리팩스 지역의 특징들을 한마디로 설명하자면 나는 규질사암gritstone 이라고 말할 수 있을 것이다. 아주 최근까지도 규질사암은 읍내와 시골의 수없이 많은 형태의 건물재료로 사용되곤 했다. 벽체 중간에 문설주 창문이 설치되어있고 조각해놓은 문고리와 경사가 급한 지붕과 커다랗지만 우아한 굴뚝이 있는 묵직한 벽돌집들이 비탈진 언덕에 빽빽이 들어서 있

◀ 1957년 할리팩스 인근, 헵든브리지의 신발(나막신) 장인 버니 호스폴.

었다. 집들이 연달아 늘어서 있고, 자갈이 촘촘히 박혀있는 골목길, 사암으로 된 울타리 너머 돌담들은 현관 위쪽 장미문양의 창문과 안쪽으로 들어간 돌계단과 붉게 타오르는 벽난로와 더불어 오랜 역사를 자랑한다. 이곳에서 나는 할리팩스 계곡의 전형적인 17세기 집들을 기록하고 있었는데 심지어 2세기가 지난 후에도 여전히 그 사암들이 건축재료로 이용되고 있었다. 우리가 주변을 살펴봤을 때 17세기 후반에서 18세기의 오두막집이나 헛간의 벽체에 수압분사water-shot식 기술을 사용한 흔적을 엿볼 수 있는데 이것 역시 또 다른 재미있는 발견이었다. 우리는 이 기술을 이용하여 건축석재를 커다랗게 직사각형으로 자른 벽돌이 바깥쪽과 아래쪽으로 약간씩 비스듬히 놓여있는 방식을 유심히 관찰했다. 확실히 이론적으로도 폭우(그 주변에는 풍부한 양의 물이 있어야 한다)는 석재를 관통하는 대신에 갈라진 틈으로 분출돼 나오기도 한다. 의문스러운 것은 만일 이것이 상당한 효과가 있었다고 하면 그것은 확실히 모세관 현상과는 정반대의 현상으로 나타났어야만 한다.

우리는 홈이 파인 돌로 된 문기둥을 언덕에서 발견했는데 그것은 한 쌍의 문기둥으로 한쪽은 두세 개의 홈이 파여 각 홈에는 나무기둥의 끝을 걸치게 되어있었다. 또 다른 나무기둥의 끝은 반대편 문기둥의 일련의 홈에 각각 내려걸치게 되어있다. 1959년 우리가 할리팩스를 떠날 무렵에는 이렇게 홈이 파인 다양한 돌들을 전 지역에 걸쳐 확인했고 이리저리 돌아다니며 이 모든 사항들을 기록해두었다. 몇 년 후 우리는 티즈데일 Teesdale의 북쪽 끝에서 저수지 쪽에 이르기까지 유사한 형태들을 관찰할 수 있었다.

우리는 지역주민들과 대화도 나누고 가끔 그들의 흥미로운 기술들을 발견하며 아주 행복한 주말을 보냈다. 당시 수공에 재능이 있는 사람의

왼쪽_1953년 셰필드의 파일커터 톰 브라운Tom Brown. 그는 돌판 혹은 모루 앞에 웅크리고 앉아 세상에 하나밖에 없는 모양의 망치와 작은 끌을 가지고 이빨자국 모양의 커팅을 하고 있었다.
오른쪽_1958년 반즐리 근처, 메플웰 마을의 페켓Peckett 대장간에서 못을 만들고 있는 모습. 일정한 길이의 철을 화로에서 달군 다음 우선 망치로 모양을 잡고 이어 주문받은 길이에 따라 못의 형태로 자른다.

시대는 거의 끝나가는 시점이라고 기억하고 있었지만 그럼에도 불구하고 여전히 장인들을 발견할 수 있었다. 나는 반즐리 근처 매플웰 마을에서 어린 시절을 보냈는데 그때 기억으로 못을 만드는 사람이 있었다. 오랜 시간 후 그곳을 가게 됐는데 나와 친했던 학교 동창이 아직도 그 작업장에서 못을 만들고 있었다. 그래서 나는 이 작업장에 대한 마지막 기록을 남기게 되었다. 나는 또 작은 못을 만드는 화덕의 크기를 측정할 수 있었고, 나중에 그것을 십튼으로 옮겨와 다시 만들어놓기도 했다. 이 일을 통해 또 다른 깨달음을 얻었는데, 그것은 장인들은 자신들이 익힌 것 외에는 어떤 특정한 작업을 해낼 다른 방식이란 있을 수 없다고 믿는다는 점이었다. 나는 카일리Keighley 인근의 실스덴Silsden에 있는 아모스 콕샷Amos Cockshott에 우연히 들렀는데 그곳은 일찍이 못을 만들던 마을이었다. 이 사람들의 못 만드는 방식은 약간 달랐는데 내가 매플웰에서 가져온 화덕을 조심스럽게 아모스 마을에 가져와 보여주자 그들이 내뱉은 첫마디가 "아냐, 지금 누구도 그런 화덕을 사용하지 않아!" 아주 사소한 차이임에도 그들이 좋아할 리는 없지만 우리는 그들에게 이 화덕을 사용해볼 것을 설득했다. 과거의 방식대로 우리는 '올리버oliver'[13] 또는 발로 작동하는 스프링 망치를 갖춰놓고 어떻게 '원하는 높이만큼 망치를 들어 올리는지에 대하여 그의 명쾌한 설명을 들을 수 있었다. 그는 또 '사람들이 스페러블스sparables[14]라고 부르기도 하는 '스팹스spabs'에 대해서도 얘기해주었다. '엠em' 자를 붙여서 '엠 스팹스'라고도 부르는데 그것은 확실히 작은 못으로 옛날에 '참새의 부리'와 비슷하다고 생각하며 붙인 이름이다.

내가 앞서 친할머니에 대해 언급했지만 우리 집안이 19세기 당시 못 만드는 산업과 관련이 있음을 좀 더 파악해보기 위해 우리 가문에 대해 알아봤다. 그녀는 홀로 외아들과 여섯 명의 딸을 키웠다. 앞쪽 방에서 식료품 가게를 했고 뒷마당에서는 못을 만드는 일을 했는데 아버지가 기억하기로는 할머니께서 직접 못을 만드셨다고 한다.

내가 발견했던 또 다른 것은 철을 다루는 기술이었는데 당시에 셰필드의 파일 커팅[15]기술을 꼼꼼히 기록해두었다. 나는 브라운 형제가 그들의 집 뒤뜰에서 정말이지 이 시대의 마지막 수작업을 통해 줄을 만드는 것

---

13. 역자 주: 일명 페달을 밟아 작동하는 망치.
14. 역자 주: 대가리가 없는 작은 못을 말한다.
15. 역자 주: 줄을 이용하여 쇠붙이를 다듬고 깎는 일.

을 발견했다. 그들 형제와 아버지가 만들었던 약 90cm 정도의 긴 줄에 얽힌 추억을 이야기했는데 엘리자베스 여왕Queen Elizabeth이 탔던 커다란 배와 닻줄을 연결하던 쇠사슬을 매끄럽게 하기도 했고 전란 때부터 최근까지 소이탄에 들어가는 알루미늄 화약을 파쇄하기 위해 사용됐던 드럼 안쪽의 톱니를 자르기도 했다고 한다. 우리가 만났던 당시부터 그들은 수작업을 통해 쇠를 깎는 일은 그만두고 작은 전문상품을 취급하기 시작했다. 이들이 사용하던 공구는 작은 돌모루였는데 이것은 맞은편 길고 낮은 창문 앞에 놓여있었고 강철블록을 고정시키고 있었다. 그리고 이 강철블록 위에는 납덩이가 빈 파일을 받치고 있었고 이 모든 것들은 가죽 고리로 묶여있는 작업자의 장화와 함께 고정되어있었다. 나는 이러한 것들이 사라져 없어질 시점에 기록사진으로 남길 수 있는 행운을 갖게 되었고 곧이어 십든의 박물관으로 옮기기 위해 이 공구세트를 수집하게 됐다. 그러나 서글프게도 당시 셰필드 박물관은 이러한 물건들을 수집하거나 기록으로 남기는 일에 대해 선견지명이 없었던 것 같다. 일을 하며 살아오는 동안 내내 나를 정말 놀라게 한 것은, 사람들이 자신들의 아주 가까이에서 일어나는 일상적인 일들에 얼마나 관심을 보이지 않는가 하는 점이다. 다시 말해 흔해빠지고 꾀죄죄하고 매일같이 일어나는 평범한 일일수록 지역사람들은 신경을 덜 쓴다는 것이다.

헵든 브리지Hebden Bridge 인근 계곡에서 버니 호스폴Verney Horsfall이란 사람을 발견했는데 그는 이곳에서 마지막 남은 나막신을 만드는 장인이었다. 온화하고 친절한 사람으로 내가 그의 기술을 16밀리 컬러필름으로 찍을 수 있게 몇 시간 동안 작업을 했다. 그리고 그는 단지 한 가지 기술만 있는 것이 아니라 전체 공정을 모두 해낼 수 있는 기술을 가지고 있었다. 두 개의 크고 날카로운 칼을 사용하여, 발 모양에 맞추어 안팎으로 나막신의 밑창을 잘라 모양을 냈다. 그런 다음 가죽으로 나막신 전체를 두르고 이를 모양에 따라 잘라내어 모양을 갖추고는 윗부분을 꿰매고 적재적소에 못을 박는다. 밑바닥에 '다림질'로 열을 가하고 그 다음에는 작업이 끝난 윗부분에 놋쇠 모양을 장식했다. 결국 이런 작업들을 통해 한 개인의 발에 딱 들어맞는 신발이 만들어졌다.

버니는 십든에서 우리가 완전한 작업장을 만드는 동안 모든 부분에 도움을 주었고 또 아주 친절하게 방문객들과 대화를 나누고 세세하게 설명해주기도 했다.

어느 날 할리팩스에서 리즈로 가는 길에 우연히 도로에서 조금 떨어진 곳에 길고 낮은 통나무집을 발견했는데 그 지역에서 마지막으로 남아있는 밧줄제작 현장이었다. 그들은 아주 빠른 속도로 평범한 하얀 끈 묶음을 만드느라 분주했다. 한 가닥의 끈을 만드는 것은 거의 끝없는 일의 연속이다. 나중에 브리스톨Bristol에서 밧줄을 만드는 일을 촬영했을 때 나는 밧줄 만드는 사람이 걷는 전체 길이를 측정해본 적도 있다. 세 가닥의 밧줄을 만들기 위해 과정 전체를 단계적으로 실행하는 데 있어 대략 12회 정도가 걸린다. 비록 밧줄을 만드는 장비가 준비된다 하더라도 십든에서 밧줄을 제작하는 일은 결코 하지 않을 작정이다. 문제는 공간에 있었다. 걸어서 오르내리는 일과 별개로 전체 과정 대부분을 보여주기 위한 넓은 공간을 갖출 수 없었고 밧줄을 만드는 사람은 그들 공구의 대부분을 한쪽 끝에 혹은 다른 쪽 끝에 갖고 있었다.

또 다른 재미있는 기술은 차바퀴를 만드는 일인데 그것도 거의 사라져가는 중이었다. 이것은 비교적 다른 사람들에 의해 잘 기록되어왔고 번리Burnley의 샘 한나Sam Hanna가 그의 수공예 기술을 다룬 영화 시리즈로 훌륭한 기록물을 만들어왔다. 한번은 옥스퍼드셔의 크로프레디Cropredy

에서 차바퀴를 만드는 노인을 발견했는데 아직까지도 지루하게 통나무를 각종 송곳, 끌을 이용하여 후벼 파서 만들고 있었다. 간신히 명맥을 이어 가고 있었는데 나는 그곳이 지금도 십든에 남아있기를 바란다. 왜냐하면 이와 같은 것들은 다른 어떤 곳에서도 크기 별로 완벽하게 제작되는 곳 을 본 적이 없기 때문이다. 대체로 나의 소장품들은 웨스트라이딩에 있 는 것에 한정되었는데, 때로 불필요하고 흩어져있는 대상들을 우연히 발 견했을 때는 그냥 두어 버려지게 하기보다는 수집하는 게 나아보였다.

돌이켜보면 한번은 《전원생활Country Life》이라는 잡지에서 본 적이 있 어서 메모를 해놓았다가 어느 날 특이하게 생긴 짧은 널빤지를 지금까지 가지고 있다는 사람을 만나기 위해 리즈에 간 적이 있었다. 그의 아버지 가 20세기 초 버려진 광산 수직갱의 밑바닥 부분에서 발견했다는 것이다. 이 널빤지에는 곡괭이, 망치, 화약통 등의 다양한 도구들을 표시하는 대 문자가 새겨져 있었다. 두 개의 사슬이 나무못에 걸려있었고 그 아래 각 각 새겨진 구멍은 이 나무못을 박아넣기 위한 것이었다. 상상하건대 밑 으로 내려간 어떤 남자가 곡괭이와 두 개의 삽이 필요하다는 표시를 했 고 이렇게 표시된 널빤지가 지표면으로 들어 올려졌을 것으로 생각된다. 그 어디에도 이에 대한 기록이 남아있지 않기에, 그것이 이루지 못한 기 발한 생각이었는지 아니면 자주 보는 익숙한 것이었는지는 알 길이 없다. 내 기억에 사무 변호사였던 그 널빤지의 소유자는 절대로 건네주지 않을 듯했지만 내가 감언이설로 빌리는 데 성공했고 며칠 동안 라텍스로 주형 을 제작하여 세 개의 복제품을 만들었다. 하나는 박물관에, 하나는 소유 자에게, 마지막 하나는 내가 가졌다. 최소한 내 것만큼은 안전하게 남아 있게 될 것이다!

그즈음 나는 뉴커먼학회Newcomen Society에 마력을 이용한 회전 기계를 주제로 한 논문을 제출하기로 마음먹었다. 상당수 사례를 찾아낸 데다 발표한 논문이 거의 없다는 사실도 알 수 있었다. 그런데 내 생각을 정리하면 할수록 더욱 복잡하게 얽혀 들어가, 면밀하게 논증이 이루어진 폭넓은 논문을 만들어낼 수 있다고 생각했던 나의 애초의 제안을 내려놓기까지 한참의 시간이 흘러야 했다. 나는 대영박물관 독서실(당시에는 그랬다)에서 상당한 시간을 보냈고 마력에 의해 움직이는 기계의 사례에 대해 초창기 책과 17세기의 모든 문헌을 봤다. 세 가지의 주요 '운동' 메커니즘(드럼을 감는 로프, 변속기 그리고 회전하는 에지 휠)에 대해 결론을 내리고 거의 마지막에 도달했는데, 사과술cider의 고장에서 열리는 어떤 회의에 참석하는 동안 나는 사과즙을 내는 기구를 발견했고 다시 내 연구를 확장할 절묘한 연구거리를 발견하게 됐다. 결국에는 아직 불완전한 상태에서 출판하게 되었는데 그 결과물에 대해서 그리 많은 생각은 하지 않았다. 아마 그것은 거의 '최신' 논문이었을 것이다. 우리가 토드모던Todmorden 외곽에서 사암 파쇄기를 발견한 것이 그때쯤이었고 나는 또 다른 납철광 파쇄기를 수집했다. 몇 년 전 동굴탐사를 하던 중 더비셔의 캐슬톤Castleton 외곽에서 본 적이 있던 것이다. 후자는 여전히 그곳에 있었고 나는 하루종일 그곳으로 달려가 재빠르게 기록을 해두었다.

회전마력에 대한 연구를 시작하게 했던 장비의 일부 가운데 하나가 소위 말하는 '호스 진horse-gin', 또는 '방앗간wheel house'이라는 것인데 북부지역의 여러 농가에서 발견되며 대개 바깥채의 헛간 1층에서 쉽게 볼 수 있다. 모양은 원형, 육각형, 사각형 다양한 형태로 이 모든 것들은 19세기 초에 만들어져서 작은 붙박이형 탈곡기에 동력을 전달하였다. 1790년경 이 물건을 생산한 앤드루 메이클Andrew Meikle이 고안한 것이다. 북부지역의 광범위한 분포에 감격한 나는 전국적 분포를 가늠해보고자 관

말이 끄는 숫돌롤러. 사암을 다듬어 만들었으며 북부 페나인의 토드모던에 있다.

찰계획을 세웠는데, 북부지역에는 흔하게 나타난 것과 달리 중부와 남부 지역에는 사실상 존재하지 않았다.

독특한 회전기들은 데번Devon과 콘월Cornwall에서 발견됐는데 이 회전기들이 들어있는 건물은 벽돌집 혹은 석축집이라기보다 단일한 화강암 기둥의 구조를 갖고 있었다.

이런 건물에 흥미를 느꼈던 것은 그 독특한 특성 때문이었다. 전형적인 건물들 가운데 하나가 진 케이스gin-case, 동력실, 방앗간, 울타리 하우스 그리고 진갠gin-gan으로 다양하게 불리었는데 서너 마리의 말이 마구를 차고, 나무로 된 회전통과 무겁고 높은 나무 축대를 천천히 돌면서 옆에 있는 헛간의 탈곡기를 돌리는 것이다. 내가 본 것 가운데 가장 흥미로운 것은 리폰Ripon 근처, 쏘울리Sawley에 있던 것이다. 여섯 마리의 말이 끄는 것인데 매우 아름다운 건축물이었다. 어린이들이 노는 회전목마처럼 보이기도 했는데 거의 보기 힘든 일체형의 독특한 형태를 갖추고 있었다. 내가 발견했던 것은 1821년 로우든J.C. Loudon이 만든 농업백과 Encyclopaedia of Agriculture에 기술되었던 것으로 말의 당기는 힘과 균형을 잡을 수 있게 고안된 것이었다. 그렇게 함으로써 게으른 말은 '온 힘을 다해야' 했는데 그러지 않으면 뒤로 질질 끌려가게 되어있기 때문이었다.

몇 년 후 오래전부터 매력에 빠져있던 홈 팜Home Farm으로 알려진 비미쉬 부지의 한 농가를 열린공간박물관을 위한 부지로 선택했다. 그 이유는 (육각형의) 진갠과 더불어 근처에 있는 높은 굴뚝 때문이었다. 그것은 대개 1960년대까지 사용됐다. 물론 안에 있는 설비들은 사라졌는데 이후 이 공간은 외양간, 닭장, 트랙터 차고 등으로 사용됐다. 적당한 장비가 나중에 남부 노섬벌랜드에서 발견되어, 지금은 비미쉬에 완벽하게 보관, 방문객들에게 실물로 전시하고 있다. 비미쉬 홈 팜에 있는 굴뚝은 일찍이 그곳에 고정식 증기엔진이 있었음을 보여주는데 아마 1850년대 것으로 말의 힘(마력)을 이용한 장비를 대체했던 것 같다. 이러한 종류의 굴뚝들을 아직 몇몇 영국 북부농가에서 발견할 수 있는데, 이것은 인근의 석탄, 비옥한 옥수수 경작지 그리고 개발을 가능하게 만든 넓은 토지간의 저렴한 결합 때문이었다.

한번은 내가 웨스트라이딩에서 옛 농가의 공동생활의 흔적들을 발견했는데 그것은 귀리전병을 만드는 것이었다. 오래전 일이어서 스킵턴Skipton에서 귀리전병을 만드는 사람에 대해 들은 바를 기억할 수는 없다. 그러나 장비에 대해서는 생생히 기억하고 있는데 매우 단순했지만 타원형 모양의 편평한 귀리전병을 생산하는 데에 있어서 매우 효과적이었던 같다. 아마 크기는 길쭉한 부분이 11인치, 짧은 부분이 5~6인치의 넓이(280밀리미터:140밀리미터)였고 안타깝지만 맛은 거의 없었다. 주식으로써 귀리전

1958년 귀리전병을 만드는 스킵턴의 미스터 웰스 씨. 사진 뒤에 천으로 감싸진 트롤리는 뜨거운 철판 위에 반죽된 귀리를 올려놓는 일을 했다.

병을 먹던 시대는 이미 지나갔다. 귀리는 밀이 제대로 영글지 못하는 척박한 고지대에서 잘 자랐다. 글루틴 성분이 부족하여 오트밀은 '부풀지' 않기 때문에 반죽을 만들어 구워야만 했다. 사람들의 요리법에 따라 두껍고 얇은 차이밖에 없다. 이러한 귀리전병은 귀리가루, 물 그리고 약간의 소금만 있으면 만들 수 있다.

'귀리전병'은 보통 두툼한 판에 손이나 롤러로 눌러 만든 것으로 두꺼운 반죽을 비스듬히 봉棒에 걸쳐 넣어서 화덕 앞에 세워 말리거나 살짝 태운 것을 일컫는다. 잉글랜드 북서부에서 귀리빵의 변형이 보고된 바 있고 또 노섬벌랜드, 아일랜드 그리고 스코틀랜드에 널리 퍼져있다. 오트브레드(간혹 브리-에드로 발음하기도 한다)는 점성이 있는 크림을 얇게 바르면서 시작된 것이다. 상업적인 목적으로 오트브레드를 만들기 위해(스킵턴에서 내가 잘 아는 사람이 그것을 했는데) 철판 아래에 작은 탄불을 놓아

철판을 뜨겁게 달구기도 했다. 한편에는 천으로 덮인 반죽판이 있었다. 말린 곡물을 듬성듬성 뿌린 나무판 위에 얇은 반죽을 부었고, 이것으로 만든 '묽은 반죽'을 천으로 된 반죽판 위에 능숙하게 펼쳐놓는다. 이 '묽은 반죽'을 뜨거운 철판 위에 올려놓으면 금방 구워지기 시작하고 약 8분의 1인치(3mm) 정도의 두께가 된다. 얇은 뒤집개로 문지르고 그 반대쪽으로 뒤집어 굽고는 짧은 시간 안에 그것을 빼내어 건조시키기 위해 걸어놓는다.

오트브레드는 천장 아래로 느슨하게 걸어둔 나무 시렁 위에 매달아놓고 겨울에 먹었는데 아마 보탬이 될 만한 맛있는 무언가를 곁들여 먹었을 것이다.

그 빵은 뭔가를 추가해서 맛을 내야 한다. 그렇지 않을 경우 '건강한'이

사암지대의 문기둥으로 나무 막대를 걸치는 홈이 패여 있다. 할리팩스 살톤스톨 인근, 1958년.

라거나 '질 좋은'이라는 표현은 우리가 할리팩스 곳곳에서 만났던 도크푸딩dock pudding을 떠올리게 하기 때문이다. 도크푸딩은 봄에 어린 범꼬리 Polygonium bistorta(허브의 일종) 잎으로 만든 것으로 체내에 작용을 하면 '피부를 깨끗하게 하고' 건강하도록 만들어준다. 그러나 구미가 전혀 당기지 않는 진한 녹색이자, 접시 위에 묽은 덩어리를 작은 소똥처럼 끔찍하게 보였다. 사람들이 구운 베이컨과 함께 먹을 순 있지만 좀 더 솔직히 말하자면 우리는 도크푸딩 없이 베이컨만 먹는 것을 더 좋아했다.

당시에 나는 헛간과 옛집에 대한 흥미가 점점 더 생겼고 지금은 잘 운영되고 있는 '향토건축모임Vernacular Architecture Group'의 설립에도 어느 정도 역할을 했다. 그것은 전적으로 노엘 튜론-포터Noel Teulon-Porter의 독특한 생각에서 시작되었다. 그는 정말 유별난 사람이었다. 우리가 소어비 위의 언덕 홀린스 게이트Hollins Gate로 이사한 뒤에 그와 그의 참한 아내 '머스Muss'는 잠시 함께 머물렀다. 돌이켜보면 조앤이 일주일간 박물관협회 교육과정을 마치고 나서 돌아오는 중이었다. 그녀가 집으로 돌아와 특이한 사람들과 마주치는 일은 아주 끔찍했을 것이다. 이 모든 일들이 당시 왕립역사기념물협회the Royal Commission on Historical Monuments 회원인 존 스미스John T. Smith가 마련했던 사우스 미들랜드South Midlands에서의 레지덴셜 과정(출석을 안 하고 집에서 학습하는 과정)과 대략 일치하며 그 과정은 작은 가정집에 대해 기록하고 연구하는 새로운 주제였다. 나는 완전히 빠져들게 되었고 상당한 시간을 투자했다. 추측컨대 이때가 내가 로빈 맥다월Robin McDowall과 함께 일하고 또 협회에서 근무하던 시기였을 것이다. 그는 옛 오두막집과 그와 유사한 것들에 대해 마지막으로 기록하고 있던 중이었는데 장차 그것들이 사라지게 될 상황에서 서글픈 임무를 맡고 있었던 셈이다. 그가 화재로부터 구해냈던 아주 멋진 15

건초를 모으기 위한 갈퀴와 손잡이가 달린 밧줄. 1958년 칼더 계곡 위의 무어랜드 농장에서 사용했다.

농장의 벽돌건물에 '건초더미'를 쌓기 전에 밧줄과 갈퀴를 이용하여 다발로 만드는 모습.

세기 떡갈나무로 만든 유리창 위의 비가림막windowhead을 철거하기 위해 우리에게 도움을 요청했다. 이에 따라 1958년에 서리Surrey에 있는 햄매너 하우스Ham Manor House의 마지막 사진을 찍었다. 그와 나는 할리팩스에서 측량이 있는 홀을 발견했고 처음으로 그것들을 기록하면서 행복한 시절을 보냈다. 마침내 런던골동품연구자협회the Society of Antiquaries of London에 내가 특별회원으로 받아들여짐에 따라 우리는 그 주제에 관한 논문 하나를 읽게 되었다. 나는 또 후더스필드 인근에서 '지붕을 받치기만 하는 서까래common-rafter'를 얹은 측량형 헛간을 발견했는데 이것을 기록하는 의미 있는 시간을 갖게 되었고 그것을 요크셔고고학회Yorkshire Archaeological Society에서 논문으로 출판했다. 이 특별한 종류의 지붕은 '하이랜드 지역Highland Zone'에서 이전에 기록된 적이 없었다. 이즈음에 발견해 기록했던 이러한 종류의 구조물이 오늘날 거의 남아있지 않다는 것은 슬픈 일이다. 당시는 어디에나 있었고 나는 심지어 사우스 커크비South Kirkby 근처 버려진 부지에서 발견했던 대들보tie beam를 통해 측량형 홀의 초기 양식을 식별할 수도 있었다. 또 어느 날은 부모님 집을 방문하여 다락방을 들어가봤는데 거기에서 '교차형 들보scissor-beam' 형태의 지붕틀을 발견했다. 물론 지금은 모든 것들이 사라졌지만 그 시절은 정말 즐겁고 흥미로운 일들이 많았다.

6. 보우 박물관

보우 박물관을 처음 방문했을 때 나는 가슴이 요동치는 경험을 했다. 내가 임명을 받고 얼마 지나지 않아 그 건물에 가봤다. 조앤과 나는 앞으로 몇 년간 살게 될 거처를 알아보기 위해 주말에 (캐터릭 인근) 장인의 농장에서 보우 박물관까지 운전을 했다.

사람들이 티즈데일 기슭에 프랑스의 고성古城처럼 우뚝 서 있는 이 거대한 건물을 보고는 박물관이라고 믿기지 않아 해도 어느 정도 이해할 수 있다. 존 보우John Bowes, 1811~1885 는 스트라스모어Strathmore 백작의 열 번째 아들로 할머니로부터 광산을 상속받은 엄청난 부자였다. 프랑스 여배우와 결혼했고 이것저것 닥치는 대로 꽤 많은 양의 예술작품을 수집했다. 그는 원하는 작품을 수집하고 경주마를 소유하고 국회의원(사우스 더럼의 국회의원) 일에 전념할 수 있을 만큼 충분한 재산을 갖고 있었고 마침내 자기 소유의 박물관을 세우게 된 것이다. 수십 년 동안 이 건물은 바너드 성의 작은 시장동네에서 가장 많이 고용한 곳이었음을 누구도 부인할 수 없다. 그는 르 하브Le Harve의 호텔-드-빌hotel-de-ville의 설계도 제작에 대한 권한을 사촌에게 위임했다. 그는 프랑스 건축가에게 "나에게

◀ 1959년 보우 박물관 창립 100주년 기념 전시회를 방문한 엘리자베스 여왕의 어머니.

더럼 카운티 바너드 성에 자리한 보우 박물관. 티즈데일 지역에서 눈에 띄는 프랑스식 건물로서 회화, 가구 그리고 도자기 등 그 수집품이 어마어마한 곳이다.

뭔가 그럴듯한 건물을 지어 달라. 단 그것은 커야 한다!"라는 단순한 지침과 함께 제작된 설계도를 넘겨주었다.

그렇게 해서 지어진 것이 바로 지금 이 자리에 서 있는 건물인데 아침에 태양이 수백 개의 창문에 반사되고 2분의 1에이커의 대지면적과 5층 높이에 훌륭한 맨사드[16] 지붕으로 된 정상 부분과 커다란 중앙돔으로 되어있다.

내가 이곳에 임명되기 전까지 이 박물관을 본 적이 없다는 것에 대해

---

16. 역자 주: 이중경사의 지붕으로 웅장한 느낌을 준다.

의아해할 것이다. 아마도 더럼 카운티 의회와 그 공무원들의 독특함을 알기 전까지는 그런 궁금증은 당연한 것이다. 나는 할리팩스가 좋았고 또 한편으로는 더럼 카운티에 대해 떠도는 말들 때문에 취업지원서 작성을 미루고 있었다. 그래서 내가 지원하기 전까지 그곳에 갈 일이 아예 없었던 것이다. 물론 안내책자를 본 적은 있지만 직접 건물을 본 것은 아니었다. 당시 더럼 카운티는 몇 달 동안 내 지원서를 심사했다. 결국 카운티의 나태함을 참다못해 나는 어느 날 전화해 임명에 대한 절차가 진행됐는지 묻고는 제출한 지원서류를 되돌려줄 것을 요청했는데 이에 대해서는 아주 빠른 답변을 들을 수 있었다. 다음 날 면접에 나오라는 요청이 왔고 거기에 응했다. 조앤과 나는 아주 독특한 면접을 마친 후 일을 시작할 수 있었고 우리가 거주할 새로운 집을 알아봤다.

나중에 알게 되었지만 이들의 면접방식은 전형적인 더럼 카운티 방식이었다. 총 다섯 명이 면접에 응했다. 우리는 더럼 카운티 교육국의 커다란 사무실에 함께 앉아있었고 상냥하게 재잘거리는 한 유쾌한 남성이 스스로에 대한 평가를 내렸는데 그것은 부적절한 행위였다. 왜냐하면 그것은 인사위원회의 결정사항이기 때문이었다.

주임이 알파벳순으로 한 사람씩 호명을 했는데 내가 맨 처음이었다. 위원회 방 근처에서 나는 세 개의 질문이 타이핑 된 질문지를 건네받았다.

맨 처음 질문은 '당신의 경험이 이 자리에 적합한 이유를 위원회에 설명하시오'였다. 기억을 더듬어보면 또 다른 질문은 어떤 부류의 방문객들이 박물관에 오게 되고 그들을 오게끔 하기 위해서 당신은 무슨 일을 할 수 있는지 제안해보라는 것이었다.

내가 아주 커다란 위원회 방에 들어섰을 때 의장은 나에게 "편안한 마음으로 답변하세요!"라고 일러주며 1번 질문에 답해보라고 요청했다. 내

가 답변을 마치자마자 그는 "좋습니다. 두 번째 질문에 답해보세요."라고
말했다. 이어 세 번째 질문에 대답했고, 세 가지 답변을 통해 내 모든 것
을 보여주었다! 위원회 구성원들로부터는 어떤 질문도 없었다. 숨 막히면
서도 매우 짜릿한 순간이었다.

　면접을 마치고 얼마 지나지 않아 나는 함께 일하자는 요청을 받아 정
식으로 취업을 했다. 나의 세 번째 성공적인 면접이었고 내 직장생활에
서 했던 마지막 인터뷰였다. 나중에 나는 더럼 카운티의 면접이 어떻게
진행되었는지 알게 되었고 훗날 면접결과를 이끌어내는 방법도 배울 수
있었다.

　나는 할리팩스에서 일을 그만두기 위해 몇 개월의 시간적 여유를 두어
야 했다. 석 달이면 보우 박물관을 개편하는 데 꼭 필요한 업무계획을 세
우기에는 충분한 시간이었다. 이어서 출근한 지 일주일만인 1958년 9월
7일에 첫 번째 위원회 회의에 참석했고 완벽하게 수긍할 수 있는 철저하
고도 세부적인 제안서를 제시할 수 있었다. 위원들은 추가로 제안을 하
나 했다. 보우 박물관이 더럼 카운티가 소유한 단 하나의 박물관이자 거
의 독보적으로 프랑스와 스페인의 장식 예술품을 소장하고 있는 곳이니
이와 반대로 더럼 카운티에 근세의 일상 생활양식에 관한 박물관을 만
들었으면 좋겠다는 제안이었다. 이 제안은 위원회에서 통과되었고 나는
이것을 실현할 수 있는 좋은 방법이 열린공간박물관 방식이라고 제안했
다. 이 또한 받아들여졌고 의장은 "그것을 하기에 가장 적합한 장소를 내
가 알고 있다!'라고 이야기했다. 그곳은 더럼시의 외곽에 약 200에이커(약
250,000평-역자 설명) 정도 넓이의 지역으로 아이클리 헤드Aykley Heads로
알려진 곳이며 선견지명이 있는 담당 공무원이 몇 년 전에 사들였다고
한다. 새로운 카운티[17] 청사가 그곳에 이제 막 세워졌으나 아직 상당 부분

활용 가능한 공간이 있다고 했다. 그래서 훗날 '비미쉬Beamish'가 된 이 아이디어가 그때 시작됐고 그와 동시에 그 목적을 이루기 위해서 기술직 직원과 담당 과장을 임명하게 되었다.

한편 보우 박물관의 재편이 상당히 빠르게 진행되었다. 주요 건물의 개보수, 조명설치(공공 갤러리 단 한 군데도 이것이 없었다!), 그리고 안전한 전기배선공사, 모든 갤러리의 완벽한 리모델링을 위한 준비를 했고 이어서 새로운 구성원들을 채용하고 새로운 작업을 실행하기 위해 이들을 조직에 배치했다.

내가 보우 박물관 1층의 아주 낡은 사무실에서 일을 시작했을 즈음에 조앤은 건물 맨 꼭대기 층에 있는 새로운 집에 익숙해져가고 있었다. 박물관에는 두 개 층에 방이 스물네 개가 있었는데 층 면적의 거의 절반을 차지하고 있었고 세 개의 내부계단이 딸려있었다. 1층에서 올라가려면 아흔아홉 개의 굽은 돌계단을 통해 올라가거나 오래된(1904년 설치) 유압식 엘리베이터를 이용해야 했다.

조앤은 아주 넓은 부엌에 있는 커다란 벽난로로 지어진 아가Aga 주방기구에 불을 붙이려고 했는데 곧 타는 냄새가 난다고 구식인터콤으로 벨을 울려왔다. 아마도 굴뚝에서 불이 난 것으로 여겼던 것 같다. 나는 대수롭지 않게 생각해 소방대에 연락해 주소를 불러주려는데 화재경보 신호가 울렸다. 잠시 후 바너드 성 소방서의 무인 경보소리가 들린 후 채 10분도 되지 않아 집 앞으로 사다리차 세 대가 도착했다. 소방서는 보우 박물관이 현금가치(심지어 그 당시에 이미 수백만 파운드의 가치가 있었다)의 측면에서 그리고 인문학적 측면(우리가 그것을 처음 봤을 때 소스라치게 놀랄

---

17. 역자 주: 잉글랜드의 카운티county는 행정구역상 우리나라의 군郡에 해당한다.

정도)에서 지역의 주요 위험관리 시설로 간주했다. 나무지붕이 불에 타들어가고 꼭대기에 납으로 된 수 톤의 덮개가 흘러 바닥으로 떨어지기 전에 완전히 건물 밖으로 나오기 위해서는 단지 10분밖에는 시간이 없다는 경고를 받았다.

조앤은 지역의 소방서, 경찰서, 교육 관료들을 위해 차를 만들어 대접하며 반나절을 보냈다. 우리는 하루 만에 그들 모두를 만나게 되었던 셈이다. 나중에 우리는 티즈데일에 있는 미들톤에서 소방대원 중 한 사람에게 전해 들었는데 소방차가 10분 안에 보우 박물관까지 구불구불한 10마일의 길을 달려왔다고 했다. 적어도 모두에게 아주 훌륭한 화재훈련이 되었다.

이 모든 사태의 원인은 무엇이었을까? 아가 제품은 작은 불씨를 놓기 위해 뚜껑을 열면 원래의 벽난로 내부의 통이 나무틀에 고정되어있는 금속판이 둘러싸고 있는데 오랫동안 사용해서 아래 부분이 그을음으로 덮여있었다. 거기에 불이 붙었던 것이다. 박물관 전체가 이와 비슷했다. 겉보기에는 모든 것이 평온했지만 얇은 베니어합판 뒤에는 소장품들이 마구 뒤섞여있어 긴급히 정리해야만 했다. 전기가 설치되어있지 않았기 때문에 해질녘이 되면 방문객들을 박물관 밖으로 나오도록 안내해야 했다. 30년이 넘도록 꾸미거나 장식을 한 방이 한 군데도 없었다. 소장품이 이제 막 전시되었는데 그 가운데 상당 부분이 최상의 질이 아니었다. 반면 최상의 물건들도 꽤 많았지만 그것을 눈에 띄게 부각시키지도 못했다. 전체적으로 봤을 때 나에게 아주 흥미롭고 도전할 만한 일들이 기다리고 있었던 것이다.

그러나 처음에 나는 행정의 메커니즘에 대해 의원이자 동시에 공무원의 수준에서 무언가를 알아내야만 했다. 내가 보우 박물관에서 일을 시작하자마자 더럼 카운티 의원(당연히 다른 사람들 또한)의 관습에 관해 첫 번째 교훈을 얻게 되었다. 산하 위원회의 미팅 주제가 박물관 뒤편의 아스팔트 차도와 관련한 몇 가지 부지 문제로 개최될 예정이었다. 더럼 패션의 날 오후 2시 경에 미팅이 시작되었는데 의장, 부의장, 두세 명의 의원들, 부건축담당, 그리고 서기와 내가 모여 재빨리 현장을 둘러본 후 내 사무실에 모였다. 제기된 문제는 매우 빠르게 결론이 날 수 있을 것으로 보였는데 미팅은 질질 시간만 끌었다. 부건축담당이 내 옆에 와서 앉았는데 나는 순진한 눈으로 놀란 듯이 그를 바라봐야만 했다. 왜냐하면 그는 자기 시계를 보면서 나에게 귓속말로 "4시예요!"라고 했다. 나는 어떻게 그렇게 많은 시간이 흘렀는지 믿기지 않았고 그가 또 어떻게 그 사실을 알았는지도 놀라웠다. 한동안 토의는 목적을 상실한 채 공전했다. 4시에 의장이 정확히 한 시간 전에 합의된 내용으로 결론을 지으며 미팅의 종료를 선언했다. 또 의장은 "식사수당은 미팅이 4시를 넘겼을 때만 지급된다."고 설명했고 그 다음에는 많은 것들이 명확해졌다.

내가 의원들과 스스럼없이 사귀기에는 바너드 성에 있는 박물관이 더럼으로부터 너무 멀리 떨어져 있다는 결론을 꽤 일찍 내렸다. 하지만 의원들과의 친분은 카운티 사업을 순조롭게 처리하기 위해서 중요했다. 보우 박물관에서 미팅은 두 달에 한 번씩 개최되어 거의 만날 기회가 없었다. 그래서 나는 적어도 한 번은 더럼의원회관에 가고 대략 한 주에 두 번은 가서 식사를 하기로 결정했고, 그 방문을 정당화하기 위해 박물관의 소소한 일들을 미리 처리하곤 했다. 의원식당 바에 앉아있으면서 (부책임자로써 나는 출입허가를 받았다) 나는 짧은 기간에 의원들과 잡담을 나눌 수 있는 관계가 되었다. 나의 행동이 두 달에 한 번 있는 미팅에 상응하여 큰 소득이 나게 만들었다. 왜냐하면 의원들이 비록 그 정당성에 대해 여전히 의문이 남는다 하더라도 나의 판단과 제안을 신뢰할 수 있었기 때문이다.

임명이 끝나자마자 위원회 미팅이 보우 박물관에서 열려 박물관에서 일할 사람을 선발하기 위한 인터뷰가 열렸다. 간략한 선발리스트가 내가 일을 시작하기도 전에 작성되었다. 관계자들과 20명의 위원들이 참석하는 전체위원회는 이처럼 작은 규모의 선발을 앞둔 후보자의 입장에서 위압적으로 보일 수 있지만 이 모든 것의 배후에 숨어있는 원리는, 사람들이 깨닫게 된 것처럼, 아주 공정하게 하려는 것이고 모든 위원들이 후보자들에게 질의를 하도록 하는 것이었다.

인터뷰가 진행되자 나는 밝고 영리하고 준수한 젊은 친구(이른바 사람들은 그를 '샤프'라고 한다)와 노쇠하고 말귀를 못 알아듣고 꾸부정한 늙은 사람(우리는 이런 사람을 '블런트'라 한다)을 선별했다. 각 후보들은 단지 두 가지 질문을 받는데 질문은 서기가 준비해주었고 인터뷰 시작에 앞서 동의를 구했다. 첫 번째 질문은 '당신의 과거 경험이 당신이 지원한 이 자리에 적합한지 위원회에 설명해보시오'였다. 나는 두 번째 질문은 잊었지만 그것 역시 그다지 쓸모없고 위압적인 질문이었다.

질문에는 보충 설명이 없었고 각 후보자들은 재빨리 대답했다. 나는 어느 누구도 후보자들의 응답에 대해 추가 질의를 하거나 사람들에 대한 관심, 개인적인 적격여부와 같은 문제에 대한 질의가 없다는 사실에 놀랐다.

마침내 인터뷰가 끝났고 누군가가 '이름들을 옮겨 적었고', 아무런 논의도 없이 위원들이 선택한 후보자들의 이름을 적기 위한 작은 종이 쪽지가 각 위원들 앞에 놓였다. 이 쪽지를 서기가 수거하여 수를 셌다. 그런 다음 참석한 위원들의 수를 세어 확인하고는 이름을 읽어 내려가기 시작했다. 이런 식이었다. "블런트, 블런트, 블런트, 샤프, 블런트…" 나는 내 귀를 의심하지 않을 수가 없었다. 나이 많고, 말귀를 못 알아듣고, 노쇠한 남자가 압도적 다수로 선발되었기 때문이다. 그는 다시 호명이 되었고 의장은 그에게 임명을 통보했다. "뭐라고요?" 그 노쇠한 남자는 귀에다 손을 대고 물었다. 나는 절망했다. 그는 수년 동안 그 일을 지속했고, 나중에서야 알게 되었지만 그는 정당 소속 사람으로 당시 곤경에 처한 상황이었다.

그러나 이런 상황조차도(한마디만 더 하자면 나는 카운티에서 이러한 일들이 지금은 크게 변화했으리라 믿는다) 일종의 민주주의가 진전되는 방식이었다. 왜냐하면 믿지 않은 악동으로 변해가는 나이가 지긋한 부군수와 친하게 어울리는 계기가 되었기 때문이다. 인터뷰에 앞서 그는 나에게 조용히 묻곤 했다. "누가 괜찮아 보이나요, 프랭크?" 나는 인터뷰를 함에 있어 어떤 관찰로부터 뭔가를 배제시키는 일이 된다하더라도 사전에 내 선택을 그들에게 일러주곤 했다. 그리고 몇몇 의원들과 부군수에게 얘기를 해주었고 결국 인터뷰 후에 바라던 결과를 대개는 얻게 되었다. 물론 완전히 잘못된 일이자 바람직하지 못한 방식이긴 하지만 단 한가지의 대안밖에 없는 것보다는 더 낫다고 생각한다. 여기서 첨언을 하면 나는 위원회의 인터뷰에 앞서 개인적으로 후보자들과 면접을 했는데 부분적으로 그들에게 박물관과 그 직책에 대한 정보를 제공해주기 위해서였다.

내가 점차 깨닫게 된 것은 대부분의 의원들은 '유권자'의 몫을 더 많이 확보하려고 진심으로 갈망한다는 것이다. 그들은 점차 '개선된 유권자 bettered'를 만들고자 하는 페이비언Fabian(점진적, 계몽적 사회주의자-역자 설명)식 열망을 갖고 있었지만, 모든 사람들에게 공평하도록 만들어진 자신들의 시스템으로 인해 패배하고 말았다. 예를 들면 인터뷰에서 추가적인 질문이 이루어지지 않는 이유가 그것이다. 의원들이 자신들이 선호하는 후보자에게 적당히 편향된 질문을 던질 수 있고 또는 지명되지 말았으면 하는 후보자에게는 어려운 질문을 할 수도 있는데 그들은 그렇게 하지 않았다.

대부분 의원들을 딱딱한 정치인들이라 하지만 오히려 어떤 면에서는 순진하다는 것을 확실히 알게 되었다. '공평한 배분'이라는 시스템은 각각의 의원들이 2년 동안 자신이 속한 위원회의 부의장이 될 수 있는 기회를 가지며 그러고 나서 2년 동안 의장이 될 수 있는 기회를 부여받도록 되어 있었다. 이것은 변경할 수 없는 관습이었으나 실질적으로 의원들이 해당 업무에 대하여 아무것도 모르는 자리에 너무나도 자주 임명되는 결과를 낳았다. 그리고 어떤 경우는 내가 재정적으로 꿰뚫어보듯 명확하게 위원회에다가 뭔가를 질문하면 나이 지긋한 의원이 나를 붙잡고 한참을 이야기하고는 내 손에 서류뭉치를 밀어 넣으며 이렇게 말했다. "이걸 봐 프랭크, 그리고 자네 생각을 말해줘." 그는 당시 카운티 재정위원회의 위원장이었고 젊은 시절에는 출중한 정치인이었다.

나는 무엇을 보라고 하는지 궁금했다. 조심스레 봉투를 열어봤는데 카운티의 회계 담당자가 작성한 기밀이 담긴 짧은 문서였다. 복잡한 재정에 관한 문서였는데 나는 이것을 보고는 깜짝 놀랐다. 나는 도움을 줄 수 없다는 유감 표시와 함께 문서를 돌려주었다. 내가 가끔 궁금한 것은 도대체 왜 카운티의 재정적 권좌 뒤에 숨은 권력이 되고 싶어 했느냐는 것이다! 하지만 나는 공론화하지 않았는데 어차피 내 관심사도 아니었기 때문이다.

내가 지방정부Local government에 대하여 속속들이 너무나 많은 것들을 알아가는 사이에 보우 박물관의 경이로운 소장품에 대해서도 알게 되는 한편 바너드 성에서 유화 복원을 포함한 몇 가지 새로운 세계를 경험하게 됐다. 복원 전문가인 빌 후드Bill Hood는 전쟁 직후 국립박물관에서 복원 책임을 맡았던 유명 복원 전문가인 루만Ruhemann에게서 일을 배웠는데 당시는 그림 손질picture cleaning이 대중적인 관심을 막 끌기 시작했을 무렵이다. 그것은 그림들을 무지막지하게 '문질러 닦는다'는 의미일까 아니면 오랜 기간 니스 칠이 모두 사라진 낡은 그림들을 다시 본래의 밝은 색상으로 되살리는 작업일까?

빌이 커다란 복원전문용 책상을 포함한 적당한 장비를 요구해서 마련해주었다. 이 책상 위에서 유화 캔버스에 캔버스를 덧대고 왁스를 칠하는 작업을 반복했다. 유화들은 따뜻한 열로 처리됐고 새롭게 왁스칠 된 캔버스를 본래의 작품 뒷면에 붙이고 진공 처리로 기포가 생기지 않게 압력을 가해 왁스를 녹여내어 두 장의 캔버스가 붙도록 만들었다.

나는 이 기술을 배우려고 마구간에 서 있는 파손된 말 그림을 10실링(오늘날 50펜스)을 주고 샀다. 그림은 조지 스텁스의 그림도 아니고 존 프레데릭 헤링의 그림은 더더욱 아니었다. 하지만 과거 한때 누군가에게는 존중받았을 만한 그림이었다. 보관상태가 좋지 않아서 일부 파손되기도 하고 잘려나가기도 했다. 회고해보면 당연하게도 당시에 나는 여러 가지 일들을 벌이고 있어서 빌과 함께 짧은 시간 안에 복원하려고도 하지 않았다. 몇 년 후 아주 무리 없이 빌이 나를 위해 완벽하게 복원해주었고 우리는 그 그림에 맞는 액자를 구입했다.

그림 손질에 관한 대중적인 논쟁은 엘 그레코El Greco의 작품 '성 베드로의 눈물The Tears of St Peter'의 복원에 대한 비평으로 봇물을 이루게 됐고 그때까지 공격당하고 있다고 느꼈던 빌의 압박으로 우리는 당시 국립미술관장으로 있던 필립 헨디Philip Hendy의 승인을 받기 위해 복원된 말 그림을 들고 런던으로 가기로 결정했다.

다음 날 아침 빌과 나는 달링턴Darlington 기차역에서 출발하여 런던으로 갔다. 어쩌면 현명치 못한 처사였지만 나는 경찰에게 이 사실을 알렸고 그들은 당연히 에스코트 제공이 필요하다고 여겼다(그림은 당시에 약 100만 파운드의 보험을 들었다). 그럼에도 나는 박물관에서 기다리던 경찰 밴을 발견하고 놀랐다. 빌이 포장된 그림을 갖고 밴에 올라 출발했고 나는 그 뒤를 경찰차 한 대가 호위하는 가운데 내 차를 타고 따라갔다. 두 근거리는 심정으로 우리는 도로를 따라 총알같이 달렸다. 마을을 지날 때는 60마일의 속도로 내내 달렸고 제한속도 30마일 지역에서도 긴장상태로 달렸다. 경찰 역시 동일한 속도로 내 차를 바짝 뒤쫓아 왔다. 대부분 사람들은 기껏해야 평생에 단 한 번 정도 그렇게 할 수 있을 것이다.

전설적인 이 이야기는 행복한 결말을 맺었다. 그림은 완벽한 상태라는 진단을 받았다. 주기적으로 과도한 그림 손질에 관한 괴기스러운 이야기가 생겨났는데 이는 한 세기 혹은 그 전에는 그럴 만도 했지만 오늘날은 그렇지 않을 거라 생각한다. 오늘날 미술품 보존자들에 의한 그림 관리는 손질 정도가 약해서 때로는 너무나 보수적인 것처럼 보일 수도 있다. 어쨌든 이론적으로만 보면 박물관 소장품들은 영구히 보존될 수밖에 없을 것이다.

한편 바너드 성에 있는 동안 나는 보우 박물관이 외형적으로 변화하는 것에 대해 큰 기쁨을 만끽하고 있었다. 내가 확신했던 것은 박물관 규모에 따라 박물관 종사자들이 하고픈 대로 할 수 있는 일이 늘지 않으며, 만일 대중들에게 매력적으로 다가갈 수만 있다면 이러한 거대한 건물(괴물스럽다고 말하는 것은 아니다)에도 어떤 유형의 변화든 필요하다고 나는 확신했다.

우리는 엘리베이터를 설치하여 운영하기 시작했다. 건물에 단 하나밖에 없는 이 엘리베이터는 우리를 '손쉽게' 꼭대기 층까지 갈 수 있게 해주었다. 이 엘리베이터는 아무런 통제 시스템도 없이 수압에 의해 작동하고 미닫이 쇠창살문이 달린 거의 관처럼 생긴 작은 상자였다. 이 상자 안으로 들어가면 엘리베이터 천장 구멍 사이로 보이는 밧줄과 연결되어있고 층별로 있는 문을 통하여 밖으로 나갔다. 밧줄을 당기면 먼 곳에서 물을 내리는 소리가 들리면서 엘리베이터가 올라가기 시작했다. 비록 가끔은 심장이 졸아들도록 덜컹대곤 했지만 대개는 부드럽게 위로 올라갔다. 혹시라도 물이 다 떨어지면 중간에서 멈춰서기도 했다. 지붕에 있는 탱크로부터 수직으로 세워진 거대한 금속 실린더 안으로 파이프를 타고 물이 내려오면 피스톤이 밧줄을 움직이게 했고 밧줄과 연결된 도르래가 엘리베이터를 움직였다. 반대 방향으로 움직이게 하기 위해서는 실린더로부터 지하에 있는 탱크로 물을 이동시키면 됐다. 1904년에 처음 등장한 이 장치는 스톡턴온티즈Stockton-on-Tees(Stockton으로 표기하기도 함)에 있는 한 회사가 제작했는데 놀랍게도 아주 최근까지도 사용했다. 이 엘리베이터가 구식모델이긴 했지만 어쨌든 1958년경에도 사용하는 데 전혀 문제가 없었다.

우리는 이 엘리베이터를 이용하여 모든 살림과 가재도구를 옮겼고 어느 순간에는 이런 상황에 무심해질 정도까지 되었다. 어느 날 저녁 늦은 강의를 마치고 집으로 돌아와서는 엘리베이터를 타고 밧줄을 잡아당겼다. 여느 때처럼 서서히 올라가기 시작했다. 건물의 서쪽 끝에 높은 유리창을 통하여 문득 바라본 버너드 성의 불빛이 놀라울 정도로 아름다워서 마치 우주유영을 하는 느낌이었다. 하루가 끝날 무렵 우리는 꼭대기에서 가끔 1층으로 다시 내려오곤 했는데 탱크의 물이 조금씩 새어나가서 물을 보충해야 하기 때문이었다. 이러한 경우 나는 옥상에 내릴 때마다 엘리베이터를 내려보내기 위해 밧줄을 당기고 밖으로 나왔다. 어느 날 밧줄을 당기자 엘리베이터가 거침없이 내려가기 시작했는데 여닫이문이 나의 재킷 주머니를 물고는 나를 엘리베이터 공간 쪽으로 끌어당겼다. 다시 밧줄을 당길 방도가 없었고 나는 두 조각이 날 위험에 빠졌는데 엘리베이터가 내려가면서 주머니가 찢어졌다. 나는 엘리베이터가 사라질 때까지 부들부들 떨며 서 있었다. 그때를 생각하면 아직도 아찔하다.

이 엘리베이터가 갖고 있는 본래의 위험과는 별개로 일반인들에게는 엘리베이터의 사용을 금지했다. 박물관에서 사용하기에는 너무나 작았고 위치상으로도 서쪽 계단 쪽에 있어 쓰임새도 별로 없었다. 그래서 우리는 각 층에서 작동할 수 있으며 관람객이 이용할 수 있는 새로운 전기 엘리베이터를 설치하기로 결정했다. 그 엘리베이터의 외부 통로를 입구 홀로 이어지도록 위치를 잡고 나머지 석조구조와 조화를 이루도록 인공벽돌로 만들었다. 더불어 2층 발코니와 연결하기 위해 확장하면서 난간을 정비하기도 했다. 이것은 아마도 그 건물에서 가장 쓸모있는 증축 부분으로 우리가 당시 수행한 '덩케르크Dunkirk 식' 작전, 즉, 다시 전시하기 전 새 진열장들에 자리를 주어야 했던 방대한 도자기류를 비워내는 그 작전을 매우 용이하게 해주었다.

내가 꼭 해야 할 필요를 느꼈던 일은 관람객 이동경로를 새로 만들기 위해서 약 60여 센티미터에 이르는 두꺼운 벽체를 뚫어 몇 개의 커다란 통로(각 방의 입구)를 만들어야 하는 건물개조 공사였다. 이 큰 건물을 시각화해보면 계획적인 직사각형 모양으로, 대략적으로 방에서 방으로 이어지는 연속의 사각형 갤러리들, 북쪽은 비어있는 벽면으로, 남쪽으로는 모두 창이 나 있었다. 이 갤러리들의 북측으로 일련의 문이 있었고 왼쪽

프랭크와 한 소년이 획기적인 어린이 방을 만들기 위해 뒤쪽에 보이는 타워에 전시자료를 준비하고 있다. 로이 반델이 아이들이 쉽게 방문할 수 있도록 디자인했다.

의 관람객들은 각각의 갤러리들을 가로질러 볼 수 있도록 했고 남쪽의 창문으로 빛이 유입되고 가구들이 배리어 로프 칸막이 뒤에 전시되도록 할 예정이었기 때문에 관람객들은 그들의 얼굴 쪽으로 빛이 비추어져서 시야가 반쯤은 약해진 상태에서 관람해야 했다. 나의 해답은 갤러리의 남측을 따라 새로운 입구들을 만드는 것인데 이는 관람객들이 남쪽에서 들어오는 빛을 등지면서 창문을 따라 걷게 하고 갤러리를 가로질러 볼 수 있게 하려는 것이었다. 이내 훨씬 좋아진 것을 느낄 수 있었고 사소한 문제가 있었지만 위원회의 만족스러운 동의를 얻어냈다. 물론 각 통로를 뚫기 위해 비용이 조금 들어갔으나 그보다는 훨씬 가치 있는 일이었다.

그 다음 우리는 전기조명을 공급하는데 있어서도 문제점을 안고 있었다. 공공의 갤러리에 전기배선을 설치한 곳이 없다고 하면 지금은 믿기 어렵겠지만 조세핀 보우(설립자의 아내)가 가스에 대한 두려움, 전기에 대한 두려움을 갖고 있었기 때문에 설치하지 않았다. 그래서 관람객들은 해질녘이 되면 억지로 내쫓길 수밖에 없었다.

더럼 카운티 건축과의 전기담당은 엄청난 양의 일거리로 전성기를 맞았다. 나는 특별한 스위치 조절장치를 제안했는데 그것은 조명이 갤러리 안에 있는 각각의 스위치들에 의해 조절될 수 있으면서 동시에 중앙 스위치로 갤러리 전체의 조명을 조절할 수 있어야 한다는 것이었다. 즉 하루에 마지막 퇴근자가 갤러리를 돌아다니면서 각 갤러리의 입구 스위치 하나만 작동하면 갤러리 안의 모든 조명이 안전하게 꺼져야 한다. 마찬가지로 아침에도 하나의 스위치를 켜면 다시 갤러리 안의 모든 조명이 들어오고 또한 갤러리의 조명패턴을 조절할 수 있었다.

이 모든 것의 결과 중 하나는 그밖의 다른 기술 혁신들로 나아가도록 우리를 고무했다는 점이다. 어느 날 우리는 중앙홀에 아름답게 걸려있는

40개의 조명이 달린 아주 멋진 유리 샹들리에를 발견했다. 단 한 가지 우려는 이 샹들리에가 바닥으로부터 약 20~30피트 떨어진 곳에 달려있어 손에 닿기가 거의 불가능하다는 점이었다. 그래서 우리는 마치 '콩나무 줄기'처럼 수압으로 올릴 수 있는 바퀴가 달린 편평한 판을 구입했다. 편평한 판에 서면 아주 빨리 수 미터까지 들어올렸다. 이 장비 도입을 계기로 나는 몇 가지 지침들을 주었는데 여섯 개의 전구가 수명을 다하면 나머지 전구까지 모두 수거해 폐기하고 모두 새로운 전구로 교체하라고 했다. 물론 총괄건물관리인이 더 똑똑했고(확언하건대 그는 항상 나를 사치스러운 인물로 생각했다), 나는 그가 수명이 다한 조명이 나올 때마다 수압식 판 위로 올라가 꺼진 전구만 교체하는 것을 발견했다. 최소 매주 한 번씩은 올라가서 한두 개를 바꾸곤 했다.

실버 스완Silver Swan은 정말 매력적이었다. 물론 지금도 그러하지만 내가 보우 박물관에 부임했을 때에는 애석하게도 전시하지 않고 있었다. 은으로 만들어진 실물 크기의 백조이며 흐르는 물을 거스르듯 수면 위에 떠 있고 회전하듯 유리로 감아올린 목 부분을 포함하여 흐르는 물을 (흘낏) 쳐다보는 듯한 모습이었다. 금과 은으로 만든 여섯 마리의 작은 '물고기'들 사이에서 앞뒤로 '찰랑거리며' 떠 있었다. 백조는 우아하게 목을 구부리고 뭔가를 머금은 듯한 모습이었고 물고기들 중 한 마리를 삼킨 듯했다(물론 이 물고기는 부리 안에 감춰져 있었다).

이 백조 작품은 그 자체로 자랑거리였고 한편으로 뮤직박스에서는 딸랑거리는 멜로디가 흘러나왔다. 놀랍고 진기한 이 장치의 기원은 18세기 중엽으로 거슬러 올라가며 아마 식탁 장식용으로 프랑스에서 만들어졌던 것으로 추측된다. 식탁에서 대화가 중단되는 사태가 벌어지더라도 이 백조를 치워버리기는 힘들었을 것이다. 이 장치는 마크 트웨인의 〈철부지의

우리가 소장했던 아주 멋진 18세기 은 백조Silver Swan가 현재 매일 한 차례씩 전시되고 있다. (사진 제공: 보우 박물관)

해외여행기The Innocents Abroad〉에서도 언급되고 있다.

이것을 복원하려는 시도에 몇 차례 실패한 후 우리는 이 분야에 오랫동안 헌신해왔던 당시 뉴캐슬대학의 한 연구소에 있는 기술자를 우연히 만나게 됐다. 그는 1년 넘게 실버 스완의 복원을 위해 자신의 주말 시간을 썼고 조금씩 해체하여 조각 하나하나를 수리하기 시작했다. 그 복잡함을 증명이나 하듯 은으로 된 길고 우아한 목은 은고리들을 겹쳐 만들어 움직일 수 있었고 케이스 아래로 다섯 개의 분리된 체인과 연결되어 있다. 이 체인은 마치 작은 자전거 체인처럼 작고 아름답다. 이런 미세한 장치로 목, 부리, 물고기 등의 움직임을 조절하는 것이다. 백조의 몸통 내부에는 모든 움직임을 순서대로 적절히 조절하는 커다란 캠바퀴가 내장되어있다.

오늘날 이 백조는 하루에 한 번 전시되는데 깨지기 쉬운 물건이면서 지나치게 사용하면 닳거나 흠집이 날 수 있기 때문이다.

우리의 모든 시간을 건물 공사와 표본 수리로 보냈던 것은 아니며 여러 새로운 '상설' 전시에도 착수했다(어떤 전시들은 지금도 볼 수 있다). 몇 가지 중요한 특별 전시들은 커다란 회화전시실에서 개최했다. 이 모든 일을 차질없이 하는 데 있어 활력 넘치는 부관장 토니 엘리스Tony Ellis는, 사람들이 흔히 하는 말대로, 사실상 없어서는 안 될 사람이었다. 그가 1964년 자동차 충돌 사고(그는 전혀 과실이 없었다)로 비극적으로 사망한 일은 우리에게는 생각조차 할 수 없는 가혹한 손실이었다.

1964년 갤러리들은 여전히 전시가 반복되고 있었고 새롭게 스페인과 이탈리아 회화전이 동시에 열고 있는 중이었다. 안내책자에 실린 상설전시의 일부이기도 했다. 또 이미 제안했던 열린공간박물관에 관한 일이 점차 정점에 다다르고 있는 중이기도 했다.

이때를 돌이켜보면 나는 당시 완전히 신경쇠약 위험에 빠져있었음을 깨닫게 된다. 너무나도 자주 더럼으로 차를 몰고 다녔고 새로운 박물관을 만들려고 했고(그리고 어마어마한 속도로 새로운 박물관에 들어갈 물건을 수집하고 있었다), 중요한 전시의 코디네이터로 관여했고 보우 박물관의 일부 소장품들에 대하여 아주 야심찬 〈전작도록catalogue raisonné〉을 만드는 작업을 하는 중이었다. 그리고 1969년이 가까워옴에 따라 우리는 보우 박물관 건립을 기념하여 웅장한 100주년 기념 전시회Centenary Exhibition 준비에 착수했다.

내가 정신을 차리고 모든 일을 순조롭게 진행할 수 있도록 해준 두 가지 일이 있다. 첫째, '수집카드Collecting Card'를 고안해냈는데, 새로운 박물관의 수집대상을 포함한 모든 과정을 총괄하여 관리하려는 목적이었다. 예를 들면 이 카드는 새로운 번호를 부여하고 소장품을 일목요연하게 정리하고 자료를 기록하고 기증자에 대한 감사와 소장품의 안전한 보관을 보증하는 역할을 하는 것이다. 두 번째로 작은 일본식 오픈릴 방식의 녹음기 사용법을 알게 됐다. 이것을 내 차에 설치해 마이크를 햇빛 가리개에 달아놓고 아무 때나 마이크에 대고 메시지를 큰 소리로 말하곤 했다. 오늘날 휴대전화를 포함한 전자제품의 홍수 속에서 별것 아닌 것으로 보일 수 있지만 당시에는 아주 놀라운 것이었다. 나는 운전을 할 때마다 마음을 평온하게 다스리기도 하고, 잡다한 생각을 정리하여 최상의 상태로 끌어올려 마이크에 대고 정리된 생각을 말하면서 운전하곤 했다. 그리고 그 생각을 밤에 다시 점검하기도 하고.

가끔 예술 또는 사회사와는 전혀 다른 무엇인가가 불쑥 삶에 개입하기도 한다. 이와 같은 갑작스러운 일 중 하나가 주요 도로의 확장계획을 갖고 있던 A66 도로에서 일어났는데 그곳은 바너드 성으로부터 얼마 떨어지지 않은 그레타 다리의 모릿 암스Morritt Arms에서 꽤 가까운 곳이었다. 나는 예기치 않게 경찰로부터 호출을 받았다. 경찰은 사람의 두개골이 발견됐다고 했고, 나는 확인차 그곳으로 가게 됐다.

그 시절에는 고고학자들이 꽤 드물었는데 가장 가까운 더럼대학Durham University에서도 찾아보기 힘들었다. 나는 긴급을 요하는 문제라고 주장했고 도로공사 중단을 요청했다. 그때와 달리 오늘날은 고고학을 중요하게 여기게 되었고 공사는 전문가들이 올 때까지 중단해야 하는 분위기다. 그곳으로 달려가 지표 밑 몇 피트 아래에서 석관을 발견했다. 한편으로 기계굴착을 중단시키고 두개골을 들어냈다. 우리는 돌로 만든 관 뚜껑을 들어 올렸는데 거기에는 아주 깨끗하게 누워있는 완벽한 골격이

들어있었다. 사진을 몇 장 찍은 후 마분지 상자 안에 담았다. 놀랍게도 발 근처에서 몇 개의 작은 금속조각들을 발견했는데 이 시신이 옷은 모르겠지만 샌들을 신은 채로 묻혔을 것이라는 생각이 문득 들었다. 우리는 이 사람이 어느 정도 중요한 신분의 로마 군인이었을 것으로 결론을 내렸다.

마침내 바너드 성을 떠날 때까지 일들은 여러모로 순조롭게 진척되었다. 이렇게 나는 비미쉬에서 새롭고 가슴 뛰는 일에 착수하게 되었다. 하지만 그 전에 처리해야 할 일들이 많았는데 그것은 다음 장에서 명확하게 밝히게 될 것이다.

한편 1965년 내가 커다란 압박에 놓이게 되었을 때마다 적었던 일기의 일부를 여기에 실으려 한다. 그때 나는 마음에 심한 동요가 일어나는 순간을 일기에 적곤 했다. 하지만 여기에 소개하는 일기는 어느 하루 동안 벌어졌던 일이고 돌이켜볼 때 매우 놀라운 화제들 가운데 대표적인 이야기에 속한다. 그리고 어떤 한 주제로부터 다른 주제로 춤추듯 '떠다니는' 방식으로 글을 썼다.

1965년 9월 27일 월요일

도린은 휴무 중, 앤은 감기로 출근하지 못함. 스티브는 휴가를 감 (각각 비서, 보조비서, 총괄기술자). 우편물을 훑어봄. 데이브(기술자)가 앞에 있는 스토크슬리Stokesley 상점이 문을 열었다고 말해줌. 판매대에 무엇을 진열했는지 알아보았을까? 우리가 그걸 원했나? 더럼에 있는 오스왈드 하우스로부터 구해야 할 물품을 그에게 부탁함. 이번 주에 꼭 수집되어야 함. (이 물품 가운데는 화려함 금빛 테두리를 두른 거울이 포함되어있었는데 현재 웅장한 보우 박물관의 2층으로 내려오는 계단에 세워져 있다. 대학으로 인계되었던 것을 슬쩍한 것이다.) 데이브는 금주에 휴가 가기를 바랐으나 그 일을 하도록 화요일·수요일·금요일에 출근하라고 얘기함. 오늘과 내일 중으로 착수하라고 함.

로이(디자이너)에게 분수噴水에 대한 내 아이디어를 설명함. 그는 앞으로 그 일에 착수할 것임(고인이 된 나의 부관장 토니 엘리스를 기리기 위해 구한 커다란 황동 사자상 입에서 물을 뿜어내도록 프랑스 갤러리 입구 쪽에 설치하려고 함).

크리스(지역박물관 서비스 디자이너)와 헥삼Hexham의 아트센터(그가 전시회를 준비했던)에 관해 얘기함. 커피를 마시며 쉐일라의 새로운 집(우리의 민속사 담당자… 나는 항상 모든 전문가 및 담당자들과 하루에 두 번씩 커피를 마시며 그들의 일을 전반적으로 돕기 위해 만났다.)에 관해 들음. 커피를 마신 후 빌(그림 보존 담당자)과 만나 전시하고 있는 그림의 종류에 관해 이야기를 나눔(에릭 영이 아주 전문적인 관심을 갖고 있음!). 회화전시실을 위한 오디오 가이드를 준비하면서 나타나는 문제점들을 의논함.

점심식사 후 저녁에 있을 강의를 위한 슬라이드 필름을 분류함.

데이비드(당시 나를 효과적으로 도와준 부사수)가 왔고 우리는 겨울 프로그램을 논의하기 시작함. 손님맞이, 새로운 전시실, 1966년과 67년의 전시 준비. 그 다음에 어린이 방에 대해 논의를 하고 로이에게 조언을 구함. 이에 대해 상세하게 논의함. 그 다음 피터크(바너드 성 학교에 근무하는 예술담당 선생)에게 전화를 걸어 만나자고 요청함. 그는 크리스마스에 마돈나의 그림을 사용하기를 원함. 그리고 미술실에 있는 새들에 대해 관심을 표함. 그래서 그에게 몇 가지를 보여주기 위해 미술실로 내려감. 에릭 머서와 로빈 맥다월이 예기치 않게 방문함(역사기념물에 관한 왕립협회로부터. 그들이 마침내 쉴링 앤 바슬Shielings and Bastles 출판사에서 펴낸 책에 관해 작업 중이었고 나는 약간의 도움을 주었다). 그들을 고딕룸에서 만났고 티룸으로 데리고 가서 5시까지 수다를 떪. 사무실로 올라가 엽서와 수집한 영사기 등에 사인을 함.

그런 다음 6시 15분에 더럼에서 차를 마심. 산업고고학(현재 나의 관심사 중 하나)에 대한 강의 첫 부분을 마치기 위해 작업함. 팔레스 그린에서 베라 채프먼Vera Chapman을 만났다. '회전목마Rotating Horse'에 관해 얘기함. 좋은 질문을 받음. 9시 30분까지 베라와 다른 얘기를 나눔. 스페니무어에서 피시앤칩스를 먹고 카운던에서 맥주 한 캔을 마시고 10시 반에 집에 옴.

7. 비미쉬의 출발
(1958년에서 1966년까지)

비미쉬에 대해서는 담담하거나, 솔직히 부끄럽게 생각할 따름이다. 나는 비미쉬를 만들고 1987년 은퇴할 때까지 개선하기 위해 노력했다.

나는 지금부터 내가 하려고 했던 것이 무엇이었고, 어떻게 그리고 왜 그것을 했고 결과가 어떠했는지 분석하고자 한다.

나는 1950년대 초 '민속박물관Folk Museums'-열린공간박물관[18]을 많은 대륙의 국가들이 이렇게 부름-을 발견했고, 영국에도 이와 같은 박물관이 만들어지기를 간절히 바랐다. 나는 1952년 카네기영국재단으로부터 여행경비를 지원받아 노르웨이와 스웨덴을 방문하여 그들이 자랑하는 박물관들을 둘러보았다. 오슬로와 스톡홀름에 있는 국립 '민속박물관'을 봤고 국립박물관보다 규모는 작지만 마찬가지로 흥미로운 몇몇 지역박물관을 둘러봤다. 특히 릴레함메르의 박물관은 아직도 생생하게 기억난다. 그 뒤로 나는 그곳을 여러 차례 찾아갔는데 지금도 여전히 호기심을 자

---

18. 역자 주: 야외박물관, 지붕없는 박물관, 생태박물관이라는 이름으로도 번역, 사용되고 있다. 역자는 이 글에서 오픈에어뮤지엄을 열린공간박물관으로 직역해서 사용했다. 왜냐하면 야외박물관, 지붕없는 박물관 등은 박물관의 형태적 부분을 강조할 뿐 오픈에어뮤지엄이 담고 있는 철학적, 의미론적 관점을 생략하고 있기 때문이다. 역자가 정의하는 열린공간박물관은 다음과 같다. '장소성placeness과 진정성authenticity이 살아있으며 주민들이 유물 수집과 박물관의 건립, 운영에 직접 참여하고 관람객들이 과거의 경험을 직접 체험하는 박물관의 한 양식'

◀ 1960년대 중후반에 지방과 중앙 할 것 없이 언론사들이 열린공간박물관에 대한 우리의 계획에 관심을 갖기 시작했다. 도로 표지판들이 인기 있었고 중요하게 인식되기 시작했다.

극한다.

1930년대 베네딕트 수사들이 웰윈Welwyn에 설립했다는 작은 상상 속 민속박물관은 매우 실험적이라는 사실 외에는 별달리 묘사할 방법이 없었다. 그렇게 잘 짜인 박물관은 아니었다. 제4장에서 언급했듯이 조앤과 나는 과거에 개조한 작은 오두막집에 머문 적이 있다. 그곳은 대중적인 흥미를 불러일으키지 못한 채 몇 년 후 문을 닫고 말았다. 내가 아는 한 그곳은 1883년 옥스퍼드에 설립된 피트 리버 박물관Pitt Rivers Museum과 완전히 다르지 않으며 전 세계에 걸쳐있는 문화와 유물을 비교·전시하려고 시도했던 박물관이다. 이것은 최초의 스칸디나비안 민속박물관들의 의도와 확실히 달랐고 그들 자신의 독특한 문화들을 전시하고 보존하려는데 중점을 두었던 것이다. 내가 궁극적으로 계획했던 비미쉬와 동일선상에 있던 것이었다. 국립영국박물관을 스칸디나비안 형식으로 설립하기 위한 노력이 왕립인류학연구소the Royal Anthropological Institute에 의해 적극 제안되었다. 그리고 1949년《영국의 삶과 전통을 간직한 박물관 발전을 위한 계획A Scheme for the Development of a Museum of English Life and Tradition》이라는 조그만 책자로 출간되었다. 영국민족지학위원회British Ethnography Committee 의장인 플뢰르H.J. Fleure 교수(1951년 발간된《인간의 자연사A Natural History of Man in Bratain》의 저자이기도 함)는 아이워스 피트Iorwerth Peate(웨일스 민속박물관의 첫 전시기획자)와 이스틴 에번스Estyn Evans(아일랜드 사회사에 관해 몇 권의 책을 쓰기도 했고, 얼스터 민속박물관의 설립에 폭넓게 관여했던 조지 톰프슨George Thompson의 지도교수)에게 영감을 불어넣기도 했다. 안타깝게도 나는 플뢰르 교수를 한 번도 만나보지 못했다.

이 계획은 존 힉스John Higgs에게 영감을 불어넣어준 것을 제외하고 거의 성과물을 남기지 못한 채 경건한 노력에 그치고 말았다. 존 힉스는 1951년 레딩 대학에서 영국 촌락생활 박물관Museum of English Rural Life을 만들려고 시도했는데 열린공간박물관의 공식적인 형태를 만들기보다는 소장품에 대한 연구를 중점으로 설립하려 했다.

나의 관심이 1952년 스칸디나비아를 방문할 때쯤 더욱 강고해졌고 용기를 얻게 되었다. 그리고 나중에 할리팩스의 십든 홀에서 소위 '예행연습'이라 불렀던 것을 시도했는데 우리가 더 이상 진행할 수 없어 좌절했다 할지라도 그것은 흥미롭고 유익한 것이었다. 그래서인지 더럼 카운티에 있는 바너드 성에서 새로운 일거리는 나에게 신선한 자극을 주었다. 보우 박물관의 채용면접에서 했던 내 제안 때문일 수도 있지만 더럼 카운티는 자신들의 근세사 박물관(열린공간박물관 형태)을 가질 만한 가치가 있었다. 그리고 그것은 내가 일자리를 얻는 데 도움이 됐다. 확실히 나는 자리이동에 따른 추천서를 준비할 시간을 놓치지 않았고 위원회의 의장이었던 밥 콕슨Bob Coxon 의원은 나의 제안을 열렬히 지지해주었고 심지어 가능한 부지까지 제안해주었다.

위원회의 나머지 구성원들은 의장의 열정을 따라주었다. 나는 빨리 새로운 프로젝트를 위한 유물수집을 시작할 수 있는 권한을 위임받았고 2명의 직원도 새롭게 지원받았다.

그 다음 단계로 나는 위원회로부터 카디프 근처에 있는 세인트 페이건 St. Fagan's 성의 웨일스 민속박물관Welsh Folk Museum을 방문하기 위한 대표자로 선발되었고, 할리팩스에 십든 홀 부지에서 했던 일을 둘러보기 위해 들르기도 했다. 이 두 곳의 방문은 무엇이 가능할지 위원회에 암시를 주는 데 도움이 됐다. 나는 심지어 장난스럽게 해외방문에 대한 아이디어를 제안하기도 했지만 이내 부당하다는 판단으로 명확히 정리됐다. 영국

해협을 건넌다는 것은 상상할 수 없는 일이었다.

그렇지만 나는 위원회로부터 든든한 지원을 받았고 보우 박물관의 재편이라는 측면에서 우리 앞에 어마어마한 일들이 산적해있음에도 불구하고 우리는 새로운 지역 사회사의 수집이라는 또 다른 거대한 임무를 시작했다.

스칸디나비아에서 내가 본 일련의 예들은 유용한 가이드가 역할을 했다. 나중에 조앤과 나는 북아메리카를 방문해서 단지 사진에서만 봐왔던 수많은 장소들을 2주 내내 둘러보았다.

미국은 비록 이름은 다르지만 수많은 사례들을 가지고 있다. 식민도시 윌리엄스버그Williamsburg(버지니아주에 속한 영국의 옛 식민지-역자 설명)는 가장 잘 알려진 곳 가운데 하나로 수많은 건물이 복원됐고 다른 것들도 대부분 사려 깊은 고고학적·역사적 고증을 통하여 다시 지어졌으며 거의 대부분이 현재 위치에 있다. 북부 캐나다 마을은 대륙의 북부지역 사례이며 몇몇 호주의 훌륭한 사례들도 있다. 심지어는 스칸디나비아의 영향을 받은 것이 틀림없는 일본의 사례도 한두 가지 있다.

당연하게도 그러한 열린공간박물관은 대중적인 찬사를 받았고 지금도 주요 관광명소로 간주된다.

하지만 나는 왜 열린공간박물관을 만들어야만 했을까? 그 이유가 궁금할 수 있을 것이다. 1960년대 초 잉글랜드 북동부지역을 매력적 관광지로 생각한다는 것은 당시에는 가당치도 않은 얘기다.

내가 생각하는, 그리고 그들이 흔쾌히 받아들였던 세 가지 이유가 있다. 첫째, 급속히 사라지게 될 지역의 삶의 방식을 묘사하는 대표적인 유물들을 안전하게 지켜내기 위한 것. 둘째, 지역을 찾는 방문객들에게 즐거움을 선사할 수 있는 재미있고 상대적으로 신기한 것들을 보여주기 위한 것. 셋째, 이 모든 것들을 통하여 지역주민들이 지나온 인고忍苦의 역사와 기억할만한 가치가 있는 노동과 과거의 생활양식, 자부심을 느끼게 해주는 무엇인가에 대해 높이 평가하고 북동부지역 주민들의 자긍심을 고취시키는 데 도움을 주기 위한 것. 이렇게 세 가지다. 관광객들은 이러한 점들을 주민들과 같은 차원에서 결코 이해하지 못한다.

주민들에게 그들 지역에 대한 자부심을 심어준다는 세 번째 이유는 너무 고답적인 이야기처럼 들릴 수 있으나 내가 그 지역과 주민들을 좀 더 이해하게 되었을 때는 이런 느낌들이 더욱더 커질 뿐이었다. 그들은 이상하리만큼 서운함과 불만(우리는 남쪽 사람들이 받는 만큼 혜택을 받지 못하고 있다)을 갖고 있고, '우리는 훌륭하고 독립적인 지역'이라는 믿음이 비합리적으로 혼재해있었다. 꽤 신기하게도 이들의 모순적인 시각은 거의 사실(혹시 나 또한 북동부 사람이 되어가는 걸까?)이었다. 그리고 나는 확실히 이 지역의 과거가 여러 가지 관점에서 자부심을 정당화할 수 있다고 느꼈다. 지역의 미래를 더 한층 향상시키는 데 도움이 될 것이라 생각했던 것이다.

내가 열린공간박물관에 관해 언급하기 시작했을 때(초기에는 더럼 카운티를 위해, 나중에는 잉글랜드 북동부지역을 위해) 박물관이 대표적인 수집품을 체계적으로 관리할 수 있는 존재 양식이 되기 때문에 나는 시급하면서도 중요한 일로 여겼다. 왜냐하면 북동부지역 생활양식이 내 눈앞에서 급변하고 있었기 때문에 서둘러야 했고 때를 놓치면 두 번 다시 기회가 없을 것으로 생각했기 때문이다.

또 내 생각은 내가 지금까지 봐왔던 다른 열린공간박물관과는 달랐다. 왜냐하면 적어도 북동부지역이라면 농촌과 장인, 다양한 물품뿐만 아니라 산업과 도시와 관련된 것들을 수집하는 것이 필수적이라 생각했고 이것은 확실히 전체적으로 새로운 차원의 사업이 추가되는 것이었다.

더럼 카운티 박물관위원회로부터 아이디어에 대한 전반적인 찬성의 답변을 받은 후 우리는 수집을 시작했다. 우리는 무에서 시작했기 때문에 큰 범위의 일을 서둘러야만 한다는 문제가 있었다. 확실한 대표성을 띠는 것들을 수집하기 원했으나 나는 지역 커뮤니티에 대해서는 아는 바가 거의 없었다. 그래서 나는 '당신은 제공하라. 우리는 수집할 것이다.You offer: We'll collect it'는 원리를 공식화했고 점차 증가하는 수집품과 정보의 양으로 인해 이를 다루기 위한 '수집카드' 기술을 개발했는데 좀 더 자세한 내용은 12장에서 다룰 것이다. 오직 하나의 가능한 대안을 세우기 위해 카운티의 공동체를 조사하고 삶의 양식을 분석하고 균형 잡힌 수집정책을 세우는 것만 해도 꼬박 5년 이상 걸리는 일이었다. 이것이 이상적이었으나 우리는 이와 같은 일이 '잘 진행되는 것'처럼 보여야 하는 정책적 압박으로 인해 달성할 수 없었다! 어떤 경우에는 더 나은 물품을 수집할 수 있으리라는 확신이 서지 않은 상태에서 수집한 물품의 상당량의 구입이 지체되어 이용하지 못하는 경우도 있었다. 심지어 수집을 하기 위해 자금을 모아야만 하기도 했다. 나는 카운티에서 벌어지는 급격한 변화를 자포자기의 심정으로 받아들였다. 60년대 경제 발달이 서서히 침체해갔지만 재정적 압박을 받지 않는 일부 극소수의 사람들은 분명히 존재했고, 그들이 우리에게 숨통을 터주기도 했다.

명확히 기억해야 할 것들은 우리의 처음 의도가 더럼 카운티를 위해 열린공간박물관을 설립하는 것이었고 지역regional박물관에 대한 아이디어는 후에(사실상 1966년) 등장한 것으로 그것은 나중에 적절히 설명할 것이다. 마침내 하나의 지역박물관의 개념을 이끌었던 지루한 협상안이 나오자 우리는 이미 제안했던 열린공간박물관을 만들기 위하여 더럼 카운티 내에서 실질적이고 속도감 있게 수집을 시작했다. 선뜻 두 가지로 요약할 수 있다. 첫째 우리는 대략적으로 박물관을 만들기 위한 수집품의 기본적 수요를 갖고 있었지만 둘째 좀 더 서둘지 않으면 수집에서 제외되는 품목들은 영영 놓치게 될 수도 있다는 것이다. 산업은 변화 중이었고 광산촌은 사라져가고 있고 인구가 많은 지역들은 새로운 주택이 공급되고 있어서 지체할 시간이 없었다.

따라서 1960년대 초에 정기적인 이벤트로서 '차별화된 박물관Museum with a Difference' 전시회를 발 빠르게 진행했다. 이것은 확대한 사진들, 작은 농기구, 희귀한 장인들의 도구, 광산에서 사용하던 몇몇 도구 그리고 가정용 기구인 프로기 매트proggy mat(뜨게질로 만든 거실용 깔판-역자 설명), 구식 양철로 된 빨래통과 빨래를 휘젓는 도구와 같은 다양한 물건들을 단순히 독립된 정사각형의 구조물에 자유로이 세워두는 정도로 생각했다.

앤 워드Anne Ward와 나의 비서는 다양한 여성단체들과 함께 오후 전시는 책마을 홀Halls에서 그리고 저녁에는 강좌 등으로 순회전시를 하곤 했다. 여러분이 기억해야 할 것은 훗날 텔레비전의 영향력이 확대되기 전까지는 사람들의 저녁활동을 빼앗지 않았다는 점이다.

지역 우체국과 상점과의 사전협의하에 몇 가지 전단지들과 여섯 종류의 포스터를 각 마을들이 받아볼 수 있도록 했다. 박물관 소형 트럭은 아침에 전시품을 가지러 떠났다가 점심때 돌아와 짐을 내려놓곤 했다. 그때부터 앤은 혼자서 방문객들을 상대했다. 나는 저녁에 도착하곤 했는데 스크린과 영사기를 조립하고 주민들이 우리에게 제공해줄 수 있는 흥미로운 물건에 대한 요청을 포함하여 아주 기본적인 '이야기'에 어울리는 것들을 발 빠르게 준비했다. 다음 날 아침 소형 트럭은 전시물을 수집하기 위해 돌아왔고 약속했던 물건들을 싣기 위해 마을을 돌아다니곤 했다. 모든 것들이 예측했던 대로 운영됐고 주민들은 즐거워했고 우리에게 풍부하면서도 다양한 물건들을 제공해주었다. 그래서 앤과 나는 항상 늦은 밤까지 바쁘게 보냈고 다음날 수집을 위하여 이들이 제공한 물품들을 노트에 적어두었다.

한번은 열 살 내지 열한 살 정도(보통 30~40대를 예상했다)의 작은 주민을 마주했는데 우리는 낙담한 모습으로 시작했지만 그가 곧 우리의 엄청난 물품의 보고임을 깨닫게 되었다.

어떤 경우에는 나의 호객행위가 끝난 후에도 그 어떤 것도 제공하질 않아 거의 믿을 수 없는 지경에 이른 내가 얼마나 충격을 받았는지를 주민들에게 이야기했다. 잠시 침묵이 흘렀고 이어 뭔가가 제공됐고 이어서 또 뭔가가 제공됐다. 앞으로 생길 박물관을 위해 적은 물건이라 하더라도 적어도 단 하루도 '공친' 날이 결코 없었다고 진심으로 얘기할 수 있다. 몇 년 후 계산을 했더니 10년이 좀 넘는 기간 동안 평균 일주일에 3일 하고도 반나절 이상은 이러한 물품 수집활동을 했다. 거의 2,000여 회에 달하는 수치다.

우리가 접한 정보는 때로는 평범했지만 또 때로는 깜짝 놀랄 만한 것이었다. 한번은 스톡턴에서 한 여성단체와 얘기를 나눈 적이 있는데 이제 곧 사라질 거라며 핑클Finkle 가街에 있는 약국 얘기를 들려주었다. 나는 그곳을 보기 위해 그날로 달려갔고 2주 후에 문을 닫을 예정이었다. 짧은 시간 주인과 협상을 해서 우리는 약국의 모든 물건을 가져오게 됐다.

내가 발견한 점포는 지금 주인이 젊었을 때 누군가에게 구입한 것이었는데 그때가 제1차 세계대전이 거의 끝날 무렵이었고 그 누군가 역시 원래 주인인 존 워커John Walker에게서 사들였던 것이다. 존 워커는 1827년

북부지역의 한 '데스 침대'로 키 작은 옷장으로 보이는데 문 뒤에는 접이식 침대가 있다. 상류층 광부들의 집에서 사용됐으나 때로는 대가족과 '멋져' 보이기를 바라는 집에서도 사용됐다.

침대틀 또한 중요한 수집대상이었다. 나는 언론들이 우리가 하는 일에 대해 관심을 갖게 된 것을 보고 놀랐다.

지역방송 타인 티즈 텔레비전이 1964~1965년 토요일 아침에 어린이들을 위한 '스리 리버스 클럽'을 방영했고 나는 수주 동안 다양한 수집품을 싣고 방송사 스튜디오에 출연했다.

영국 최초로 성냥을 발명한 사람이었다. 아뿔싸, 이 특별한 발명품이 지금은 남아있질 않으나 점포의 비품과 시설은 아마 당시 것이었을 것이다. 몇 년 후 스톡턴 주민들이 의식이 깨어 마을에 유품들이 계속 남아있어야 한다고 했으나 당장에 그와 같은 일을 행동으로 옮겼다는 소리는 전혀 듣지 못했고 지금은 모든 것이 사라져 남아있지 않게 되었다.

마지막 주인에게 이야기했을 때 그가 간직하고 있는 것은 단지 피임약들, 특히 지금은 콘돔이라고 할 수 있는 것 정도로, 주인도 그렇고 그런 안목 속에서 유물들이 방치되고 있음을 발견하게 됐다. 거기에서 아스피린 꾸러미라도 살 수 있었을까 하는 의심이 들 정도다. 점포를 해체하고 모든 것들을 깨끗이 치우는 데 한 주가 걸렸다. '앞으로 스톡턴에서 출생률이 증가하는 건 아닐까?' 이런 상상을 하는 사이에 지하실에서 놀라운 것들이 쏟아져나왔다. 19세기 사기그릇으로 된 치약통이 들어있는 나무상자들이었다. 딱딱하게 굳은 분홍색 치약이 있었고 인쇄된 글자를 보니 "치아를 보존하고 깨끗하고 강하게 해줍니다."라고 적혀있었다.

그 후로 많은 사회사 박물관들이 약국을 대상으로 수집했고 또 차바퀴를 제작하는 상점과 대장간에서도 수집했다. 하지만 (요크에 있는 커크 콜렉션을 제외하고는) 어쩌면 우리가 이 분야에 선구자였던 것이다.

이때 나는 종종 신문사와 텔레비전과 인터뷰를 했고《노던 에코Northern Echo》에 매주 연재 글을 요청받았다. 그때 신문사에는 유명한 편집자인 해리 에번스Harold Evans가 근무하고 있었다. 연재는 1965년 4월부터 6월까지 계속됐고 각각의 기고문은 사진과 더불어 실렸다. 나는 밀크 백캔backcan(언덕에서 여름 목초지로부터 나온 우유를 운반할 때 사용했다-역자 설명), 밧줄 제조도구, 광부의 드릴, 마차바퀴, 타이디 베티Tidy Betty[19], 선인장, 찬장 등 호기심을 일으키는 물건들을 가지고 갔다.

모든 수집이 끝난 후에 닥치는 문제는 수집품들을 보관하는 일이었다. 보우 박물관의 다락방은 이내 가득 차버렸다. 어쨌든 그때까지 우리는 자동차, 건물의 일부분, 기계장비 등을 수집 중이었고 계속해서 또 다른 지침을 만들어야 했다. 일단 나는 박물관 정문의 크기가 우리의 수집에서 고려할 요소는 아니어야 한다는 것이었다.

우리의 첫 번째 큰 수장고는 육군에 소속되어있는 빈 탱크 보관소였는데 당시에는 바너드 성 주변에 다섯 개의 부대가 있었다. 이곳은 스타인드롭Staindrop으로 가는 길에 있는 바포드Barford 부대였다. 우리는 잽싸게 그곳을 채워 넣었다. 포화상태에 이르러 그만둘 눈치를 보이자 육군은 보관소를 다시 사용해주길 원했다. 다행히도 브란스페스 군부대Brancepeth Camp는 더럼 경보병이 다른 경보병 연대와 통합됨에 따라 그들의 본부를 비우게 되어 이용이 가능했다.

우연의 일치로 더럼 경보병 부대는 급하게 그들의 연대박물관the Regimental Museum을 위한 자리를 물색하기 시작했고 더럼 카운티 박물관 위원회는 수집품들이 손실되어서는 안 되며 해결방안을 찾기 위해 담당 공무원에게 권한을 위임하였다. 이것은 곧 만들어지게 될 열린공간박물관을 위한 '예비' 건물을 제공할 수도 있는 새로운 박물관이 생기는 놀라운 기회였다. 우리는 오랜 기간 아이클리 헤즈Aykley Heads를 미래의 박물관 부지로 생각해왔고 그렇다면 이곳은 박물관의 출입동을 새롭게 세울 기회였던 것이다.

더럼 카운티의 기획실과 협상했고 이 새로운 건물을 위한 장소는, 내가 그곳을 원했는지는 정확하지 않지만 도로변에 있었다. 불행하게도 이곳

---

19. 역자 주:벽난로 앞에 불씨가 카펫으로 튀지 않게 설치하는 장식물. 빅토리아시대에 인기 있던 앤티크.

으로 장소가 결정되면, 지나가는 모든 운전자들한테는 보기 좋지만, 더럼 카운티 의회의 의장실에서 더럼 성당Durham Cathedral을 바라보지 못할 수 있었다(성당을 바라볼 수 있게 하기 위해–정말이지 좋은 장소다–새로운 샤이어 홀이 특별히 건축 중에 있었다). 때문에 우리는 건축부지를 도로에서 어느 정도 뒤로 후퇴하여 가파른 경사면으로 변경했다. 최근에 새로운 걸 벤키언 박물관Gulbenkian Museum(당시에는 이 이름이었으나 지금은 오리엔탈 박물관으로 바뀜. 더럼시의 또 다른 곳에 위치함)을 본 적이 있는데 경사면의 정상 근처에 건물 입구를 두는 개념으로 인해 충격을 받았다. 왜냐하면 이것은 아래 놓여있는 것들을 멸시하듯 내려다봄으로써 권위를 전달하기 위한 것이기 때문이다. 내가 확신하고 또 주장했던 것은 이러한 건축기법 은 윗층의 갤러리가 창문 없이 건축되어야만 하고 이는 완전한 전시조명 의 조절에 의해서만 가능해져야 하고 좀 더 많은 벽체 공간이 확보되어 야 했다. 이것을 이해시키기 위해서는 어느 정도의 노력이 요구되는 개념 이었다. 우리는 3층 건물을 목표로 했고 2층에 입구를 두었고 정면에 거 대한 2층 높이의 유리창을 설치했다. 내 생각엔 적절했는데 그것은 마치 증기자동차처럼 드라마틱한 운송수단 같은 건축물이었기 때문이다. 이 건물 안에 법인으로 설립될 더럼 경보병 연대박물관이 있었다. 모든 사람 들이 이에 대해 만족해했다. 우리 모두가 더욱 큰 열정과 야망을 갖게 됨 에 따라 비용은 상승했지만 마침내 준공을 했다. 대략적으로 추산을 해 보니 그렇게 많이 들지는 않았고 실용적인 것으로 나타났다. 단지 안전상 의 이유로 추가되어야 했던 돌출된 계단을 나는 좋아하지 않았는데 이것 은 내가 느끼기에 (설계도상으로) 남근의 상징처럼 기획되었던 것이다. 하 지만 다행스럽게도 건물의 설계도를 보는 관람객은 거의 없었고 나는 이 러한 확장을 받아들여야만 했다.

한편 이 모든 것들이 나의 열린공간박물관 계획에 큰 혼란을 일으키며 차질을 빚게 만들었다. 1965에서 1966년 사이 정부는 지방정부 조직 개편 계획을 준비하고 있었고 더럼은 타인Tyne 남쪽강변을 따라 인구의 상당수를 잃으며 힘없는 카운티로 전락할 듯 보였다. 사실상 이것은 당시에 일어날 일이 아니었고 타인위어Tyne and Wear 주에 메트로폴리탄 카운티가 생긴 1974년에 벌어진 일이다. 그러나 임박한 위기는 더럼 카운티 의회가 박물관 설립에 관한 향후의 계획들을 이행하지 못하도록 예산을 삭감하는 결정을 내리게 했다. 이것은 나를 극구 반대했던 사람들이 반기를 들게 하는 신호이기도 했다. 더럼 카운티의 조직체계상 나의 직속상관인 교육국의 부국장은 오랫동안 나의 열린공간박물관 계획을 탐탁지 않게 여겼다. 특히 더럼 카운티의 산업유산에 대한 나의 관심을 늘 경멸해왔다. 그는 '낡고 칙칙한 이미지'는 없어져야만 한다고 생각했고 이러한 이미지가 영구히 지속될 수 있게 보이는 그 무엇에 대해서도 강한 반감을 갖고 있었다. 그래서 그와 나는 드러나 보이지는 않지만 갈등 관계에 있었다. 위기를 인지한 그는 박물관위원회를 통하여 나의 산업유산 수집을 중단할 뿐만 아니라 우리가 지난 10여 년간 수집했던 모든 유물들을 처분하고 새로운 박물관 계획을 철회시키도록 설득했다. 나는 이틀 밤 내내 잠을 이루지 못했고 이 문제를 해결할 방법을 찾아 동분서주했다. 어렴풋이 기억나는 것은 내가 크래손Crathorne 여사에게 이 이야기를 했고 그녀는 여러 가지 점에서 아주 많은 도움을 주었는데 실재로 그녀는 리치몬드(잉글랜드 중북부에 위치한 마을-역자 설명)에 있는 조지안 극장the Georgian Theatre을 보존하고 복원하는 책임을 맡고 있었다. 나는 또 웨스트민스터 신문사의 스타머Starmer 여사에게도 요청을 했는데 그녀는 크게 격려해주었지만 자신의 활동영역을 한참 벗어난 일이었다. 그때 방향이 분명해졌다. 지역의 단체가 박물관을 경영하면 어떨까?

지역주의Regionalism의 영향력은 아주 컸다. 북부지역 경제계획 주체가 논의되고 있는 중이었고 그 주체는 지역주의 지지자 중 한 사람인 스미스 T. Dan Smith였다. 그래서 나는 용기를 얻어 나와 정치적으로 뜻을 같이하는 밥 콕슨을 만나기 위해 찾아갔다. 그는 더럼 카운티 의회의 노동위원회 위원장이었고 그때까지 의회에 가장 영향력이 큰 사람이었다. 그는 열린공간박물관 계획을 좋아하고 공감하는 지지자이기도 했다. 그리고 나는 그가 카운티의 교육담당 부국장에 대해 어떤 존경심도 없을 거라고 추측했다.

그런데 내가 의구심을 갖는 것은 카운티의 의장인 커닝햄Cunningham 의원이 지역 최고 의결기구의 회의를 소집하도록 요청했지만 이 회의가 단순히 '연기'됐고 나의 반대파였던 교육국은 이를 만족스럽게 여겼고 모든 일은 교육국 부국장의 방식대로 종결되었다는 것이다.

중앙정치가 나에게 도움이 된 것이 이때인데 1965년 총선거는 노동당을 전면에 등장시키게 됐고 나의 지지자 가운데 한 사람인 짐 보이든Jim Boyden은 비숍 오클랜드Bishop Auckland(휴 달튼Hugh Dalton을 계승했던)에서 당선되었을 뿐만 아니라 새 정부의 내각에 입각하게 되었다. 그는 교육부 차관으로 임명되었고 선거가 끝나고 한 달 남짓 만에 내가 그의 으리으리한 사무실을 찾아갔을 때 그는 아주 힘차면서도 떨리는 목소리로 이렇게 말했다. "지난 한 달 동안 교육을 위해 내가 지난 5년간 했던 일보다 더 많은 일을 했습니다." 특히 그는 이전에 더럼대학의 원격강좌Extramural[20]

---

20. 역자 주: 별도의 캠퍼스가 따로 있는 것이 아니라 학생들이 파트타임으로 소정의 교육과정을 이수하면 학위를 주는 과정.

의 학과장으로 있을 때만큼이나 흥분되어있었다. 하지만 물론 그가 그 직책을 맡기에는 너무나 많은 것을 알고 있다고 냉소적으로 말할 수도 있을 것이다. 왜냐하면 그들이 전문적으로 경험했던 분야에 대해서는 차관으로 임명하지 않는 것이 전통처럼 되어있었기 때문이다. 게다가 예술 분야에 혼신의 힘을 다해 평판을 쌓아왔던 제니 리Jennie Lee가 동시에 공무국Office of Works(나중에 영국유산과 환경부의 산하가 되었다) 차관으로 임명됐다. 확실히 누군가가 이들 두 사람의 임명과정에서 실수를 범했고 그들이 앉은 자리가 데워지기도 전에 둘이 자리를 맞바꾸어 짐 보이든이 공무국 차관 자리에 앉게 되었다. 그리고 새롭게 교육부 차관이 된 제니리는 예술위원회의 수장 자격으로 새롭게 업무를 시작했다. 이 일은 공무국에서는 더욱 어려운 일이었을 것이다. 그러나 내 관점에서 보면 차라리자리 교체는 매우 잘된 일이었다. 왜냐하면 짐 보이든의 경우처럼 차곡차곡 벽돌을 쌓는 듯한 업무스타일은 아주 건조해 보일 수 있고 내 생각에그는 북동부지역과 관련된 뭔가를 하는 것에 대해 기뻐했고 어쩌면 오히려 좀 더 그의 성격과 맞는 일이었을 것이다.

그러므로 그를 더럼 카운티로 오도록 쉽게 설득할 수 있었고 보존할필요성이 있는 산업고고학 부지들에 대한 견학을 계획하고 더럼 카운티의장이 요청한 조만간 있을 회의에 대한 홍보방안을 세우는 데에도 도움이 됐다.

내 기억이 정확하다면, 우리는 킬호프Killhope, 더웬트코트Derwentcote, 코지 아크Causey Arch 등과 마지막 날 씨햄Seaham 항구의 콜 드랍Coal Drop을 보는 것으로 3일간의 방문일정을 계획했다. 훌륭한 홍보로 뒷받침하기로 했고 짐은 지역 열린공간박물관 아이디어를 열렬히 지지하는 내용의 편지를 써서 의장에게 보내야겠다고 마음먹었다.

그 사이에 나는 당시에 미들즈브러Middlesbrough 박물관 관장이자 북부지역 박물관협회 회장이었던 마벨 맥밀런Mabel Macmillan 의원과 긴 시간 진지한 이야기를 나누기도 했다. 그녀는 공동위원회 의장으로서 자신이 선출되는 것에 대하여 동의했는데, 회의 결과로 채택될 가능성이 컸다. 그래서 우리는 다른 지방의회들의 지지를 요청하는 일에 착수했다. 나는 또 모든 일들이 잘 이루어질 거라는 전제하에 미들즈브러의 경리 담당관인 우드햄J. B. Woodham을 채용하자고 그녀를 설득했고 결국 우리가 검토했던 공동위원회의 재정 책임자로 지명됐다.

1966년 5월 5일은 화창한 날이었다. 카운티 의회 의장은 의사당에서 개최될 예정인 지역회의를 소집했다. 그는 모든 대표들을 영접했고 고위급 인사들에게 최고급 오찬과 더불어 충분하고도 잘 숙성된 와인을 대접한 뒤 넓은 회의장으로 이동했다. 참석한 각 카운티는 다음과 같다. 노섬벌랜드, 더럼, 노스라이딩North Riding(지금은 노스요크셔), 컴벌랜드Cumberland, 웨스트몰랜드Westmorland(지금은 컴브리아), 그리고 독립된 카운티 또는 시였던 뉴캐슬, 게이츠헤드Gateshead, 노스쉴드, 사우스쉴드, 선덜랜드Sunderland, 하틀리풀Hartlepool, 달링턴 그리고 미들즈브러. 나는 이날이 교육국의 부국장을 보는 마지막 날이 될 것으로 확신했다! 정말 힘겹게 싸워왔고 무시당해왔다! 이 회의는 확실히 예정대로 진행됐고 열두 군데 이상의 시군 대표들은 열린공간박물관을 포함한 그 무엇을 조직하든 상관없이 모든 일에 대하여 동의해주었다.

하지만 이때도 우리의 작업은 막후에서 계속되고 있었다. 나는 열린공간박물관의 장점을 적은 짧은 문건을 준비해서 돌렸고 이 일의 긴박함에 대해서도 알렸다. 우리는 꼼꼼히 카운티를 설득했다. 즉 공동위원회가 일에 착수하게 되면 카운티는 당연히 참여에 동의할 뿐만 아니라 최근에 획득한 수집품들을 앞으로 만들어지게 될 새로운 지역박물관에서 사용할 수 있게 한다는 것에 동의하도록 정성껏 설득했다. 물론 몇몇 사람들은 내가 시간낭비를 하는 것이고 모든 것이 흐지부지될 것이라 생각했지만 나는 내 계획에 대한 깊은 이해를 갖고 있었다.

회의가 시작됨에 따라 나는 마치 인형조정자가 된 느낌이었다. 의장은 개회를 선언하고 짐 보이든에게 의제를 상정하라고 요청했다. 짐은 모든 훌륭한 정치인이 그러하듯이 너무 노골적이지 않게, 유창하면서도 필요한 만큼 신중하게 그 계획에 대한 정부 지원을 고려할 것을 제안했다. 그러자 각 지역의 다양한 대표들이 일어서서 한 사람씩 의견을 발표하며 계획을 전폭적으로 지지했고 공동위원회의 참여 제안에 동의했다. 첫 날은 그렇게 지나갔다. 우리는 첫 전투에서 승리했다.

회의가 끝날 무렵 각 지방정부에서 지명한 공무원과 의장으로 지명된 미들즈브러의 맥밀런 의원(그들 가운데 목소리가 가장 우렁찼다)으로 공동위원회를 구성하기로 했다. 나는 그녀에게 공동위원회의 재정 책임자로 미들즈브러의 경리 담당관을 지명해줄 것을 몇 가지 이유를 들어 설득했다. 나는 정말 더럼의 경리 담당관은 원하지 않았는데 그는 교육국의 부국장과 절친한 동료이기도 했고, 게다가 멀리 떨어진 곳으로부터 누군가가 와주기를 원했는데(찰싹 달라붙어 지나치게 괴롭힐 수 없도록 하기 위해!) 맥밀런 의원의 예에서 보듯이 쉽게 지명될 수 있는 사람이어야 했다.

그러나 잉글랜드 북부 열린공간박물관을 위한 합동위원회가 1969년 말 공식으로 출범하기까지 거의 4년이라는 시간이 흘렀다. 지속적이고 끊임없는 고통과 부침의 기간이었다. 나는 그 일이 실패에 가까운 상황에 그토록 수없이 처하면서 그렇게 오랜 시간이 걸릴 거라고는 결코 생각하지 못했다. 1969년 말이 돼서야 비로소 합동위원회가 공식적으로 출범하게 되었고 박물관은 1970년 초에 들어서서야 업무를 시작했다.

1920년대 게이츠헤드의 10번 단층 전차. 이 전차는 몇 년 동안 사진에서 보이는 콘셋의 엔진공장에 보관되었다. 지붕 위 짧은 길이의 전선은 '비미쉬 친구들'이 토요일 아침에 전차를 운행할 수 있도록 (전차 길이에 맞게) 제작해놓은 것이다.

8. 공동위원회
(1966년에서 1970년까지)

이듬해에는 공동위원회를 설립하느라 매우 분주했다. 이미 제안된 지역박물관의 구조와 지속가능성에 관한 일련의 연구들이 준비되어야만 했다. 더럼 카운티 의회의 서기가 공동위원회의 비서와 법률 자문으로 임명됐고, 재정부문의 자문은 미들즈브러의 경리 담당관이 임명됐다. 더럼 카운티의 기획실장은 기획 자문에, 그리고 나는 박물관 자문이 되었다. 우리는 수많은 지방정부 당국들을 대신해 박물관이 어떻게 운영될 수 있을지, 그것이 가능한 재정, 관련 정책, 요구되는 직원 구성, 그리고 결코 하찮은 문제일 수 없는 박물관 부지 문제 등에 대한 연구들을 완성해야 했다.

그래서 나는 정책 전반에 대한 밑그림을 바삐 만들어냈다. '잉글랜드 북동부지역의 생활사와 산업발전에 대하여 실례를 들어 설명하는 연구, 수집, 보존과 전시관, 장비들, 각종 물품 및 안내를 목적으로 하는 열린공간박물관', 함께 일할 직원들의 최소 인원을 파악하고, 이 모든 것들을 가능토록 하는 재정적 계획에 관한 일, 이런 지역박물관이 들어설 수 있는

◀ 열린공간박물관 친구들(훗날 비미쉬로 알려졌지만)이 1967년 뉴캐슬대학의 헨리 다이쉬 교수를 의장으로 선출하여 위원회가 출범하였다(중앙에 앉아 있는 이가 의장이고 필자가 발언하는 중이다). 이 기자회견은 아주 성공적이었다. 한 녹화분이 BBC 프로그램 기록물chronicle 시리즈 '가스공장에서 일했던 사람들'에 포함되었다.

입지에 대한 기획 자문과의 공동작업, 그리고 모든 사람들을 만족시키기 위해 법적 문서들의 제출에 관한 법률 자문과의 공동작업 등이었다.

더럼 카운티 의회는 맨 처음으로 뉴캐슬 북부의 공항 설립을 최근에 포함시켰고 그것은 지방자치단체들의 소규모 컨소시엄에 의해 시행되고 재정적으로 뒷받침됐다. 이를 촉진하기 위해 작성됐던 문서가 우리의 기본문서로 사용됐고 꽤 유용한 듯했다.

그러나 박물관 계획을 좀 더 진척시키기에 앞서 나는 더럼 카운티와의 까다로운 협상을 남겨두고 있었다. 이때까지만 해도 더럼 카운티 의회는 처음에 나의 열린공간박물관 아이디어를 백지화시키려 했고 그 다음에는 아이디어의 일부(즉 산업과 관련된 부분)만을 새롭게 제안된 지역 주체에게 넘기자고 나를 설득했다. 수집품들 가운데에 '촌락'적인 분야는 더럼 카운티에 해가 될 리 없기에 그 관리를 내가 아니라 카운티가 해야 한다는 것이 교육국 부국장의 확고한 신념이었다. 전체 아이디어가 뒤바뀔 수 있다는 의문이 들 만큼 상황이 아주 미묘했기 때문에 나는 한동안 이것을 함께 끌고 갔다. 그리고 이것이 지금까지도 비미쉬가 '산업박물관'이라는 신념을 가지게 만든 이유이기도 하다.

상황이 너무 확대되기 전에 박물관 아이디어(산업과 촌락)의 두 부분을 다시 통합하는 것은 필수적이었다. 지금은 지역적 아이디어를 좀 더 생각하는 것처럼 보였지만 산업과 촌락적인 측면을 연계시켜야 할 때였다. 그래서 나는 부경리 담당관과 얘기를 하기 위해 그를 찾아갔다. 그는 아주 균형감각이 있는 사람이었고 지역위원회가 산업을 주제로 생각을 하는 동안 만일 카운티가 자체적으로 촌락박물관 쪽으로 추진하게 된다면 상당 부분 비용에 있어서 중복되는 일이 많아 커다란 위험에 처해질 수 있음을 지적했다. 왜 지역위원회는 두 가지를 함께하는 것을 허락하지 않을까? 그는 다행스럽게도 여기에 대한 좋은 생각이 있었고 카운티 의회의 동의를 얻어냈다. 제안이 있고 나자 바로 지역 공동위원회가 만들어졌고 다행히 우리의 뜻을 관철시킬 수 있었다.

내가 위에서 인용했던 한 문장의 정책명제는 '기계설비'와 '산업발전과 생활양식'에 대한 다음과 같은 설명을 제공한다. 우리는 산업과 '생활양식'을 통합하는 데 성공했다. 이러한 정책명제는 당시에 좀 더 발전적 토론으로 받아들여지기가 극히 힘들었다. 이 정책명제는 내 친구 조지 톰프슨이 1~2년 일찍 얼스터 민속박물관Ulster Folk Museum을 만들 때 어렵게 강구해낸 생각을 근거로 했던 것이다. 결과적으로 많은 박물관들이 약간씩 차이는 있지만 그 뒤를 이어갔고 일반적으로 사회사 박물관 대부분은 이러한 기능을 채택하게 됐다.

가장 중요하지만 여러 가지 점에서 위원회에 제출하기 가장 어려웠던 보고서는 우리가 추천하고자 하는 박물관의 최상의 입지에 대한 것이었다. 처음 우리가 숙고했던 것은 박물관이 몇몇 지자체 인근에 입지할 수 없을 만큼 아주 먼 곳에 있다는 사실을 알게 되었다는 것이다. 따라서 우리는 컴벌랜드와 웨스트몰랜드와 요크셔의 노스라이딩을 제외했다. 이는 별로 놀랄 일도 아니었다. 실제로 광범위한 지역적 접근성에 대해 몇몇 지자체들이 강한 매력을 느끼지 못했기 때문에 그런 지자체는 가장 먼저 입지선정에서 제외됐다. 그래서 우리는 노섬벌랜드에서 클리블랜드까지 걸쳐있는 북동부지역에 자리를 잡게 된 것이다. 그리고 나는 항상 이 지역이 문화적 동질감이란 측면에서 좀 더 타당하고 크기도 적당하다는 생각을 갖고 있었다.

그 지역 안에서 박물관의 대략적인 위치는 뉴캐슬 주변이 가장 합당한 것처럼 보였는데, 타인사이드Tyneside 광역도시권이 꽤 광범위했고 또 지리적으로도 중심지였기 때문이었다. 하지만 티스사이드Teesside 광역도시권은 크긴 하지만 문제가 있었다(내 관점에서 북동부지역의 비극들 가운데 하나는 조화 속에서 지역적 역할을 하는 대신에 두 중심지 사이에 항상 앙숙 관계가 자리했다는 것이다). 그렇지만 나는 위에서 언급했던 미들즈브러의 주요 인사 두 사람을 지명하여 내 옆에 둠으로써 불가능한 일을 시도할 수 있었다. 의장과 경리 담당관을 한 편으로 둔 것이 매우 효과적이라는 것이 확인되었다. 특히 예산 문제에 있어서는 수년간 매우 원활하게 운영할 수 있었다.

1967년에 들어서면서 우리가 심사숙고했던 일이 점차 완성 국면으로 접어드는 듯이 보였다. 제안된 모든 법적권한을 갖춘 기관들이 모였고 거의 의견 일치를 보았다.

1967년 6월에 치러진 지방선거는 불행하게도 일곱 개 북동부지역의회에 정치적 변화를 가져왔다. 흔한 일이지만 정부의 중간선거 시기인지라 많은 일들이 벌어졌고 갑작스럽게 상황 변화가 생겼다. 뉴캐슬, 타인머스Tynemouth 그리고 게이츠헤드 세 개 지역은 그들의 지역계획에 대한 재정지원을 철회했고 확실히 좀 더 많은 재정적 기여를 했던 나머지 의회에도 영향을 미쳐서 철저한 평가를 통해 예산을 삭감시키거나 동결시켰다.

1967년 6월 20일《노던 에코》신문은 '지역의 역사를 잃어버릴 수 있다'라는 헤드라인을 달아 '북동부는 역사의 상당 부분을 잃어버릴 위험에 처해있다…. 셀 수 없을 정도로 많은 물건들이 브란스페스에 처박혀있거나…'라는 나의 말을 보도했다.

같은 날《이브닝 크로니클Evening Chronicle》의 편집자는 '…이제 와서 주저하면 더 많은 경제적 손실을 입게 될 것이다. 더 없는 어리석음이 될 것이다'라고 썼다.

다음날《노던 에코》편집자는 '…만일 유력한 전망 있는 제안이 재정 부족으로 폐기된다면 북동부지역은 엄청난 손실을 입을 것이다. 이 계획이 지방정부들, 북부경제계획위원회 의장 그리고 건설공공사업부 장관에 의해 뒷걸음질치게 되었다. 박물관은 지역이 포기할 수 없는 자산이다'라고 언급했다.

얼마 후 노섬벌랜드와 더럼 관광협회Northumberland and Durham Travel Association의 책임자로 임명받은 빌 버틀러Bill Butler는 하루가 지난 후 '… 단도직입적으로 이것은 매우 훌륭한 사업제안이다. 이것을 방치하는 것은 더 없이 어리석은 짓이다…. 나는 우리가 노다지에 앉아있는 것이라고 믿는다'라고 했다.

그 다음으로 언론의 관심은 트램(전차)으로 모아지게 됐는데 만일 열린 공간박물관 계획이 지방정부에 의해 지원이 되지 않는다면 1907년 게이츠헤드 유형과 1902년 뉴캐슬 전차는 폐기처분되고 말 것이라고 보도됐다. 이 보도는 뉴캐슬 의회가 다음 회의에서 박물관을 지원할지 여부에 대해 결정할 것이라고 추가로 언급했다.

당시 BBC 북부지역 방송과 타인 티즈Tyne Tees 텔레비전은 이 사태를 자주 보도했으며 나와 몇 번에 걸쳐 인터뷰를 하기도 했다.

7월 초에《노던 에코》를 대표하여 존 엑셀비John Exelby는 '그 계획을 포기했을 때 지역이 잃게 될 것들'을 확인하고자 브란스페스 군부대를 방문했다. 이 수장고에 보관된 유물들에 대한 생생한 보도가 있었다. '…윌링턴 키Willington Quay에 있는 튼튼한 남자화장실의 한쪽에 있는 오래된 농장의 농기구들, 일렬로 서 있는 소방차 옆에 마차가 끄는 영구차…'라는 예언적인 문구를 통해서 리포터는 유물로 가득 채워진 비미쉬 홀을 둘러싼 박물관의 전경을 상상하게 했다. '… 나에게는 먼 기억이자 아마도 나의 어린 조카에게는 단지 하나의 사진으로만 기억되는 트램이 윙~윙~ 소리를 내며 다시 움직이고 기적소리를 울린다. 박물관은 살아있다. 마치 성당에 있는 것처럼 조용히 속삭이며 말하는 사람은 아무도 없다. 젊은이들은 웃고 감탄한다. 나이 든 사람들은 기억한다…. 하지만 이처럼 향수를 불러일으키는 흥분이 가라앉으면 현실이 돌연 엄습한다. 나는 이 계획의 미래가 다음 주에 있을 카운티 관계자와의 미팅에 달려있음을 깨달았다. 만일 뉴캐슬이 철회한다면 다른 지자체들도 거의 확실히 따라할 것이다.'

7월 8일《노던 에코》는 또 다른 편집자 논평을 실었다. 만일 뉴캐슬 시티 의회의 다수를 차지한 새로운 의원들이 이미 제안된 지역 열린공간박물관에 대한 재정적 지원 철회를 결정하면 그들의 새로운 제국empire은 불길한 출발을 하게 될 것이다…. 이 계획에 대한 뉴캐슬의 연간지원은 확실히 6,000파운드 미만이다. 단지 9분의 1 페니를 좀 넘는 정도의 비율. 확실히 박물관은 그 정도의 가치였을 것이다.

며칠 후《뉴캐슬 저널Newcastle Journal》은 이렇게 주장했다. '스탠리Stanley 근처 비미쉬 홀에서 열린공간산업박물관을 설립하려는 계획은 오랜 기간 북동부지역에서 기원했던 매우 지역적이고, 실용적이며, 매력적인 아이디어 중에 하나다.'

《노던 에코》는 또 다른 편집자 논평을 실었다. '뉴캐슬의 지역산업박물관 계획 철회는 너무나도 근시안적이라 믿기 어렵다. 그러나 만일 그렇게 한다면 다른 지자체들은 뉴캐슬이 지원했던 매년 6,000파운드를 올리는 방법을 모색해야만 한다…. 그들은 앞으로 나가야만 하며 정말 올바른 결정을 담대히 내려야 한다. 박물관을 잃을 수는 없지 않은가?'

7월 20일 또 다른 좌절이 찾아왔는데《노던 에코》의 보도에 따르면

'박물관 계획: 6번째 퇴보'. 선덜랜드 타운 의회는 잠정중단에 대한 '적극 참여'를 결정했다.

같은 날 타인 티즈 텔레비전은 로드 파이버스Rod Pybus의 사회로 프로그램을 방영했다. '그 시절이 좋았지Those were the Days'에 나가 과거의 산업과 농촌을 보존하기 위한 열린공간박물관에 대한 나의 바람을 얘기했다. 그 제목은 내가 좋아하는 문구에서 따온 것이다. 우리는 '불행했던 옛 시절'을 보여주려 하는 게 아닌 것처럼 '좋았던 옛 시절'을 보여주려 하지도 않을 것이다. 둘 다 적어도 어느 정도는 옳지 않다. "우리는 그런 날들이 있었지. 좋은 날도 슬픈 날도, 잘된 일도 나쁜 일"도 얘기해야 한다.

7월 20일 《저널Journal》의 보도에 따르면 선덜랜드 의회는 이렇게 발표했다. '이미 다섯 개 지자체(뉴캐슬, 타인머스, 게이츠헤드, 컴벌랜드 그리고 노스요크셔)는 재정지원을 철회했다. 그리고 우리가 부담해야 하는 비용 부분이 급속히 늘어났다. 우리는 지금 5,400파운드의 재정비용을 요청중이다.'

다음날 《이브닝 크로니클》은 다음과 같이 편집자의 제안을 내놓았다. '산업유산: 지역 산업박물관 프로젝트의 명분은 북동부지역의 사람들이 영국의 산업발전에 대한 지역의 경제적 기여 증거를 보존하는 것의 가치를 아직 인식하지 못하고 있다는 점이다…. 따라서 박물관에 대한 전반적인 문제를 고려하려는 목적으로 게이츠헤드 재정위원회가 공동위원회를 재소집하려고 결정한 것은 매우 중요하다…. 어떤 일이 있어도 이러한 상상의 모험이 포기되어서는 안 된다.'

북동부 산업고고학 모임의 7월 회보 주제로 편집진이 뽑은 '지역적 자부심Regional Pride'이라는 제목에서 나는 익명으로 글을 쓸 수 있게 허락을 받았다. 7월 27일에 《노던 에코》에 의해 인용이 되었는데 '지방정부

는 여전히 지역산업박물관에 대한 아이디어에 확신을 가질 수 없는가?'
'더 이상의 연기는 이미 제시된 비미쉬 홀 부지와 많은 유산들의 손실만
가져올 뿐이다…'라고 경고하고 있다. 회보는 네 페이지에 걸쳐 건물, 작
업장, 기계류, 석탄, 엔지니어링, 출판 그리고 전기산업과 관련된 품목, 탈
것, 가게, 토속적인 것, 교육적인 것 등 다양하게 수집된 유물에 관한 간
단한 일람표를 제시하고 있다.

수집품들은 점차 상태가 나빠지는 것처럼 보였고 7월 29일《텔레그라
프The Telegraph》의 기사에 따르면 노섬벌랜드 카운티 의회는 '더럼 카운
티의 390에이커의 땅과 비미쉬 홀을 구입하기로 한 제안을 진행하지 말
도록 권유한 상태였다'라고 보도했다.

더욱 우울한 것은 8월 2일《노던 에코》에 의해 의혹이 보도됐는데 '달
링턴은 만일 지자체가 손을 떼고 미들즈브러 역시 그렇게 된다면 공동참
여를 하지 않을 수도 있다'라고 했다.

같은 날《뉴캐슬 저널》은 브란스페스 군부대에 모아두었던 빅토리아
시대 약국에 있는 내 사진을 함께 실으면서 나의 또 다른 '적극적 노력'
에 대해 기사화했다. 같은 주제의 사설로 이 계획을 지지했고,《이브닝 크
로니클》은 '값을 따질 수 없는 산업시설물이 만일 지금 당장 보전작업에
착수하지 않으면 곧 영원히 사라지게 될 것이다'라는 나의 지적을 인용해
서 실었다. 이어서 요크의 캐슬 뮤지엄Castle Museum에 대해서도 언급하며
이렇게 덧붙였다. '북동부는 자신의 현관 앞에 놓인 유물들을 가지고 이
와 같은 창의적인 일을 할 수 있다. 바로 지금이 그럴 때다.'

그런 다음 몇 가지 새로운 제안을 했는데 다른 것들과 크게 다를 바
없었다.

《가디언The Guardian》은 8월 3일 북동부 예술협회the North East

Association for the Arts(지금은 노던아츠Northern Arts)의 사무총장인 샌디 던바A.A. Dunbar의 한 가지 제안을 인용하며 주요 기사로 실었는데 북동부 예술협회가 최근에 구성된 노섬벌랜드와 더럼 관광협회와 영국공업연합 Confederation of British Industry과 함께 박물관 프로젝트를 돕기 위해 권한을 확대할 수 있을 거라는 내용이었다. 이렇게 받아들이기 힘들 것 같은 창의적인 제안을 하면서 그 뒤 며칠 동안 신문의 지지가 계속됐다.

8월 4일 미첼Mitchell 의원에 의해 촉구되어 열린 노섬벌랜드 카운티 의회로부터 공동위원회가 본래의 계획에 대한 재정적 제안을 심의하기 위해 다시 소집되어야 한다는 것에 동의했다는 내용으로 《이브닝 크로니클》과 《노던 에코》가 보도했다. 같은 날 《텔레그라프》는 '새로운 박물관의 희망이 되살아나다'라며 동일한 결정을 인용하여 보도했고 《가디언》역시 그렇게 보도했다.

하틀리풀의 시의원 바바라 만Barbara Mann은 이 계획에 대한 지지의 글을 《데일리 메일Daily Mail》을 통해 발표했다. '우리는 지금 엔지니어와 석탄 그리고 철강산업을 만들어냈던 북부지역만의 독특한 공헌을 보존하여 후손에게 물려줄 수 있는 엄청난 기회를 갖고 있다…'

《노던 에코》는 빅토리안 소사이어티의 동의를 받음으로써 계획에 대한 지지가 확대되었다고 보도했고, 이어서 《저널》 역시 사설에 이와 똑같은 보도를 실었다. '박물관이 패키지여행에 포함될 수 있게 된 상황에서 지역 역시 관광객을 끌어들일 수 있는 매력적인 무언가를 내놓아야만 한다…' 또 더럼 카운티 지역역사협회는 '…우리 협회는 이제까지 소홀했던 지역의 산업과 사회사에 대한 관심을 더욱더 많이 일깨워야만 한다고 믿는다'고 발표했다.

이렇게 뉴캐슬이 돌아왔다!

8월 18일《뉴캐슬 저널》은 헤드라인으로 '열린공간박물관이 쓰레기더미에서 구출되다'라는 제목을 뽑았고 '뉴캐슬 시의회의 리더 아서 그레이Arthur Grey 의원이 어제 저녁 뉴캐슬은 박물관 계획을 철회하는 결정에 관해 재고하겠으며 각 지방정부들의 적은 금액의 재정적 기여에 대해 수정안을 지지한다고 발표했다. 노섬벌랜드 의회는 이미 뉴캐슬과 같은 선상에서 계획에 대한 재고를 요청했다'고 보도했다. 보도는 계속됐는데 '지난밤 그레이 의원은 "우리는 비용조달을 위해 뉴캐슬의 사업역량을 끌어올릴 것이며 좀 더 합리적 수준으로 비용을 감축할 것이다. 뉴캐슬의 회심回心은 10일 전 그레이 의원과 보우 박물관의 사무총장 프랭크 앳킨슨 사이의 미팅으로부터 시작됐다…. 그레이 의원은 "나는 산업혁명의 기여에 대한 열렬한 신념가이며 이 계획을 소홀히 한다는 것은 우리의 지역유산을 쓰레기통에 던져버리는 것과 같다.'"

　이러한 회심의 이면에 담긴 이야기를 이제야 털어놓을 수 있을 것 같다. 우리 지지자 중 한 사람인 에스터 해밀턴Esther Hamilton(나중에 친구가 됐다)이 어느 날 불쑥 뉴캐슬의 보수당 당수인 아서 그레이 의원에게 편지를 썼다(당시에 영향력이 대단한 인물임). 그녀는 지역박물관에 대한 아이디어를 버리지 말아달라고 호소했고, 그는 다음과 같은 말로 답변했다. 만일 "(박물관) 큐레이터가 나에게 말하면 무슨 일을 할 수 있는지 생각해보겠다." 그녀는 이 이야기를 나에게 해주었고 나는 즉시 그를 만나기 위해 약속을 잡았다. 우리는 그의 사무실에서 그의 언론비서관과 함께 만났다. 몇 마디 나누고 나자 그는 뉴캐슬이 프로젝트를 지원하도록 노력해볼 것이라고 이야기한 후 언론비서관과 함께 발표의 세부항목에 대한 논의를 시작했다. 나는 순진하게 "언제 이 사안을 시의회에 가져갈 겁니까?"라고 물었다. 그는 "그런 거 가지고 귀찮게 하지 마쇼. 난 이미 결심했소."라고 답했다. 그리고 그는 실행했다. 그는 뉴캐슬이 대신해서 권한을 양도받았고 다른 지자체가 포기한 이러한 중요한 프로젝트를 지킬 것이라는 언론 발표문을 만들면서 오히려 역할을 떠맡았다. 최소한 그는 이전까지만 해도 사망선고를 받은 것과 마찬가지였던 것을 구해낸 셈이다.

그러나 《노던 에코》의 보도에 따르면 타인머스는 여전히 요지부동이었다. '수정된 제안의 결과 매년 타인머스가 부담해야 할 몫이 약 700파운드가 될 것이다…' 한 의원은 이런 비유를 했다. '많은 양의 옛날 유물을 가진 더럼 카운티 의회의 의원이 그것들을 전시회에 가져다 놓고 보여주기를 원한다. 그리고 타인머스는 그것을 구입하기 위해 초청받는다. 구입 금액은 5년 동안 두 대의 구급차를 살 수 있는 금액일 것이다'라고 말했다. 결국 타인머스는 수정안을 거절했다.

9월 21일자 《노던 에코》와 《저널》은 상황이 지원과 지원불가 사이에 팽팽하지만 더럼과 티스사이드 사이에 볼썽사나운 힘겨루기가 표출되고 있는 듯 보인다고 보도했다.

이는 관료주의적 오해에서 비롯됐다. '미들즈브러 공공도서관 및 박물관 위원회 의장 마벨 맥밀란 의원이 더럼 카운티 의회 관계자들을 공격했다'고 언론이 보도했다. 그녀는 공동위원회의 보고서가 진척을 논의하기 위해 자신들만의 미팅을 가졌던 담당자들에 의해 '무시됐다'고 말한 것으로 보도됐다. '맥밀런 의원은 미팅에 대해 전해 듣고 "깜짝 놀랐다"며 거기에 참석할 수가 없다고 말했다고 전해졌다. 미들즈브러 타운 기록 담당의 한 공무원은 공동위원회가 보고서를 작성한 것으로 그 역할을 다한 것이라는 생각이 있었던 것 같다고 말했다.'

"서기와 경리 담당관이 의회를 운영하는 그날은 아직 도래하지 않았다."고 맥밀런 의원은 말했다.

1967년 11월이 오면서 평화가 정착했고 새로운 공동위원회가 본래의 계획을 수정하고 되살리기 위해 임명됐다. 하나의 제안이 있었는데, 비미쉬 홀은 박물관이 사들여서는 안 되며 다만 임차해서 사용해야 한다는 것이었다(《뉴캐슬 저널》 11월 15일).

1967년 말 즈음에 나는 새로운 정보의 힘이 필수적이라 느꼈고 컬러풀하며 충격을 줄 수 있는 소개책자 제작을 지역계획에 포함시켜 전 지역의 모든 의원에게 보내야겠다고 생각했다. 그러나 그것이 나 개인으로부터 나와서는 안 된다는 한결같은 확신이 있었다. 그것의 제작 비용을 위해 적합하고 공정한 주체는 필수적이었다.

보우 박물관의 디자이너 로이 반델은 나의 '거친' 부분들을 다듬어 주었고 실현가능한 편집계획을 만들기 시작했다. 당시에《선데이타임스》의 사진작가 이언 요먼Ian Yeomans은 '산업고고학'이라는 아주 새로운 주제에 대해 '컬러보충판(최초의 총천연색 잡지《선데이타임스》컬러보충판을 말한다-역자 설명)'을 준비하기 위해 지역에서 2~3일을 보냈다. 다행히도 그가 나에게 연락을 해왔고 나는 아주 재미있고 매력적인(특히 사진을 찍을 만한) 장소를 안내했다. 결과적으로 그 글의 반 이상이 북동부지역을 다루었고 나는 아주 만족스러웠다. 게다가 그의 사진 가운데 하나가 촐드론 탄차 중 하나의 늠름한 측면 사진이었고 그 사진은 새로운 박물관을 대표하는 상징으로 보이기 시작했다(이에 앞서 로이는 실험적으로 기어휠, 마차바퀴, 말굽 등의 사진을 찍었는데 성공하지는 못했다). 이 사진은 이상적이었고 우리는 소개책자의 표지를 탄차 사진을 기초로 디자인하기로 했다. 기억해야 할 것은 당시에 이러한 무개화차들이 여전히 북동부지역의 나이 많은 사람들에게는 친숙했다는 것이며 단지 아주 최근에, 정말 빠른 속도로 거의 모든 화차들이 완전히 파괴되었다.

소개책자에 실릴 글에 대해서 나는 각 페이지에 내가 싣고자 했던 내용을 대강 적었고 존 엑셀비(그 당시 BBC 북동부 지역에서 근무함)가 기꺼이 글을 써주겠다고 나섰다. '문장가'로서 그는 훌륭하다는 말 그 이상이었다. 나는 각 페이지에 쓸 수 있는 문장 및 글자 수를 계산하고 일일이 세어봤는데 그는 정확히 요구했던 글자 수에 맞춰주었다.

그렇게 해서 소개책자는 확실한 모양새를 갖추기 시작했고 나는 지역의 인쇄업자인 시릴 헴프살Cyril Hempsall로부터 몇 천 권의 인쇄본을 좋은 견적에 얻어낼 수 있었다.

이즈음에 나는 뉴캐슬대학의 부총장이자 지리학과의 학과장이었던 헨리 다이쉬Henry Daysh 교수를 만났다. 그는 지역계획에 관해 아주 열성적인 지지자였고 그와 나는 '북동부지역 열린공간박물관 친구들'이라 불리는 단체를 구성할 사람들의 모임을 만들 수 있었다. 1967년 12월 첫 미팅에서 모든 사람들이 유인물 비용을 충당하기 위해 10파운드씩(내 생각에) 낼 것에 동의했고 희망과 믿음 속에서 일단 '친구들Friends'이라는 단체가 설립됐고 비용을 충당할 수 있을 만큼 충분한 구독신청이 들어왔다. 정말 뿌듯한 사례라고 할 수 있다.

충분한 구독층 확보로 소개책자를 인쇄할 수 있었고, 1968년 1월 단체(친구들)와 소개책자 둘 모두를 일반인들에게 발표할 것을 결정했다. (뉴캐슬) 대학의 건축학과에서 공식적인 발표의 자리를 마련했고 언론사들이 많이 참석했다. BBC의 크로니클 시리즈에서는 책임자로 레이 수트클리프Ray Sutcliffe와 영상팀을 보내주었다. 레이 또한 우연히 바너드 성에서 인쇄됐던 밝은 빨간색, 검은색 그리고 흰색 소개책자를 이미 영상으로 찍었던 바 있다. 프로그램은 1968년 4월에 '가스공장에서 일했던 사람들 The man who was given a Gasworks'이라는 제목으로 방영됐다.

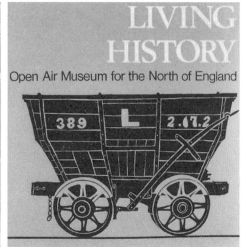

왼쪽_북동부의 마지막 촐드론 탄차 가운데 하나. 1950년대까지 이러한 탄차가 수천 대가 있었다. 우리가 그 중 마지막 30대를 보관하고 있다.
오른쪽_"비미쉬 친구들"은 '광택이 나는 팸플릿'을 제작했고 이것은 표지 사진이다. 밝은 빨간색과 검은색, 뒤표지는 흰색으로 인쇄했다. 디자인은 로이 반델이 맡았고 글은 존 엑셀비가 썼다. 이 팸플릿은 북동부지역의 모든 군과 구의 장長들에게 보내졌다.

    이언 요먼의 촐드론 탄차 사진을 이용하여 로이 반델과 나는 오찬 장소의 커다란 배경을 만들어냈다. 우리는 팔리지 않은 잡지 전체 재고를 사서 탄차 사진을 모두 오려낸 다음 식장 전체에 둘렀다.

    연설자는 '비미쉬 친구들' 의장인 다이쉬 교수와 최근에 결성된 노섬벌랜드 및 더럼 여행협회(나중에 노섬브리아 관광위원회로 바뀜) 회장으로 선출된 빌 버틀러였다.

    이미 제안된 박물관을 위해 어떻게 비미쉬 부지가 선정됐는지 설명하기 위해 간략하게 돌아보는 시간을 가졌다. 공동위원회가 설립될 당시 조 앤과 나는 복원 이후 다시 문을 연 더럼 카운티에 있는 집사이드 교회 Gibside Chapel에 우연히 초청을 받아 그곳에 있었다. 이 교회는 토머스 페인Thomas Paine의 노력으로 만들어졌고 지금은 내셔널 트러스트National

Trust의 보호 아래 있다. 퀸 마더Her Majesty The Queen Mother(엘리자베스 여왕의 어머니)가 스트라스모어 가문Strathmore family과의 관계로 인해 이곳에 공식 초청되었다. 행사 후에 모든 손님들이 다과를 나누기 위해 커다란 차양 주변으로 모였고 거기서 우리는 이언 스완슨Ian Swanson과 그의 아내를 만났다. 이언 스완슨은 국가석탄위원회의 지역 토지관리인이었고 당시 위원회의 지역본부였던 비미쉬 홀에 기반을 두고 있었다. 그는 갑자기 그들의 본부가 내년쯤에 이전할 것이라고 했다. 나는 비미쉬 홀과 근처의 홈 팜이 박물관 부지로서 적당할지 고민하면서 일찍이 1~2년간 예의주시하고 있었다. 그곳에는 건물들 사이로 농업용 증기엔진 굴뚝이 솟아있었다. 제5장에 이런 유형의 건물에 대해 기술한 바 있는데 이는 북동부지역 일부의 전형적인 건물로서 그 부지를 선택하는 것은 나에게 매우 큰 도움을 가져다줄 수 있는 실질적인 기회였다. 비미쉬 홀과 거기에 딸린 부지가 열린공간박물관을 위해 매우 좋은 입지라는 생각을 하게 되었다. 나는 이언 스완슨에게 팔려고 내놓기 전에 얼마나 시간 여유를 줄 수 있을지 매우 진지하게 물었다. 그는 오랜 지지자 중 한 사람이었고 때로는 국가석탄위원회 소유의 다양한 옛 농가들을 보존하기 위한 정보와 보존해야 할 농가를 우리에게 전해주기도 했다. 그래서인지 그는 자신이 할 수 있는 부분에 대해서 흔쾌히 동의해주었다.

부지계획가와 나는 가능한 부지에 대해 논의를 시작했고 내가 이상적이라고 생각했던 것들에 관해 큰 확신을 갖게 되었다. 내가 해야 할 일 중에 하나가 우리 부지를 위해 요청되는 특징적인 것들에 대한 목록을 작성하는 것이었고 비미쉬는 우리가 필요한 거의 모든 것들을 갖고 있음을 확인했다. 훌륭한 크기(300에이커, 약 36만여 평이 넘고), 행정 중심으로 사용할 있는 건물들, 수려한 수목경관, 전체적으로 분지 형태, 흐르는 물,

좋은 접근성과 많은 인구를 가진 주변 지역으로부터의 합리적 거리 등이었다. 그러나 단 한 가지, 인근에 체스터 리 스트리트Chester-le-Street와 콘셋Consett 사이에 철도가 있었지만 철도의 접근성에는 단점이 있었다. 그리고 분지 형태는 현대적인 높은 건물과 어느 정도 거리를 두고 '역사적 재건축물'을 비교하며 바라보는 데 방해가 되는 측면도 있다. 실제 비미쉬 부지의 어느 장소에서도 현대적인 건물을 볼 수 없고 심지어 송전탑조차 보이지 않는다. 뉴캐슬의 중심으로부터 7마일이 채 되지 않는다는 점을 생각해보면 놀라운 일이다.

부지계획가들은 도심지를 중심으로 30마일 지름의 원을 도면에 그려갔고, 이것이 중첩된 곳이 접근성의 관점에서 이상적인 장소였다. 그들은 지형과 토지이용 조사와 더불어 또 다른 난해한 연구를 진행하여 서른 곳의 가능한 부지 목록을 뽑아냈다. 그 가운데 다섯 곳은 좋거나 아주 훌륭한 가능성을 가지고 있는 것으로 나왔다. 공동위원회는 이 다섯 곳의 토지소유자들을 만날 수 있도록 권한을 위임해주었다. 이 가운데 세 곳은 매매 자체를 거부했고 두 곳과 협상을 시작했다. 한 군데는 코브리지 Corbridge 인근의 딜스턴 홀Dilston Hall이었고 다른 한 곳은(목록상 최적지였다)는 비미쉬 홀과 인근의 토지였다.

그리고 1월 어느 날이었는데 공동위원회 위원들을 더럼에서 만났고 버스를 타고 딜스턴 홀을 보러갔다. 날씨는 추웠고, 어둡고, 불도 켜 있지 않고, 냉기가 든 습기 찬 바닥과 주변은 눈으로 덮여있었다. 아무튼 모든 것들이 최악이었다. 잠시 후 우리는 버스로 되돌아왔고 더럼 카운티 홀에서 음료를 곁들여 맛있게 점심을 먹었다. 점심을 먹은 후 우리는 비미쉬 홀로 갔다.

우리는 오른쪽 부지가 어떤 곳인지를 설명하기 위해 비탈진 곳으로 내

비미쉬의 홈 팜. 지붕과 굴뚝이 보이는 농장의 전경이다. 과거 비미쉬 홀의 국가석탄위원회의 본부를 방문했을 때 나의 시선을 끌었던 곳이다.

려가다가 멈췄고 곧이어 홀 쪽으로 내려갔다. 우리가 정문을 열고 들어섰을 때 내가 조용히 운전기사에게 멈춰줄 것을 요청했고 화려한 홀이 시야에 들어왔다. 그것은 겨울 햇살이 비쳐 마치 황금돌처럼 보였다. 나는 내 뒤의 위원이 내는 뭔가 흥분한 듯한 소리를 들었고 성공했다는 것을 확신했다! 이언 스완슨은 우리를 기다리며 커피를 마시고 있었다. 홀은 이제까지 비어있었지만 가끔 난방은 해주었다고 했다. 홀에 대한 투어를 마친 후 전체 부지 지도를 보았고 이곳이 박물관으로서 적격이라는 것에 대해 모두들 동의했다.

지방정부 공동위원회가 그 해 1월 오후 비미쉬 홀을 방문하기 단 며칠

전에 '비미쉬 친구들'이라는 단체가 출범했다는 것은 우연의 일치가 아니었다. 이때가 바로 홀과 인근의 300에이커의 부지가 새로운 박물관의 구심점이어야만 한다고 결정을 내린 날이었다. 모든 것들이 순조롭게 동시에 이루어졌고 레이 수트클리프는 공동위원회의 의장인 마벨 맥밀런 의원이 버스에서 내려 홀로 들어올 때 인터뷰를 할 수 있었다. 1968년 4월 레이가 찍은 '가스공장에서 일했던 사람들'의 방영은 지역에 확신을 심어주는 계기가 되었고 이 지역박물관의 이상이 폭넓게 그리고 확실히 가치가 있다는 것을 받아들이게 해주었다.

그러나 모든 장면의 뒤에는 잘된 것만 있는 것이 아니다. 더럼 카운티 의회는 오랫동안 램턴Lambton 성城을 임대해서 성인 기숙대학을 운영하고 있었고 이 임대가 거의 끝날 무렵이 찾아왔다. 교육국과 카운티 경리 담당자는 또 다른 장소를 물색 중이었는데, 아뿔사 그들은 비미쉬 홀을 알고 있었고 이곳이 그들이 원했던 장소라고 결정을 해버렸다. 그래서 공동위원회가 국가석탄위원회와 협상을 하기 위해 재정 자문에게 권한을 위임하자마자 더럼 카운티 경리 담당자가 따라 들어왔다. 재정 자문은 확신을 느낀 듯 순조롭게 협상을 할 수 있었고 마침내 승인을 받게 되었다. 이 단계에서 나는 카운티 또한 비미쉬 홀을 원한다는 것을 알지 못했고 이에 대한 어떤 언급도 카운티의 경리 담당자로부터 듣지 못했다.

그러나 한두 주 동안 공동위원회는 숙고를 했고 카운티가 홀과 그 부지를 구입하고 박물관이 사용할 토지를 만들어 내어주는 것에 동의를 했다고 발표했다. 하지만 홀은 나뉘게 될 것이고 박물관은 3분의 1밖에 사용할 수 없게 될 것이다(이러한 배분 문제가 결정되기에 앞서 그 어떤 논의도 없었다).

나는 크게 화가 났으나 어떻게 할 수가 없었다. 사적으로 나중에 카운티의 도시계획국장에게 들었는데 그가 경리 담당자를 찾아가 공유재산은 좀처럼 흡족하게 운용되지 않는다는 자신의 견해를 전했다는 것이다. 그때 경리 담당자가 이렇게 대답했다고 한다. "걱정하지 마십시오. 그 박물관은 2년 안에 문을 닫게 될 겁니다. 전혀 걱정할 일이 아닙니다."

이렇게 우리는 거의 부지를 소유할 수 있었지만 우리에게 필요한 지붕이 덮인 공간은 아니었다. 장기적으로 박물관은 승승장구했지만 비미쉬 홀에서 적당한 공간의 부족은 심각한 손실이라기보다는 두고두고 박물관을 괴롭히는 문제가 됐다. 이러한 부정직한 속임수의 큰 편익은 공동위원회가 유리한 토지 임대조건을 '단물'처럼 제공받은 것이었고 이로 인해 과거 20년 넘게 카운티에 막대한 도움을 준 것이다.

결과적으로 다양한 부침이 있었고 공식적인 합동위원회Joint Committee의 재가를 얻기까지 거의 4년이 걸렸지만 마침내 우리는 해냈다. 1969년 말 합동위원회가 설립되어 비록 몇 년 동안 '쥐꼬리만큼 적은 돈'으로 근근이 버텼지만 박물관 건립이 가능했던 것이다.

9. 해결해야 할 과제들: 비미쉬 개장 이전

열린공간박물관 계획의 초창기와 한때 보우 박물관에서 근무하는 기간 동안 나는 지역건축물들과 엄청난 양의 물건들이 사라지기 시작하는 광경을 지켜봤다. 만일 우리가 미리 대비했다면 그 물건들은 활용 가능했을 것이다. 그래서 나는 신속히 행동에 나섰다. 이 글에서 사라지는 물건들의 특징을 잠깐 언급하는 것도 가치 있는 일일 것이다. 작은 물건들은 때로는 다락방이나 2층의 후미진 곳 그리고 묘하게 외진 곳에 숨겨진 채 발견되기도 하고, 오랫동안 쓸모없게 방치되거나 서서히 사라지는 데 비하여 커다란 물건들은 더 이상 필요 없게 되는 순간 고철 조각 같은 것으로 잘려져 이용되거나 그마저도 걸리적거리면 더욱더 빨리 사라지게 된다.

이번 장에서 다루는 것은 일종의 단편 시리즈다. 거의 유일무이한 유산들이 소개되는데 내가 수많은 위협(물리적, 정신적)을 감내하지 않았더라면 결코 남아있지 못했을 것이다. 이 가운데는 도로를 다지는 로드롤러road roller를 제외하고 몇 개의 유물들은 몇 년 후에 발견될 수도 있으

◀ '타이니 팀'이라 불리는 거대한 증기해머(1883년 글래스고에서 만들어짐)로 달링턴에서 배의 고물에 붙어있는 키 버팀대를 단조하는 데 사용했다. 이 사진에 보이는 곳이 훗날 로더럼의 스틸 피치 앤 토저 회사로 바뀌는데 1950년대에 공장이 문을 닫으며 해체되었다. 우리는 그것을 수집했고 나중에 비미쉬 박물관 입구로 사용했다.(362쪽 사진을 보라)

나 이 모든 것들은 다른 것으로 대체가 불가능한 것이었다. 나는 비록 가끔일지라도 정말이지 행정적 곤란을 무릅쓰고 벌인 내가 과거에 했던 지나친 행동에 대해 스스로 대견해하곤 한다(216쪽 J21의 예를 보면 알 것이다). 합동위원회가 공식적으로 설립됐고 필요한 유물들을 매입할 수 있게끔 재정에 대한 공식적 승인이 난 것이 1969년으로, 이때가 되어서야 비로소 이 유물들을 갖출 수 있었다.

로드롤러

초기 유물 가운데 하나로서 당시에 나는 아주 큰 것으로 여겼으나 나중에는 평균 정도로 취급했다. 15톤짜리 증기 로드롤러인데 150파운드의 고철 가격에 구입하려고 협상을 했다. 1960년대에 150파운드는 꽤 큰돈으로 특히 당시에 이러한 유물을 매입하기 위해 쓸 수 있는 재정자금이 없을 때였다.

나는 당시 빅토리아 앨버트 박물관Victoria and Albert Museum의 책임자였고 보조금을 맡고 있던 휴 웨이크필드Hugh Wakefield에게 내 생각을 말했는데, 비록 수집물건이 예술품(펀드라는 것이 근본적으로 무엇을 위해 조성되는 것인지)이 아니라 할지라도 그것은 정정당당한 박물관의 수집대상이라고 제안했다. 그는 동의했고 나에게 비용의 40퍼센트를 보조금으로 제공했다. 나는 어떻게 나머지 60퍼센트를 해결했는지 정확하게 기억할 수는 없다(덧붙여 말하자면 나는 최근에 이 로드롤러와 관계된 1961년 서류를 통하여 당시를 돌아볼 수 있었고 내가 휴 웨이크필드에게 "친애하는 웨이크필드 씨"라는 편지를 보냈었고 그가 '친애하는 앳킨슨'으로 응답했다는 놀라운 사실도 발견했다. 어떻게 사람들이 이러한 세부적인 것들을 잊을 수 있는지 놀라울 따름이다. 나는 이러한 방식으로 기록된 서신에 대하여 아무런 기억도 없었다).

마침내 로드롤러를 구입하게 됐고 그것을 구입했던 노섬벌랜드 카운티 청사의 창고로부터 저상형 트레일러를 이용해 옮겨놨고 그 후 더럼시 외곽에 있는 더럼 카운티 정비창에 보관해두었다. 그러고는 얼마간 한시름 놓을 수 있었는데 반면에 휴는 아주 특이한 구매라는 생각으로 연간 백서에 이 사실을 인용해 놓고 매우 즐거워했다. 보조금의 개념이 산업과 기술 관련 수집품들을 포함하여 확대된 것은 그 이후 몇 년이 경과해서였고 나는 1970년 박물관과 미술관 위원회에 의해 설립된 공동위원회 회원으로서 부분적 역할을 할 수 있게 되었다. 이에 따라 몇 년 후에 보조금은 프리즘 펀드PRISM fund: Preservation and Restoration of Industrial and Scientific Material라는 자신만의 약어를 갖게 되었다.

씨햄 항구 콜 드랍[21]

씨햄 항구 콜 드랍은 당시에 내가 보관했던 개별 물품들 가운데 확실히 가장 큰 수집품 중 하나다. 돌과 금속을 합쳐 100톤이 넘는다. 사실상 창의력과 결단에 대한 시험이었는데 이것 역시 프리즘 펀드라는 제도가 시행되기 이전에 획득했기 때문이다.

더럼 카운티에 도착한 후 1958년 보우 박물관에서 나는 지역과 지역의 최근 역사를 연구하기 시작했고 이내 석탄광산과 관련된 19세기 초와 중엽 서적을 수집하기 시작했다. 던Dunn, 홀랜드Holland 등. 나는 초기 공업의 발전단계와 그 시설물들 대한 안목이 생기기 시작했다. 얼마 되지 않아 나는 대략 1900년경의, 비록 나중에는 철거된 초기 건물과 장비들이

---

21. 역자 주: 씨햄은 잉글랜드 북동부지역에 있는 항구도시다. 과거에 북동부 탄광지역에서 생산된 석탄을 전국 각지로 보내기 위해 이곳 씨햄 항구로 가져왔다. 이때에 많은 양의 석탄을 육상에서 배로 옮겨 싣기 위해 만든 장치를 콜 드랍이라고 하며 그 규모가 손으로 다룰 수 있을 정도의 것을 우리말로는 조구통, 영어로는 슈트chute라고 한다.

왼쪽_석탄의 파손을 줄이기 위해 촐드론 탄차를 해상의 석탄운반선 높이로 낮게 맞추어 사용한 최후의 콜 드랍.

오른쪽_콜 드랍을 그린 것으로 중력에 의하여 어떤 원리로 작동하는지를 보여준다. 브레이크가 풀리면 탄을 실은 탄차의 무게가 거대한 단조철강 '암스arms'를 끌어당기게 된다. 그러면 거대한 평형추가 암스를 뒤로 당기게 되고 석탄이 석탄 운반선으로 쏟아진다.

포함된 전형적인 광업소의 평면 배치도를 재구성하기 시작했다.

콜 드랍은 손으로 다루는 장비 가운데 매력적인 것처럼 보이지만, 1950년대 말에는 거의 찾아보기가 어렵게 됐다. 콜 드랍의 도해가 던과 헤어Hair, 커스버트 샤프Cuthbert Sharp 등에 의해 만들어졌다. 콜 드랍이란 무엇이었던가? 18세기와 19세기 초 탄차炭車는 내륙으로부터 운송되어 때때로 해발 약 20~30피트 해안 절벽 꼭대기의 해변에 도착했다. 왜냐하면 당시만 해도 석탄은 말 그대로 수작업에 거의 좌우되고 있었기 때문에 단순한 조구통에 쏟아부어 내려가게 하지 않았다. 그렇게 하면 큰 덩어리들이 조각나 버렸을 것이다. 대신에 트럭이나 화차가 조심스럽게 해수면 근처까지 오면 그 다음에 석탄을 배에 옮겨 싣게 된다. 이 기능을 했던 것이 콜 드랍인데 커다란 주철로 된 한 쌍의 팔 모양으로, 플랫폼에 매달려

좌우로 왕복하고 석탄차가 한 대씩 앞으로 진행하며 석탄을 쏟아붓게 된다.

마찬가지로 흥미로운 것은 홀랜드가 묘사했던 것처럼 '검은black' 혹은 '촐드론chaldron'[22] 탄차로 홀랜드가 이것의 모양과 초기 역사에 대하여 기술했다. 더 많은 연구를 통해 나는 북부 석탄산업의 초기 역사에 관해 글을 쓰게 되었고 첫 번째 책이 새로 설립된 더럼 카운티 지역사협회 Durham County Local History Society(1964년에 설립)에 의해 발행됐다. 이것은 《위대한 북부탄광 1700~1900 The Great Northern Coalfield 1700-1900》이라는 제목으로 출간되었다. 후속으로 두 권을 더 냈는데 첫 권은 UTPUniversity Tutorial Press에서 출판했고 다른 한 권은 프랭크 그레이엄Frank Graham에서 출판했다. 이에 앞서 언제쯤인가 앤 워드가 출판을 위한 준비를 했는데 그녀가 최근에 우리의 첫 민속생활담당Fork Life Assistant으로 임명됐다. 그녀는 부모님을 모시고 북동부 해안을 차로 여행했고 씨햄 항구에서 몇 가지 재미있는 협궤 탄차를 관찰했다. 그들은 금세 촐드론 탄차임을 확인했고, 일찍이 그곳의 부두책임자와 관계를 맺고 있던 나는 직접 그 탄차를 보기 위해 출발했다. 남아있는 탄차를 보기 위해 부두 위를 따라 걷고 있는데(아마도 그 위에 탄차가 수백 대 있었다) 나는 뭔가 튀어나와 보이는 특이한 모양을 봤다. '이건가? …그럴 리가 없는데?' 그러나 틀림없었다. 그리고 우리는 탄차로부터 시선을 돌려 콜 드랍을 보기로 했다. 그때 나는 이것이 북부에 있는(아마 영국 전체에서도) 정말 마지막 남은 콜 드랍이라고 생각했고 지금도 그 생각에는 변함이 없다. 우리가 탄차 앞에 다가섰고 친절하게 보이는 한 고철해체 전문업자를 만나게 됐는데 다음 주

---

22. 역자 주: 촐드론 또는 찰드론이라고도 하는데 건조dry시킨 석탄의 양을 셀 때 쓰는 단위임. 1826년 처음 시작됐는데 오늘날 부피로 치면 1촐드론이 대략 969리터 정도의 부피를 가짐.

에 촐드론 화차를 조각조각 해체할 생각을 하고 있었다(우리는 해체방법을 배우기도 했다). 돌이킬 수 없는 이러한 행동을 반드시 미뤄야만 한다는 나의 호소가 그에게 충분히 감동을 줬던 것 같고 그는 나의 막연한 근거에 따르기로 동의했다. 그리고 이 기계의 거대한 조각을 옮기기 위한 자금 조달은 내가 떠맡게 되었다. 그는 그 값을 500파운드로 매겼고 이 기계를 수중에 넣기 위해 들어간 최초 금액이었다. 그 후에 여러 대의 촐드론 탄차를 구하는 것이 좀 더 쉬워졌고 항무국은 상태가 좋은 초창기 모델 30대의 촐드론 탄차를 따로 떼어놓기로 했다(이 단계에서는 돈도 받지 않고).

씨햄 항구와 그 부두는 원래 1820년대에 런던데리 경Lord Londonderry에 의해 만들어졌고 현재 런던데리 경에게 도움을 요청하는 것이 논리적인 것처럼 보였다. 그는 선뜻 500파운드를 만들어주었고 고철업자에게 독점적 이권을 줌으로써 어쩌면 그가 일생 중 가장 손쉬운 방법으로 이익을 남기게 해주었다.

그 다음으로 중요한 것이 콜 드랍이었다. 항무국에게 석재와 주철, 갱목은 귀찮은 것들이었고 부둣가에 그냥 널려있는 고철 조각을 팔았는데, 지금은 항무국 소유물도 아닐 뿐더러 옮기려고 하는 어떤 낌새도 보이질 않았다. 수많은 회의와 편지, 전화통화가 있었지만 그 어떤 것도 실행되지 않았고, 내 기억에 1969년이 돼서야 우리는 그것을 옮길 수 있었다. 항무국과 그 매니저를 기쁘게 하기 위해 나는 설득력을 최대치로 끌어올려야 했다. 다행스럽게도 당시의 매니저는 나이 지긋한 지역 사람이었는데 나는 그가 기계에 대한 내적인 흥미를 갖고 있고 기계들이 파손되지 않는 것에 대해 매우 기쁘게 생각하고 있으리라 추측했다. 물론 그는 은퇴를 했고 그의 후임이 된 젊은이가 부두를 다시 활력 있게 만들고자 온갖 노력을 다했다. 이 젊은이의 첫 번째 계획 중 하나는 부둣가에 쌓인 석재와 고철 부스러기를 깨끗이 치우는 것이었다. 나의 설득력이 다시 발휘되었고 시간은 흘러갔다.

이때까지 열린공간박물관은 여전히 토론의 대상이었으나 그렇다고 어떤 공식적인 실체도 갖지 못했고, 더럼 카운티의 최근 사회사 관련 수집을 위한 나의 권한은 의심할 바 없이 확대되어가는 중이었다. 예를 들면 19세기 중반 전체 무게가 수백 톤이 나가는 콜 드랍을 옮기는 것을 좌지우지할 정도였다. 하지만 그렇다고 해서 내가 이 일에 마음대로 사용할 수 있는 돈은 없었다.

내가 처음 보우 박물관에 임명받았을 때 보우 박물관위원회 의장이었던 짐 보이든이 더럼대학의 원격교육과의 학과장으로 재직시 열린공간박물관에 대하여 아주 흥미를 갖고 있음을 시종일관 봐왔다. 이미 6장에서도 설명했듯이 그는 비숍 오클랜드의 의원으로 휴 달튼의 계승자였고 1965년 총선거 이후 공무국 차관 및 고대 기념물 담당 등의 임무를 맡았다. 중요한 기회가 왔다. 나는 그가 취임하자마자 웨스트민스터의 궁궐 같은 사무실로 그를 만나기 위해 찾아갔다. '예스, 미니스터Yes, Minister'라는 텔레비전 프로그램을 보면 아직도 당시의 내가 생각나곤 한다. 그를 돕는 고참 공무원(험프리 경보다 훨씬 긍정적인)과 개인비서로 캠브리지를 졸업한 젊은 친구가 있었는데 이름은 프랭크 켄달Frank Kendall로 가장 최근인 1987년 비미쉬에서도 만난 적이 있다. 지금은 그도 고참이 되었고 어떻게 몇 사람의 미친 꿈이 마침내 이루어졌는지를 보기 위해 비미쉬를 찾아왔다.

우리는 짐 보이든을 위해 북동부지역을 3일간 돌아다닐 계획을 만들었고 내가 그동안 미뤄왔던 다양한 산업고고학 현장들을 방문했다. 물론 짐 보이든과 그의 부서 역시 어느 정도 홍보 효과를 얻었다. 이것이야말로 모든 이들에게 도움이 되는 선물보따리였다.

또한 이 기간 동안 우리는 씨햄 항구에 콜 드랍을 보러 갔다. 이에 앞서 짐은 이런 광범위한 수집품을 안전하게 보관한다는 것은 불가능하다며 나를 설득하려고 했다. "꽤 많이 보관할 수는 있겠군요. 하지만 이것들을 빼는 게 더 낫지 않을까요? 그 대신 사진을 찍고 그림을 그려두고 말입니다!"

내 뜻은 완고했다. 전율을 느낄 정도의 괴물 같은 구조물을 보여주기 위해 그를 데리고 갔다. 여느 때처럼 부두 끝 해수면 근처까지 다가갔는데 잿빛 하늘에 우중충한 날씨였다. 확실히 기억하건대 거대한 주철기어와 콜 드랍 위의 어마어마한 주철로 만든 '팔뚝(모양의 기중기)'들을 보면서 우리는 절벽과 20피트 높이의 육중한 석벽 사이에 서 있었다. "마음이 바뀌었습니다." 그가 흔쾌히 말을 이었다. "오늘에서야 직접 접해보니(그는 사진과 그림으로는 많이 본 적이 있었다) 꼭 보존해야겠다는 생각이 드는군요." 이것이야말로 정말 보기 힘든 상황 중 하나지만 안도의 순간이기도 했다. 나의 황소고집도 쓸 만하다는 생각이 들었다. 이에 용기를 얻어 런던의 빅토리아 앨버트 박물관에 있는 휴 웨이크필드를 찾아 갔다. 그때 빅토리아 앨버트 박물관은 박물관과 예술 갤러리의 표본을 매입하기 위해 국가 예산을 지원받는 단 하나의 박물관이었다.

요청했던 보조금 규모에 관한 최종 결정이 샘 우드파인의 팀 밸리에 있는 더럼 지역 석탄위원회 위원장실에서 내려졌다. 짐 보이든은 콜 드랍을 옮기고 해체하는 비용의 절반을 제공해줄 것을 효과적으로 설득했고 우리는 이에 상응하여 요구되는 현금을 내기로 합의를 봤다. 나는 런던의 빅토리아 앨버트 박물관에 전화를 걸기 위해 그의 전화를 빌렸고 최종 금액을 요청했을 때 그는 꽤 놀랐고 깊은 인상을 받았음이 확실했다. 나는 개인적으로 커다란 기쁨을 얻기도 했다. 협상이 타결됐고 국가석탄위원회는 자신들의 하청업자 가운데 한 사람을 설득하여 스톡턴으로부터 기중기를 임대하여 콜 드랍 장비를 들어 올리고 그것을 싣기 위해 국가석탄위원회의 저상화물차를 제공해주었다. 이것들을 어디에 보관할 것인가 하는 또 다른 큰 문제에 대하여 더럼 카운티의 건축 담당자로부터 답변이 왔는데 그는 항상 뒷북을 치는 사람으로 아이클리 헤드의 창고를 이용하라고 허락을 해주었다.

해체를 시작할 위대한 순간이 다가왔다. 하지만 콜 드랍 근처에 있는 다양한 파편들을 우선 치워야만 했고 이 작업을 고철업자가 맡기로 했다. 의심스러운 마음이 들어서인지 나는 청소하는 날 아침 일찍 씨햄에 가기로 마음먹고 8시에 도착하려고 최대한 서둘렀다. 이미 탄차의 절반 가량이 화물차에 실려있는 상태였고 떠날 준비를 위해 서 있었다. 나는 허세를 부리듯 탄차 앞에 주차했고 얼마나 실려있는지 확인하려고 저상 화물차에 기어올라갔다. 모든 것들이 만족스러웠는데 이제와 생각해보니 오싹할 정도로 떨리기도 한다. 이처럼 쉽게 풀리지 않고 모든 것들이 잘 되지 않았다면 어떠했을까라는 상상 때문이었다.

콜 드랍을 들어 올리던 날은 매우 흥분되었다. 나는 이 사건을 기록하기 위해 카메라를 들고 이리저리 돌아다녔다. 하루 내내 해체가 진행되었고 이 어마어마한 장비를 싣고 카운티의 건설자재 창고로 옮겼다. 이 일을 완벽하게 하기 위해 두 대의 육중한 저상 화물차가 동원되었다. 우리는 나중에 석조건축물도 옮겼는데 모든 것들을 미리 측정해야 했고 거대한 돌들에 하나씩 숫자를 매겨야 했다. 거의 약 10년간 끊임없이 내 생각을 지배하고 있던 이 독특한 표본들을 입수하면서 마침내 종지부를 찍었다. 나중에 우리가 비미쉬 부지로 옮겨갔을 때 모든 것들을 이 창고에서 가져왔고, 이 창고에는 여전히 19세기 북동부 역사의 찬란한 유산들이 보관되어있다. 하지만 내가 콜 드랍을 다시 세우려고 했던 번Burn 지역의 북쪽이 침수를 당해 이 거대한 구조물을 세우는 공사를 할 기회를 놓쳤을 뿐만 아니라 자금 여력이 없어 엄두를 낼 수도 없었다. 이 글을 쓰고 있는 이 순간 비미쉬를 은퇴한 지 10년이 지났고 난 여전히 이 세상의 마지막 콜 드랍이 보존되고 마침내 다시 세워지는 것을 보고자 하는 바람으로 다양한 사람들과 함께 노력을 기울이고 있는 중이다.

J21 증기기관차North East Railroad Class C

북동부 철도The North Eastern Railway 증기기관차는 본래 C 등급으로 표현됐는데 내게는 나중에 J21이라는 등급 분류로 친숙하게 알려졌고 아주 전설적인 이야기의 중심이기도 했다. 우리의 열성적인 지지자 가운데 한 명인 카원 로빈슨Cowan Robinson이 처음에 그것이 달링턴 외곽 어딘가에 세워져 있는데 해체될 운명에 있다고 급박하게 알려주었다. 그가 나에게 이 기관차의 중요성에 대하여 설명하기를 1889년 게이츠헤드에서 제작됐고 Nr 876(번), 북동부노선 C 등급으로 워스델T. W. Worsdell에 의해 설계된 마지막 증기기관 조립라인에서 만들어졌고, 정기적으로 지역 전체에 걸쳐 화물과 승객을 실어 날랐다고 했다. 말하자면 이 등급은 화물수송 또는 여객운송임을 알 수 있다. 이러한 폭넓은 효용은 매우 합리적이라는 생각이 든다. 나의 수집개념 가운데 하나가 평범성[23]인데 어떠한 유별남도 특별함도 없어야 한다. 열성 지지자들과 사적인 수집가들은 일상에서 거의

---

23. 역자 주: 프랭크 앳킨슨이 수집하고자 하는 것은 기이하거나 단 하나밖에 없는 유물이 아니라 지극히 평범하면서 그 지역을 대표하는 것들이 대부분이었다.

사용하지 않는 희귀하거나 매력적인 장비를 구하곤 했다. 아마도 요크 철도박물관에 가면 너무도 많은 왕립의 그리고 아주 화려한 회사의 열차들이 보관돼있음을 볼 수 있다. 하지만 내가 추구하는 수집은 지극히 평범한 표본일 뿐이다. J21은 고철 덩어리로만 약 1,500파운드의 가치가 매겨졌는데 우리의 한정된 예산으로는 너무 큰 액수였다. 열린공간박물관이 재정을 지원할 수 있기를 시종일관 바랐고 그러면 곤란한 점들이 해결될 것으로 판단했으나 시간만 지나가고 아무런 변화도 없었다. 어느 날 나는 J21이 부분적으로 해체됐다는 소식을 한 소식통으로부터 전해 들었다. 사우스 웨일스의 배리Barry로 운반하는 중이며 그곳에서 마지막으로 해체한다는 것이었다. 나는 여기저기 전화를 돌렸고 열린공간박물관에서 증기기관차를 구하고 있으며 그것을 사기 위해 돈을 지불할 것이라는 얘기를 누구인지 모르지만 확실하게 전달했다. 오늘날 이를 두고 '사실대로 말하지 않은 것'이라고 표현할 수도 있으나 그것은 정말이지 마지막 순간 증기기관차를 붙잡아두기 위해 또 다른 열차측선으로 보내기 위한 방법이었다고 할 수 있다.

당연하게도 그 회사는 증기기관차를 원하는 가격에 팔기 위해 붙잡아두었고 회사의 책임자는 더럼 카운티 의회의 의장에게 편지를 썼다. 의장이 카운티 의회의 서기에게 편지를 건네주었는데 그 내용은 다음과 같다.

얼마 전에 우리는 영국철도로부터 J21 증기기관차를 구입했습니다. 분명한 것은 이 증기기관차는 그 형태상으로 마지막 기관차이며 박물관의 책임자라는 어떤 사람이 우리에게 이 기관차를 박물관을 위해 팔도록 요청했습니다.

우리는 지금 합동위원회가 박물관이 설립되어 운영할 때까지 가격을 책정할 수 없다는 조언을 받고 있으며 지금까지 우리는 언제 이 위원회가 구성될지 알 수도 없습니다.

유감스럽지만 우리는 급히 영국철도에 돈을 지불해야만 합니다. 그리고 자금이 돌아 회사를 유지하는 것이 관건입니다.

서기였던 브록뱅크J.T. Brockbank 씨는 '증기기관차 문제'가 알려지면서 매우 혼란스러워했고 나에게 편지를 썼다.

…당신이 자신들을 종용하여 박물관을 위해 카운티 의회에 증기기관차를 팔도록 했다는 말을 전해 듣고 이 회사가 의도하는 것이 무엇인지 정말 정확히 이해할 수 없습니다. 뿐만 아니라 그들이 말하는 금액이 그들에게 지불되어야 하는지, 누구에게 지불되어야 하는지 정말이지 불명확합니다. …어쩌면 프랭크 당신께서 가능한 한 빨리 이 문제를 잘 해결할 수 있도록 작금의 상황을 나에게 설명해주기 바랍니다.

다행스럽게도 이즈음에 '비미쉬 친구들' 가운데 한 명인 조지 허스 George Hearse가 아주 흔쾌히 약 1,200파운드를 무이자로 빌려주었고 이 돈과 다른 얼마간의 돈으로 우리는 J21을 사들일 수 있었다. 나의 안도감을 어떻게 달리 표현할 방법이 없다. 보관소는 또 다른 문제였는데 왜냐하면 이 증기기관차가 아주 크고 무겁고 물론 움직일 수 없다는 점이다. 하지만 나는 콘셋 철강회사의 임원이었던 한 사람으로부터 호의를 얻는 행운이 따랐는데 그는 자신의 운송수단 창고에 무겁거나 부피가 큰 수집

J21 증기기관차가 콘셋의 작업장에 보관되어있다. 박물관이 완공될 때까지 그곳에 보관되었다. 윌리엄 워스델이 디자인을 했고 이러한 형태의 마지막 증기기관차이며 1886년에 운행을 시작했고 사람들은 가장 성공적인 북동부노선 디자인이라고 설명했다. 혼성열차로 이용하곤 했다.

품을 보관하도록 해주었다. 우리는 어쨌든 콘셋까지 이 기관차를 운반해야 했고 나는 몇 년 동안 그곳에 이 장비를 두고 내내 행복해 했고 곧 관심을 다음 문제로 옮겨갔다. 사실상 나는 몇 년 후 우리가 비미쉬 부지로 이 기관차를 끌고 가기 전까지 J21을 보지 못했다. 나의 단 한 가지 관심은 이 기관차를 이론적 연구대상으로서 보존하는 것이었다.

1905년 북동부 철도 객차The North Eastern Railway Coaches of c. 1905

여섯 대의 북동부 철도 객차들은 오히려 다른 문제점이 있었는데 그것들은 1920년대 공공노선으로부터 철거됐고 애싱턴Ashington 탄광회사에 팔려, 나중에 국가석탄위원회의 일부가 되었다. 애싱톤에서 열차들은 광부들의 작업장 간 이동을 위해 쓰였고 60년대 초 파업 이후 그것들은 완전히 철거됐고, 철도의 측선으로 밀려나며 기억에서 사라졌다. 나의 문제는 지속적인 긴장을 유지하는 것과, 우리가 이 객차들(가상의 열린공간박물관을 상정한 상태에서)을 원하고 있음을 국가석탄위원회에 제안하는 것이었다. 그러나 그들은 현재 있는 곳에 그대로 두어야 한다고 했다. 지역 열린공간박물관을 만들기 위한 제안이 여진히 공동위원회 단계에 머물고 있는 상황에서 그 열차들을 어느 누구로부터 어떠한 위임도 없이 내가 슬그머니 마치 선물처럼 받아들인다면 누가 용납하겠는가? 당연하게도 나는 국가석탄위원회가 열차를 옮기려는 의도를 갖지 않을까 조금 부담이 되었는데 어느 날 그들이 아무 생각 없이 열차들을 고철로 처리했다는 것을 알게 되면서 걱정이 시작됐다.

객차들을 **빼내야만** 할 상황을 알려준 메시지를 받은 후 나는 콘셋 철강회사의 지인에게 가서 엔진 수리장소 인근에 객차를 세워두는 용도로 열차 측선을 사용할 수 있도록 약속을 받아냈다. 이제 객차를 운송하는 일만 남았고 나는 철도회사의 친구(아직도 그를 익명으로 처리해야만 한다)에게 엄청난 신세를 지게 됐다. 그는 영국철도의 철길을 애싱턴에서 콘셋까지 끌어와 객차들을 배열하고 정돈해주었다. 사실상 그들은 런던에서 에든버러간 주요 간선 철도라인을 가로질러 가야만 했는데 이는 영국철도법을 절대적으로 위반하는 것이었으며 동시에 기차바퀴며 객차의 폭도 상대적으로 간선 철도라인과는 전혀 다른 것이었다. 나중에 내게 말해주었는데 새벽 2시에 거사를 치렀고 콘셋의 보관소로 안전하게 옮겨놨다고 했다. 비록 그들이 수년간 반달리즘vandalism으로 곤혹을 치루기는 했지만 적어도 객차들은 안전하게 보호됐다. 우리는 이 객차들을 비미쉬 부지를 매입할 때까지 그곳에 놔두었고 나중에는 일반도로를 통해 옮겨왔고 몇 년 후 비미쉬의 주차장으로 사용될 장소에 적당히 철길을 만들어서 그 위에 객차를 올려놓았다. 현재 한 대는 일자리창출위원회Manpower Services Commision의 도움으로 아름답게 보관되어있으며 비미쉬의 '로울리 역Rowley Station'에 오면 볼 수 있다. 이 열차는 오직 한 대밖에 남지 않은 당시 모습 그대로의 북동부 철도노선 객차다. 나머지 객차들은 현재 아주 불량한 상태에 있는 관계로 방문객들에게 개방하지 않고 있다.

로울리 역

로울리 역을 계기로 나는 철도교통에 관한 주제에 대해 다시 생각하게 되었다. 내가 또 다른 철도 아이템 즉 철도교통에 관심을 갖게 된 것은 전적으로 카윈 로빈슨 덕분이다. 그는 이 역이 전형적인 북동부 철도의 간이여객 역이라고 설명을 하며 아주 최근에 서비스가 중단되어 철거를 기다리는 중이라고 했다.

어느 날 우리는 그곳을 보기 위해 갔고 '쫀득이barley sugar stick' 같은 주철기둥이 너무나 매력적이어서 정말 그곳에 푹 빠졌다. 이곳은 특히 상대적으로 평범한 디자인을 한 마지막 역 가운데 하나였는데 철거를 막아내는 게 급선무였다. 그래서 내가 개인적으로 매년 10파운드의 비용으로 임대하기로 영국철도를 설득하는 데 성공했고 몇 년간 꼬박꼬박 비용을 지불했다. 그곳에서 아이들이 놀다가 사고를 당할 수 있다며 나의 입장에 반대가 들끓던 그때를 떠올리면 지금도 분노가 치민다. 하지만 이런 문제가 오래도록 다시 불거지지는 않았다. 오히려 정기적으로 비용은 지불하고 있었지만 역이 철거될 수 있다는 걱정은 지속됐다. 이와 같은 일이 다른 곳에서 벌어졌는데 그것은 더럼 외곽의 자일스게이트Gilesgate에 있는

스탠호프에 있는 로울리 역과 타인 철도가 1860년대 세워졌다. 1960년 사진에서 보듯이 황폐하게 방치되어있다. 우리는 이곳을 비미쉬가 그 존재를 드러내기까지 지켜서 다시 살려낼 수 있었다.

양호한 소규모 급수시설과 저장창고 건물 부지였는데 영국철도청에 보존을 요청했다. 이곳은 철길을 따라 짧은 원통형 굴뚝이 서 있었고 급수시설이 증기기관차의 물탱크에 물을 공급한다. 펌프엔진은 없어졌지만 구조물은 온전했다. 불행하게도 철도 관료주의의 복잡함 때문에 나의 보존 요청과 같은 것은 철거를 원했던 부서에 전혀 전달되지도 않았다. 그리고 누군가가 내게 전화를 걸어 맨 처음 한 말이 거절이었다. 내가 실패했던 몇 안 되는 사례 가운데 하나였다. 비미쉬에 그것도 철도구역을 완성하기 위해 그것이 다시 세워지는 것을 봤었다면 아주 만족스러웠을 텐데 말이다.

로울리 역은 우리가 비미쉬에 다시 건립하려고 옮겨왔던 첫 건물이었지만 다소 시간이 지나서야 완성되었다.

비미쉬 광산 권양기

예상한대로 석탄산업은 나에게 몇 가지 중요한 아이템들을 제공해주었는데 석탄산업이 현대화되고 사양화하기 시작함으로써 거의 모든 것들이 사라지는 중이었으나 아직 비미쉬는 존재조차 하지 않았고 재정, 교통, 수장고와 같은 박물관의 원천은 거의 바닥이 나고 있었다.

관심을 두었던 중요한 아이템은 1855년 세워진 원래의 권양기실과 목재로 된 주축대, 구식 권양기 엔진이었는데 여전히 비미쉬 마을 밖에 서 있었다.

이 설비와 높은 석조건물의 보존은 오랜 기간 위기의 연속이었다 해도 과언이 아니다. 나는 1960년대 초에 그것을 처음 봤는데 곧 사용이 중단됐다. 뉴캐슬의 피니어스 크라우더Phineas Crowther에 의해 설계되고 오래

광산의 권양기 엔진 하우스와 두 번째 갱구의 주축대인 비미쉬 "촙힐Chophill"이 1855년에 처음 세워졌고 지금은 비미쉬로 옮겨와 재건축을 했고(260, 284쪽 사진을 보라) 정기적으로 가동 중에 있다.

전인 1800년에 특허를 받았음에도 1855년에 세워졌고 1960년대까지 탄광지역에 남아있던 두 개 가운데 하나였다. 비록 이러한 시설은 일찍이 북부지역에서 가장 많이 사용됐던 형태였으나 지금은 이와 같은 권양기나 나무를 사용한 수직갱은 옛날 광산의 사진들 속에만 남아있을 뿐이다.

광산의 국유화 과정 속에서도 이러한 권양기는 여전히 필요했고 안정성의 측면에서도 문제가 없다는 얘기를 들었다. 언젠가 안전 담당 엔지니어가 제동능력을 시험하기 위해 이 시설을 방문했다. 제동장치에는 회전속도를 조절하는 거대한 플라이휠flywheel 주위를 도는 좁은 강철밴드가 있고 운전자가 발로 페달을 밟아 작동을 시켰다. 점검에 대한 이야기를 좀 더 하자면 두 명의 남자가 무거운 쇠지렛대를 가지고 조심스럽게 권양기실 아래로 내려가는데, 운전자는 감독관의 지시에 따라 브레이크를 콱 밟게 되고 이때 이 두 사람이 그들의 지렛대를 당겨 설비가 안전하게 멈추도록 유도한다는 것이다. 나는 이 이야기가 정확한지 알 수 없다. 다만 권양기실 남자들만의 이야기라는 사실만큼은 확실하며 탄광의 국유화 이후에도 수년간 이런 방식으로 유지됐다. 이것은 석탄을 끌어올리는 데 저속운행이 경제적이지 않다는 점을 설명하기 위해 의도된 것이기도 했다.

이 권양기의 디자인에 관한 역사는 조지 왓킨스George Watkins가 1955년 《뉴커먼학회보Transactions of the Newcomen Society》에 실었고 당시 북부지역에서 볼 수 있는 것은 여전히 10여 개 정도였다. 그때까지 나는 비미쉬 권양기를 유일한 것으로 알았는데 나머지는 엘레모어Elemore 탄광에 있었고, 그리고 슬프게도 지금은 영국유산English Heritage이 평가하는 대로 너무 높은 보존비용으로 인하여 사라지고 말았다. 이 비용이 해당 부처 장관에게는 받아들여질 수 없었던 것이다. 관료주의의 폐해다.

석탄위원회는 주변의 다른 광산이 폐광되자 비미쉬 마을 근처의 원래 부지에 세워져 있던 비미쉬 권양기를 존치시키는 데 동의했다. 그 다음 몇 년간 혼란의 시기가 이어지는데 이 부지가 소규모 석탄 채굴을 위한 지역의 광산업자에게 임차된 것이었다. 나는 제때 이 소식을 접하고 즉시 보호조치를 했는데, 건물과 장비에 대한 '보존지역설정Spot Listed'을 하는 조치였다. 이것은 나중에 나를 곤란하게 만든 원인이 됐는데 왜냐하면 이 후에 우리가 비미쉬 부지로 그것을 옮기려고 했을 때 '보존건물목록승인 Listed Building Consent'을 얻어야만 했기 때문이다. 그 사이 건물은 종종 파손되기도 했고 일부는 도둑을 맞기도 했고 작은 화재가 발생하기도 했다.

우리의 부지에 그것을 다시 세우려고 준비하기까지 시간은 흘러갔고 그 이야기는 나중에 다시 할 것이다.

'타이니 팀' 증기해머Tiny Tim Steam Hammer

이 거대한 장비에 대하여 내가 어떻게 들었는지 자료들은 말하지 않지만 나는 잘 기억하고 있다. 그것을 처음 우연히 접했을 때 로더럼 Rotherham의 엄청난 폐공장 부지의 한 가운데 서 있었다. 이것은 달링턴의 단조공장에서 쓸 요량으로 1883년 글래스고Glasgow에서 만들어진 것으로 기록돼있었고 달링턴에서 아주 인기 있는 이름을 부여받았고 육중한 망치질은 여전히 그곳 사람들 사이에서 회자되고 있었다. 이것은 특히 배의 키 버팀대를 단조하는 데 사용됐지만 불행히도 더 이상 지역에서 수요가 없게 되자 20세기 초에 달링턴에서 로더럼으로 팔렸다. 지금은 로더럼에서조차도 역시 더 이상 사용되지 않고 있었다. 어찌됐든 간에 나는 당시의 스틸 피치 앤 토저Steel, Peach and Tozer 철강회사의 소유주로부터 그것을 얻고자 간청하느라 애를 먹었고 그 다음은 그것을 북쪽의 비미쉬로 운반하는 문제에 직면했다. 뿐만 아니라 주목해야 할 것은 당시에 나는 아직 존재 자체도 없는 '지역 열린공간박물관'을 위해 수집해야 했기에 이것은 마치 살얼음판에서 스케이트를 타는 것과 같은 형국이었다. 선덜랜드에 자리하고 있던 콜 크레인Coles Cranes(기중기회사)은 운송수단을 갖고 있을 거라 생각했고 나는 판자로 지은 사무실에서 제임스 스틸James Steel(나중에 '경'의 작위를 받음)을 만나기 위해 약속을 잡았다. 나는 당신의 운송차가 빈 차로 돌아올 때 증기해머를 실어올 수 있는지 물었다. 그는 아주 친절하게 승락했는데 그 후 오랫동안 사람들에게 이 이야기를 하며 나를 괴롭히곤 했다. 이야기인즉슨 내가 아주 작은 물건을 실어온다고 하면서 자기를 속였다는 것이다. 단언컨대 나는 결코 그런 짓을 하지 않았음을 증명할 수 있는데 내가 그에게 증기해머 사진을 미리 보여준 것을 지금도 또렷이 기억하기 때문이다.

이 시기에는 당시《노던 에코》의 편집자였던 해리 에번스Harry Evans에게 도움을 받았는데 그는 이 증기해머가 새로운 박물관의 아주 훌륭한 기념비적 정문 출입구가 될 것이라며 동의해주었고, 정확히 1986년 비미쉬의 정문으로 매우 화려하게 재탄생되었다.

우리가 콜 크레인을 설득하여 증기해머를 비미쉬로 옮겨온 것에 대하여 끝부분에 살짝 비튼 이야기가 있는데 나는 어딘가에 햄머를 내려놓을 곳을 찾아야만 했다. 신기하게도 달링턴 단조공장(그때 당시에 문을 닫았다)에 수년간 햄머를 세워두었던 빈 공간이 있었는데 단조공장의 전직 제도사 중 한 명이 우리의 자료수집을 위해 실측 도면을 보내줄 만큼 친절했다. 비미쉬가 조만간 실체를 드러낼 만큼 모든 일들이 순조로운 것처럼 보였고 내 생각도 그러했다. 그때 나의 제도사 친구는 달링턴 단조공장 부지를 여러 필지로 나누어 팔 준비를 하고 있다는 사실을 전화로 알려주었는데 우리의 증기해머 부분도 판매목록에 들어있다고 했다. 심지어 그들은 증기해머에 커다랗게 페인트로 번호를 매겨놓기도 했다. 나는 즉각 행동을 취했고 이 물건이 매매대상이 아님을 확인하도록 경매인을 설득하는 데 성공했다. 그러나 그것은 합동위원회가 실체를 갖추기에 앞서 몇 달 전 일이었고 나는 비미쉬 부지에 '타이니 팀'을 옮겨와 정돈해놓을 수 있었다. 물론 더 많은 저상 화물차들이 필요했다. 증기해머의 여행에는 이런 우여곡절들이 있었지만 이제는 그 여행이 완전히 끝났기를 바랄 뿐이다.

웨스트볼던 석탄과 석회창고West Boldon Coal and Lime Depot

19세기 거의 대부분과 20세기 초 기간에 북동부 철도는 광산에서 해안까지 석탄더미뿐만 아니라 지역을 위해 석탄 혹은 농업과 건축 목적으로 석회석과 '토사'도 운송했다. 대부분 어느 정도 크기의 역들은 화물열차가 토사저장고로 들어갈 수 있는 별도의 열차궤도와 그 아래로 석탄을 부어내릴 수 있는 석재바닥의 구역을 갖추고 있었다. 대개 졸드론 디자인을 한 북동부의 무개화차無蓋貨車들은 덤프식으로 들어 올려서 그 안의 내용물을 석재바닥으로 붓게 된다. 그리고 그렇게 쌓인 석탄과 석회석은 말이 끄는 마차나 화차에 실린다. 아마 석회가마에 든 생석회가 운반되는 과정에서 건축 목적으로 사용되거나 땅 위에 쏟아붓기 전에 '천천히 식어가는' 상태가 되었을 것이다.

지역에서 수집을 시작했을 때 나는 이런 창고를 꽤 보았으나 매우 훌륭한 예로는 웨스트볼던의 저장고가 있었다. 이곳은 석재 명판을 갖고 있었는데 거기에는 '스탠호프와 타인 철도회사의 석탄 그리고 석회석 저장

1834년 웨스트볼던의 석탄과 석회석 저장고이며 현재 비미쉬에 다시 세웠다. 석탄과 석회석을 실은 화차들이 이곳에 들어가서 아래 기둥 사이로 내용물을 쏟게 된다. 전형적인 북동부 철도 건물이다. 석회석은 농업과 건축의 목적으로 사용되곤 했다.

고 1834Stanhope and Tyne Rail Road Company's Coal and Lime Depot 1834'라고 새겨져 있었다. 여섯 개의 조구통만이 외로이 서 있었고 역의 나머지 부분은 이미 철거되었다. 내가 보기에 이 창고가 남아있는 것은 아주 견고하게 지어졌을 뿐 아니라 한 농부가 개인 설비로 사용했기 때문으로 생각된다. 그때까지 영국철도회사가 이 건물을 소유하고 있었고 나는 그들에게 이 창고를 (가상의) 지역 열린공간박물관이 들어서게 될 때까지 남겨달라고 설득했다. 그 다음 오랜 기간 끔찍한 위협을 겪어야만 했다. 그 즈음 우리의 '비미쉬 친구들'이 설립됐고 스튜어트 스미스Stuart Smith(당시 선덜랜드 박물관의 직원)의 아주 귀중한 도움으로 이 창고를 해체해 비미쉬로 옮겨왔다. 이 자리는 로울리 역이 보이기 시작하는 위치였다. 적당한 규모를 유지하기 위해 우리는 여섯 개의 석재 바닥 중 네 개를 다시 세웠고 지금은 이러한 종류의 창고 가운데 보존된 유일한 것이다. 아주 잘 보이는 위치에 있으니 관람객들이 쉽게 이해할 수 있기 바랄 뿐이다.

윈래튼 체인 상점Winlaton Chain Shop

17세기 암브로스 크롤리Ambrose Crowley의 이야기는 매우 흥미로운 비즈니스 연구인데 이 남자는 북동부에서 어느 정도 떨어진 곳에 쇠사슬, 못 그리고 닻을 만드는 사업성 좋은 대공장을 경영했다. 그는 사회복지와 학문적인 문제를 포함하여 모든 일상의 세부적인 것들을 다루는 《로북 Law Book》을 출판했는데 이 책은 오늘날 비즈니스와 관련하여 어느 누구에게나 유용한 연구라 할 수 있다. 우리가 지닌 역사 지식의 많은 부분이 이 책의 기발한 내용에 의존하고 있을 정도다. 《로북》은 1894년 한 서점에 진열되었는데 영국 박물관이 이 책을 구입했다. 영국박물관의 필사본 담당부서에 보존되어있는데 1952년 마이클 플린Michael Flynn에 의해 완벽하게 편집됐다.

크롤리는 1685년경 선덜랜드로 이사했고 나중에 수년 동안 번창하던 그의 공장이 있던 더럼의 윈래튼으로 옮겼다. 그러나 나폴레옹 전쟁이 끝날 무렵 해군에서의 수요가 당시의 '평화배당금Peace Dividend' 탓에 급격히 감소하게 됐다. 공장은 문을 닫았고 많은 노동자들이 철강산업이 한창 발달하고 있던 쉐필드로 떠났거나 윈래튼 인근에서 소규모 공방촌을 만들어 정착했다.

1960년대까지 이 모든 공방촌들이 차례대로 문을 닫으면서 쇠사슬을 만드는 대장간 하나를 빼고는 모두 없어지고 말았다. 우리는 공방촌에서 마지막 쇠사슬 대장장이를 기록하기 위해 윈래튼을 방문했고 그의 장비와 사용 중이던 모루 등을 수집했다. 얼마 후에 작가이자 나의 지역유산 수집을 열렬히 지지해준 시드 채플린Sid Chaplin은 지금은 사용하지 않는 체인 상점을 가보자고 제안했고 사진으로라도 기록을 남겨야 한다고 했다. 시드는 예전에 광부로 일한 적이 있고 당시에는 유명한 저자이자 극작가로 활동했는데 체인 상점에 대해 관심이 많아 내가 반드시 그 상점을 봐야만 한다고 생각한 것 같다. 우리는 그곳에서 만나 열린 창문을 통하여 기어올라갔다. 완전히 소실된 목공소의 오른쪽에 커다란 화덕과 함께 마치 우리가 대장장이가 된 느낌이었다. 시드는 방의 가운데로 걸어갔고 나는 카메라를 조절하기 위해 창문 옆에 서 있었다. 갑자기 화덕 전체가 무너져 내렸는데 우리가 평소에 무심코 '정지마찰'이라고 불렀던 것이 한꺼번에 벌어졌던 것 같다. 나는 여전히 당시에 내린 결정을 기억할 수 있다. 내가 방의 한 가운데로 가로질러 가야 했는지 아니면 한 곳에 가만히 있어야 했는지. 다행히도 나는 후자를 선택해 커다란 상인방上引枋돌[24] 이 내가 지나가려는 길의 오른쪽으로 떨어졌는데 그렇지 않았으면 의심할 여지없이 나는 죽었을 것이다. 작은 돌덩이가 내 손목을 쳤고 발목에 또 다른 상처를 입었으나 그 이상 다른 일은 없었고 먼지 속에서 안전하게 빠져나왔다. 한편 시드는 그 사건 이후 나에게 화덕이 무너지고 나서 자신은 그 자리에서 꼼짝할 수 없었다고 했고 먼지가 자욱해지면서 그는 내가 돌더미 밑에 깔려있을 것으로 생각했다고 했다.

안전모를 썼더라도 안전하지 못했을 것이다. 물론 당시에 나는 안전모를 착용하지 않았을 것이다. 하지만 나는 분명히 수십 년 동안 안전하게 서 있었던 석조물이 눈 깜짝할 새에 전체가 와르르 무너지는 그런 상황

---

24. 역자 주: 창이나 문의 위쪽에 기둥과 기둥 사이를 가로지르는 커다란 돌.

더럼 카운티 윈래튼의 마지막 쇠사슬 대장장이와 그의 동료로 영화로도 촬영되었고 이 작업장의 물품들을 나중에 수집하였다.

에 대하여 오히려 좀 더 주의를 기울였어야 한다는 점을 배우게 됐다.

라이홉 와들 팬Ryhope Waddle Fan

일찍이 비미쉬가 완전히 건립을 마친 상태에서 초기 단계의 일은 완벽하게 대표성을 갖춘 수집품을 모으기 위해 우리의 계획을 도와줄 자문위원단을 꾸리는 것이었다(14장에서 좀 더 자세하게 이에 대해 설명할 것이다). 우리가 반드시 수집해야만 하고 광산동호회Colliery Group에서 추천한 19세기 말 여러 광산 장비 가운데 가장 핵심적인 것이 와들 팬이었다. 이 빅토리아시대의 작품을 디자인한 사람은 와들J. R. Waddle이었는데 두 겹의 커다란 금속재 원판이 회전하면서 생기는 원심력을 이용한 것이었다. 지름이 30피트나 됐고 1분에 최대 100번까지 회전하도록 되어 있었다. 중심부 일부를 진공상태로 만들어 이때의 힘을 이용하여 외부로부터 강제로 공기를 주입하도록 환기구와 파이프로 연결되어있다. 환기구를 통하여 갱도 안으로 강제로 공기를 집어넣어 맨 밑바닥 지면으로 공기를 전달하는 것이다.

자문위원들은 이런 송풍기를 수배하고 얼마간의 시간을 보냈고 마침내 딱 어울리는 송풍기가 라이홉 광산Ryhope Colliery에 사용되지 않은 채 서 있는데 조만간 철거될 것이라고 알려주었다. 이 송풍기는 지금은 해체되고 없는 원래의 수평증기 엔진실이 있던 높은 벽돌건물과 나란히 설치되어 있었다.

이 송풍기의 규모는 아주 인상적이었는데 안타깝게도 이것이 작동하는 것을 본 적은 없지만 회전할 때 엄청났을 것으로 생각된다. 이 송풍기의 경우 원심력으로 자연자원을 이용하는 것인데 이것이야말로 빅토리아시대 공학자들의 전형적인 작품이었고 그들은 자연력의 모든 이점을 활용했던 것이다. 씨햄 항구의 콜 드랍은 또 다른 예인데 그 경우는 중력을 이용한 사례라 할 수 있다.

이때 나는 몇 달 동안만이라도 해체를 미뤄주길 원했지만 가능하지 않다는 얘기를 들었다. 그런데 석탄위원회가 고맙게도 엔지니어를 보내주어 여러 곳의 나사를 풀어 해체하고 저상 화물차와 크레인을 이용하여 옮겨주었다. 물론 당시 우리는 이것을 어디에 두어야 할지 고민했다. 그 단계에는 아직 비미쉬 부지를 확보하지 못했기 때문에 비미쉬 홀의 사용은 동의를 얻어야만 했다. 그래서 나는 짐짓 모른 체하며 크레인을 이용하여 벽 너머 비미쉬 홀 근처의 직원주차장에 이 송풍기를 내려놓았다. 어느 누구도 알아채지 못했고 몇 달 동안 그곳에 놓여있다가 비로소 풀브리지 코티지Foulbridge Cottages 근처에 우리가 만들어놓은 부지의 적당한 보관 장소로 옮겨놓았다.

벽체형 침대와 데스 침대A Cupboard Bed and A Dess Bed[25]

오두막집을 얘기하다 보면 나는 우연히 발견한 몇 개의 오두막 침대를 떠올리게 된다. 어쩌면 아주 커다란 수집물은 아니라 하더라도 이 침대들은 그것들만의 문제들이 있고 또한 지역의 특징을 고스란히 보여주는 것들이다. 우리가 선택적으로 수집했다면 이러한 수집대상들은 그 어느 것도 만날 수 없었을 뿐더러 어쩌면 거의 시기를 놓쳤을 수도 있다. 다른 것들도 그러하지만 비미쉬에서 가지고 있는 서너 개를 제외하면 북동부지역에 현재 데스 침대가 몇 개나 있을까 심히 의구심이 든다.

침대의 다양함은 우리가 북부지역의 사회역사적 물건을 수집하기 시

---

25. 역자 주: 19세기 나무로 만든 침대 내지는 소파를 말함. 이것은 식탁으로, 침대로, 의자로 변형이 가능했음. 접이식 침대 또는 벤치라는 뜻도 있음.

작하면서부터 나의 관심을 끌기 시작했고 나는 데스 침대에 대한 얘기를 들었고 도대체 그게 뭔지 알기 위해 뭔가 일을 꾸미게 됐다. 이것을 분류하는데 시간이 좀 걸렸는데, 몇 가지 지방의 이름을 가진 최소 두 가지 형태로 구분하고 나니 좀 더 명확해졌다.

가장 단순한 유형은 데스 침대가 붙박이장 형식으로 접어 올리도록 되어 있어 복잡한 집 안을 단정하게 보이도록 한다는 것이다. 이 침대들은 때로 낮은 장롱처럼 보이기도 하고 혹은 나중에 만들어진 것은 서랍장처럼 보이기도 했다. 데스라는 말은 일찍이 일상적으로 쓰이는 북부지역의 방언으로 조셉 라이트Joseph Wrigh의 훌륭한 영어사전인 영국방언사전-6권-(1898에서 1905까지)에 따르면 뭔가를 접어 올려 쌓는다는 뜻의 시골 사람들 용어다. 그는 이 용어의 사용 예를 앳킨슨J.C. Atkinson의 《황무지 지역에서의 40년Forty Years in a Moorland Parish; 1891》이라는 책의 내용을 인용해서 설명했는데 바닥 위에 쌓아올린 전체 곡물의 다발'Her'd getten a haill dess or'shaffs doon o'tr' fleear'이라고 했다.

추측컨대 이러한 휴대용 침대들이 19세기 초에서 중엽 사이에 초기 북부광산으로 들어온 이주자들이 사용했던 것 같다. 15장에서 언급하겠지만 우리가 알고 있는 것은 당시 광산 노동자들은 자주 광산을 옮겨 다녔고 그때마다 광산주의 소유물인 집들을 매번 번갈아 사용해야만 했다. 이 때문에 소형의 휴대용 침대가 아주 유익하게 사용됐을 것이다.

또 다른 지역명칭에 관해서 나는 '붙박이장 형태의 침대'의 다양성을 알게 되었다(아마 좀 더 오래된 종류). 북부 요크셔 지방에서는 프레스 베드press bed로 잘 알려져 있다. 추측컨대 그것은 붙박이장cubboard이 프레스press로 알려져 있기 때문이었다. 다른 한편 찬장형 베드는 또한 쉬포니어chiffoneer(발음은 쉬, 악센트가 첫째, 세 번째 음절에 있다)로 알려져 있다. 이것은 아마도 chiffonier라는 단어에서 온 것이다(옥스퍼드 영어사전에서는 위가 평평한 낮은 서랍장으로 기술되어 있다). 그러나 어떻게 이 단어가 북부에서 떠돌기 시작했을까? 아마 펠로Pelaw에 기반을 둔 협동조합Cooperative Society이 이러한 물건을 만들어서 팔았고 그래서 오히려 '세련된posh' 이름을 사용하지 않았을까?

내가 처음 코더스톤 인근에 있는 몇몇 친구들에게 서로 다른 종류의 붙박이장 침대에 대해서 들었고 그들은 티즈데일에서 멀지 않은 볼더스데일Baldersdale에서 몇 년 전에 그것을 봤다고 기억하고 있었다. 블랙턴Blackton의 윌리 아이스톤이 스타트 하우스를 소유하고 있었는데 양들의 피난처로 몇 년간 사용되었다. 바닥은 몇 인치 두께의 양 배설물로 차 있었고 우리는 침대를 끄집어내어 깨끗이 닦아서 운반하기 전에 그 배설물을 일일이 파내야 했다. 원래 계단 아래 자리잡고 있었는데 그 안으로 기어들어가 두 개의 작은 오크나무 판자문을 닫으면 아마 홀로 벌판에 있었을 때보다는 훨씬 따뜻함을 느낄 수 있었을 것이다. 문에는 HH DH 1712가 새겨져 있었는데 다행스럽게도 우리는 이것이 헨리와 도로시 허친슨Henry and Dorothy Hutchinson의 약자임을 알게 되었다. 아마 그들의 신혼침대였을 것이다. 지금은 포컬리Pockerly에 있는 타워 꼭대기의 전망 좋은 방에 놓여있다. 이 건물이 볼더헤드 저수의 범람으로 마구 떠내려가기 직전에 그것을 보존할 수 있었던 행운이 어떻게 우리게 있었을까 가끔 생각에 빠지기도 한다.

주철로 된 남자화장실A Cast-Iron 'GENTS'
어떤 커다란 수집대상은 해체하기도 옮기기도 어렵다고 생각할 수 있다. 하지만 윌링턴 부둣가에서 주철로 만들어진 구조물을 옮기고자 했을 때 당한 많은 어려움들은 전혀 예상하지 못했다.

구석진 곳에서 소변을 보는 부두 노동자를 지나가는 사람들이 바라보지 않기를 바라는 아주 점잖은 동네라 그런지 수년 동안 그 자리에 변함없이 서 있었다. 내 생각에 그것은 아주 그럴듯한 추측이라 할 수 있는데 이렇게 배려한 것은 노동자들의 편안함 때문만은 아닌 것 같다. 주목할 것은 숙녀를 위한 비슷한 화장실은 아무 데도 없다는 것이다!

수집과 해체에 앞서 이 화려한 수집물을 옮길 위치를 정하고 이전移轉에 관한 허가를 받은 후 나는 기술자 두 명을 보내서 그것을 해체할 것을 지시했다. 놀랍게도 그날 밤 그들이 되돌아와서는 지루한 작업에 일주일이 걸릴 것이라는 얘기를 했다.

구멍 뚫린 사각형 모양의 주철판들이 똑바로 선 기둥의 홈과 쉽게 분리되지 않는다는 사실을 미처 몰랐던 것이다. 쉬운 것은 정말이지 하나도 없다! 각 주철판들이 납으로 된 쐐기로 고정되어있었다. 해체는 쉽지 않았다. 납 조각이 다 녹아 없어질 때까지 토치로 열을 한참 가해야 했다. 우리의 불쌍한 기술자들은 묵묵히 각각의 납 조각이 녹는 데 걸리는 시간을 기록하고 있었는데 왜냐하면 전체 강철구조가 납이 녹기 전에 열을 흡수할 수도 있기 때문이었다. 그것이 가장 심각한 문제였다. 그러나 마침내 보관소로 운반했고 나는 어느 날 비미쉬 타운거리의 한쪽 구석에서 그것이 관람객들의 눈에 띄게 되리라는 바람을 가졌다. 하지만 관람객들이 모든 구조를 완전히 파악할 수 있도록 문을 열어두어야 할까? 추측하건데 이런 것을 갖고 있는 박물관은 그리 많지 않을 것이다.

게이츠헤드 트램과 뉴캐슬 트롤리 버스A Gateshead Tram and A Newcatle Trolley Bus
오래전 조지 허스 덕분에 내 관심을 끈 한 놀라운 발견이 우리의 열린

타인강변 윌링턴 부두에 있는 주철로 만든 남자 화장실. 해체되어 비미쉬에 보관되어있다.

공간박물관 계획을 더욱 진전시켰다. 왜냐하면 그는 1924년에 제작되어 게이츠헤드가 소유하고 있던 단층 트램 얘기를 들려주었고 지금은 소유자가 불분명하다고 했다. 우리는 이것을 수집할 수 있었고 콘셋에 보관하고 있다. 게이츠헤드에서 운행이 끝날 무렵 그림즈비Grimsby와 임밍햄 Immingham 부두에서 노동자를 실어나르던 이 전차는 그림즈비에 팔렸었다. 그리고 나서 클레이 크로스에 옮겨왔고 당시 사정이 여의치 않았던 영국운송컬렉션British Transport Collection이 만족스럽지 못한 창고에 보관 중이었다. 우리는 그들로부터 이 전차를 얻었고, A1 도로를 따라 이동하는 장관을 연출하면서 우리는 많은 홍보 효과도 얻을 수 있었다. 조지 허스와 그의 동료들은 여러 가지 긴급한 수리를 해주었고 '비미쉬 친구들'의 특별 방문 시에는 이따금씩 이 전차의 작동을 시연해주었다. 전차 위의 전선을 임시로 설치하고 전차 길이보다 길게 철로를 만들어 운행할 수 있었고 '비미쉬 친구들'이 직접 목격할 수 있었다. 제어봉으로 움직이고, 발로 밟아 경적을 울리고, 설령 얼마 못 간다 하더라도 천천히 앞으로 나가는 것은 아주 흥분되는 일이었다. 우리는 그때 할 수 있는 최대한을 보여주며 매우 설득력 있는 증명을 해보일 수 있었다.

그러는 사이 오버헤드 케이블 그리고 부품, 기둥, 철로, 정류장을 수집하여 브란스페스에 모으는 중이었다. 그 즈음 트램궤도협회the Tramway Society가 더비셔의 크리치Crich에 있는 한 채석장에 설립됐고 제작과 보존 계획에 관한 매우 인상 깊은 계획을 출범시켰다. 이 협회의 트램 관련 수집, 그리고 관련된 건물과 수리실의 재건축은 아주 출중했지만 나와는 어떤 경쟁 의도도 없을 뿐더러 실제로 그 일을 함에 있어서도 아무런 갈등이 없었다. 반면 이 협회는 비미쉬의 전차와 그 운영에 대하여 전적으로 관여했고 우리의 주된 관심사는 트램이 과거에 북동부 도시교통체계에서 매우 중요했다는 것을 보여주는 것이며 수많은 관람객들에게 비미쉬를 둘러볼 수 있는 교통수단을 제공하는 것이었다. 그런 측면에서 우리는 성공했지만, 실체로서 트램궤도협회가 우리와 갈등관계가 아니라는 것을 믿게끔 준비하는 데에는 다소 시간이 걸렸다. 수집을 한다는 것이 때로는 사람들 간에 아주 미묘한 영향을 끼칠 수 있다.

당시 트롤리 버스들은 뉴캐슬에서 운행을 멈췄고 그 후 라잉 아트 갤러리Laing Art Gallery의 콜링우드 스티븐슨 큐레이터는 마지막 남은 버스를 보존했으나 자금과 공간 부족으로 우리에게 버스를 인도했고 그 즉시 브란스페스 군부대로 옮겼다. 그곳에서 우리는 오래된 연병장을 확장할 수도 있었으나 그 대신 타인위어 박물관협회에 그 버스를 양도해도 괜찮은 상황이었다. 우리가 비미쉬에 독특한 유산들을 보관하는 것에 그치지 않고 지역의 다른 박물관을 위해 유물을 대여할 수 있었다는 점도 너무나 기쁜 일이다.

10. 비미쉬 개장, 1971년

합동위원회가 마침내 설립됐으며 소액이 1969~1970년 예산으로 잡혔고 이 돈으로 재정연도가 끝날 무렵 비미쉬에서 일할 보조관리인, 사무국장, 기술직을 채용하기 위해 공고를 할 수 있었다. 그들은 허가받은 한정예산에도 꼭 필요한 자리였으나 나는 적어도 한두 사람은 상근직원으로 채용하기를 갈망했다. 로즈메리 앨런Rosemary Allan은 보우 박물관에서 1년 넘게 아주 적은 급료를 받으며 일했고 임시로 단칸방에서 살았는데 (경제적 이유로 박물관의 일부 물건을 가구로 사용하기도 했다) 우리의 의장이었던 맥밀런 의원과 내가 임명했다. 우리는 그녀를 역사적 사진 모델로 만들었고, 비미쉬 부지에서 트램궤도 공사에 맨 처음 쇠못을 박은 인물이 되었다. 결국 그 근처를 벗어나지 못하였으나 당시만 해도 아주 훌륭한 홍보 수단 중 하나였다.

스스로 비미쉬 기금이 다른 것들에 사용될 수 있도록 하였고 가능한 한 오랫동안 보우 박물관에서 비미쉬의 일을 지속적으로 준비해왔다. 하지만 나는 더 이상 지체할 수 없었고 보우 박물관 관장직을 사임하기 3개월 전에 미리 알렸고 비미쉬의 관장으로 일하기 위해 1970년 7월 31일자

◀ 1971년 개장을 앞두고 '박물관을 만들면서'라는 예비전시에 사용하기 위하여 임시보관소에서 비미쉬 홀로 이관하게 될 전시품목들.

로 그만두었다. 3개월 동안 보우 박물관의 수집품들과 열린공간박물관의 수집품들을 분리하는 아주 빡빡한 일정을 보내야 했다. 주어진 시간 안에 매듭지어야 할 지루하고 따분한 일이었다.

박물관에 종사하는 사람들은 대부분 그들이 현재 하던 일에서 다른 일로 이직할 때 유감스럽게도 '그들의' 수집품들을 박물관에 놔두고 떠난다. 하지만 어쩌면 나는 '나의 것'을 가지고 떠나는 유일한 사람이었을 것이다.

비미쉬 홀은 곳곳에서 옮겨왔던 물품들로 채워진 채 시작되었는데 당시 브란스페스는 차고 넘칠 정도로 많은 수집품을 가지고 있었다. 로즈메리의 회고를 통해 그때의 광경을 생생하게 묘사한 글을 보면 다음과 같다.

혼돈, 완전히 무질서한 혼돈이다. 아침 8시 반에 비미쉬 홀에 도착해서 새로운 사무국장인 미세스 샌드라 존스턴Sandra Johnston과 나는 우리가 다니는 곳마다 보관된 너무나도 다양한 전시물에 놀라움을 금치 못하면서 둘러보았다. 광부의 곡괭이 옆에 가스마스크가 놓여있고 마구馬具 옆에는 교향악기, 이 모두가 우리의 정책-어제까지의 모든 것을 수집한다-을 반영하는 것들이었다. 첫 번째로 드는 생각은 '도와주세요! 어디에서부터 시작해야죠?'였다. 샌드라는 자신의 사무실로 돌아가서는 재빨리 필기용구 더미를 몇 가지 모양이 비슷한 순서로 분류하고 알맞은 곳에 집어넣었다. 기술자 론 레인Ron Lane과 그의 부사수 앨런 그라임스Alan Grimes는 쌓아놓은 차 상자 뒤에서나 볼 수 있었고 다들 바쁘게 분류하고, 옮기고, 꿰매고, 망치질을 하는 중이었다.

어딘가 망가진 시계는 다시 작동하기 시작했고 처음에는 너무 스트레스를 받았으나 점점 자신감이 생겨났다. 우리 모두는 박물관을 준비하는 위대한 작업이 시작됐음을 알고 있었다.

이 회고담은 《단 하나의 비미쉬Beamish One》라는 제목의 회고집에 실렸고 비미쉬 박물관의 발전과 관련된 다양한 출판기록물 시리즈 가운데 가장 첫 번째에 수록될 작품이었다. 시간상 엄청난 압박 탓에 첫 작품이 나오기까지 수년이 걸렸고(1978년까지) 후속 작품을 낼 수조차 없었다. 이 회고집에 비미쉬의 모든 장소를 신고자 했다.

1970~1971년 동계활동에 관한 이야기에 앞서 1971년 개장을 위해 미친듯이 준비 중이었는데 그 가운데 비미쉬에 대한 홍보를 톡톡히 해준, 1970년 여름에 수집했던 아주 거대한 수집품에 대한 이야기를 해볼까 한다. 이 수집품은 다행스럽게도 조용히 지나갈 수 있었지만 당시에는 끔찍한 모욕을 겪었다. 이것은 러스턴 부사이러스Ruston Bucyrus 증기 '굴착기'로 무게가 약 100톤이 나갔다. 확실히 지금까지 수집한 것 중 가장 큰 것이었고 영국에 남아있는 두 대의 굴착기 중 하나였다. 이 모든 것이 지적인 열성팬의 편지와 함께 시작됐다. 가끔 열성적인 사람들이 열린공간박물관의 발전을 위한 (아직까지는 가설이지만) 전반적인 홍보에 관해 글을 보내오곤 했다. 그들이 좋아하는 유물 중에 파손의 위험에 빠진 것이 있다고 나에게 알려오기도 했다. 혹시 그것들이 우리의 계획에 아주 부적합한 것이라거나 혹은 북동부 이외의 다른 지역에 있는 것이라면 도움이 될 수가 없었다.

그러던 어느 날 나는 영국에 남아있는 증기 굴착기가 스무 대밖에 없다는 아주 구체적인 목록이 적힌 편지 한 통을 받았다. 이 사실을 알려준 사람이 말하는 바에 따르면 일반적으로 거대한 장비들은 상대적으로 빨리 사라지는데 왜냐하면 부속품마다 좋은 값을 받을 수 있고 대개는 전문적으로 다루는 사람들이 있고 구석에 처박혀 눈에 띄지 않을 가능성이 적기 때문이었다. 대부분 영국 남부에 좋은 것들이 많았는데 오히려 내 눈을 사로잡은 것은 헐Hull 근처 혜슬Hessle 채석장에 있는 한 대였다. 그것은 정말 거대했으며(남아있는 것 중 가장 크다) 굴착기에 한 번 담는 분량이 3톤 반이나 됐고 1931년에 제작되어 혜슬 채석장 제일 밑바닥에서 사용했던 것이다. 박물관은 산업용증기설비보전단체Industrial Steam Preservation Group를 통해 제값을 주고 구입했고 상태도 아주 좋았다. 아마도 나는 지금은 거의 사용하지 않는 '내비navvy'라는 용어를 설명하기 위해 잠시 쉬어가야 할 것 같다. 18세기 말 운하가 대유행이었을 때 공사장 인부들과 특히 아일랜드 노동자들에게 '오지의 항해사inland navigators'라는 애칭이 붙었고 이것이 '내비즈navvies'라는 말로 짧아지게 된 것이다. 사실 내가 어렸을 때 그들은 항상 아이리쉬 내비즈라고 불렸다. 그러다가 기계가 사람들을 대신하여 발명되었을 때 그것이 바뀌어서 증기굴착기steam navvy로 불리게 됐다.

당시 나와 연결됐던 한 사람이 크리스 토프Chris Topp인데 뉴캐슬대학에서 기계공학을 공부하고 있었고 굴착기에 거의 병적인 집착을 갖고 있었다. 그는 친구들 몇 명을 데리고 와서는 낡은 모자를 쓰고 바람 부는 곳에서 야영생활을 하며 굴착기를 분해하면서 부활절 휴가를 보냈다. 그들은 얼마간 지역주민들의 도움을 받아가며 굴착기를 해체하여 도로변에 옮겨놓고는 20톤짜리 기중기와 저상 화물차가 필요하다고 나에게 알려왔다. 나는 현금이 부족한 상태였지만 픽포드Pickfords를 설득하여 대중홍보 명분으로 비용 없이 옮겨주기로 승낙을 받아냈다. 그리고 러스턴 회사에 기중기 두 대를 빌려줄 것을 요청하여 혜슬에서 한 대와 비미쉬에서 한 대가 도착하여 운반에 도움을 주었다. 그러면서 러스턴은 가장 최신

100톤짜리 러스턴 증기굴착기로 채석장에서 해체하여 1971년 비미쉬에서 다시 조립했다. 당시에 증기기관이 작동했고 도로로 끌고 나왔으나 예상치 못한 문제로 사진에서 보는 바와 같이 주저앉고 말았다.

장비로 자사의 가장 오래된 장비 가운데 하나를 보존하는 데 도움을 준다는 사실을 홍보할 수 있는 훌륭한 사진을 찍을 수 있었다. 1970년 여름에 있었던 일이다.

　홍보활동을 통하여 돌이켜보면 어떻게 해서든지 우리의 문제점에 관해서는 비밀을 유지하려 했음을 깨닫게 된다. 증기를 작동시킨 후 '풀브리지'에 있는 우리의 작업장 방향 도로를 따라 아래쪽으로 몰고 내려가는 도중 예기치 않게 증기굴착기가 불안정한 지반층과 만나 안타깝게도 구석에 처박히게 되었다. 보일러가 타버리기 전에 불을 꺼야 했으며 증기굴착기는 이후 6개월 동안 꼴사나운 상태로 방치될 수밖에 없었다. 이것이 적어도 대외적으로 알려진 것 가운데 하나였다.

　이 날은 일요일이었는데 이언 월든Ian Walden은 다음날 산업 부문의 관리자로 일을 시작할 예정이었고 그래서 이 일이 벌어졌을 때 자신이 업무를 시작하지 않은 상태임을 얘기했다. 하지만 그의 첫 번째 임무는 이 사건에 대해 낱낱이 밝히는 것이었고, 그는 쓸데없는 충고를 끝없이 받게 되었다. 마침내 지역예비군Territorial Army들이 전차 수리를 위해 고안된 계량형 센추리언Centurion 전차를 끌고 와서는 굴착기를 간신히 끄집어냈다. 그 다음에 우리는 오래된 레일침목을 튼튼한 받침대로 만들어서 풀브리지 근처 방문객의 이동경로 주변에 설치하여 이 증기굴착기를 그 위에 올려놓았는데 지금까지 그대로 서 있다.

1970~1971년 사이의 겨울 동안 모든 사람들은 춘계 전시회를 앞두고 정신없이 바빴다. 확실히 그 내용에 있어서는 너무 크지도 야심차게도 할 수 없었는데 왜냐하면 실질적으로 움직일 수 있는 직원과 자금이 너무 부족했기 때문이다. '비미쉬 친구들'의 많은 사람들이 주말에 와서 청소하고 닦고 때로는 전시물을 수리하는 일을 도왔다. 로지 앨런Rosie Alan과 나는 전시물 선정부터 아주 주의 깊게 고민해야 했다. 우리는 '뛰면서 기획'하고, 방대한 수집품들에 대해 완전히 파악하지 못한 상태에서 전시계획을 짜는 가운데 항상 우연치 않게 놀라운 물품을 발견하곤 했다.

전시를 실제 기획하면서 새로운 박물관 설립을 위한 전시가 아니라 확실하게 '만들어가는 박물관Museum in the Making'을 위한 전시임을 명확히 하는 주제로 잡기로 결정했다. 우리가 훌륭한 수집품을 소장하고 있고 앞으로 더 많이 소장하게 되리라는 점을 보여주는 폭넓은 전시를 하기를 원했고, 이에 따라 더 많은 기부가 이루어지길 기대했다. 그리고 설명 라벨을 붙이는 방식은 지양하는 것으로 합의했다. 전체의 주제는 지금 이 단계에서 전시물품 스스로가 말하게끔 하려는 의도였다.

우리는 메인 갤러리 복판에 놓여있는 갖가지 흥미로운 물품들의 어마어마한(조심스럽게 배치한) '더미'들을 상상 속에서 그려봤고 얼마 후 이 물품 더미가 많은 사람들의 시선을 사로잡을 것이라는 점을 깨달았다. 하지만 아직까지 박물관은 잡동사니 더미였다. 곧 우리는 알파벳을 이용하는 번뜩이는 아이디어가 떠올랐다. Antiques의 A(흥미롭기 위해 오래될 필요는 없다), Bicycles의 B, Chemist의 C… Photography의 P, Quilt의 Q, Schools의 S(우리는 Education과 같은 단어는 피했다) 그리고 마지막으로 'X는 잃어버린 유물이며, Y는 You(너의 도움이 필요해) 그리고 Z, 이것은 끝이 아니라 단지 시작일 뿐이다.'

우리는 마침내 조시 폴Josie Paul이라는 젊고 똑똑한 디자이너를 찾아냈는데 그는 우리와 함께 대패로 깎은 삼나무 목재를 나사로 연결하여 구조물을 만들어 정해진 시간에 세워두었는데 때마다 다른 감흥을 자아내게 했을 뿐 아니라 (유리도 진열장도 없이 실용적으로) 관람객의 동선을 위해서도 유용한 작용을 했다. 재료적인 측면에서 비용이 거의 들지 않았고 조립하고 세워두기가 쉬웠다. 이것이 우리가 1971년 5월 개막했던 전시였다.

이러한 새로운 모험을 위해 '비미쉬'라는 이름을 선택하게 된 이유를 이 책에 기록해둘 만한 가치가 있을 것 같다. 우리의 공식 명칭은 '잉글랜드 북부의 열린공간박물관the North of England Open Air Museum'이다. 하지만 이것은 쓰기가 쉽지 않고, 또 '박물관'이라는 단어에 대한 여전한 대중들의 반감이 있었다. 오늘날 한 세기가 전환되는 시점에 이러한 반감은 사라졌고 박물관은 좀 더 받아들이기 쉬운 용어가 되었다. 추측컨대 나의 세대에게 있어 박물관장 그리고 큐레이터라는 업무가 이러한 변화를 만들어가는 데 도움이 됐을 것이다. 그러나 1970년대는 아직 그런 사례가 없었다. 그래서 한 음절의 명칭이 기억하기 쉬울 것으로 여겼고 그것이 좀 더 많은 지리적 가치를 담을 수 있을 것으로 느꼈다. 비미쉬BEMISH라는 이름은 영국 그 어디에도 없는 이름이었다. 한 번은 나의 이름과 비미쉬, 영국이라고 주소를 적어 미국에서 보낸 편지를 받았는데, 며칠 만에 안전하게 배달이 될 정도였다.

처음에는 이 단어를 건성으로 사용했지만 점차적으로 단순한 이름 이상의 것이 됐고 실질적으로 하나의 개념으로 자리 잡았다는 생각이 든다. 자리 잡았다고 느꼈던 것은 예를 들어 신문의 편집자가 '비미쉬 또 다른 상을 수상하다'라고 했을 때 독자들이 이 뜻을 이해할 것이라 믿고 신문의 헤드라인에서 이 이름이 사용되기 시작했기 때문이었다. 어느 날 저녁 런던에서 장시간 기차를 타고 여행에서 돌아오던 중에 나는 'Beamish'라는 이름의 첫 글자를 따서 유쾌하게 글을 지었는데, 시간을 얼마 들이지 않고 완성했다.

Better

Environmental

Awareness through a

Museum for the

Interpretation of

Social

History

(사회사 해석의 박물관을 통한 보다 나은 환경인식)

1971년 8월 30일 월요일 여느 때처럼 비미쉬는 바쁜 나날을 보내고 있었고 특히 뱅크 홀리데이Bank Holiday(영국 공휴일-역자 설명)였기에 좀 더 정신이 없었다. 직원과 자원봉사자들은 11시 개장시간까지 만반의 준비를 갖추었고 방문객들은 문 앞에 줄지어 기다리고 있었다.

자동차들이 주차장에 밀려들어오기 시작했고 자원봉사자들은 차량들에게 기다려 달라고 신호를 보냈다. 그날 늦은 오후에 가장 많은 차량이 몰려들어 400대가 넘는 차량이 주차했고 하루 종일 자원봉사자 다섯 명이 주차관리를 맡아 주었다. 영국철도 엔지니어, 젊은 버스 엔지니어, 뉴캐슬의 로열그래머스쿨 학생 두 명, 펠턴 종합중등학교 학생이었다.

매표소에서는 담당 직원들이 휴일을 반납하고 티켓을 팔았고 관람객 증가추이를 발표하기도 했다. 정오 무렵 방문객 숫자가 가장 높았는데 30분이 좀 넘는 동안 300명분의 티켓이 팔렸다. 관람객들은 교향악단이 휴일의 기분에 맞게 왈츠풍의 곡을 흥겹게 연주하는 동안 '만들어가는 박물관' 전시관을 에워쌌다. 빅토리아시대의 검은 정장을 입은 사진사는 자신의 스튜디오에 관람객들을 초청하여 난초(엽란)와 접이식 병풍을 배경으로 사진을 찍어주었는데 자원봉사였다. 더비 예술대학의 사진학과 학생으로 그의 아버지와 세 명의 친구들이 도와주었다. 하루 동안 40개가 넘는 단체의 사진을 찍어주었고 많은 관람객들에게 초창기 사진장비와 기술에 대해 이야기해주었다.

'보비 샤프토Bobby Shafto'[26]가 불티나게 팔렸고 박물관이 무미건조하고 먼지가 쌓인 곳이라는 기존의 생각을 없애버리는 데 도움을 주었다. 영국 박물관에서 열게 된 최초의 펍이었고 나는 '술집면허'를 가진 최초의 박물관 관장이 되었다. 그리고 '찻집'은 관람객 세 명 중에 한 명이 간단한 음식을 사기 위해 찾아옴에 따라 하루 종일 쉴 틈 없이 운영을 해야만 했다.

이 날은 우리가 또 다른 기록을 세운 날이었다. 내가 아는 한에서 박물관에 입장하기 위해 2시간 이상 매표소 앞에서 줄을 서게 된 영국 최

---

26. 역자 주: 영국 전승 동요의 주인공으로 미남으로 알려져 있음. 당시에 뉴캐슬에서 운영되고 있던 펍 이름이기도 하다.

1971년 8월 뱅크 홀리데이의 비미쉬 홀. 우리의 첫 번째 전시회인 '만들어가는 박물관'을 보기 위해 줄을 서 있는 모습. 비미쉬 홀 밖에 맨 앞줄이 형성되어있다.

초의, 아니 전 세계 최초의 박물관이었던 것이다. 대영박물관이 기획한 투탕카멘(이집트의 왕)전에 엄청나게 줄을 섰다고 떠들썩하게 자랑한 것이 이 전시가 있고 1년 후였다. 첫 해에(공휴일을 제외하고 20주 동안만 문을 열었다) 우리는 50,000명의 유료 입장객을 받았다. 이에 우리는 오랫동안 줄을 서서 기다리게 된 원인을 찾고 그 해결책을 제시하기로 결정했다. 결국 우리는 시간당 약 400명이 입장할 수 있도록 준비를 갖추기 시작했다. 제2차 세계대전과 관련하여 가스마스크, 배급통장, 건조계란 깡통(전시 배급식품), 수동식 펌프 등의 전시물품 전시관에서 지연되고 있었다. 그래서 우리는 한시적으로 이 행사를 폐쇄하기도 했다. 하지만 줄은 여전히 계속됐다. 그래서 자원봉사자들을 운집한 사람들 속으로 보내어 선별된 관람객별로 시간을 점검해보았다. 그리고 우리는 해답을 찾았다. 무언가를 응시하는 데 평균적으로 10초간 시선이 고정된다(반복해서 계산해보니 진행속도가 시간당 약 400명이 나온다). 초기 영화필름의 제작자들(예를 들어 D. W. 그리피스와 세르게이 에이젠슈타인)은 그들의 효과를 얻기 위해 필름을 '잘랐고', 하나의 촬영화면이 10초 혹은 12초를 넘지 않았고 대부분은 그 미만이었다. 평균적인 인간의 주의집중 시간이 대략 10초이고 그 후에 사람들은 주의를 돌리거나 이동을 하는 것이었다. 이것은 투탕카멘 또는 폼페이와 같은 '블록버스터' 전시로부터 얻은 자료에 기인한 것으로 확실히 증명되는데 만일 전시가 '연속적인 동선을 따라가는 방식으로 된다면 시간당 대략 400명이 적정한 관람객 수용인원임을 확인할 수 있다. 만일 시간당 400명 이상이 되면 줄을 늘어서는 것이 불가피하다. 전시기획자들은 이 점을 좀 더 인식해야만 하고 특히 아무도 읽지 않을 설명 라벨을 만드는 것에 신중해야 할 것이다.

나는 더럼 카운티 교육국(일부)의 과도한 관심을 넘어 박해를 받아 고초를 겪는 것처럼 보이지 않도록 하기 위해 관람객이 비미쉬 홀의 우리쪽 공간에 쏟아져 들어오자마자 생긴 문제에 대해 재미있는 이야기를 하려고 한다.

비미쉬 홀은 더럼 카운티 경리 담당관에 의해 임의로 나뉘어져 있었는데 3분의 2는 성인 기숙대학으로, (뒷부분의 마굿간을 포함한) 나머지 3분의 1은 박물관으로 쓰였다. 사무실, 작업장, 수장고 그리고 기본 전시실로 공간의 쓰임에 따라 심각한 한계에 직면하게 됐다, 그럼에도 불구하고 성공을 거두었고 심지어는 관람객들이 대학의 입구를 지나 비미쉬 홀의 정문까지 주요 진입로로 접근하는 것에 대해서도 동의를 구하려고 애를 썼다. 그래야 측면의 박물관 입구로 인파가 몰리는 것을 방지할 수 있기 때문이었다. 비미쉬 홀 주변으로 넓은 잔디밭이 펼쳐 있었는데 수많은 관람객들이 전시관 입장을 위해 기다리거나 관람을 마치고 나와서 또는 샌드위치를 즐기면서 여름 태양 아래 이 잔디밭을 거닐었다.

그때 우리는 대학 직원들이 관람객들에게 건물 주변의 보도블록으로만 걸어 다녀야 한다고 말하면서 잔디밭 밖으로 내보내는 것을 발견했다. 최대한 양보하더라도 이는 우리의 '공유협약Sharing Agreement' 정신을 위배하는 것이다. 하지만 이 상황에서 몇몇 관람객들이 '잔디밭을 거닐 수 있도록' 해주길 바라는 것을 제외하고는 내가 할 수 있는 일은 거의 없었다. 왜냐하면 여전히 우리는 작은 조직이었고 내키지는 않지만 더럼 카운티 교육국 소유의 부동산 범위에 있기 때문에 받아들일 수밖에 없는 문제였다.

몇 주가 지난 후 합동위원회 모임에 참석하던 중 나는 돈 롭슨Don Robson 의원(나중에 더럼 카운티 의회 의장이 되었다)을 알게 되었고 그와 만남을 가졌다. 나는 일찍이 그를 본 적도 없었다. 왜냐하면 중요하지 않은 모임에 참석하기에는 그가 너무나도 바쁜 사람이었기 때문이다. 나는 그가 중요시 여기는 문제들에 대하여 약간의 관심을 피력했다. 그 후로는 모든 문제들이 해결됐다. 어느 주말 그가 친구와 함께 박물관을 방문했을 때 그를 알아보지 못했던 대학 직원들에 의해 '잔디밭에서 쫓겨나게' 되었다. 그는 화가 났으나 미팅이 끝날 때까지 평정심을 유지했다고 한다. 곧 잔디밭은 대학과 박물관의 공용재산이어야 하며 대중들은 거기서 즐길 수 있어야 한다는 동의가 이루어졌다.

박물관을 건립하고 서비스를 하면서 갖가지 어려움에 직면했고 일을 할 때마다 이와 같은 작은 충돌이 몇 번이고 있었다. 하지만 다행스럽게도 박물관에 대한 홍보가 전반적으로 잘 되었고 점차적으로 더욱 많은 유력인사들이 이 박물관의 장점과 미래의 잠재성을 알아보기 시작했다.

어느 날 핵심적인 변화의 또 다른 사례에 대하여 듣게 되었는데, 로울리 역이 개장되고 증기기관차가 운행하기 시작하고 나서 스탠리 지역의 한 의원이 해준 이야기였다. 우리가 이곳에 맨 처음 구멍을 파고 들판 한 가운데에 벽체를 짓기 시작했을 때 그가 확인차 이곳을 찾아왔는데 내가 미쳤으며 더 이상의 세금 낭비를 방치할 수 없다는 확신을 갖고 떠났다고 했다.

그런데 지금 다시 와서 보니 로울리 역이 살아있으며 잘 운영되고 있음을 목격하고 너무나 감동을 받아 나를 포함한 관련된 모든 사람들에게 축하해마지 않을 수 없다고 했다. 이러한 마음의 변화들은 감동적이었으며 용기를 북돋아주었다.

이 회고록을 작성하는 동안 100번째 〈비미쉬 친구들 뉴스레터Friends of Beamish Newsletter〉가 만들어졌고(1995년 여름), 박물관 25주년을 축하하게 됐다. 뉴스레터에는 지난 28년간 큰 잘못 없이 지속해온 '비미쉬 친구들의 신뢰성 테스트Friend's Reliability Trial'에 대한 언급이 있고 수백 대의 희귀하고도 오래된 자동차와 오토바이까지 참가했다는 내용도 들어있다. 로버트 앳킨슨Robert Atkinson이 기초한 20개의 레이스 루트에 관한 것으로 그 루트는 지속적으로 인기를 누려왔고 박물관에 대한 아주 훌륭한 지역 홍보 역할을 담당하기도 했다.

같은 뉴스레터에서 현재 수집 담당 직원인 앨런에게 회고의 글을 청탁해왔다. 그들이 뉴스레터에 쓴 글을 이 책에 옮길 수 있게 허락해주었는데 너무나 명확하고 감동을 불러일으키는 글들이다. 비미쉬의 발전을 어떻게 이렇게 소수의 직원들이 이루어왔는지에 대한 '내부자'의 견해를 제공하기 때문이다.

1995년 5월 4일은 내가 비미쉬 홀에 첫 발을 들여놓은 지 25년이 되는 날이었다. 성공적인 면접 후에 나는 다음 월요일에 비미쉬 홀로 출근하도록 지시를 받았다. 부서 배치는 론 레인이라는 신사를 만나

1971년 '비미쉬 친구들'은 '신뢰성 테스트'(1920년대의 그것에 기초하여)에 착수했고 비미쉬로부터 스웨일데일의 배인브리지까지 이후 28년간 신뢰성 테스트를 지속해왔다.

면서 시작됐는데 그는 당시 비미쉬가 고향인 단 한 명의 직원이었다. 프랭크 앳킨슨(본래의 관장)과 로즈메리(지금은 수석관리자)는 바너드 성의 보우 박물관으로부터 온 물품들을 취급하는 중이었다. 나는 비미쉬 마을의 버스 정류장에서 약 1마일을 걸어서 8시 30분에 론을 만났다. 그는 박물관으로 사용하고 있는 홀을 둘러보며 나에게 방들을 보여주었다. 빈 방과 냉기가 어린 복도들에 대한 가이드 투어를 10분 만에 마치자 가감 없는 현실 상황이 이해되었다. 설령 지금 내가 비미쉬 박물관에서 근무한다 할지라도 그와 같은 장소는 더 이상 존재하지 않는다. 당시에 나는 마음이 편치 않아 이곳에서 빨리 벗어나 다음 버스를 잡아타고 집으로 돌아갈까 진지하게 고민했다.

내가 맡은 첫 임무는 모든 방에 있는 기다란 형광등을 빼내는 일이었다. 몇 주 동안 나는 이 일을 하느라 엄청나게 바삐 움직였다. 3일 후 론은 다음 주에 어떤 일 때문에 외근을 한다고 알려왔고 그가 없는 사이에 홀에 20명의 무리가 방문할 것이라고 했다. 나보고 그들에게 홀의 역사에 대하여 얘기를 하라니? 당시 나는 그곳 주변에 대하여 알기에도 벅찼는데 하물며 그곳의 역사를 설명하고 이들을 데리고 다니며 안내를 한다는 것은 있을 수 없는 일이었다. 다행히 사람들이 나이든 관리인 한 사람을 쫓아다녔고 그에게 질문공세를 퍼부으며 정신없이 받아 적기에 바빴고, 모든 것들이 아주 별 탈 없이 지나가기는 했다.

그 특별한 주는 또 다른 점에서 아주 이상했다. 내가 일터로 가려고 했을 때 차장은 3페니의 요금을 청구했다(지금은 옛날 돈이지만!). 나는 홀로 출근했고, 아침 8시 반부터 오후 5시 반까지 일을 한 후, 비미쉬 마을로 걸어가서 버스를 타고 되돌아가려고 차장에게 집으로 가는 3페니 티켓을 요청했다. 두 명의 차장이 내가 하루 종일 본 유일한 사람들이었다.

기억하기로 도착한 첫 번째 박물관 전시물 가운데 하나가 기다랗게 생긴 주크박스 종류의 벽걸이형 심포니언Symphonion(옛날 축음기)이었다. 일을 하는 동안 태엽장치 옆구리 속으로 수없이 많은 1페니 동전을 넣고는 감미로운 음악을 듣곤 했다. 심포니언이 나와 친구가 되어주었던 것이다. 문제가 하나 있었는데 거기에는 키가 없어서 나는 날마다 똑같은 금속성의 음악을 들을 수밖에 없었다. 나는 결코 '미모사 왈츠Mimosa Waltz'를 잊지 못한다. 나의 진실된 마음을 담아 동전 하나를 장치 안에 넣으면 손에서 미끄러지듯 태엽의 스프링이 감긴 후 천천히 풀리면서 안으로부터 작은 소리가 울려퍼진다. 이후

꼬박 10분 동안 연주를 듣게 된다.

　오래지 않아 점점 많은 수집품들이 도착했고 점차 치과의사의 의자, 드릴, 가스마스크 그리고 구식 진공청소기 같은 물품들이 방안에 쌓이기 시작했다. 마침내 이 모든 것들은 사용하지 않은 육군의 가건물이 있는 브란스페스라는 장소로 옮겨지게 됐는데 그곳은 더럼시에서 얼마 떨어지지 않은 곳으로 옛날 더럼 경보병의 사령부가 있던 자리다. 1963년 이래로 이곳에 물품들이 차곡차곡 쌓이기 시작했는데 어느 날 정해진 운명에 따라 비미쉬의 마지막 쉴 장소로 옮겨지기 직전의 장소였다. 그렇다. 모든 육군 부대는 가정용품, 농업과 산업부품, 버스, 마차, 모형 배, 주름 펴는 기계로 가득 찼다. 목록은 끝이 없었다. 보기에도 아찔할 정도였다. 오랜 시간을 브란스페스에서 지냈고 초창기에는 캠프에서 물품들을 분류하거나 그날의 수집품들을 브란스페스로 가져오는 일을 하며 지냈다.

　물품들이 비미쉬 홀로 들어오면 서서히 분류가 시작되었다. 임시 사무실은 론과 내가 책상과 의자 몇 개를 가져다가 준비했다. 그곳에는 선반의 분류와는 무관한 두 개의 차 보관함(박물관 사람들에게는 어찌나 잘 어울리는지!)이 남아있었는데 그것은 방의 한쪽 구석에 우리를 문명과 연결해주는 유일한 통로였던 전화기 옆에 놓여있었다.

　홀이 치워지고 비미쉬에서 개최하는 첫 번째 전시회를 조직하면서 작업을 시작할 수 있었다. '만들어가는 박물관'이라는 적절한 이름으로 1971년 5월 21에 시작되었다. 한 명의 디자이너가 전시회를 꾸미기 위해 임명되었고 전시물들은 4×4 삼나무 목재 프레임으로 에워싼 상태였고 판지의 옆면과 뒷면에 대해서는 의견의 일치를 봤다. 이는 수백 개의 이음매를 잘라내고, 구멍들을 뚫고, 판자에는 페인트칠을 하는 걸 의미했다. 이렇게 해서 그날그날 컬렉션을 만들고 물건들을 보관해야 하므로 우리에겐 엄청난 양의 일을 안겨다 주었다. 전시회의 한 부분인 옛 약국을 다시 지어야 했고, 전형적인 광부의 부엌 같은 경우 부엌 전체 장판을 완전히 다시 깔아야 했다. 고된 작업을 하고 여러 주가 지난 후 공식적인 개막일이 정해졌고 모든 작업은 그날에 맞추어 완료되어야만 했다. 이는 개막일 일정에 맞추기 위해 업무시간을 넘겨가며 작업해야 하는 것을 의미했다.

내 기억으로 개막에 앞서 약 2주전 월요일 아침 오전 8시에 작업을 시작해서 저녁 10시까지 일을 했다. 화요일은 8시에 출근해서 밤 11시까지, 수요일은 8시에 출근해서 밤 11시 반까지, 목요일은 8시에 출근해서 다음날 금요일 새벽 2시까지 일했다. 나는 금요일 아침 8시에 다시 나와서 약국 뒤편에 약간의 페인트칠을 끝낼 예정이었다. 통에서 브러시를 꺼내들려는데 손이 떨리며 멈출 수가 없었다. 나는 바로 집으로 보내졌고 휴식이 필요하다는 진단을 받았다! 개막일 오전까지도 할 일이 남아서 카메라와 기자들이 도착하기 전까지 미친 듯이 톱질과 망치질을 하고, 나사를 조이고, 풀칠을 했다. 나는 개막식을 곁눈질로 지켜봤다. 다른 눈으로는 전시 무대에 누군가 너무 가까이 다가가지는 않는지 감시하고 있었다. 페인트가 아직 마르지 않았기 때문이었다. 전시회가 처음 열렸던 몇 주 동안 일부 직원들은 점원으로, 안내원으로, 청소원으로, 매표소 직원으로 역할을 바꿔가며 일했다. 박물관 운영을 돕기 위해 자발적으로 나서는 것은 기본이었고 가족이나 친구들이 함께 일을 하는 것이 아주 상식적인 일이었다. 내 아내 팻Pat 역시 출근하여 정문에서 입장료(당시에는 성인 한

명에 2실링 10펜스였다!) 받는 일을 했고 나는 사람들 가운데 혹시 전시에 쓸모 있는 물건들을 가져온 이가 없는지 보기 위해 자리를 떠났다. 박물관에는 사람들이 먹고 마실 수 있는 제대로 된 편의시설들이 하나도 없었다. 그래서 우리는 상당량의 샌드위치, 감자튀김, 비스킷, 차를 가져와 우리 스스로 식사를 해결했다.

돌이켜보면 실질적인 사무실, 물품저장실 혹은 작업실도 없는 초기에 어떻게 우리가 그런 일들을 해냈는지 믿기지 않는다. 마치 이 정도로는 충분치 않다는 양 우리는 6개월 안에 브란스페스 군부대에서 나가달라는 통보를 받았다. 대규모 노천 탄광 프로젝트를 위한 도로를 만들기 위해 전체 부대 부지를 이용해야 한다는 것이었다···. 나는 브란스페스로부터 이전을 기획하는 책임을 부여받았고 장비와 가구를 재배치하는 작업을 맡았다. 픽포드와 북부웨어하우스 서비스로부터 기중기, 편평한 화물차, 강철기중기, 히아브(뒤에 지게차가 달린 포터트럭), 백조의 목을 닮은 저상 화물차, 가구운반차와 같은 다양한 장비를 동원하여 작업기간만 수주가 걸리는 일이었다. 이날 며칠 동안 몇 단계에 걸쳐 거대한 장비들을 가져가기 위해 기중기와 편평한 화물차와 함께 다섯 대 분량의 화물차와 이삿짐 차가 도착했다. 가구차 밴의 문을 열어 실어보내면 다음 짐차가 다른 짐을 싣기 위해 후진으로 차를 댔다. 부대에 있는 동안 박물관에 첫 자동차가 생겼다. 2와 4분의 1톤짜리 상업용 밴으로 박물관 로고와 색상을 입힌 것이었다. 나는 이 차로 처음 운전을 배웠다. 부대에서 일하는 동안 론에게 운전석에 뛰어 오르라는 요구를 여러 차례 받았는데 그가 서 있는 동안 연병장을 한 바퀴 돌면 론이 나에게 고함을 치며 다양한 운전기술을 알려주며 훈련을 시켰다. 사람들이 군대사열 팀에서 예행연습을 한다고 생각했을 것이 틀림없다.

우리 일 중에는 네 군데 광산에서 광물을 캐내기 위해 지하로 들어가야 하는 경우도 있었다. 홍보를 위해 60피트 높이 건물 위에서 안전벨트를 매고 강철로 된 홍보 구조물을 내리는 작업을 하기도 했다. 또 한 농장에서 작업하는 동안 황소 한 마리와 가까이서 마주하거나 또 다른 농장에서는 한 농부의 송아지 출산을 돕기도 했다. 큰 건물을 해체할 때마다 결과적으로 부지를 옮겨 다시 세우는데 그에 앞서 대개는 내가 메모장, 페인트, 브러시를 지참하고 현장에 가서 작업과 석조물 숫자 등을 기록한다. 비미쉬와 같은 박물관에서 일하는 사람들이 하루 종일 전시물들에 광을 내는 작업을 할 것이라고 생각하는 사람들에게는 전혀 의외의 일이 될 것이다.

비미쉬에서 큰 변화를 보면 좋았을 사람이 있는데 나의 아버지다. 아버지 역시 1974년부터 일을 시작해서 1984년 돌아가실 때까지 10년 동안 이 박물관에서 근무했다. 대부분의 시간 동안 아버지는 옛 정문과 가게 건물, 입장료 수납부서에서 정기적으로 만날 수 있었다. 아버지는 광산을 탐방시켜주거나 석탄 운반 조랑말을 돌보거나 관람객들에게 권양기를 시연하는 일로 자리를 옮겼다. 아버지는 특히 이 일들을 사랑했고, 광산에서 일한 경력으로부터 우러나와 관람객들과 함께 얘기하는 것을 좋아했다. 내 기억으로 아버지는 비미쉬를 방문하여 즐거운 시간을 보낸 관람객들에게 많은 편지와 사진을 받았다. 나는 박물관 직원들이 오늘날까지도 여전히 그러한 편지들을 받는 것으로 알고 있다. 고마움의 편지를 받는다는 것은 참으로 멋진 일이다. 오랫동안 계속 그렇게 되기를….

11. 비미쉬의 발전

비미쉬에서 부딪힌 난제들

무슨 일이든지 하게 되면 항상 문제점들로 가득하다는 것은 하늘도 알고 있으며 그것은 대개 직간접적으로 현금 부족과 관련이 있다. 그러나 때때로 우리에게는 마호가니 로우Mahogany Row와 같은 좀 더 특별한 문제들도 있었다. 이것은 이 지역 어디에나 있는 평범한 개인주택으로, 남향의 짧은 테라스 주택을 말한다. 아침 일찍부터 몇몇 토지소유자들은 우리가 제안한 열린공간박물관에 대한 아이디어에 격앙돼있었고 우리가 본래 제안했던 계획에 반대하기 위해 '비미쉬주민연합Beamishl Residents Association'을 만들었다. 우리가 마침내 사업 진행을 위한 행정적 허가를 얻었으나 그들은 여전히 반대하는 상황이었고 모든 수단을 동원해 격렬한 싸움을 했다. 결국 열성적으로 반대활동을 하던 사람 중에 하나가 그의 집을 팔기로 결정했고 이후 점차적으로 모든 일들이 순조롭게 진행되게 되었다. 몇 년 후 우리가 남쪽으로 트램궤도를 확장하기 시작했고, 테라스 아래쪽으로 노선 방향을 바꾸고, 마을 외곽으로 철길을 내기 시작했는데 이때 문제가 다시 불거졌다. 아래층 전경이 차단당하므로(적어도

◀ 1974년 비미쉬에 광산 권양기를 다시 세우는 광경.(223, 284쪽 사진을 보라)

그들의 1층 방을 위해서) 이들 집들 앞에 테라스를 새로 지어주는 것을 제안했다. 건축이 완료되었고 다시 평화가 찾아왔다. 내가 생각하는 바대로 사실을 말하자면 현재 마호가니 로우에 거주하는 사람들은 반대자들이라기보다는 박물관에 관심을 가진 사람들이고 서로 만족스러운 해결 방안이 되었던 것이다. 어느 날 밤 홈 팜 일부가 불에 완전히 탔고 아침 일찍 마호가니 로우에 살던 몇몇 사람들이 소방서에 전화를 걸고 전소되기 전에 마차를 끌어내는 데 도움을 주었다.

비미쉬 골프 클럽의 첫 번째 홀이 우리의 원래 부지 입구로부터 도로를 가로질러 있었는데 우리가 개발을 시작하자마자 좀 심각한 문제가 발생했다. 왜냐하면 그곳의 회원들이 높은 위치에서 그린이 내려다보이는 아래쪽으로 드라이브를 쳤고 수많은 골프공이 휘어져 도로를 가로질러 박물관 입구 건물로 날아왔기 때문이다. 종종 건물의 유리창이 깨지기도 하고 골프공에 맞아 자동차가 움푹 들어가기도 했고, 어떤 방문객은 골프공에 머리를 맞기도 했다. 안타깝게도 클럽위원회는 자신들이 먼저 그곳에 입지했고 우리가 볼이 날리는 범위 안에 입구를 두었기 때문에 우리가 어떤 이의를 제기할 권한이 없다고 생각하는 것 같았다. 우리 직원 중에 한 사람은 박물관 부지에 떨어진 골프공을 모아서 골퍼들에게 다시 팔아 약간의 수입을 올리는 경우도 있었다. 결국에 우리는 클럽이 우리 쪽 방향으로 골프공을 못 치도록 법원에 금지신청을 해야만 했고 결국 최초의 티샷 위치가 바뀌게 되면서 다시 평온을 되찾았다.

가뜩이나 화장실이 부족한 데다가 우리의 시설을 증축하는 것에 비하여 관람객이 더 빠른 속도로 증가함에 따라 다시 문제가 발생했다. 항상 박물관이 직면한 주요 어려움은 돈의 부족과 이에 따른 서비스의 부재였다. 단순히 화장실과 하수시설만 부족한 것이 아니었다. 내부의 수도공급, 전력공급, 경보 시스템, 도로와 보행길은 해가 갈수록 부족했고 우리는 이러한 시설들을 개선하기 위해 더 많은 노력을 기울였다. 비록 달성하기 어렵지만 확실한 해결책은 있었다. 말하자면 우리의 모든 자금이 박물관 부지 서비스를 구축하는 데 투입되어야 하는 것이다. 그 밖의 다른 개발은 그 뒤에 이어질 수 있었다. 하지만 물론 그와 같은 자금은 부족했고 우리가 얻어낼 수 있는 보조금의 용도는 일반적으로 좀 더 '겉으로 드러나는' 개발 즉 음악당bandstand, 협동조합 건물, 기차역, 광업소 건물, 트램궤도 확장 등과 같은 분야에 배정되었다. 우리가 어떻게든 꾸려갈 수 있었던 것은 어쩌면 행운인지도 모른다. 그리고 자금을 이용할 수 있게 되자마자 모든 서비스들을 발전시키기 위한 단계로 넘어갔다. 하지만 그때까지 또 다시 몇 년의 세월이 지나갔고 당연히 우려했지만 화장실 부족과 진흙탕길, 부족한 식당에도 불구하고 수천 명의 관람객이 비미쉬를 찾아와 즐겼다.

우리가 가장 크게 어려움을 겪은 것 중에 하나가 엄청난 관람객 숫자였다. 나는 이미 갑작스러운 관람객 유입을 걱정하던 상태에서 1971년 뱅크 홀리데이에 처음 관람객을 받았다. 그때 우리가 보여줄 수 있는 것은 단지 비미쉬 홀 안에 조그만 예비전시뿐이었다. 정문까지 줄이 길게 늘어섰고 우리는 잔치 분위기였다. 우리는 성공을 거뒀다!

그러나 1~2년 후 자동차 줄이 길게 늘어서고 과거 부지의 도로까지 차가 정체가 되고 체스터 리 스트리트Chester-le-Street로 가는 도중에도 길이 막히는 것은 지역사회에 심각한 문제였다. 이는 뱅크 홀리데이에 기인한 것이고 박물관 진입로의 병목현상 때문이었다. 우리는 자동차에 탄 사람들의 숫자에 따라 입장료를 부과했고 2개의 차선만 이용할 수밖에 없었다. 70년대 말까지 뱅크 홀리데이에 우리는 적어도 박물관 위쪽

부분에 두 개의 입구를 더 열었고 로지와 나는 거기에서 일하면서 누가 입장권뿐만 아니라 비미쉬 가이드북을 더 많이 파는지 경쟁하기도 했다.

새로운 관람객 센터와 주차장이 1987년 개장되자 비로소 자동차들이 속도를 낼 수 있게 됐고 이어서 관람객들은 새로운 건물에서 입장권을 구입해서 들어올 수 있게 되면서 많은 문제들이 해결됐다. 또 다른 문제들이 있고 답을 알고는 있었지만 우리는 그 필요를 즉각적으로 만족시켜줄 수 있는 자원들을 갖고 있지 못했다.

비미쉬 전차노선

박물관 부지에 우리의 첫 번째 예산을 투자한 것은 결코 북동부지역의 전형적인 형태는 아니었지만 상징적으로 그리고 정치적으로politically 의미가 있었다. 우리는 관람객들이 박물관을 이동하며 둘러보고 다른 장소로 가서 관람할 수 있게 하려면 짧은 트램 탑승장소를 제공해야 했고 상대적으로 비용이 적게 드는 뭔가 '탈 것'을 제공해야 했기에 긴 트램궤도를 설치하기로 결정했다. 하지만 '적은 비용'이라는 것도 부족한 예산에는 부담이 너무 컸기에 영국관광위원회English Tourist Board로부터 사용할 수 있는 새로운 자금이 들어오고 나서야 비로소 시작할 수 있었다. 1969년 관광법(제4조)의 결과로 이 법은 개발지역Development Area의 관광지에서 보조금을 이용할 수 있게끔 하는 제도로 이번이 첫 번째 시행이었다. 우리는 신청을 했고 처음으로 교부금이 박물관으로 지원됐다. 전적으로 이 보조금을 사용하여 대규모 토목공사를 했고, 길을 만들고, 경사진 곳을 완만하게 만들 수 있었고 그 다음에 약 250야드 정도의 트램 궤도를 설치할 수 있었다. 물론 우리는 이 일을 시작하면서 얼마간 힘든 일을 겪었는데 우리 가운데 어느 누구도 이러한 경험을 한 사람이 없었기 때문이다. 피터 프라이스Peter Price가 미들즈브러의 트롤리 버스(물론 지금은 완전히 사라진)의 고가高架 전선을 보수하는 일에 종사했었는데 그는 아주 수준 높게 작업을 완수했다. (지금은 내가 좀 알지만) 트롤리 버스의 전선 보수작업은 대개 단순한 트램 보수작업보다 좀 더 질 높은 작업이라는 것은 일반적으로 누구나 동의하는 일이다.

전기 시스템을 운영하기 위해서 우리는 500볼트 직류전원 공급방식이 필요했고 표준 240볼트 교류전원으로부터 끌어와야만 했다. 다행히 우리는 남부 노섬벌랜드에 있는 중석광산에서 마침 여분으로 남아도는 회전변류기를 발견했는데 우리가 원했던 형태와 크기였다. 몇 년 동안 우리는 이 변류기를 가동했는데(그 자체로는 거의 견본품 수준에 가깝다), 이 변류기가 고장이라도 나면 우리는 트램을 운영할 수가 없어 걱정이 떠나질 않았다. 실제 우리는 2층 버스의 발전기를 비상용으로 항상 대기시키고 있었다.

나중에 비미쉬가 발전함에 따라 선로를 북쪽에 있는 '타운 스트리트' 쪽으로 확대했고, 그 다음엔 옛 광산을 개방했고, 계속해서 남쪽에 새로운 방문객센터를 건립하여 1987년에 개장했다. 내가 은퇴한 후 얼마 되지 않아 선로가 다시 확장됐고 지금은 우리가 그토록 원했던 비미쉬 부지 전체를 완전히 순환하는 선로가 만들어졌다.

로울리 역의 재건축

10장에서, 어쩌면 태연하게, 로울리 역의 재건축에 대해 언급했었을 것이다. 이 역은 본래 1867년에 만들어졌고 타인 철도였으며 스탠호프에 있었는데 1960년대 초 이래 무인역으로 그냥 서 있었으며 점차 방치된 상태로 있었다. 내가 영국철도에 있는 상태 그대로 보존하자고 제안했고 그 대가로 매년 10파운드의 명목상 임차료만 지불하게 되었다.

1971년 비미쉬 '착공' 이후 우리의 초기 임무 가운데 하나인 비미쉬 부 지로 로울리 역을 옮기는 것에 관한 고민을 시작했다. 비미쉬 발전의 특 징을 거의 상징적으로 보여주는 아주 적절한 사건들 가운데 하나로 나 는 이 일을 수행하기 위해 도움을 받을 수도 있었던 1972~1973 회계연도 의 특별자금 확보에 대해 문득 생각났다. 대략 제안서와 비용이 수일 이 내에 준비돼야 했고 지원서도 함께 제출해야만 했다. 때마침 우리의 첫 번째 산업 담당 관리자인 이언 월든은 개인적인 취미 가운데 하나인 아 일 오브 맨Isle of Man(잉글랜드와 아일랜드 사이에 있는 섬)에서 열리는 TT Race(모터사이클 경주)에 참가하기 위해 며칠 자리를 비웠다. 나는 몇 가 지 다듬어지지 않은 생각을 급조해낸 후 이언 월든이 머물고 있는 곳을 알아내어 그날 밤 장거리 전화로 우리의 계획과 비용 전반에 대한 동의 를 구했다. 만일 여러분이 오늘 안으로 이 제안서의 진행과정, 기술부문, 행정부문을 고려하여 가장 적절한 제안서를 만든다고 한다면 그것은 엄 청나게 힘들 것이고 어쩌면 비현실적이란 생각이 들 것이다. 하지만 우리 의 제안서는 실제로 통했다. 또 로울리 역의 분해계획(또는 미국식 용어를 빌리면 '해체deconstruction')에 있어서 그 어떤 스칸디나비아 박물관보다도 더 잘해야만 한다고 느꼈고 모든 석조건축물에 나무깔판을 추가하여 보 완했고 분해계획 속에 나무깔판 운반용 트럭의 비용도 포함시켰다. 결국 이 모든 것을 해냈다. 총 비용을 산출했고(내 기억으로 약 25,000파운드였던 것 같다), 마침내 이 모든 계획을 진행하기 위한 동의를 얻어내 무척이나 기뻐했던 것 같다.

우리는 경험 없는 풋내기에 불과했지만 이것이 우리가 옮긴 첫 번째 건

1973년 비미쉬에 있는 로울리 역사驛舍의 재건축 시작(222쪽 사진을 보면 본래의 황폐한 건물을 볼 수 있다). 이 사진은 플랫폼을 마주보고 있는 건물의 앞쪽 벽이다.

물이 됐다. 기록하고, 해체하고, 운반하고 그리고 다시 세우는 일을 감독하기 위해 젊은 보조기술자를 채용하기로 결정했고 앤드루 헬름Andrew Helme을 임명한 것은 커다란 행운이었다. 이 일은 대학 졸업 이후 그가 맡은 첫 번째 일이었는데 그는 훌륭히 감당했다. 이 일을 해낸 이후로 그는 박물관 분야에서 최고로 앞서갔고 우리 모두 로울리 역에서 많은 것들을 배웠다고 생각했다. 우리는 또한 헌신적이며 숙련된 석공이었던 톰 머피Tom Murphy를 알게 되었는데 그는 18개월에 걸쳐 노동자들과 보조원 각 1인과 함께 역 전체를 다시 만들어냈다.

우리는 모든 목재와 돌의 주요 부분에 숫자를 명기했다. 그리고 '잡석'을 여기저기 깔아놓은 팔레트에 쌓아놓았는데 건물을 다시 지을 때 이 끼류와 같은 것들이 자랄 수 있는 작은 틈새 안으로 이 작은 돌들을 끼워 넣는데 사용했다. 끊임없이 비용문제를 생각하지 않을 수 없었고 모든 내부의 벽체들을 지금은 물론 볼 수 없는 브리즈 벽돌(시멘트와 석탄을 섞어 만든 블록)을 사용하여 다시 세웠다. 비용과 관계없이 좀 더 언급할 것이 있는데 나는 인부들이 아무 생각 없이 석회반죽을 바른 벽돌을 쌓고 그 앞에 새로운 벽돌을 쌓는 식으로 무식하게 뒷벽을 감추려는 것을 보면 참을 수가 없었다. 이렇게 해서 전체 건물은 전반적으로 그 안팎이 원래의 형태를 갖추었고 비용도 어느 정도 절약할 수 있게 됐다.

건물이 준공됨에 따라 넓은 선로가 역사驛舍 앞부분에서 가지런히 정렬됐고, 선로가 놓이고 승차장이 건설되었다. 침목과 철로를 설치하는 것이 단순한 과정으로 볼 수도 있지만 반대로 아주 복잡한 일이라는 것을 여기에서 언급할 필요가 있을 것 같다. 이처럼 훌륭한 일을 해낸 여러 명의 숙련된 레일공을 채용할 수 있었던 것 또한 행운이었다. 이 분들에게 배울 만한 가치 또한 충분했다. 우리는 또 전선의 애자를 교차 형식으로 끼워 전선을 지지해놓은 몇 개의 전봇대를 설치하기도 했는데 이는 철도라는 것이 자신만의 전신 시스템을 갖고 있었기 때문이었다. 전선의 줄을 매단다는 것이 우리가 보는 것처럼 단순하지 않았는데 전선줄은 조금씩 흔들려야 하며 햇볕이 내리 쬐거나 얼어붙거나 했을 경우 전선이 충분한 여유를 가지고 팽창·응축할 수 있어야 하기 때문이다. 그리고 전선이 지나가는 가로막대는 항상 런던사이드(런던의 방식)의 전봇대에 맞게 고정되어있었다. 항상 느끼는 거지만 이와 같은 사소한 것들이 자신들만의 방식으로 기록될 가치가 있을 뿐만 아니라 사회사의 실질적인 일부분으로서 비미쉬와 다른 테마파크와의 커다란 차이를 만드는 진정한 사실주의genuine realism를 제공하는 데 도움이 되었다는 생각이다.

1975년까지 역사驛舍가 완성됐고 선로가 놓였다. 1975~1976년 온화한 겨울 날씨 동안 매력적이고 아담하며 돌로 지어진 작은 집을 노섬벌랜드의 글랜턴Glanton에서 옮겨왔고, 우리가 와스컬리Waskerley에서 발견한 계측기(화물차와 같은 무거운 중량을 재는 철판 모양의 기구)를 이용해 완성한 조차장 입구에 다시 세웠다. 당시에 J21 증기기관차를 복원 중이었다. 웨스트볼던(또한 스탠호프와 타인 노선에 있던)으로부터 가져온 콜 드랍 역시 다시 세우는 중이었다. 안위크Alnwick(잉글랜드 북부지방의 지명-역자 설명)에서 확인했던, 지금은 거의 드물지만 당시에 상태가 좋았던 화물창고 역시 다시 지으려고 준비 중이었다. 1976년 여름까지 모든 것들이 거의 완성단계에 들어섰고 우리는 또 이들 옆에 증기기관차를 전시할 수 있었다. 그래서 우리는 공식적인 개막식을 위해 존 베처먼 경Sir John Betjeman을 초청했다. 1976년 7월 19일 그는 우리와 함께 기쁨을 나눴고 심지어 비미쉬로 오는 기차여행 도중 우리를 위해 짧은 시를 짓기까지 했다. 더럼 역에서 만났을 때를 돌이켜보면 그는 쉽게 상처받는 사람이긴 했지만 훌륭한 동료이자 우리를 도울 수 있다는 것만으로도 기뻐했던 사람이다. 그는 떨리는 손으로 다음과 같이 썼다.

1976년 로울리 역의 재건축 완공행사에 참석하여 행복한 웃음을 띤 존 베처먼 경.

역이라는 곳은 감성의 장소들이며
사랑하는 사람들에게 안녕이라고 말하는 곳입니다
달리 말하면 역은 당신과 내가 함께 있는 장소입니다
우리가 사랑하지 않는 사람들에게도
우리는 안녕이라고 말할 수 있습니다.
플랫폼에 서 있습니다.
감정들, 하나님은 누구의 것인지 알고 있습니다,
당신의 발걸음을 통하여 당신 안에서 끓어오르는,
열망의 감정들은 그토록 아주 오래된 것은 아니며
동이 트기 전 어느 추운 새벽 일터로 가는 기차 안에서

자유의 감정과 억제할 수 없는 기쁨

당신이 어렸을 때 휴일이 시작되던 날 그 기쁨.

학생들이 조심스럽게 걷는, 이 장소는 신성합니다.

지금은 비미쉬이지만 옛날은 로울리였습니다.

가장 위대한 시는 아닐지라도 그는 이심전심의 마음이었고 우리가 해
낸 일들 속에서 기쁨을 드러내기를 원했다.

70년대 중반부터 말까지 우리는 다양하면서도 전형적인 건물들을 타
운과 광산구역으로 옮겨서 다시 세우는 일에 혼신의 힘을 쏟았다. 자금
은 엘리자베스 앤더슨Elizabeth Anderson의 헌신과 우리가 설립한 비미쉬
트러스트Trust에 도움을 받았다.

많은 관람객들에게 점점 인기를 끈 건물 가운데 하나가 썬 인the Sun
Inn인데 실제로 운영하는 펍pub이었다. 비숍 오클랜드에서 점차 사람들이
찾지 않는 곳으로 바뀌어가고 있었는데 우리가 알게 되었을 때는 철거되
기 일보직전이었다. 스코틀랜드와 뉴캐슬 사람들은 수년 동안 비미쉬의
충성스러운 지지자들이었고 그들은 벽돌과 모르타르를 보내주었을 뿐만
아니라 상당한 도움과 충고 그리고 자금을 보내주었다. 펍의 뒤쪽에 그들
이 보내준 몇 마리의 말을 키우기 위한 마구간을 짓는 일에도 도움을 주
었고 최근까지 뉴캐슬 거리에서도 비미쉬를 위해 활동 중인 것으로 알려
져 있었다.

일시적으로 주춤거린 시기가 있긴 했지만 옮겨서 다시 세우는 작업은
전체적으로 순조롭게 진행됐다. 인근의 부동산 소유자들이 썬 인을 옮기
면 측면 붕괴로 인해 자기들 건물이 위험에 노출될 수 있다는 민원을 제
기했고 이 또한 설득을 통해 무마시켜야 했다.

우리는 레이븐스워스Ravensworth 테라스 동쪽 끝에 썬 인을 다시 세웠다. 1970년대에는 엄청나게 버려진 물건들 덕분에 초창기 펍의 구색을 갖추기 위한 설비와 비품을 수집하는 것이 여전히 가능했다. 오늘날 소위 말하는 '특별한 시기' 펍들의 본래 물품들은 거의 대부분 남아있지 않고 단지 '싸구려'라 부를 수 있는 가구들로 펍이 채워져 있다. 조지 브라운George Brown을 회상해보면 그는 스코티시 뉴캐슬맥주회사Scottish and Newcastle Breweries의 총괄관리자로 근무했었는데 청년 시절 맥주회사에서 일을 시작했고 그것이 초기 직장 중에 하나였다고 말해주었다. 그는 커다란 해머를 건네받았고 오늘날에는 얼마 되지 않을 액수겠지만 사기로 만들어진 많은 양의 럼과 브랜디 분배기들을 깨부수라는 지시를 받았다고 한다. 나중에 그 일을 생각할 때마다 몹시 슬퍼했다고 한다.

레이븐스워스 테라스와 더불어 우리는 이 펍의 주요 부분만이 아니라 바와 밀실 같은 부분도 만들었다. 왜냐하면 전체 경관과 분위기의 의미까지 생각했기 때문이다. 예를 들어 펍의 지하는 자주 드나드는 곳은 아니지만 전체 일관성이라는 관점 아래 저장고를 만들었고 뒤쪽은 마구를 두었던 방과 마구간이 있는데, 과거에 맥주통을 실어나르는 마차를 끌던 맥주회사의 복마Brewery Clydesdales 네 마리의 거주 공간으로 만들었다.

이 펍과 건물은 몇 년간 펍을 운영하고 말을 돌보던 스코티시뉴캐슬맥주회사로부터 받은 특별한 선물이었다. 그들은 우리에게 펍과 마구간 뒤편 사이에 건물을 지을 수 있도록 자금을 제공하는 등 정말이지 너무나도 큰 도움을 주었고 여기에 우리는 초창기 설립자의 이름을 딴 '포터 룸Porter Room'과 더불어 그 아래에 화장실도 만들었다. 포터 룸은 다양한 활동과 조직들을 위한 미팅 장소로 제공됐고 지금은 학생들이 모이거나,

퀸 마더가 1975년 복원되어 운행 중인 '증기기관차'를 보기 위해 비미쉬를 방문했으며(스톡턴에서 달링턴까지 철도 개통 150주년 기념식이기도 하다) 또 한편으로는 더럼에서 개최되는 박물관협회 정기총회에 참석하기 위해 왔다. 이 협회의 회장이 필자였다.

음식을 먹고 대화를 한다든지, 밖의 날씨가 춥거나 비가 오면 모일 수 있는 장소로 사용하고 있다.

　내가 이 장에서 묘사했던 대부분의 것들은 대략 1975년에 일어났는데이 해에는 '교통기관 전시실'이 건립됐고 스톡턴과 달링턴 철도 개통 150주년 기념식에 쉴던 프로세션Shildon Procession(쉴던에서 기차가 달리는 것을 연출함-역자 설명)이라는 행진이 있던 해였다. 나는 이때 박물관협회의 회장이기도 했고 이 해에 더럼에서 박물관협회의 정기총회가 개최되기도 했다(그것은 그 자체로 혁신이었는데, 협회의 정기총회는 이제까지 회장이 '사는 곳'에서 열린 적이 거의 없었다. 그리고 나는 곧 내 인생에서 가장 눈코 뜰 새 없이 바쁜 나날을 보내게 된 이유를 이내 깨닫게 됐다). 하지만 이 때문에 또 우리가 협회의 후원자인 퀸 마더를 초청하여 우리의 모든 활동들을 보여줄 수 있었고, 비미쉬에서 열린 기념식에 협회 멤버들과 우리 직원들이 함께 참여할 수 있었다. 정말이지 가장 바쁜 해였지만 참으로 행복했다.

북동부지역 산업고고학

북동부 산업고고학에 대한 나의 입문(그 후 이 용어가 사용되지는 않지만 마이클 릭스Michael Rix가 1955년에 제안했고 1960년대 중반까지 일반적으로 사용되었다)은 보우 박물관에 취임하자마자 곧 시작됐다. 더럼시의 사회복지를 담당하고 있던 짐 트웸로Jim Twemlow는 위어데일Weardale에 있는 킬호프의 '수차(물레방아)'를 보여주기 위해 나를 데리고 갔다. 어느 화창한 날 조앤과 나 그리고 우리 아이들이 그를 따라갔고 그곳에서 실로 대단한 광경을 봤다. 거대한 물레방아가 견고한 돌집 옆에 나란히 서 있었고, 바위산과 연결되는 지점이면서 위어강의 상류로부터 멀지 않은 곳에 위치하고 있었다.

짐 트웸로는 인근 대장간에서 대장장이가 사용하던 과일 배 형태의 바람통(일명 풀무)을 보여주려고 나를 데리고 갔으나 내 시선은 약 30피트(9미터) 높이의 수차와 다른 설비에 고정됐다. 그곳은 납철광석을 세척하는 장소가 틀림없었다. 며칠 후 우리는 산림위원회Forestry Commission에서 낸 언론광고를 보게 되었는데 그곳을 철거할 것 같다는 강한 인상을 받았다. 그후 2주 동안 내 에너지는 오로지 그곳으로 향해 있었다. 여러 곳에 전화하고 얘기한 후 나는 철거를 멈추게 하는데 성공했고 그 자리에 원래 모습 그대로 남겨두는 것으로 정리되었다. 그리고 나는 그곳이 크라운 부동산Crown Estates(영국 여왕의 재산을 관리하는 곳, 1,000년이 넘은 부동산 관리회사)의 일부로서 산림위원회가 보존명령Preservation

1958년에 세워졌으며 위어데일 상류의 상징인 킬호프의 수차. 내 큰 아들인 가이가 오히려 나보다 더 감동적으로 바라봤다. 이것은 19세기 중엽 납철광석을 깨부수는 공장이었고 방문했을 당시 즉각적인 철거의 위협에 놓여있었다. 하지만 지금은 더럼 카운티에 의해 '납광산센터'로 건립되었고 더럼의 주요 관광지로 역할하고 있다.

Order을 부당하게 이용할 수 없는 곳이라는 사실을 알게 되었다. 하지만 여왕이라면 강제하지 않아도 보존에 동의할 만한 친절을 베풀 것이라 생각할 수 있을 것이다. 실제로도 우리는 그 장소를 보존할 수 있었다.

당시 나는 보우 박물관위원회에 이 장소는 더럼 카운티 내에 있는 '이방異邦'의 장소로 다루어져야 하며 수도원이나 성과 같은 역사적 장소로서, '고대 유적Ancient Monument'의 날처럼 보존해야 하지 않냐고 제안했다. 위원회는 이 제안을 흥미롭게 받아들인 후 그곳으로 직접 가서 보기로 결정했으나 그 결정은 내 가슴을 철렁 내려앉게 만들었다. 그 장소가 전반적으로 너무 정돈되어 있지 않고 거의 절반은 철거된 것처럼 보인다는 사실 때문이다. 유적 보호라는 '신념의 눈eye of faith'을 갖고 보는 것이 아니라면 무척 곤란한 상태였던 것이다. 안타깝게도 내 예상은 들어맞아 한 차례 짧은 방문으로도 우리 위원회가 이전에 품었을 그 어떠한 열의도 잃어버리기에 충분했다.

그럼에도 우리는 비공식적인 보존활동을 계속했고 그 장소는 몇 년에 걸쳐 평온하게 원래의 방치된 상태로 지속됐다. 어느 부활절 기간에 우리는 수차 근처에 캠프를 차리고 활동하고 있는 북동부지역 시민트러스트 자원봉사자들을 설득했다. 그들은 지렛대로 물레방아를 돌리고 페인트칠을 하려 했고 지난 몇 년 동안 이런 일을 지속해오고 있었다. 마침내 더럼 카운티의 기획실은 그 작업의 확대를 예상하여 그 장소를 '허니팟Honey Pot'으로 사용하기로 결정했다. 그리고 활동은 그곳을 보존시킬 수 있었다.

'허니팟'이라는 것은 관광객들이 찾아갈 수 있고 화장실과 주차장과 같은 서비스가 제공될 수 있게 만든 언덕의 특정 장소에 사용했던 용어였다. 이처럼 허니팟은 우발적인 주차 내지는 잠재적인 손상으로부터 안전을 도모하는 휴게공간이었다.

아이러니하게도 처음에 기획실로부터 1,000파운드가 내려왔고 약 700파운드는 주차장 시설에, 300파운드는 킬호프 주요 건물의 지붕을 보수하는 데 사용됐다. 몇 년 후에 상당한 자금이 이곳에 내려왔는데 지금은 북부 납산업에 대한 좋은 해설 장소로 쓰이고 있다. 이러한 이유로 우리는 조용히, 행복하게 납 광산 일을 내려놓고는 비미쉬의 미래를 위해 매진할 수 있었다. 나는 한때 이 활동을 비미쉬 현장을 상징하는 것으로 그려본 적이 있었다. 하지만 이제 그것은 언덕을 벗어난 곳에서 이루어지고 있고, 그곳이 원래 있어야 할 자리다.

그러나 나는 복원해야 할 엄청난 양의 일과 더불어 결코 행복하지만은 않았음을 인정해야만 했고 킬호프에서는 더욱 그랬다. 이렇게 초기의, 거의 완벽한 납철광 파쇄터는 아마도 현존하는 것들 중에서 최상의 사례일 것이다. 이곳은 최우선적으로 고고학적 장소로서 다루어져야만 한다고 믿는다. '재창조re-creation'에 의하여 파괴되지 말아야 한다. 확실히 주의 깊게 다룰 필요가 있고 훌륭한 해설과 이어지는 약간의 정돈만이 필요할 뿐이다. 하지만 대부분 돌이킬 수 없는 손상을 입었고 현재 '레크리에이션'이라는 관광 명목으로 수난을 당하고 있다. 이는 결과적으로 고고학적 과거의 기록이 파괴되는 것과 같다.

산업고고학의 주제가 발전하기 시작함에 따라 나는 흥미를 가지고 첫 발을 딛게 되었다.《산업고고학Industrial Archaeology》이라는 잡지에 첫 번째로 지역 열린공간박물관 계획에 관한 주제로 논문을 제출하였고 영국 고고학협회the Council for British Archaeology의 요청으로 학회에 참석했다. 이 회의에서 채택된 주제에 관해 책을 출판하기 위해 제안이 있었고 나는 작은 자문단에 합류했다. 오늘날 '사회적 인식'이라는 주제의 용어가 광범위하게 사용되는데 이에 대하여 작가이자 방송인인 케네스 허드슨 Kenneth Hudson이 편집자로 초청받았다. 나는 마력馬力과 석탄광산의 주제를 포함하여 몇 개 분과에 참여했다. 마침내 1963년 책이 출간됐고 재판까지 찍으면서 대중성을 확보하게 됐다.

근거지로서 보우 박물관을 이용하면서 우리는 북동부 산업고고학협회를 창립했고 회보를 출간하기 시작했는데 1966년부터 1972년까지 나왔다. 나는 첫 주제에 관하여 짧은 점검목록을 만들었고, 모든 지역의 산업고고학적 장소들을 직접 확인하고 사방으로부터 좀 더 많은 정보들을 얻었다. 이 단계에서 출판을 위한 두 개의 초고를 썼다. 하나는《잉글랜드 북동부의 산업고고학Industrial Archaeology of North East England》인데 1974년에 데이비드 앤 찰스 출판사에서 출판됐다. 그에 앞서 〈잉글랜드 북동부의 열 가지 산업고고학 현장Top Ten Industrial Archaeology site in North East England〉은 출판 진행과정에서 몇 차례 연기가 되면서 좌절을 겪었지만 1971년 프랭크 그레이엄 뉴캐슬 인쇄소를 통해 소책자 형태로 발행하기도 했다.

1966년과 1971년 사이에 나와 가족은 주말과 휴일에 아주 빡빡한 야외 조사 프로그램을 실행했는데 엄청난 짐을 실은 차량 뒤에 캐러밴을 달고 외딴 곳에 주차를 해놓으면 보통은 친절한 농부들의 도움을 받게 된다. 당시 우리는 농촌 조사의 결과를 모으고 다양한 사진 관련 동호회 사람들과 만남을 즐겼고 더럼과 노섬벌랜드에 있는 농장들의 분포에 대한 개요도를 그렸다. 이때도 몇몇 개인들과 몇 개의 소규모 그룹이 집중적으로 도움을 주었다. 가장 열정적으로 도와준 사람 가운데 하나가 1960년대 말 동안 100여 개의 산업과 농촌의 사이트들을 기록했던 존 도너번John Donovan이었다. 그는 만난 적도 없었는데 생각하지도 않았던 도움을 준 신비로운 사람이었다. 그는 자신이 조사한 자료와 사진을 우리에게 보냈고 우리 역시 충분한 협조를 얻기 위해 우리의 새로운 필름과 그가 보낸 자료까지 포함해서 보냈다. 그의 기록들은 지금 비미쉬 종합 지역자료실의 일부로 보관하고 있다.

내가 이 책의 어딘가에서, 지금의 비미쉬가 어떻게 '산업박물관industrial museum'의 시초라는 명성을 얻게 됐는지 기술한 적이 있는데 초창기 비미쉬를 만들면서 유물수집이라는 측면에 확실히 많은 노력을 기울였고 이를 또한 문서화해서 결합시켰다. 특별히 매우 산업화된 더럼 카운티(남동부의 노섬벌랜드 역시)뿐만 아니라 그러한 활동 영역들 또한 당시에 경제적 압박을 받았을 것이고, 최근 들어 더욱 표면화되었다. 따라서 아직도 농촌과 도시 그리고 가정용품을 더욱 많이 수집하고 있다고는 하지만 이 지역을 기록해두고 수집해두는 것이 합당한 것처럼 보인다.

비미쉬가 시작하고 몇 년 후 우리는 비미쉬의 주차장에서 '비미쉬 여기서 시작하다Beamish begins here'라는 소개 전시회를 갖기로 결정했다. 나는 이 전시회가 단지 지역에 대한 해설뿐만 아니라 이 지역의 흥미로운 산업고고학 현장과 연계하여 보여주리라 마음먹었다. 우리는 지도와 사진, 좀 더 중요한 현장에 대한 묘사를 '톱 10'이라는 방식을 통해 풍부히 제공했고 비미쉬와 연계하여 해설 패널을 설치할 수 있는 장소에 대한 허가를 받았다. 초기에는 이런 식으로 해설했지만 물리적 안전문제나 날씨에 따른 안내 패널의 내구성 문제는 만족스럽게 해결하지 못했다.

비미쉬에서의 컴퓨터

처음에는 두 대의 커다란 컴퓨터가 비미쉬의 전체 수요를 감당할 것으로 생각했다. 1970년대에 '컴퓨터 본체'가 개발됐고 이는 대기업 혹은 선견지명이 있는 회사, 정부에서만 사용하는 것으로 알려졌다. 당시 집적회로의 생산이 급속하게 발전하는 중이었고 집적회로 안에 엄청난 양의 미세한 부품들이 들어있었다. 트랜지스터, 다이오드, 레지스터 등이 매우 작은 크기의 회로에 담겨지게 됐다. 이것이 마이크로컴퓨터의 생산을 가능케 했고 더 이상 기술팀과 공랭식의 연구실이 필요 없게 되었다. 1978년 10월 뉴캐슬대학의 교외강좌는 이러한 과목의 과정을 개설했고 나는 새로운 분야에 관해 알고 싶었고 알아야만 했기에 이 과정에 등록했다. 우리 강사는 강의 첫날 저녁에 50명이 넘는 수강생이 등록했다는 사실을 알고 놀라 작년에 동일한 강좌에 단지 2명이 등록해서 이 과정이 취소됐다는 이야기를 해주었다. 이처럼 새로운 과목에 대한 관심이 급격히 고조되었음을 알 수 있었다.

나는 처음 얼마간은 강의에 실망했는데 나 같은 백지의 신참자(심지어 버스〈bus:데이타 전송로〉를 알지 못했던 사람들)인 수강생과 전자공학의 전문가나 매니아와 같은 수강생들이 함께 모여있는 상황에서 강사가 적절한 수준의 강의를 하는 데 어려움을 겪었기 때문이다. 강사는 또 다른 어려움을 겪었는데 전자기학과 이론이라는 컴퓨터 체제를 다루어야 할지 아니면 컴퓨터를 도구라는 관점 아래 사용방법을 다루어야 할지에 대하여 결정하지 못하고 있었다. 모두가 너무나 새로운 것들이었기 때문에 그 구분이 결코 쉽지 않았다. 실제로 컴퓨터 사용방법은 프로그램의 설계 및 이용과 이미 만들어진 프로그램을 단순히 업무에 활용하는 것으로 나눌 수 있었다. 물론 당시에는 활용할 프로그램마저도 거의 없었다.

우리 강사가 이런 어려움을 겪는 것은 별로 놀라운 일도 아니었다. 결과적으로 수강생들이 급속히 줄어들어 열 명 남짓 정도가 남았다. 이 정도의 숫자는 '분필과 강의'의 환경으로부터 벗어날 수 있게 했고 우리는 '두 가지 이상'의 작업을 하는 것이 가능해졌다. 옛날에는 타이프를 시끄럽게 치면서 일했듯이 구식 텔렉스 기계를 다루거나 작은 작업메모리 장치working memory를 갖고 작업하거나 말이식 종이에 프린트할 수 있게 되었다. 1979년 1월 정말이지 나는 갑작스럽게 얻은 이해를 통해 첫 번째 짧은 베이식 프로그램을 짜게 됐다. 밤을 지새는 생활로 바뀌었다. 나에게 초창기 성경과도 같은 베이식 프로그래밍 사본이었던, 도널드 알콕Donald Alcock이 쓴 《베이식에 대한 설명Illustrating Basic》을 구입했고, BASIC이란 용어가 'Beginners All purpose Symbolic Instruction Code'의 첫머리 글자를 따서 만든 것임을 알았다.

그 다음 주에 강사는 또 다른 매니아를 데리고 왔는데 그는 애플 컴퓨터를 수입하기 위해 이제 막 작은 회사를 차린 사람이었다. 그는 애플 컴퓨터를 가지고 왔는데 돌이켜보면 1,000파운드가 좀 안 되는 가격으로 기억된다. 며칠 후 박물관을 위해 한 대를 주문했다. '내가' 구입한 컴퓨터 기종은 영국의 박물관을 통틀어 처음이었고 두 번째가 뉴캐슬에 생겼고 대학교로는 우리의 강사가 구입한 것이 맨 처음이었다.

나는 그 매니아에게 박물관에서 사용할 수 있는 기초적 프로그램 설계를 요청했고 그는 친절히 그 요청을 들어주었다. 그의 프로그램을 프린트해서는 알콕의 책의 도움을 받아 프로그램의 구성 요소를 각각 분리하여 이해한 다음 어떻게 복잡한 베이식 프로그램을 만들고, 데이터를 입력하고, 수식을 계산하고, 미리 정해진 포맷으로 결과를 프린트할 수 있는지 알아낼 수 있었다. 이 일이 있고 나서 나는 완전히 컴퓨터에 '빠지게 됐다.' 이것은 진정 마약의 한 종류였고 매일 자투리 시간이 나면 내가 '비지데이터visidata'로 명명한 새로운 프로그램을 개발하면서 시간을 보냈다. 이것은 나중에 생긴 초창기 '스프레드시트spreadsheet(컴퓨터용 회계처리 프로그램)'인 '비지칼크visicalc'보다 선수를 친 것이다. 내가 만든 프로그램의 경우 비지visi는 방문객을 의미했고 나는 점차 서로 연동되는 하부 프로그램들의 복잡한 배열을 만들어갔다. 이 프로그램은 전날의 사업 현황에 대하여 다음날 아침마다 모든 자료를 받을 수 있게 한 것이다. 개장에서 폐장까지 입장권을 구입한 사람들의 숫자, 판매 영수증, 트램 티켓 숫자 등을 취합하고 전날의 모든 세부사항을 프린트하고, 방문객의 숫자, 각 매표구에서 방문객당 판매량과 지난주 및 전년도와 비교 등을 할 수 있었다. 이 컴퓨터 프로그램 설계에는 1년이 걸렸는데 이런 종류의 소프트웨어는 요즘에는 100~200파운드면 구입할 수 있다. 하지만 당시에 우리는 전날의 현황에 대해 하루 지난 다음 날 오전 10시에 프린트하는 시스템을 가졌다.

오전 보고서는 유용한 경영의 도구가 되었고 사무실 직원들(그들은 기계에 대한 커다란 거부감과 위협을 느꼈다고 한다)을 설득하는 것이 처음에는 좀 힘들었지만 나는 정말이지 이 프로그램에 대한 자부심을 느꼈다.

나중에 나는 호텔, 게스트하우스, 캐러밴 사이트 등의 '50펜스 할인' 티켓 분포비율을 기록하는 프로그램을 설계하기 시작했다. 시즌 전체를 통해서 우리는 할인권 영수증을 기록하고 시즌이 끝날 무렵 이 모든 데이터를 이용해 오랜 기간 동안 '새로운 계획cogitation'을 세운 후 애플 컴퓨터로 박물관 내 각 지점의 성공률을 프린트했고 이듬해에 호텔 등에 대하여 목표를 좀 더 잘 세울 수 있게 되었다.

이 모든 것들이 초창기 마이크로컴퓨터의 역할이었고, 프로그램을 만들고 그것들이 내 눈앞에서 실재 실행되는 것을 볼 때마다 흥분했다. 물론 요즘에는 이 모든 것들을 패키지로 구입할 수 있고 성능도 더욱 빠르게 향상됐지만 그때만큼 흥분되지는 않는 것 같다.

초창기에 비지데이터를 개발하는 동안 나는 날짜를 입력하고 그날 그날의 날짜와 1년의 '날 수'를 계산(목표를 점검하기 위해)하기 위해서 컴퓨터가 필수라는 것을 깨달았다. 이것을 실행하기 위해 순서도를 만들었고 마침내 틀릴 수 없는 깔끔한 프로그램을 갖게 되었다. 나는 정말 만족스러웠고 완전한 '순서도'를 만들 수 있는 '실용적 컴퓨팅'이라는 두 쪽짜리 글을 썼고 1980년 3월에 출판했다. 이 책으로 50파운드를 받았는데 컴퓨터를 통한 나의 첫 번째이자 마지막 돈벌이였다. 하지만 앞에서도 썼지만 당시에 프로그램을 짠다는 것이 매우 만족스러운 취미가 될 수 있다는 점만을 이해해줬으면 좋겠다.

12. 더욱더 많은 과제들: 1970년 이후

합동위원회가 생기면서 예산을 사용할 수 있는 권한을 갖고 물품을 받을 수 있는 위원회의 정식 구조를 갖췄을 뿐 아니라 적지만 이러한 물건들을 운송하고 구입하는 자금을 확보하게 되었다. 그래서 나의 가장 첫 번째 사업 중에 하나는 J21 증기기관차, 로울리 역, 비미쉬 권양기, '타이니 팀' 증기해머, 웨스트볼던 석탄과 석회창고, 게이츠헤드 전차를 이관받고 구입하는 것을 확정짓는 일이었다. 정말 다행스러운 상황이었다.

다음의 이야기가 말해주듯이 이것이 빠르게 진행된 수집 속도에 영향을 주지 않았음은 물론이다.

30대의 촐드론 탄차

어느 정도 현재진행형인 전설적인 이야기인데, 나는 씨햄 항구 콜 드랍을 놓고 협상하는 동안 아주 흥미로운 탄차를 요청했지만 몇 년 동안 선창가 위에 방치된 채 세워두고 있었다. 보통 때와 마찬가지로 설득을 통해 탄차를 그곳에 안전하게 유지하도록 만든 것은 행운이었다. 하지만 우리가 권한과 자금을 가지고 있는 것만큼 중요한 것은 그곳이 탄차들이

◀ 1855년도 광산 권양기 시설이 완벽하게 다시 만들어졌고 현재 수직 지지대와 선광실을 갖추고 비미쉬에서 가동 중이다.(223쪽 사진은 본래 자리에 있던 것이다)

석탄을 부려놓는 장소라는 점이다. 나는 그것들을 수집하기 위한 준비를 시작했다.

나는 앞서 졸드론 탄차를 기술한 적이 있는데 그것은 북동부지역의 아주 전형적인 것으로 일찍이 비미쉬의 상징으로 삼았다. 그러나 마지막 남은 30대를 보존하는 사업으로 인해 다시 문제와 맞닥뜨리게 됐다. 씨햄 항구 부두위원회Seaham Harbour Dock Board는 1960년대 초 철도 측선에 엄청난 숫자의 탄차를 세워두고 있었는데 바닷가 절벽 끄트머리에서 그것들을 바다로 밀어뜨려 없애기로 결정했다. 부두 엔지니어는 관심이 없었고 나도 콜 드랍의 수집을 지속적으로 늦추고 있었다. 나는 그를 설득하여 30대의 탄차를 내가 가져가는 것으로 했지만 단 한 가지 남은 문제는 운반비용이었다. 우리는 비미쉬 부지에 대한 소유권 이전에 착수했고 홈 팜 반대편 쓸모없는 땅의 일부에 탄차를 보관하기로 결정했다. 그곳은 초기부터 증기굴착기의 재조립을 위해 이용되었던 곳이다.

돌이켜보면 빅토리아 앨버트 박물관 기금은 탄차의 운반비용을 부담할 수 있는 최선의 방법이었다. 문제는 30대의 화차가 정말 필요한 것인지에 대해 행정관을 설득하는 일이었다. "왜 그렇게 많지요? 하나나 기껏해야 두 대면 충분할 텐데." 행정관이 애처롭다는 듯 물었다. 나는 이 탄차들은 광산 프로젝트를 위한 '배경'으로 수집되는 것이라고 설명했다. 왜냐하면 19세기 북동부 광산은 탄차의 철도 측선이 수백 개에 달했을 것이기 때문이다. 마침내 설득에 성공했고 우리는 그 많은 것들을 옮길 수 있었다. 훗날 우리는 달링턴 철도박물관과 요크의 철도박물관에도 탄차를 대여해주기도 했고 또 다른 탄차들을 천천히 복원하기 시작했다. 졸드론 탄차는 더 남아있는 것이 없을 것이며 그때가 확실히 이 지역을 위한 마지막 기회였다.

이전 장에서 나는 1855년 탄광의 권양기를 보존하기 위하여 옳지 못한 방법을 사용했던 이야기를 썼는데, 그 권양기는 비미쉬 부지로부터 멀지 않은 곳에 벽돌로 높게 세워진 권양기실과 더불어 설치되었다. 나는 마침내 '보존 시설물의 위치목록'에 넣음으로써 그것을 철거로부터 지켜냈다. 하지만 이것이 나중에 커다란 문제가 되었다. 목록에 올라온 건물들은 일반적으로 잘 알려진 것처럼 '보존건물목록승인' 없이는 옮기는 것은 말할 것도 없고, 함부로 변경할 수도 없다. 이렇게 우리의 힘을 보여주기 시작했고 우리의 박물관 부지를 발전시켰다. 나는 정식으로 이 건물과 엔진을 우리의 광산 부지 권역으로 이전시킬 수 있도록 허락해달라고 요청했다. 이것은 오늘날 발전의 초석이 되었고 나는 오랜 기간 동안 그것이 유지되리라 머릿속으로 그리곤 했다.

내가 처음 이 권양기 엔진을 발견한 것과 그것을 옮길 수 있는 시점 사이에는 불행하게도 꽤 오랜 시간이 지나갔는데 그러는 사이 '본래 위치에서 보존preservation in situ'이라는 새로운 열망이 생겨났다. 이 권양기를 옮기고자 하는 열린공간박물관의 핵심 아이디어는 본래 위치에서 보존하고자 하는 이들에게는 이단이었다. 비록 이 생각이 우리의 전반적인 계획에 영향을 끼칠 수는 없었지만 충분한 동의를 얻어 실제 행동으로 옮겨지기 시작했고 이 구조물이 원래의 위치에서 보존되어야 한다는 압력을 가하기 시작했다. 논리라는 것은 그들의 제안에 끼어들 여지가 없었다. 어떻게 모든 사람들이 반쯤 버려진 땅에 반쯤은 버려진 건물을 보존할 수 있으며 그 안에 있는 엔진을 보전하고 대중에게 그것을 보여주고 그것을 해석하고 지킬 수 있는지는 토론조차 없었다. 조심스럽게 비미쉬의 부지에 그것을 다시 세우고 복원된 역사적 광산 환경으로 통합시키고, 증기로 움직이는 엔진상태를 복원하여 수백만 관람객이 안전한 조건하에서 이용하게

끔 하려는 나의 의도는 무시되고 말았다.

다행스럽게도 우리는 결국 성공했고 수백 톤이나 되는 많은 물품들을 운송하고 이어서 조심스럽게 다시 세우는 일들이 진행되었다. 우리는 국립유산기념기금National Heritage Memorial Fund으로부터 복원을 목적으로 200,000파운드의 보조금을 받았고 이 보조금 덕택에 우리는 매우 수월하게 일을 할 수 있었다. 먼저 전체 설비가 제대로 자리 잡을 수 있는 설계에 따라 엔진실이 지어졌는데, 설비의 대부분은 지하에 설치되었다. 그 다음 목재 지지대가 완전하게 복원되어 마침내 작동이 가능하게 되었고 마지막으로 약 20피트 깊이의 원통형 모형 구덩이를 굴착했는데 이는 시연을 목적으로 승강기를 들어 올릴 수도 내릴 수도 있었다. 또 나중에 우리는 '선광選鑛' 건물을 지었는데 그것은 갱도에서 실려 나온 석탄의 무게를 재고, 분류하고, 골라내어 철로에 있는 탄차에 싣기 위한 용도의 건물이다.

이것은 지금 영국에 단 하나 남아있는 완벽한 수직갱 권양기로서 잘 보전되어 있고 많은 연구가 진행되고 있다. 누구나 이 북부 광산 권양기에 흥미를 갖는데 맨 처음 1800년 뉴캐슬의 피니어스 크라우더가 특허를 내서 디자인한 것으로 《뉴커먼학회보》에 수록된 조지 왓킨슨의 논문 〈더럼 카운티의 수직 권양기〉라는 논문을 읽어야만 한다. 이 글은 권양기의 독특한 디자인의 중요성뿐만 아니라 마지막 장비들이 이제 막 사라지게 될 시점에 와있다는 움직일 수 없는 사실에 대하여 나에게 확신을 준 논문이었다. 따라서 권양기와 더불어 권양기실은 현재의 위치에서 '보존건물목록승인에 재등재'되었고 결국 이를 지키고자 했던 노력이 마지막에는 제대로 된 대접을 받게 돼 매우 만족스러웠다. 권양기가 증기력으로 아름답고도 조용하게 돌아가고, 엄청난 힘이 실려있는 느낌을 받았을 때 사람들은 바로 이 자리에서 과거에 어떤 일이 행해졌고, 어떻게 보존해왔으며 한때 기간산업의 중추적 역할을 담당했던 이 기계가 실제 돌아가는 모습을 통해 감동을 받을 것이다.

앤필드 플래인의 협동조합상회

협동조합운동에 대한 적절한 설명 없이 비미쉬를 설명할 수는 없다. 안필드 플래인에 잘 지어진 커다란 협동조합상회가 철거될 거라는 사실을 알게 되었을 때 우리는 매우 행운이라고 느꼈다. 더웬트사이드Derwentside 지방정부와 협동조합연맹과의 협상이 벌어졌고 우리가 그것을 옮기고 그 장소를 말끔히 치우는 조건으로 건물 전체를 넘겨받게 되었다. 우리는 또 건물을 철거하고 청소하는 비용으로 우리에게 5,000파운드 이상을 제공해야 한다고 더웬트사이드 의회에 제안했다. 이러한 통큰 기증으로 우리는 당시에 일자리창출위원회를 통하여 제공된 인력에 의해 좀 더 많은 도움을 받을 수 있었다.

이렇게 행복한 일들은 오래 가지 않았는데 나는 타운 지역Town area의 개발을 개시해야 한다고 합동위원회를 설득 중이었다. 위원회의 멤버 중 한 사람이 '옥수수밭협동조합A Co-op in a cornfield' 같은 아주 어리석은 발상이라고 촌평을 했음에도 불구하고 성공을 거두었다(그 의원은 지금까지 이렇게 말했던 사실을 부인하고 있다).

해체와 이전에 어느 정도 시간이 걸렸고 우리는 일반적인 반달리즘이라기보다 일자리창출위원회로부터 지원받은 몇몇 무관심한 인부들에 의한 파손으로 더욱 어려움을 겪었다. 예를 들어 어느 날 밤 중견직원 가운데 한 사람이 그날의 진척사항을 파악하고자 비미쉬를 둘러보다가 지붕에서 떨어진 함석지붕 조각을 발견했다. 박물관 밴이 그곳에 있었고 그는

앤필드 플래인 협동조합상회.

함석을 박물관 차로 옮겨 싣고 곧장 비미쉬로 가라고 운전사(박물관에 직접 고용된 것이 아닌 외부의 용역직원)에게 지시를 내렸다. 도난을 막고자 이렇게 했음에도 불구하고 어리석은 운전사는 비미쉬로 가기 전에 폐기물 하치장에 가서 그 함석의 절반 이상을 팔았다. 당연히 다음날 아침 적발됐고 역추적을 하여 함석지붕 조각을 다시 찾는 사이 그는 곧 경찰서에 구류되고 말았다.

협동조합상회를 재건축하고 물품을 들여놓으면서 나는 너무나도 기뻤는데 로즈메리와 그녀의 동료들이 고생을 해주었다. 내가 처음부터 마음먹고 있었던 것은 이 협동조합 상점들이 독창적이어야 한다는 것이었다. 몇몇 박물관들에서 볼 수 있는 비좁고 작은 규모로의 재현이 아니라 크고 충분하고 그럴듯한 상점이기를 바랐다. 하지만 그렇게 하려면 엄청나게 많은 진열품들이 필요했고 더군다나 이 제품들이 20일간(타운거리가 운영되는 기간) 지속되어야만 하고 새롭고 신선하게 보여야만 했다. 어느 정도 실험이 끝난 후 우리는 다양한 종류의 컬러라벨을 사진으로 인쇄가 가능하다는 것을 알게 되었고 적절하게 상자와 캔의 둘레를 이 사진으로 모두 둘렀다. 첫 단계에서 우리는 특정 브랜드의 캔에 들어있는 콩을 시식하기 위해 직원들을 초대했는데 주석으로 만들어진 캔이 적당한 크기와 형태 그리고 독특함을 지녔는지를 알아보기 위해서였다.

이러한 노력의 결과 모두 세 개의 협동조합 상점이 만들어졌다. 식품점, 포목상 그리고 철물점인데 납득할 수 있는 규모와 적당한 설비들을 갖추었고 많은 노인들이 그들의 어린 시절을 떠올릴 수 있게 하기 위해 천장 위로 현금이 이동하는 시스템(나무공이 홈을 따라 천정을 이동한다)[27]을 만들었다.

마지막으로 덧붙일 것은 우리가 옛날 사진을 보고 알게 됐는데 1920년대 상점들은 사람들이 걸어 다니는 길 위로 차양을 갖추고 있었다. 차양들은 주철기둥과 매력적인 장식을 한 받침대에 의해 지지됐다. 앤필드 플래인에서 몇몇 노인들을 대상으로 조사를 했는데 차양을 철거했을 당시 그 기둥이 공원의 야외음악당을 건설하기 위해 사용됐었다는 정보를 얻을 수 있었다. 당시에 이와 같은 주철 제품은 기본형이면서 교체가 가능한 것들이 많았다. 놀랍게도 음악당은 다행히 철거되지 않고 그곳에 남아 있었다. 우리는 곧 그것을 수집, 옮겨왔고 거리의 차양을 본래의 모습대로 만들어 상점들을 더욱 완전하게 만들었다.

또 내가 원래 생각했던 수준까지 아직 도달하지 못했지만 2층으로 올라가면 음식을 먹을 수 있는 넓은 공간이 있었다. 비극적인 것은 노인이나 장애인 그리고 지친 관람객들이 올라갈 수 있는 엘리베이터가 없다는 것이다. 아마도 조만간 만들어질 것이다.

한편 이러한 커다란 상점구역은 비미쉬가 간직한 비밀의 일부인 어떤 '특정시기'의 사실주의를 창출하는 데 도움이 된다. 실제로 여기에 세워진 것들이 마치 19세기에 원래 있었던 것처럼 보이지만 이 상점 구역으로 함께 귀결되는 문제들, 운송체계, 상점운영, 과제들은 직원들조차 헤아리기 어려웠다.

공원 안에 있는 대포

제1차 세계대전 이후에 총, 탱크와 같은 다양한 전리품들이 프랑스로부터 들어왔고 공공장소에 전시물로 세워지게 됐다. 어린 시절 반즐리의

---

27. 역자 주: 당시의 가격지불 시스템으로 구매할 물건과 가격을 확인한 후 속이 빈 나무 공에 돈을 넣고 위로 튕겨 나무공이 올라가고 천정에 공이 지나갈 수 있도록 트랙을 만들어 이것이 계산대로 가면 점원이 그 안에 돈을 확인하고 해당 물건을 내주는 방식임.

하로게이트 공원에 있는 제1차 세계대전시 사용됐던 독일산 대포(120밀리미터, 독일 티센크루프사 제작)인데 지금은 비미쉬의 타운 지역에 있는 공원에 세워져 있다.

로크 공원Locke Park에 있던 초창기 탱크가 떠오른다. 그리고 위어데일의 스탠호프에 자리했던 독일 대포German Gun에 대하여 들은 적도 있다. 이 독일 대포의 경우 어느 토요일 밤에 술 취한 전직 군인들에 의해 파괴가 됐는데 강으로 굴러 떨어져 부서지고 나중에 해체되었다고 한다.

하로게이트 이야기에는 특별히 얽힌 사연이 있다. 독일 대포가 수년 동안 공원에 서 있었는데 부적절하다는 느낌이 들었는지 커다란 구덩이를 파서 땅속에 묻어버렸다. 수십 년이 지난 1980년대 초, 쓰레기 매립공사를 위해 땅을 파던 중 이 대포가 지상으로 나왔고 어느 누구도 그것을 어떻게 처리해야 할지 몰랐다. 다행스럽게도 이 소식이 열성 지지자들에게 전해졌고 그들이 분해해 우리에게 보내왔다. 오랫동안 비미쉬에 제1차 세계대전에 대한 기념품이 부족하다고 느껴왔던지라 서둘러서 옮겼다. 하지만 고백건대 나는 오히려 전차를 더 선호하는 편이다. 우리는 대포를 받아 비미쉬로 옮겼는데 저상 화물차에 이 볼만한 물건을 실어 A1 도로를 통해 운반해 주춧돌 위로 옮기기 전에 아주 중요한 복원작업을 진행했다. 하지만 어쩌면 복원목표와 방향을 말하지 말아야 할 것 같다. 비미쉬 공원이 자주 빅토리안 공원으로 언급되기도 하는데 이것은 '타운거리'의 설립시대가 원래 그 시기였기 때문임을 나는 명백하게 덧붙여야겠다. 하지만 관람객들은 제1차 세계대전 시대의 대포가 그곳에 있었기 때문에 대략 1920년대 후반으로 보기도 한다.

헤튼Hetton 광산사택

우리의 초창기 야심찬 계획 중에 하나는 광산 인근에 일렬로 늘어선 광산사택을 만드는 것이었다. 테라스가 갖춰져야 하는 게 내 입장이었고 여섯 채 이하로는 적절하지 않았다. 또 다른 문제가 두세 가지 있었는데 가옥의 형식과 시기가 그 지역의 전형적인 모습을 담아야만 했고 또 여섯 개의 사택들을 어떻게 채울 수 있을지에 대해서도 결정해야만 했다.

유용성과는 전혀 별개로 사택의 형태와 시기에 관해서는 6개월간 현지를 둘러보면서 보낼 수 있는 젊은 역사전공자를 채용하기로 결정했다. 그는 실행 가능한 가장 적절한 종합대책을 만들어내기 위하여 가능한 한 많은 사례들을 관찰하고 기록을 축적하는 일을 했다. 이 일을 해낸 다음 그는 기록들을 분류했고 우리의 목적에 가장 부합하며 가까운 시일 내에 철거될 것 같은 한두 개의 사택을 지정했다.

우리가 케이스 쿠퍼Keith Cooper를 채용하게 된 것은 엄청난 행운이었는데 그는 자신의 일에 큰 열정을 갖고 있는 사람이었다. 그의 기록이 비미쉬에 보관되어 있는데 그는 '1.5층' 사택이 특정 시기와 형식을 가장 잘 구현한 것이라고 제안했다. 말하자면 그와 같은 사택은 아래층에 방이 두 개(부엌/거실 그리고 응접실)가 있으며 다락방에는 넓찍한 침대가 반을 차지하고 있고 다락방이 때로는 두 개의 작은 방으로 나뉘어져 있는 경우도 있다고 했다. 이와 같은 테라스 형태가 헤튼에서 발견되었는데 선덜랜드 카운티와 석탄위원회 간 협의에 의거하여 철거되려는 상황에 놓여있었다. 우리는 이들 단체와 협상을 했다. 당시 협상에는 우리의 계획에 대한 사회적 인식과 관심이 중요했다. 대부분 사례처럼 다행스럽게 사회적 관심으로 인해 적은 금액 차이로 소유권이 다른 이에게 넘어가는 일이 발생하지 않도록 하기 위함이다.

여섯 개 정도의 사택을 다시 건축하려면 충분한 재료를 확보해야 했기 때문에 여섯 개가 넘는 사택을 해체했다. 결과적으로 비미쉬 광업소 부지의 서측 저지대에 아름다운 광산사택을 짓는 것으로 마무리됐다. 로즈메리는 사택에 거주하던 가족들에 대해 기록하며 오랜 시간을 보냈고 그들의 삶과 관련한 여러 장의 사진을 기록으로 남겼을 뿐 아니라 생활도구도 수집했다. 이 가운데 나이 많은 독신자였던 조 배리Joe Barry는 부모가 죽고 난 후부터 지금까지 계속해서 같은 사택에서 살아왔음이 밝혀졌다. 그의 집 이곳저곳에는 1900년대에 새롭게 등장한 여러 가구들과 20세기 중반의 플라스틱으로 된 조명설비들이 한데 뒤섞여있었다. 슬프게도 조는 이사를 바로 앞두고 죽었고 그의 가족은 조가 남긴 모든 물건들을 우리가 수집할 수 있도록 허락해주었다. 덕분에 사택에 사는 한 가구의 모든 생활도구를 장만하는 문제를 해결하는 데 커다란 도움이 됐다.

우리가 맨 처음 착수했던 일은 광업소 사무실의 각종 집기들과 광업소의 계획 등을 정리하는 것이었다. 두 번째는 한 세기를 거치면서 변화

선덜랜드 인근 헤튼에 있는 거의 다 쓰러져가는 테라스형의 광부사택.

헤튼의 테라스형 광부사택을 비미쉬에 다시 지었고 작가 시드 채플린에 의하여 개장되었다.

해온 전형적인 광부들의 사택에 대하여 기록하는 일이었는데 그 내용을 보면 초창기 난로, 데스 베드, 미국식 오르간, 기다란 괘종시계 등이 있다. 어떤 사택은 빵을 제대로 굽기 위해 적절한 위치를 미리 꼼꼼하게 계획한 흔적이 엿보이는데 당시에 꽤나 인기 있던 것으로 알려졌다. 또 다른 사택은 1930년대 스타일로 사람들에게 인기 있는 취향이 어떻게 변화하는지를 보여주기에 안성맞춤이었다. 안타깝게도 마지막 사택의 경우는 '1913년' 사택을 보수하기 위해 철거됐는데 왜 그랬는지 지금도 이해되지 않는다.

마침내 여섯 개의 사택이 보안장치까지 만들어짐에 따라 직원들을 위한 살아있는 숙소로 재탄생했다. 그것은 시간이 지남에 따라 가치를 확실히 증명하고 있다.

개장행사를 위해 준비할 시점이 다가오자 우리는 시드 채플린을 초청했다. 이 행사를 진행하기 위해 이보다 더 나은 사람을 찾을 수 없었다. 왜냐하면 시드는 당시 《정어리의 날The Day of the Sardine》과 《블랙베리의 시절In Blackberry Times》의 저자이자 지역의 작가로 아주 유명했기 때문이다. 그는 광부의 아들로서 대장간 일을 했고 나중에 노동자 대학에서 교편을 잡은 학자였다. 1972년까지 다양한 석탄산업 현장에서 일한 후 은퇴해서는 글 쓰는 일에 몰두했다. 그는 1977년 북동부지역의 예술 분야에서 업적을 인정받아 대영제국훈장Officer of the Order of British Empire을 받았고 비미쉬와 더불어 동고동락했던 인물이다. 안타깝게도 1986년 세상에 작별을 고했다.

레이븐스워스 테라스

'타운'을 개발하기 시작했을 때 우리는 중산층이 살던 집들을 대표하면서 광부들의 사택과 비교할 수 있고, 오랜 기간 우리가 수집했던 수많은 가구와 물건들을 채워 넣을 수 있는 공간, 즉 거리와 마을에 '걸맞은' 조지안 테라스Georgian terrace의 필요성을 느끼게 됐다. 그래서 게이츠헤드 서쪽에 철거가 시작된 여러 채의 테라스들에 대하여 알게 되자 곧 작업에 들어갔다. 우리는 레이븐스워스 테라스를 선정했고 이 건물과 자금 조달(주택금융조합의 1회성 융자)과 건물의 거주자들에 관하여 차츰 재미있는 사실들을 발견하게 됐다. 게이츠헤드의 타운보다는 거의 모든 면에서 잘 지어진 집들로 '다시 활기를 띠고', 주민들이 다시 거주하게 될 것으로 기대되는 상황이었다. 이곳에 있는 테라스들이 말끔히 정리되었고 우리는 좋은 기회를 맞게 됐다. 게이츠헤드 시장이 초청되어 언론사 기자들이 모인 앞에서 첫 번째 판석을 들어 올리며 해체의 시작을 알렸고 이어서 석재 및 목재 부분, 슬레이트 지붕, 각종 집기 순으로 해체가 진행되었다. 우리는 언덕 아래로 쭉 뻗은 기다란 정원을 제외하고 정확히 본래의 재료로 테라스를 다시 지었다. 이어 뒷마당, 바깥에 있는 변소와 석탄저장고 그리고 뒷골목을 원래 상태대로 다시 만들었다. 이렇게 하나하나 세심하게 고려해 주변 환경과 정확하게 일치한 열린공간박물관은 관광객의 기본적인 관심을 끌거나 '테마파크'와 구별 짓는 데 도움을 줄 것이라 나는 믿는다.

집들 중 하나는 직원들의 숙소로 제공했는데 이는 보안 목적도 포함되어있었다. 또 다른 집들은 변호사 사무실, 치과 그리고 치과의사의 집, 그리고 피아노 교습을 위한 집으로 만들었다. 현재 여섯 번째의 집은 비미쉬 발전기금 사무실the office of Beamish Development Fund로 이용하고 있다.

가끔 이 사택의 한두 군데 부엌에서는 직접 석탄을 때기도 하고 정부의 장관들 혹은 고위 공무원 그리고 유럽의회의 대표들이 방문했을 때 이곳에서 간단한 점심을 제공하기도 했다. 이것은 편견을 지닌 공무원들에게 박물관의 유용성에 대해 제대로 된 인식을 심어주는 매우 특별한 기회가 되었다.

이 조지안 테라스 바깥으로는 전차가 자갈이 깔린 도로를 달리고 길 건너편에는 다양한 색상의 꽃밭과 밴드 연주를 할 수 있는 빅토리아시대의 공원이 자리 잡고 있다.

밀른소프Milnthorpe 가스공장

컴브리아에 있는 밀른소프 북부에 마지막 남은 수공업 형태의 가스공장이 문을 닫게 됐다는 절박한 소식을 접하고 사진기를 챙겨 그쪽으로 갈 채비를 했다. 말할 필요도 없이 그것을 해체하여 비미쉬로 옮기려고 했다.

나는 환대를 받았으며 작업장을 세심히 둘러보았는데 대략 열댓 명의 남자들이 일하고 있었다. 삽을 이용하여 기다란 주철로 된 증류기 안에 석탄을 집어넣었고 지름이 약 30센티미터 정도에 약 8피트 길이의 튜브가 수평으로 놓여있었다. 이 일은 긴 튜브 안에 석탄을 고르게 실어 균일하게 집어넣는 매우 숙련된 작업이었다. 이 다섯 개의 석탄증류기 통 밑에서 석탄을 연료로 불을 피워 석탄에서 가스를 추출할 때 필요한 열을 끌어올리고 교회 오르간처럼 생긴 여러 개의 수직파이프로 가스를 배출한다. 가스는 다양한 라인을 통하여 황산화물과 타르와 같은 물질들을 배출하고 마침내 가스탱크에 도착한다(내가 젊었을 때는 '가스저장기 gasometer'라고 알려졌다). 작업장 인근 차가운 연못에 오리들이 놀고 있었고 마치 한적한 농촌의 풍경 속에 있는 것 같았다.

일이 순조롭게 진행되어 적절한 협상을 마치고 해체한 다음 비미쉬로 옮겼는데 여전히 창고에 보관중이다. 어느 날 적당한 시기가 오면 그것을 다시 세울 생각이다. 내 짧은 소견으로는 이러한 가스공장 시설이 영국에 단지 두 곳에만 있는 것으로 아는데 하나가 스코틀랜드에 있는 비거Biggar였고 다른 하나가 노리치Norwich 인근의 패커넘Fakenham이었다. 두 군데 모두 현재 운영되지 않아 제대로 보여주기가 어렵다. 단지 우리의 기

컴브리아, 밀른소프의 아주 작은 가스공장.

록사진이 아주 고된 작업 방식에 대하여 그나마 방문객들의 이해를 돕고 있다.

웨이턴 엔진

웨이턴R. L. Weighton 교수가 뉴캐슬어폰타인Newcastle upon Tyne에 있는 더럼대학의 자연과학대학 엔지니어링과에 최초의 학과장으로 임명됐다. 그는 일찍이 증기엔진의 복합팽창에 관한 실험장치를 고안했다. 1894년 이 엔진은 마흔여섯 군데 공장에서 부품을 제작 공급해 조립되었다. 당시에 존재하는 가장 큰 실험용 엔진공장이었을 뿐만 아니라 제조방법이 특정회사와 사람에 구애받지 않고 수많은 회사와 사람들 사이의 협업을 통해 만들어진 것 또한 독특하다. 더군다나 거의 무한대로 변경이 가능하고 다른 조건하에서도 폭넓은 실험을 할 수 있게 고안되었다.

일련의 종합적인 실험 연구가 1894년과 1910년 사이에 이루어졌다. 웨이턴의 뛰어난 연구는 증기엔진의 향상을 이끌었고 최대의 효율을 내는 이상적인 조건으로 설계되었다. 단지 증기력으로만으로 가능한 형태였기 때문에 아이러니하게 이내 유행에 뒤처지게 되고 말았다. 그의 위대한 실험용 엔진은 이후 60년간 대학의 엔지니어링 실험실에 보관되었고 루이스Lewis 교수가 1969년 당시 뉴캐슬 과학 엔지니어링 박물관에 그것을 기증하기로 결심할 때까지 가끔 대학원생들에 의해 사용되기도 했다. 하지만 박물관 기증은 공간문제가 해결되지 않아 수용하지 못했고 결국 미국 대학에서 기증 제안을 받아들이게 됐다. 지역박물관에 관한 우리의 계획이 마무리 단계로 들어섰을 때 그 얘기를 듣게 되었다. 비록 환경적으로 적절한 위치에서 비미쉬를 위해 '적당한 역할'을 하리라는 생각을 해본 적은 없었지만 나는 그것이 당연히 지역에서 보존되어야 한다고 생각했다. 대단한 의미는 없더라도 최소한 그것은 지역적인 것이었다. 하지만 우리 박물관이 대학의 부설 연구소로 '설립'된 게 아니기 때문에 우리의 지역박물관 계획과 거의 부합하지 않았다. 즉 우리 앞에 이미 설정된 일련의 수제들과 잘 맞아떨어지지 않았던 것이다.

그럼에도 나는 지역을 위해 우리가 그것을 보관해야 한다고 마음먹었다. 왜냐하면 뉴캐슬의 과학과 산업 박물관이 수년 전에 비난받았던 1920년대 목조건물로 된 '전시공원Exhibition Park'에 지어졌고 이미 이 전시공원은 잡동사니들로 가득 채워져 어떤 크기의 전시물도 더 이상 받아들일 수 없게 됐기 때문이다. 그래서 그것을 비미쉬로 가져와서 뒷마당에 있는 넓은 마구간 중 한 곳에 조심스럽게 집어넣었다. 이곳에서 몇 년간 어느 정도는 사람들의 호기심을 끌 수 있는 상태로 보관하고 있다가 타인위어 박물관위원회가 창립되고 블랜드퍼드 하우스Blandford House의 거대한 협동조합 본부 안에 과학·산업과에 새로운 거처가 마련되면서 옮기게됐다. 이때가 1983년이었는데 우리는 이 전시물의 이관을 행복하게 바라봤고 조각조각 잘려나갈 뻔했던 위기에서 그것을 보존했던 것을 자랑스럽게 생각했다. 나는 그것이 떠나가는 것을 보면서 결코 기쁘지도 애석하지도 않았다.

게이츠헤드의 음악당

어느 주말 아이들과 솔트웰Saltwell 공원을 거닐다 보니 옛날 빅토리아 시대의 음악당이 아주 흉측하게 보였다. 주목받지 못하는 알루미늄 구조로 바뀐 상태였다(어쩌면 연주자들에게 비를 피할 수 있는 피난처를 제공했음을 인정해야 한다고 하더라도). 나는 즉시 게이츠헤드 공원위원회에 편지를 써서 교체된 음악당 시설을 비미쉬로 가져가도 좋은지 문의했다. 당시 비미쉬의 일들이 그럭저럭 잘 풀리고 있었고 나는 (가상의) 지역 열린공간 박물관 계획을 오랫동안 앞장서서 진행하고 있었다. 옛 음악당 시설을 가져갈 수 있다는 말을 들은 즉시 이전에 착수했다. 경험이 많은 팀이 해체와 이전을 하기에는 단순한 구조였고 이내 비미쉬 타운 지역의 '공원' 안에 다시 세웠다. 금속구조물을 말끔히 닦아냈는데, 세월이 흐르며 변색된 '녹색계통' 색상 밑으로 원래의 밝은 색상 페인트 흔적이 드러나 보이기 시작했다. 우리는 지붕(원래는 납이었지만 오래전에 도둑맞았다)을 아연강판으로 교체하여 보관했다.

공식적인 개막행사가 열리는 날 우리는 언론 홍보의 기회를 놓치지 않고 게이츠헤드의 시장을 초청했다. 그는 만족스러운 얼굴로 밝은 색상

철거되기 직전, 게이츠헤드의 솔트웰 공원에 있는 빅토리아시대의 음악당.

비미쉬로 가져온 게이츠헤드 음악당. 완벽히 복원됐고 지금은 여름철 주말이면 브라스 밴드 연주회장으로 사용된다.

으로 빛나는 음악당을 바라봤다. 주변은 꽃밭으로 둘러싸여있었고 지붕 덮개 아래 무대에서 훌륭한 브라스 밴드의 연주가 있었다. 그의 도움 없이는 결코 이런 일을 할 수 없었다. 하지만 한 가지 기억해야 할 점은 많은 지방정부들과 공무원들이 버려진 건물의 완전한 복원 상태를 그려보는 상상력이 부족할 때가 종종 있다는 것이다. 아마도 이것은 비미쉬가 제공할 수 있는 교훈 가운데 하나이기도 하다. 확실히 이러한 진품이 지금은 빅토리아시대의 공원에 찬란한 핵심시설 중 하나로 들어서 있고 이곳에서 매주 일요일 오후가 되면 브라스 밴드의 연주가 이루어지고 있다.

TV stars descend on Beamish

b at Beamish Museum.
...East funny man Billy Fa...
in the star-studded cast.
Fresh presenters Ga...
tte Hindle and The Vic...
...sim's drift

Britain

to the people of the North
have given us so much
donating things like their
heirlooms to providing
information. ...we have go...

...um said the
...he ...olade for the
...th.

...Stree... stands a large
Co-operative Store
with well stocked gro-
cery and drapery de-
partments.

Other uses of coal
can be seen at the Farm,
in the blacksmith's
forge, in the scullery
where water is heated
in a "copper" for was...
...ing day and in the fa...
house where oatca...
are cooked over...
glowing fire. Out...
are Durham short...
cows and calves, s...
pigs, geese and a...
agricultural mach...
and implements...
steam tractor —
...red by coal of co...

It is not at a...
prising that B...
has won th...
Museum of T...
Award.

Beamish is...
...summer

Beamish — the best

It was announced in London that Beamish
Open Air Museum in County Durham has
been awarded the National Heritage Museum
of the Year Award 1986 sponsored by the
Illustrated London News. This vast, and
totally unique, Open Air Museum, vividly
portraying Northern life, attracts hundreds of
thousands of visitors annually. It's latest
development — the reconstruction of a 1920s
Town Street opened by the Duke of
...ter in 1985 — was the basis of the M...
entry for the Award, but the M...
judged on the "total package which it...
to its potential audience in a highly co...
world".

the part — back...
and D... ...

EVENING CHRONICLE, Saturday, May

Beamish

A
NORTH-EAST
museum, which attracts
visitors from all around
the world, has been
...short-list...

waiting to hear...
It's sponsor...
Illustrated Lo...
and has be...

...l plays its
...at Beamish

...to
...al
...he
...me
...y is
Air
...er-
...nty

...re-
past
...eople

of the North of England.
Buildings from the
region have been
brought there, rebuilt
and furnished to show
how they once...
The four main
within the Mus...
the Railway ar...
Colliery and c...
the 1920s Town
and Home F...
show evidence
many uses
earlier this cen...

Rowley Stat...
the centrepie...
Railway area...
blaze in th...
Office and La...
ing Room. A...
from Co...
warmed by...
and, of cou...
locomotives...
over a qu...
length of tr...

In the C...
visitors ca...
"drift" min...
nied by an...
see how...
worked; v...
tional coll...
engine ho...
row of...
...tages. Ea...
furnished...
these ho...
over the...
the pit...
family li...
was th...
home i...
bread i...

...does it again

ing a solicitor's office,
dentist's surgery and
the dentist's home in-
cluding kitchen, draw-
ing room, nursery, bed-
room and bathroom.
... Gres blaze

...and
...en-
North-
...time
...all co...
...munity
...is not
...is bul...
...cry:
...kinson he
...red of loc...
...am Short
...r of dying
...reating his
...ish, not to b...
...centre bu...
...le were as...
...ent of the re...
...he coal-mi...
...eering wo...

As par...
Atkinson...
museu...
he w...
thing...
...illion sm...
...provide sm...
...,000 cars p...
...from an
...he block,
...lives in the
...30
...yingham... in...
...away.

Industry
pays off at
Beamish

by Vincent Dawe

Who would have thought
that you could make a tour-
ist attraction out of our
much-maligned heritage of
'dark, satanic mills'? Yet,
tucked away in the 'moun-
tains green' of County
Durham near Stanley,
Beamish Open Air
Museum is doing just that –
...ith resounding suc-

'Beamish emerged a clear
winner, and there was no
dissenting voice.'

Showing the sort of initia-
tive that wins such awards,
the museum will open a
£1.255 million development
at the end of this month,
comprising new entrance
road, parking for 2,400 cars

brought together from all
parts of the region to be
rebuilt on Beamish's 200-
acre site. Here they are
equipped with the kind of
furniture and working
machinery they once held.

INDUSTRY
YEAR 1986

ANNFIELD

GROCERY

Down memory lane: the exterior of

you underground and recall...
the worki...
bygone da...

To begi...
aims wer...
...gical, but
other ai...
alongside
employm...
a depres...
increased
and gran...
pean D...

Accola

BEAMISH Open Air Muse...
has won the "Museum o...
1986.

The open air museum a...
attracts 300,000 visitors a...
development – the recon...
town street – was the ba...
entry.

...Beamish...

13. 왜 비미쉬는 성공했을까?

지나고 나서 생각해보니 성공적인 비미쉬의 설립과 지속적인 성취를 이끌었던 이유로 열 가지 요소가 있었던 것 같다. 이 장에서는 대략 그 중요도에 따라 정리했다.

1) 적합한 장소로서의 잉글랜드 북동부지역

잉글랜드 북동부의 강한 지역적 특색이 없었다면 그 어떠한 발전도 있을 수 없다고 생각한다. 초창기 열린공간박물관 혹은 민속박물관이 이미 확고한 지역적 자각을 갖고 있는 곳에서 시작했다는 것은 의미심장했다. 그런 자각으로 따지자면 스칸디나비아의 나라들에 뒤이어 웨일스, 영국의 맨섬 순으로 평가할 수 있을 것이다. 영국에서 요크셔 지방은 여타 지역들보다 더욱 강력하고도 충분한 지역적 특색을 갖고 있으며 이와 같은 활동을 지지하려는 응집력을 갖는 아마도 유일한 지역이다. 북동부(행정적으로 노섬벌랜드, 타인위어, 더럼과 클리블랜드)는 압축적이며 확고한 지역적 응집력을 갖고 있으며 (몇몇 지역은 아주 강한 사투리를 사용하며) 그 안에 수없이 많은 변수들을 가지고 있지만 지리적으로 동일한 사회적 배경

◀ 비미쉬의 대중적 인기를 1986년 신문스크랩을 보면 알 수 있을 것이다. 그 무렵 비미쉬라는 이름은 박물관museum이라는 용어와 동의어처럼 되었고 지금은 전 세계적으로 알려져 있다.

또한 갖고 있다. 타운젠드와 테일러의 연구는 이러한 점에서 흥미롭다(《지역문화와 산업사회에서의 정체성: 잉글랜드 북동부를 사례로, 지역연구Regional Studies 1975》).

2) 프랭크 앳킨슨의 효용성과 결단

성공을 이끌었던 요인 가운데 하나로 나를 이 리스트에 올린다는 것이 불손해 보일 수 있지만 현실이 정당화해줄 수 있다고 믿는다. 내가 더럼 카운티에 왔을 때는 재정은 부족하고 보우 박물관은 형편없는 상태였다. 새로운 시대를 열기를 갈망하는 위원회와 더불어 아이디어를 실천으로 바꾸는 데에 내가 이상적인 위치에 있다는 것을 깨달았지만, 그 어떤 사회사적 수집품도 없는 상태에서 개발을 추진하기 위한 방향을 세우는 데 시간은 흘러갔고 나는 내가 믿었던 것들을 실천하기 위해 신속하게 결단을 내려야 했다.

물론 이 모든 것들은 시간이 걸렸다. 보우 박물관은 완전한 재편성이 매우 필요했다. 스텝들을 찾아야 했고 프로세스를 축적하면서 제 위치에 올려놔야 했고 홍보를 통해 대중적 인식을 확실히 심어주어야만 했다. 무엇보다도 거의 아무것도 실행에 옮기지 못하는 개개인들과 의회, 위원회 그리고 관료체제에 둘러싸여 내 나름의 방식을 찾아야만 했다.

되돌아보면 이러한 프로세스를 성공시키겠다는 나의 결심이 몇 군데로부터 강한 반대에 부딪히기도 했는데 오히려 결심을 약화시키기보다는 강화시키는 계기가 됐다고 믿는다. 당시 더럼 카운티 교육국 부국장은 더럼 카운티의 '낡고 검은 이미지'를 말소시키고 새롭고 깨끗한 '유리와 콘크리트' 이미지로 대체시켜야 한다는 견해를 강하게 견지하고 있었다. 물론 그가 직접 이렇게 말한 것은 아니지만 의심할 바 없는 그의 기본적인 믿음이기도 했다. 그는 자신이 싫어했던 과거의 물건들을 보존하고자 하는 그 어떤 시도도 있어서는 안 된다고 진정 믿고 있었다. 더군다나 그는 보우 박물관을 발전시키기 위해 모든 노력을 쏟아부어야 한다는 견해를 밀고 나아갔고 그 밖의 나머지 것들은 부차적인 일이라고 생각했다. 나는 후자의 생각에 실질적으로 동의할 수 없었지만 그러나 일에 대한 욕심과 큰 열정으로 매우 다른 두 가지 경로들을 동시에 추진해 나갈 수 있었다. 부관장이었던 토니 엘리스의 노력과 열정이 여기에 더해 큰 역할을 했다. 그가 비극적으로 죽은 1964년까지, 보우 박물관의 전체적인 외관을 향상(실제로는 재디자인)시키기 위해 그와 나는 함께 일했고 이와 병행하여 사회역사 분야의 학예사였던 앤 워드와 나는 새로운 박물관을 탄생시키기 위해 모든 것을 계획하고 무엇보다 수집을 시작했다. 물론 가끔 몇몇 강한 개성을 가진 사람들 때문에 긴장이 조성되기도 했지만 일반적으로 일은 이렇게 진행되었다.

우리가 보우 박물관에 대해서 그리고 보우 박물관을 운영하면서 했던 몇 가지 일들에 대해 이 책 곳곳에 기술했는데 1958년부터 1960년대 후반까지는 아무 문제없이 아주 순조롭게 진행되었다. 한편, 사회역사적 수집품들을 차근차근 모았고 점점 더 많아지는 '대중' 강연을 통해 내 자신의 재능을 깨닫기 시작했다. 1960년대 초반부터 나는 거의 매일 밤 '여성협회Women's Institutes', '타운여성조합Townswomen's Guilds', '로터리클럽Rotary Club', '원탁회의Round Table', '로컬 역사Local History' 등에 강연을 다녔다. 이어서 곧 나는 좀 더 쉽게 내 인생을 전달할 수 있는 나의 이야기를 강의용으로 재구성했고 새로운 일이 생길 때마다 단지 슬라이드들만 바꿨으며 좀 더 최신자료를 만들어 이용할 수 있게 되었다. 모든 웃음을 예측할 수 있고 만약 (간혹 그렇듯이) 예상치 못한 웃음이 우연히 일어나면 그것은 나중의 프레젠테이션에 바로 추가되었다. 이런 이야기들이 뻔하고 지루하게 들린다면 그럴 수도 있겠지만 나는 '생각' 없이 지낼 시간을 만들어줄 뭔가가 필요했다. 나는 집으로 달려와 슬라이드나 프로젝터를 챙겨가서 강의를 하고 집으로 다시 돌아오는 일을 거의 하루도 빠지지 않고 했다. 토니가 죽은 후 압박은 더욱 커져만 갔고 보우 박물관에서 일상적으로 잘 진행된 일반 전시기획의 재편 이후 과중한 전시 프로그램으로 우리의 업무 또한 확대되고 있었다. 나는 당시에 어떻게 내 차 안의 조그만 카세트테이프 녹음기로 도움을 받았는지 이미 이야기한 바가 있는데 이것이 아주 힘든 시기에 나의 성심誠心을 지켜냈을 것이라 진정 믿는다.

3) 지방자치단체

이 책 어딘가에서 1966년 5월 5일(이 날은 컨소시엄이 생긴 날)의 이야기를 했다. 그러나 어떤 일이든지 특별한 아이디어들을 결합시키기 위해 그렇게 많은 기관들의 놀랄 정도의 자발적 동의를 이끌어내기 위해서는 특별한 대가를 지불해야만 한다. 어떤 일을 하기 위해 이제까지 9개의 자치단체가 결속된 적이 단 한 번도 없었기 때문이다! 하나의 박물관을 운영하기 위해 그 어떠한 연합도 실행한 적이 없다. 나는 여전히 자발성을 이끌어내기가 어렵다는 것을 알고 있지만 이런 자발성이 없다면 박물관이 발전할 수 없음은 틀림없다. 언론 홍보가 꽤 많은 도움을 주었는데 우리가 지역 대부분의 신문매체에 사진과 자투리 기사거리를 상당 부분 제공했기 때문이다. 추측컨대 나의 강연 대부분은 미래에 대한 예측도 아닐 뿐더러 정체성에 대한 것도 아니어서 사람들을 움직이게 했을 것이고 거기에는 차별화된 박물관이라는 이름의 전시와 연계된 사례가 있다. 그리

고 마침내 2,000명의 의원들에게 〈살아있는 역사Living History〉라는 소책
자를 보내게 됐고 확실히 어느 정도 효과가 있었음에 틀림없다.

4) 빠른 주택개발과 구산업의 쇠퇴

주택건설과 산업이 제2차 세계대전 후 아주 빠른 속도로 변화하기 시
작했는데 1950년대 말까지 이러한 흐름이 두드러졌다. 더럼 카운티의 광
산촌은 깨끗해지고 있었으며 뉴캐슬과 게이츠헤드의 도시형 테라스들은
타워블록 형태(아파트 형태-역자 설명)로 대체되고 있는 중이었다. 소규모
광산들은 문을 닫았거나 구산업들은(지금은 거의 들어본 적도 없을 것이다)
믿을 수 없을 정도로 빠르게 문을 닫거나 사라지고 있는 중이었다. 로프
와 노끈 제조업, 수제 퍼즐조각 제조업, 나막신 직공, 유리병 제조업, 자동
차 장인과 차바퀴 수리공, 사탕 제조업과 체인 제조업 등 이 모든 것들이
자취를 감추었다. 수동식 가내화력가스 제조소, 가스 엔진, 물레방앗간,
풍차, 말의 힘에 의해 움직이는 엔진도 마찬가지였다. 가족 구성원들이 오
래된 오두막집과 테라스와 같은 그들의 안식처로부터 벗어남에 따라 그
들은 오래된 가구들, 예를 들어 세면대, 놋쇠 침대, 데스 베드, 공들여 만
든 고급 식탁, 컵받침과 찬장, 재봉틀, 세탁기, 아메리칸 오르간, 시계, 레
코드플레이어, 정교하게 고안된 인쇄물들, 유화풍 석판화, 사진, 가족성서
와 사진 앨범 등을 버리고 유행을 따라가려는 경향이 있었다. 모두가 고
철로 쓸모없는 것들이 됐고 소수의 안목 있는 사람들만이 무언가 보존할
수 있었다.

우리가 비미쉬를 만들겠다는 구상으로 수집하기 시작한 때가 바로 그
시기였으며 파괴의 속도가 점차 빨라지면서 우리의 수집활동은 더욱 열
정적으로 바뀌게 되었다. 나는 또 이제까지 박물관들이 그들의 정문을

통해 들여올 수 있을 만한 크기의 물품들만 수집하려는 경향이 있음을 알고 있었다. 나는 의도적으로 물건들을 선별해서 수집하지 않으려 했고, 모든 분야를 대표하기 위해 큰 것부터 작은 것까지, 깨끗한 것에서 더러운 것까지, 바퀴가 있는 것에서 없는 것까지 무엇이든 수집하는 것을 목표로 삼았다.

대체적으로 봤을 때 우리는 '19세기 말'부터 '소비사회'가 시작한 시점 (물론 당시에 이것을 사람들이 깨닫지 못했지만)에 이르기까지를 대상으로 수집을 시작했다. 우리가 수집했던 물품들의 대다수가 한 세대 또는 그 이상에 걸쳐 지속된 것들이었다. 가정에서 그 물품들을 대체한 것은 아마도 10년이나 15년밖에는 되지 않았을 것이다.

5) 몇몇 영향력이 있던 사람들

몇몇 영향력 있던 인물들이 다가올 생활양식의 급속한 파괴를 확실히 깨우쳤다는 것은 어쩌면 행운이었다. 과거 삶의 방식이 그것을 계승하는 것보다 낫다고 얘기하는 것은 아니다. 그러나 과거가 색다르고 많은 기쁨을 주며 많은 이들에게 편안함을 안겨준다는 사실은 누구나 인정한다. 나에게 용기를 주고 다른 이들에게 영향을 끼친 사람들을 접할 수 있던 것은 행운이었다. 뉴캐슬대학의 부총장 후보이자 경제지리학자인 헨리 다이쉬는 우리가 비미쉬를 만들기에 앞서 조직했던 '친구들'이라는 조직의 위원장을 기꺼이 수락해주었는데 그는 〈살아있는 역사〉라는 소책자를 만들 때 도움을 주었다. 또한 훗날 《선데이타임스》로 바뀐 《노던 에코》의 편집자였던 해리 에번스는 당시 지역에서 꽤나 영향력 있던 사람으로 나에게 큰 용기를 심어주었다. 스타머 여사는 다른 곳에서 활동하다 왔는데 여러 가지 방법들을 아주 매력적으로 제시해주었다. 노먼 매코드Norman McCord(나중에 뉴캐슬대학에서 경제사 교수를 역임함) 역시 미래에 대한 선견지명으로 커다란 도움을 주었다. 미들즈브러의 미세스 마벨 맥밀런 의원은 아주 굳건한 지방정부의 지지자였고, 노섬벌랜드의 엘런 미첼Ellen Mitchell, 하틀리풀의 바버라 만Barbara Mann, 그리고 티스사이드의 모린 테일러Maureen Taylor와 오드리 콜린스Audrey Collins도 마찬가지였다. 또 한때 더럼 카운티 의회 의원이자 더럼대학의 교외강좌 디렉터, 나중에 비숍 오클랜드의 국회의원이자 공무국 장관(나중에 환경부가 됨)인 짐 보이든은 1966년에 결정적인 도움을 주었다.

훗날 교수로서 더럼대학의 부총장이 된 프레드 홀리데이Fred Holliday 경은 우리가 좀 더 많은 자본금이 필요할 때 큰 도움을 주었다.

6) 1969 관광법, 제4조

이와 같이 의미 있는 요인들의 다양한 혼재와 결합 속에서 1969년 '관광개발법'(혹은 법 제4조로 더 잘 알려진)은 아주 결정적 역할을 했는데 우리가 비미쉬 부지로 이전하자마자 개발지역Development Area에 대한 보조금 지급을 가능하게 하여 예측 가능한 관광계획을 세울 수 있게끔 되었다. 이 정부는 관광보조금들이 호텔, 식당과 같은 시설을 개선하는 데 도움이 될 뿐만 아니라 주요 관광지를 만들어내는 데 도움이 될 수 있음을 깨닫게 되었고 비미쉬가 이러한 시나리오에 가장 부합한다는 사실을 알게 되었다. 우리는 새로웠고, 개발지역이었고, 그 실체가 이제 막 보이기 시작한 야심찬 계획을 갖고 있었다. 그래서 다른 박물관이 있음에도 불구하고 우리가 보조금을 처음으로 받게 되었다. 그 가운데 20,000파운드는 비미쉬 부지를 가로지르는 트램궤도 시스템을 개발하는 데 사용하였다. 처음으로 지면을 통해 인정해야 할 것이 있는데 트램궤도 시스템이 19세기 말 북동부지역에서 가장 중요한 것은 아니었다. 하지만 그것은 사람들의 시선을 끌고, 이동을 하고, 실재로 관광객들을 실어 나르고, 관광객들에게 우리의 전체 부지 크기를 소개하는 데 도움을 주었다.

나중에 우리는 관광법이라는 제도하에서 오히려 가능한 한 좀 더 많은 보조금의 용도를 만들기도 했으나 그럼에도 불구하고 맨 처음 보조금이 우리의 출발을 가능하게 해주었고 우리에게 큰 용기를 주었으며 우리의 미친 듯한 프로젝트에 꼭 필요한 신뢰성을 더 한층 높여준 계기가 되었다.

7) 일자리창출위원회

우리를 한 단계 전진하게끔 한 사회적 변화는 바로 실업문제였다. 실업이 급격히 증가함에 따라 동시에 실업을 완화시키기 위한 단계에 착수했다. 일자리창출위원회 첫 번째 주요 계획은 '일자리 창출'이란 명확한 이름으로 1976년에 시작되었는데 이것은 하늘이 준 뜻밖의 선물이었다. 이 계획이 최고조에 달한 때는 1970년대 말로 우리는 졸업생, 숙련된 장인들, 사무직원, 일반노무직 등 거의 200명의 젊은이들을 고용했다. 우리는 조심스럽게 계획하여 거의 매일 정규직 직원으로 6명을 채용하기 위해 냉정하고도 지나칠 정도로 깐깐히 준비했다(이 계획에 따른 부담감으로 나는 3명을 채용했고 관람객 조사 업무를 수행토록 했다). 맨 처음에는 한 사람의 비미쉬 관리인이 산책길도 만들고, 잔디도 깎고, 울타리도 다듬고, 나무와 잡초도 관리할 수 있었다. 우리의 수집품이 분류됐고, 목록집과 사진첩도 제작되었다. 관람객 조사는 박물관 관람객뿐만 아니라 인근의 도시 중심지에서도 시행되었다(왜 사람들이 오지 않는지?, 박물관에 대하여 누구에게 들었는지?). 건물의 해체와 이전은 엄청 빠르게 진행됐고 교육시설과 출판 업무도 확대되었다.

우리는 이런 채용 방식이 오래가지 못할 것이라 생각했다. 우리는 결코 하늘에서 뚝 떨어진 만나manna에 의존하지 말아야 했지만 그 혜택이 지속되는 동안 우리는 매우 큰 도움을 받았다. 나는 1977년 브래드퍼드Bradford에서 개최된 정기박물관협회총회the Annual Museum Association Conference에 초대받았고 전국의 박물관들이 이러한 도전적 기회에 어떻게 대응해야 하는가에 대한 짧은 글을 발표했다. 나는 비교에 관한 글을 작성했는데 비미쉬가 영국의 다른 박물관과 비교하여 가장 많은 일자리를 창출하고 가장 폭넓은 직종의 사람들을 채용한 것을 발견하고는 흥미를 느꼈다. 당시 우리는 열 개 직종에서 직원 94명을 고용했다. 이러한 점에 우리에게 가장 근접했던 곳이 타인위어 박물관으로 일곱 개 직종에서 84명을 고용했고, 아이언브리지Ironbridge가 네 개 직종에서 54명을 고용했다.

8) 타인위어 메트로폴리탄 카운티

아이러니하게도 1974년 타인위어 메트로폴리탄 카운티의 개편과 1984년 분리는 우리에게 큰 도움이 됐다. 1974년 지방정부 재편에 따른 행정적 변화는 합동위원회와 더불어 일을 너무나 쉽게 만들어주었다(또는 적어도 어려움이 반으로 줄었다). 1974년까지 합동위원회가 아홉 개의 지방정부를 대표했다(더럼과 노섬벌랜드 카운티, 달링턴의 보로 카운티, 게이츠헤드, 하틀리풀, 뉴캐슬, 사우스쉴드, 선덜랜드 그리고 티스사이드).

재편 이후 북동부에서는 아홉 개에서 단지 네 개의 카운티(노섬벌랜드, 더럼, 클리블랜드, 타인위어 메트로폴리탄 카운티)로 줄었다. 각 카운티는 몇 개의 지구의회District Councils로 구성됐다. 비미쉬에 대한 책임은 지구 또는 카운티의 어느 수준에서 져야 하는지 결정해야만 했다. 이러한 전환은 복잡하고 미묘한 문제였다. 더럼에서는 부서기가 합동위원회의 비서로서 역할을 맡았는데 안정감 있고 신중한 변호사였다. 그는 오직 지구의회 수준으로 옮기는 것만을 마음속에 상상하고 있었는데 그렇게 되면 우리는 스물두 개 지방관청의 합동위원회를 상대하게끔 된다. 다행히 나는 그를 제외시키는데 가까스로 성공했고 네 개 카운티로 종결지을 수 있었다. 그러나 그가 아무리 어떤 문제점도 파악하지 못했을지라도 몇 주 동안은 정말 힘들었다!

네 개 카운티는 신속히 합동위원회의 위원들을 나누기 시작했다. 가장 큰 타인위어는 열네 곳으로, 그리고 나머지는 그 크기에 따라 나누어졌는데 가장 작았던 노섬벌랜드는 세 곳으로, 각각은 숫자상으로 n분의 1씩 정치적으로 균형을 맞추었다. 이와 같이 우리는 합동위원회를 거의 40여 명의 위원으로 원만히 해결했고 이어 여섯 명의 위원으로 구성된 집행위원회를 두는 것이 유용하다는 것을 깨달았다(각 카운티로부터 한 명씩에 더하여 의장과 부의장).

나는 권력이 어디 있는지, 특히 타인위어에서 찾는 데 몇 달이 걸렸는데 이것을 확인하고 나서 내 인생이 좀 더 수월해지게 됐다. 이제까지 뽑을 수 있는 가장 훌륭한 의장이 처음에 위원회의 일원이었을 때 나는 오히려 그를 두려워했다. 필립 스넬Philip Snell은 항상 비판하기 위해 뭔가를 찾는 사람처럼 보였고 나는 그가 의장으로 될까봐 정말 걱정하기 시작했다. 하지만 다른 위원들도 그에게 의지할 정도로 위원회에서 비판적이면서 사려 깊은 존재로 그의 힘이 점차 강해지고 있었다. 결국 그는 의장이 되었을 뿐 아니라 나의 가장 큰 지지자가 되었다. 나는 그에게서 엄청난 도움과 용기를 얻었다. 물론 의장으로서 그는 비미쉬 프로젝트가 점차 커가고 성공하기를 진심으로 바랐다.

1974년에 합동위원회가 재편되고 나서 10년 후에 타인위어는 국가의 정치적 목적에 의해 해체됐다. 이것은 안타깝게도 그레이터 런던시의회the Greater London Council를 없애기 위한 의도적 필요성에 근거한 것이었다. 따라서 그레이터 런던시의회가 해체됨에 따라 '레드 켄Red Ken'Ken Livingstone[28]도 제거됐고 모든 메트로폴리탄 카운티들이 사라지며 혼란이 지속되었다. 그러나 많은 '비용절감'을 외치는 지방정부들의 변화처럼 비미쉬 역시 재정을 풍부히 하는 방법을 찾아야 했다. 그 어려운 고통 속에서 카운티가 비미쉬에 50만 파운드 이상을 주었고 우리는 이 돈과 유럽연합 집행위원회European Committee의 자금과 석탄 채굴에 따른 수입을 합쳐 대규모 주차장을 건설하고 멋진 방문객센터를 새롭게 지었으며 비미쉬 부지를 가로지르는 트램철도를 더욱 확장했다. 박물관은 내가 오랫동안 상상했던 모습으로 2년 만에 갑작스럽게 발전했는데 정말이지 믿을 수가 없었다. 예컨대, 박물관 정문에 (본래는 달링턴에 있었지만) 로더럼으로부터 초창기에 옮겨 온 거대한 증기해머를 세움으로써 우리는 기념비적인 입구 형태를 갖게 되면서 단번에 국제적 수준으로 올라서게 되었다. 그리고 마침내 비미쉬가 실현되었다! 이때가 1987년이었고 하고자 했던 모든 일을 끝낸 후 나는 은퇴했다.

---

28. 역자 주: 케네스 로버트 리빙스턴. 1981년 서른여섯 살의 나이로 런던의회의 의장을 역임했다. 그를 견제하기 위해 1986년 그레이터 런던시의회가 해체되었고 이에 앞서 메트로폴리탄 타인위어가 먼저 해체되었다. 그는 노동당 안에서도 강력한 좌파정책을 주장해서 '레드 켄'이라 불렸고 훗날 토니 블레어의 이라크 전쟁 참여를 강하게 비판했다. 나중에 노동당을 탈당, 무소속으로 런던 시장에 출마, 당선되어 2000년에서 2008년까지 시장을 지냈다. 정당정치가 말단에까지 미치는 영국에서 무소속으로 런던시장에 당선된 것은 경이로운 일이었다.

9) 비미쉬 발전 기금

몇 년 전으로 거슬러 올라가면, 자본금을 늘리는 데 도움이 되는 기금 설립의 필요성을 합동위원회를 대상으로 설득해야 했고 박물관이 안정적으로 운영되기까지는 몇 년의 시간이 또 흘렀다. 하지만 이 모든 것들이 이루어졌다. 기금의 책임자는 엘리자베스 앤더슨이었는데 그녀는 자금과 영향력을 보여주기 시작했고 논리 정연한 패턴으로 차곡차곡 진행해 괄목할 만한 발전을 이뤄냈다. 몇 년 후 엘리자베스가 개인적인 일을 하겠다고 결정하면서 추진력이 떨어지기도 했다. 왜냐하면 자금조달이라는 것은 상당 부분 개인의 역할에 좌우되기 때문이다. 하지만 몇 년 동안 비미쉬 트러스트에 수백만 파운드의 기금이 들어왔고 이 돈은 비미쉬의 안정적인 발전을 도모하며 타 박물관과의 모든 차이를 만들어내는 계기가 됐다.

10) 유럽으로부터의 융자

영국관광협회에게서 상당한 자금을 지원받은 이후에는 단지 유럽공동체 기금만을 지원받았는데 나중에 타인위어 지방정부가 비미쉬의 발전을 가능케 하는 재정적 지원을 해주었다. 그럼에도 불구하고 '추가적 지원 additionality'이라는 어처구니없는 문제 때문에 비미쉬의 운영이 어려워졌고 오직 가장 위대한 창의성만이 우리에게 충분한 수입을 가져올 수 있다는 사실을 깨닫게 되었다. 여기에서 설명해야 할 것이 있다. 비록 유럽공동체 집행위원회 기금(특히 개발지역을 위한)은 다른 출처에서 지원받은 것과 상관없이 거기에 더해 융자할 수 있다는 의도를 가지고 있었지만 그럼에도 불구하고 경리 담당관은 지방 당국에서 만든 자본 배분으로 '지불해야' 한다고 결정했던 것이다. 단순하게 말하자면, 지방 당국은 그 금액을 빌릴 수 있는 권한을 연례 할당(토큰 또는 쿠폰의 종류)으로 받은 것이다.

유럽공동체 집행위원회 기금을 사용할 경우에 지방정부는 총액에 대한 할당금을 포기해야만 했다. 비록 유럽공동체 집행위원회로부터 빌린 보조금의 이자로 실비와 경비를 사용했다 하더라도 그럼에도 불구하고 지방정부들이 하고자 하는 다른 프로젝트들은 '자본 배분'의 부족으로 곤란을 겪어야만 했다. 따라서 각 지방정부연합체 구성원들은 부족한 이 자본 배분과 유럽으로부터 비미쉬에 제공되는 보조금을 자유롭게 매칭해 줄 것을 우리에게 요구했다. 이러한 조악한 회계의 부당한 처리는 비미쉬가 여전히 지역에 부담스럽고 심지어 추가 이자 지급을 하지 않더라도, 다른 개발을 지연시키는 존재임을 의미했다. 그럼에도 불구하고 지방정부는 계속해서 우리를 지원해주었다.

* * *

이들 열 가지 요인들은 비미쉬가 발전하는데 일정 정도 역할을 해주었는데 어떤 것들은 시작할 때부터 또 어떤 것들은 나중에, 몇몇 요인들은 마지막 시기에 역할을 했다. 관장으로 취임했던 17년 동안 나는 재정이나 또 다른 도움의 기회를 결코 놓치지 않기 위해 애썼다. 우리는 항상 우리 앞에 마법과 같은 기회가 도래한다면 언제든 뽑아 쓸 카드로 사용할 수 많은 프로젝트들을 준비하고 있었다. 따라서 누군가 비미쉬의 발전이 우연이었다고 말할 수도 있지만 그것의 절반은 계획이었고 나머지 대부분은 우연과 예측의 결합이었다고 할 수 있다.

어쩌면 이것의 최고의 본보기가 이미 언급했던 정문의 주차장과 방문객센터를 한 곳에 모아놓은 이른바 콤플렉스 타운인데 우리는 1980년대 중반에 이것을 운영했다. 20에이커가 넘는 두 개의 노천 석탄층을 활용하자는 계획은 랠프 타르Ralph Tarr에 의해 처음 제안되었는데 그는 한때 개발 담당자였다. 비미쉬 남쪽 부지에 정문을 만들자는 생각은 나와 너럼 카운티 기획실의 프레드 비커튼Fred Bickerton 간에 1970년부터 일찍이 논의가 시작되었고 우리는 이러한 가능성에 대비하여 맨 처음 개발계획으로 생각하고 있었던 것이었다. 실제로 나는 1970년에 하드보드지와 공작용 점토를 활용하여 비미쉬 부지 일부에 세울 정문과 방문객센터의 모델을 직접 제작했던 기억이 있는데 내 사무실 탁자에 그것을 수년 동안 놔두었다. 그리고 우리는 오랫동안 이 계획에 관해 논의했기 때문에 그것을 공식화하는 데는 별도의 시간이 필요하지 않았다.

건물의 주요한 한 부분(이 건물 자체는 존 골John Gall이 발견했던 란체스터 인근의 그린크로프트 홀에 있는 조지안시대의 마굿간 벽돌 형식을 거의 대부분 따르고 있다)은 해설센터가 차지했고 건물 뒤편의 거의 대부분은 여전히 사용되지 않고 있고 그 목적에 따라 사용될 예정이다. 나는 언젠가 적절히 잘 활용할 것으로 믿는다.

비미쉬의 거의 대부분은 다음의… 신세를 졌다

앞서 말한 요인들에 더해서 많은 사람들이 누구나 인정하는 비미쉬의 성공에 특별한 영향을 끼쳤다. 이미 조금씩 언급했지만 나는 그들 모두를 여기에 소개하려고 하는데 칭찬에 꼭 논리적 순서가 있는 것이 아님을 미리 밝혀둔다. 맨 먼저 이상하게 생각하겠지만 당시 더럼 카운티의 교육국 부국장이었던 더글러스 커리Douglas Curry를 언급하고 싶다. 그는 자신의 카운티에서 산업사와 관계된 그 어떠한 박물관에 대한 아이디어에도 전적으로 반대했던 인물이다. 그는 소위 말하는 '볏짚으로 이은 오두막집'과 같은 역사(어떤 측면에서는 더럼 카운티에 놀라울 정도로 부적절했다)에 대해 관심이 없었고, 산업사라는 것은 너무 어둡고 불행해 반추할 여지조차 없는 것으로 여겼다. 그와 겪었던 갈등과 그의 생각에 의거하여, 긍정적인 뭔가가 이루어져야 한다는 내 자신의 결심을 다양한 방식으로 강화시키는 데 도움이 되었다. 그래서 나는 이러한 이유 때문에 맨 처음 그를 언급했던 것이다. 그는 나의 결심과 생각을 견고하게 만들어 주었다.

내가 앞서 짐 보이든에 대해 얘기했듯이 보우 박물관에 임명되었을 때 그는 보우 박물관위원회에 영향력이 있던 멤버 중에 한 사람으로 1966년 만남 이후 소위 지역 열린공간박물관에 대한 우리의 계획을 줄곧 지지하고 발전시켜주었던 인물이다. 그가 없는 미팅은 곧잘 의미 없는 대화로 전락했고 우리의 계획을 진전시키기 위해 더럼 카운티 곳곳을 둘러보는 3일간의 현장답사를 애정 어린 추억으로 간직하고 있다. 그 답사에서 우리는 곳곳에 있는 산업고고학 현장을 둘러봤고 우리의 계획에 의기투합하기도 했다. 정부 차관의 입장으로서 긍정적이고 활동적인 지원은 당시의 단계에서 가장 큰 가치를 지녔다고 생각한다.

미들즈브러 출신의 마벨 맥밀런 의원은 아마도 다른 어떤 동료보다 비미쉬 건립에 큰 역할을 했다. 그녀는 위원회가 설립되었던 1966년 당시 첫 미팅에서 공동위원회의 의장이 되었고 끝까지 그 자리를 유지했으며 70년대 초반에 의회의 자리를 잃게 될 때까지 합동위원회 의장으로서의 역할도 수행했다. 그녀는 대부분의 시간을 무게감 있고 가치 있는 역할을 수행했고 우리가 시작했을 때의 그 열정적 분위기를 끝까지 유지시켜준 인물이었다. 내가 느끼기에 그녀는 단 한 번 나에게 실망을 안겨주었는데 지방선거 이후 뉴캐슬이 공동위원회에서 철수하기로 결정을 내렸고 결과적으로 다른 지방정부들도 연달아 따라 하기 시작했다. 아주 끔찍했던 경우였다. 그날 밤에 나는 그 다음 수순에 대해 얘기하려고 전화를 했는데 그녀는 꽤 의기소침해 하며 다음과 같이 말했다. "그만 됐어요, 프랭크. 이것이 끝이라는 것을 당신은 받아들여야만 해요!" 물론 그렇지는 않았다. 이와 관련해서 우리는 에스터 해밀턴과 그레이 의원에게 고마움을 느낀다. 하지만 한 번의 실수와는 별도로 그녀는 최선을 다해 프로젝트를 지원해주었다. 나의 가장 열렬한 지지자 네 명이 모두 여성이라는 사실에 어떤 의미를 부여할지 확실지는 않지만 그것이 사실임을 밝혀두고자 한다. 마벨 맥밀런, 노섬벌랜드의 엘런 미첼, 하틀리풀의 바버라 만 그리고 티스사이드의 오드리 콜린스(극소수의 보수당 출신 중 한 사람). 이들 모두는 공동위원회 초기에 주요 역할을 맡아주었고 이어 합동위원회에서 그 역할을 다 해주었다. 그들은 각 지방정부에 기부를 지속적으로 독려했고 그들이 어디 있든지 간에 자신들의 위원회로부터 사용할 수 있는 많은 자금을 끌어올 수 있을 만큼 기여했다.

시의원이자 더럼 카운티 의회의 노동당 리더가 된 밥 콕슨 의장은 당시 막강한 권한을 갖게 됐고, 나는 그가 항상 열린공간박물관에 대한 아이디어에 열정을 보여주었으며 할 수 있을 때마다 언제나 나를 지지해주었다고 자신 있게 말할 수 있다. 그의 지지방식은 정정당당하게 항상 말 없이 이루어졌고 그가 위원회의 미팅에 나타날 때마다 늘 용기가 생기곤 했다. 왜냐하면 그는 반드시 성공할 일이 아니라면 아예 참석하지도 않기 때문이다.

또 다른 카운티 의원인 돈 롭슨 역시 초창기부터 강력한 지지자였으며 카운티 의회 권력의 사다리를 타고 가능한 한 끝까지 올라가본 사람이다. 내가 이 책 어딘가에서 그가 비미쉬 홀 주변 잔디밭의 이용에 대하여 공공의 권리를 세우는 데 기여했음을 언급한 적이 있다. 그리고 또 다른 사례로 내가 타운 지역을 개발하려는 생각을 밀어붙이려고 했을 때 그는 오히려 '옥수수 밭에 마을만들기'라는 아이디어라며 경멸을 퍼붓기도 했다. 그러나 초창기의 비난에도 불구하고 그는 내 생각을 따뜻하게 받아주었고 우리의 든든한 후원자가 되었다.

스탠 히틀리Stan Heatlie는 네 개 카운티가 박물관을 책임지게 되던, 다시 말해서 지방정부의 변화가 있던 시기에 합동위원회 의장이 되었다. 그는 선덜랜드에서 시작하여 타인위어 카운티 의회의 지명을 받았고 매우 큰 도움을 주었던 인물이다. 비록 좋아할 만큼의 아주 긍정적이고 '추진력'이 있었던 사람은 아니라 할지라도 그는 매우 사려 깊은 정치의 길을 걸어갔고 다방면에서 우리의 발전에 도움을 주었다. 그는 매우 열정적인 사람이었고 일반적으로는 '예술'에 대한 커다란 이해를 가졌던 인물이며 마침내 북부지역 예술협회 의장Chairman of Northern Arts이 되어 여러 해 동안 그 직을 유지했다.

필립 스넬은 스탠 히틀리의 뒤를 이은 사람이다. 그는 더럼 카운티의 북서쪽 출신이며(비록 당시에 그가 타인위어 카운티를 대표한다고 말하고 다녔을지라도), 전직 광부로서 좀 거칠긴 했지만 어떻게 운영할지에 대해서는 준비가 된 사람이었다. 비미쉬 부지의 남쪽 주차장과 방문객센터의 건립은 아마도 그의 적극적이고도 활발한 노력이 없었다면 가능하지 않았을 것이다.

합동위원회의 담당 직원들에 관해서는 각각 그 자신들만의 전문성을 갖고 있는 네 명이 있었는데 모두들 비미쉬를 발전시키는 데 확실한 도움을 주었다. 맨 처음 언급되어야 할 사람은 프레드 비커튼으로 더럼 카운티의 기획실 선임으로 카운티의 기획과장인 딕 앳킨슨Dick Atkinson의 막역한 동료이기도 했다. 프레드와 나는 많은 부분에서 눈높이가 맞았다. 그는 소위 말하는 '유연한 실행가'였으며 카운티 의회 각 부처 간 이견을 조율하는 훌륭한 협상가이도 했다. 그의 도움 가운데 가장 큰 부분이 최초의 개발계획 수립이었다. 당시는 박물관 전체 구성의 미래가 달려있는 때였는데 박물관은 지금까지도 이 계획에 의거하여 진행되고 있다. 그의 조언을 우리는 지도로 구성하여 보고서의 이해를 도왔는데, 실용적인 작은 축척으로 약간은 모호하게 작성되었다. 이러한 접근은 예측 불가능성과 더불어 모든 종류의 우발적 상황에 대처할 수 있게 해주었다. 우리에게 선택의 여지는 항상 열려있었고 동시에 박물관은 발전해야 하고 어떻게 발전할 수 있는가에 대해 아주 명확히 제시하고자 하는 것이었다.

또 다른 방향을 제시한 사람은 합동위원회의 원래 경리 담당관이었고 당시에는 미들즈브러의 경리 담당으로 나중에는 티스사이드의 재무관이 된 우드햄이었다. 그는 탁월한 기획력으로 유명했고 재정 프로그램 또한 잘 담당하였다. 그리고 나에게 박물관의 단계적 운영 프로그램을 시작하도록 권고하기도 했다. 이 글에서 고백하건대 처음에 이것이 거의 불가능할 줄로만 알았으나 나중에 아주 유용한 기술이라는 것을 알았고 우리는 정기적으로 박물관의 미래 기획을 만들었고 매년 평가도 했다. 오늘날에는 기본적인 것으로 받아들여지지만 당시 지방정부에서는 혁신에 가까운 일이었다.

우드햄의 후임으로 클리블랜드의 경리 담당관이었던 브루스 스티븐슨 Bruce Stevenson이 왔는데 초창기 합동위원회 업무의 큰 축을 담당하였으나 나중에 책임이 점차 늘어나면서 그 중요성이 떨어지게 되자 업무보조에게 그 일을 인계하게 되었다. 그러나 초창기에 그는 정말 도움을 많이 주었고 놀라울 정도의 열정을 가지고 업무에 임했다. 지금도 기억에 남는 것은 합동위원회가 연례평가를 논의하던 중 위원 한 사람이 예산이 균형을 이루어야 하는데 수입이 너무 많이 들어온 것처럼 보인다고 하자 위원들은 자신들의 재정적 기여를 줄일 수 있는 기회라고 생각하여 몇몇 동료 위원들 간에 자신들의 예산할당을 줄이자고 담합하는 모습을 보이기까지 했다. 이에 브루스는 균형예산을 줄일 수는 없다고 반박했다. 그는 놀라울 정도로 능숙하게 자신의 일을 했고 '창의적인 회계 업무'라는 용어를 만들어 낼 만큼 회계 부분에서 훌륭한 기여를 했다.

비미쉬 박물관 운영의 큰 부분 가운데 하나, 즉 수집에 관한 이야기로 옮겨가야 할 것 같다. 첫 번째로 언급해야 할 사람은 조지 허스로 전차(궤도)에 관한 광적인 팬이자 전문가였다. 그는 본래 1960년대 말 노섬벌랜드 카운티 의회에 편지를 써서 전차박물관이 노섬벌랜드에 들어서야 한다고 제안했던 사람이었다. 다행히도 이 편지가 빌 버틀러에게 전해졌는데 빌은 나중에 노섬브리아 관광위원회(그 분야에서 최초로)의 사무총장이 되었다. 당시에 그는 노섬벌랜드 카운티 기획실 직원이었다. 이때가 지역 열린공간박물관에 대한 밑그림의 시작단계로 이와 연계하여 빌은 조지에게 나를 추천해주었던 것이다. 나의 초청에 조지는 보우 박물관에 들렀고 우리는 아주 유익한 대화를 나누었다. 그는 박물관 부지에 트램궤도 시스템을 건설한다는 숨은 의도를 갖고 있음이 확실했는데 그것은 기본적으로 흥미를 유발할 뿐만 아니라 관람객을 운송하는 수단도 될 것이었다. 나는 그 순간까지도 이 주제에 관하여 전혀 깊게 생각하지 않았다. 비록 당시에 나는 어떤 권한도 갖고 있지 않았고 일종의 '의향서'에 서명했을 뿐이다. 돌이켜보면 이 서명의 효력은 첫째 열린공간박물관이 탄생하게 된다면, 둘째 내가 그 박물관에 책임 있는 자리에 앉게 된다면이라는 전제가 깔린 것이었다. 그 후 트램궤도 시스템이 설치되었고 나는 조지 허스가 이 일에 참여할 수 있도록 노력하곤 했다. 나는 또 정보와 자료의 측면에서 할 수 있는 모든 그에게 제공했다. 그는 현재 비미쉬에서 운영되고 있는 것처럼 트램궤도 시스템과 이 분야에서 독보적인 존재임을 증명해보였고 그의 열정과 도움이 없었다면 이 일은 시작조차 할 수 없었다. 이 일에서 그는 마이크 휠러Mike Wheeler의 도움을 받기도 했는데 그는 보우 박물관에서 학교박물관 관리자이면서 또 다른 트램궤도의 열성적 지지자였고, 조지 허스를 뒷받침할 훌륭한 인물이었다. 우리는 트램궤도 시스템의 독점적인 사용을 위해 브란스페스 보관창고로 이 수집품들을 이관시켰고 그곳에서 트램궤도 수집품들이 빠른 속도로 늘어나기 시작했다.

나는 또한 이 글에서 게이츠헤드에서 만들어진 마지막 객차인 J21 증기기관차를 보존하기 위한 조지 허스의 긍정적이며 사심 없는 행동에 대하여 밝히고자 한다. 그는 우리가 무이자로 1,200파운드(60년대 중반 당시로서는 큰 금액임)를 빌려 구입한 이 증기기관차를 해체에서 보존하기까지 도움을 주었다. 이 증기기관차의 구매는 '열린공간박물관 친구들'을 통하여 할 수 있었고 박물관이 공식적으로 탄생하기까지 대출금이 큰 역할을 했고, 우리는 조지 허스의 지원에 응답할 수 있었다.

또한 콘셋의 철강공장에 있는 운송기관 창고의 관리자였던 조지 코웰 George Cowell을 나에게 소개시켜주었던 사람 또한 조지 허스였다. 조지 코웰은 J21 증기기관차, 게이츠헤드와 뉴캐슬의 전차, 나중에는 북동부 철도 여객열차와 같은 아주 커다란 장비나 설비를 보관할 수 있도록 해주었다. 당시에 이 보관소가 없었다면 우리는 이렇게 커다랗고 대체할 수도 없는 장비들을 지금까지 보존하기란 불가능했을 것이다.

카원 로빈슨은 60년대 말 여름쯤에 철도에 관한 한 열성팬으로서 만나게 된 사람이었다. 그는 단지 평범한 열성팬이 아니었다. 물론 그 역시 다른 방향으로 도움을 줄 수는 없었지만 특히 철도의 신호체계(다른 열성팬들은 대체로 지나칠 수 있는 그런 주제)에 흥미를 갖고 있었다. 효과적으로 일을 하기 위해 나는 그에게 그런 측면에서 수집품들을 봐달라고 요청했고 그가 혼자 사용할 수 있도록 브란스페스의 여러 작업공간 중 하나를 그에게 내주었다. 내가 그의 작업장을 들여다볼 때마다 북동부 철도로부터 수집한 각종 신호장비마다 잘 만들어진 엄청난 양의 설명서들로 채워져 있곤 했다. 만일 이러한 수집품들의 일부가 훌륭한 것이라고 한다면 그것은 카원 로빈슨의 해설이자 그의 노력에 힘입은 바가 매우 크다고 할 수 있다. 카원 로빈슨처럼 헌신적이고 우리가 의존할 수 있는 수집가는 아무도 없었다. 로울리 역의 급박한 철거에 대하여 나에게 신속히 알려준 사람도 카원이었고, 로울리 역과 같은 유형과 크기를 갖고 있는 역은 당시에 어디에도 없었다. 결과적으로 비미쉬의 계획이 실현될 때까지 이 역을 임대할 수 있었고 우리는 공식적으로 이 사안을 처리할 수 있었다. 카원은 또한 조지 허스의 도움과 더불어 J21 증기기관차가 사라지는 것을 막을 수 있도록 나의 흥미를 끊임없이 불러일으켰고 결국 우리는 그것을 보존할 수 있었다.

스튜어트 스미스는 한때 선덜랜드 박물관의 직원으로 일했는데 훗날 부관장이 되었고 마지막에 가서는 아이언브리지 박물관의 관장이 되었는데 우리의 '친구들' 중 한 사람이기도 했다. 특히 웨스트볼던 석탄과 석회 창고의 운반과 해체를 책임졌고 지금은 로울리 역과 비미쉬의 밑그림을 그린 주요 인물로 자리 잡았다. 빅토리아 앨버트 박물관에서 특별지원금의 운용을 맡고 있는 휴 웨이크필드는 나의 호기심 어린 요청에 대해 때때로 지원해주었는데 예를 들면 내가 씨햄 항구의 콜 드랍과 30대 혹은 그 이상의 촐드론 화차와 같은 비예술 분야의 수집대상의 구매를 미리 앞당겨 처리해주기도 했다. 내가 노섬벌랜드 카운티 의회로부터 15돈의 증기 로드롤러의 구입을 위해 40퍼센트의 특별지원금을 요청하여 획득했을 때 이러한 비정상적 요구에도 그는 적극 응해주었다.

마이크 사토Mike Satow는 엔지니어링과 매력적인 면 모두 출중한 인물이었다. 그는 1970년대 초 내 인생에 불쑥 찾아온 사람으로 인도에서 돌아왔는데(그는 임페리얼 화학회사에 근무하고 있었다) 뭔가 자신이 할 일을 능동적으로 찾고 있었고 철도와 관련된 일을 선호했다. 돌이켜보면 나는 단 한 가지 제안을 했는데 그것은 찰나의 순간 내 마음 깊숙한 곳에 강하게 응집되어있었던 것일 수도 있다. 그것은 (조지 스티븐슨의 '증기기관'이 처음 시운전을 한 지 150년이 지나) 1975년이 다가옴에 따라 모조품을 제작하여 비미쉬에서 축하하는 시운전을 하는 것이 어떨까 하는 생각이었다.

기쁘게도 마이크 사토는 즉시 아이디어를 내놨고 바로 그날 달링턴 뱅크톱Darlington Bank Top 역에 연락하여 원래의 증기기관차를 볼 수 있도록 요청했다. 그가 평상시에도 늘 보여주는 거부할 수 없는 매력으로 쉽사리 승락을 얻어냈고 그 증기기관차를 샅샅이 훑어본 후 이내 스케치를 준비하기 시작했다.

누구나 몇 페이지 분량의 측량보고서면 충분할 거라고 생각할 만한 과업에 대하여 마이크 사토는 대략 수백 매의 기술 도면을 배운다는 일념으로 준비했고 현재 이 자료는 마이크로필름 카드로 보존되어있고 그의 기부로 저작권이 '증기기관신탁Locomotion Trust'에 남아있다.

커다란 수집대상을 안전하게 운반하는 것은 초창기에 항상 문제가 되었던 것인데 제임스 스틸 경은 즉각적인 도움을 준 사람이었다. 당시에 그는 선덜랜드에서 콜 크레인회를 맡고 있었고 '타이니 팀' 증기해머를 로더럼에서 북동부로 이송하는 일에 기꺼이 동의해주었다.

뉴캐슬대학의 멤버 두 명은 큰 도움이 되었고 나에게 용기를 심어주었다. 한 사람은 콘젠스Conzens 교수로 도시계획에 관하여 맨 처음 공동위원회에 참여했고 나중에 합동동위원회가 만들어진 후에도 항상 참석하여 도시계획에 대한 조언을 해주었다. 경제학사를 전공한 노먼 매코드 교수는 산업고고학 장소를 포함한 북동부지역의 항공사진측량을 해주었고 우리는 몇 가지 좋은 사진을 이용할 수 있게 됐다. 그는 또한 필요할 때 나에게 확신과 용기를 준 사람이기도 하다.

스태퍼드 린슬리Stafford Linsley 박사는 나중에 뉴캐슬대학의 원격강좌 전임강사가 됐는데 합동위원회가 설립되고 적절한 자금이 들어오기 전, 당시 '친구들'이 건물과 장비를 한동안 옮기려고 준비할 때 든든한 역할을 해주었던 사람 중 하나였다.

북동부지역 사진들의 수집이 점차 증가하고 분량도 많아지는 동안 나는 여전히 보우 박물관에서 근무하고 있었는데 과거 지역 경관을 재구성하기 시작할 때 옛날 사진들의 사본은 아주 유용한 역할을 했고 또한 현대의 사진들은 급격히 변화하고 있는 장면들을 지속적으로 담아내기 시작했다. 아서 로버츠Arthur Roberts는 이 주제에 대해서 한 축을 톡톡히 담당했고 데일스Dales 지역에서 사람들이 이제까지 상상할 수 있었던 가장 꾸준한 수집가였음을 입증했다. 자신이 복사하기를 원하는 그림이라고 생각하는 순간 그 그림은 아서의 손아귀에서 벗어날 수 없었다. 당시에 그는 납 광산을 주제로 작업하고 있었는데 그것과 관련한 비미쉬의 훌륭한 수집품은 그가 혼자 고민하고 혼자 이루어낸 것이었다. 나중에 그는 양sheep으로 주제를 옮겼는데 그렇게 많이 기록된 개개의 양들에 대하여 알고 있는 사람을 본 적이 없다.

한번은 보우 박물관에 있는 동안 나는 최소한의 훈련과 준비물을 가지고 자원봉사자들을 활용하여 농가에 대한 기록과 연구에 온 힘을 다해 착수했다. 베라 채프먼은 향토사학자로서 특유의 열정으로 채록과 기록물들을 통해 이 일을 거들어 주었는데 현재의 비미쉬 수집품들은 거의 그를 빼놓고 설명할 수 없다. 내가 세웠던 계획은 사진작가들이 농가에 대한 대략적인 배치 형태를 찍고(이상적으로는 25인치짜리 OS 지도사진 복사 형태) 그 다음에는 카메라로 주위를 다니면서 언제든 찍을 준비를 하고 각각의 위치를 화살표로 표시하고 일련번호를 매기도록 했다. 농가들 가운데 상당수는 현재 몰라보게 변했고 측량된 도면과 주의 깊게 배열된 사진들이 이상적이었다고 할지라도 그 당시로서는 불가능한 일이었다. 이 일은 또 다른 광적인 수집가 존 도너번을 떠올리게 만드는데 그는 어느 날 보우 박물관에 찾아와서 박물관을 위해 뉴캐슬 시내와 인근의 옛 산업시설물들에 대한 사진 찍기와 기록을 하고 싶다고 말했다. 나는 이제껏 그의 개인 직업이 무엇인지 알 수는 없으나 이 일이 그 자신을 위한 일종의 개인적인 여가생활이면서 매우 소중한 일이라는 점을 알고 있다.

존 뉴릭John Newrick은 위어데일에 분소를 둔 농림부 농업 담당 고문이었다. 그는 확실히 지역농업 공동체가 좋아했던 사람으로 수년 동안 현대적인 개발과정에서 파괴되지 말아야 할 모든 종류의 농업 관련 항목들을 선별해오고 있었다. 그는 레딩대학에서 영국 농촌생활 박물관the Museum of English Rural Life에 관한 전공을 이수했지만 나의 존재와 당시의 비미쉬에 대한 계획을 알고부터는 자신의 관심사를 바꾸었고 자신의 차 트렁크에 위어데일의 언덕에서부터 골짜기에 이르기까지 수집했던 각종 흥미로운 목공예품, 금속공예품들을 가득 채우고 보우 박물관을 정기적으로 찾아오곤 했다. 모든 물건들이 사람들이 좋아할 만큼 최상의 상태의 것들은 아니었지만 다른 사람들이 결코 보존하지 못했던 많은 품목들을 보존했고 비미쉬의 농업 관련 수집품들의 상당량에 대한 책임은 그의 어깨에 달려 있다 해도 과언이 아니다.

리징손Leasingthorne의 잭 켈Jack Kell은 60년대 중반에 만났던 나이 많은 광부였는데 나는 그에게서 광업종사자와 일 그리고 장비들에 대해 많은 것들을 듣고 이해할 수 있었다. 그는 내가 알고 지낸 사람 중 가장 친절하고 신사다운 사람이었고 그를 알게 된 것에 대해 큰 자부심을 느낀다.

우리의 '친구들'은 초창기에 특히 가장 중요했고 뉴캐슬대학의 경제지리학 교수였던 헨리 다이쉬를 만난 것은 행운이었다. 그는 1967년 박물관 계획에 관심을 갖기 시작했고 어느 날 그의 초대로 그와 나는 장시간 토론을 갖기도 했다. 이 일이 있은 후 우리는 열 명 남짓 사람들을 모았고 뉴캐슬대학에서 즐겁게 점심 식사를 하면서 추진위원회를 결성했다. '북부지역 열린공간박물관 친구들'이 만들어졌고 내가 큰 의미를 부여한 〈살아있는 역사〉라는 소책자를 만드는 데 비용을 충당해주었다. 초창기에 '친구들'은 정말 값진 도움을 주었는데 내가 홍보활동에 얽매이지 않도록 확실한 역할 분담을 해주었다. 뉴스레터 내용의 대부분은 내가 직접 작성했고 처음 몇 년간 때로는 필명을 쓰기도 했다.

로버트 앳킨슨, 나와 어떤 관계도 없지만, 그는 여전히 '친구들'을 조직하고 협력을 이끌어내고 있으며 25년 동안 신뢰성 테스트를 주관하고 있고, 최근 몇 년간은 승마 이벤트Horse Driving Event와 그 밖의 유사한 활동들을 벌이고 있다. 특히 이벤트들을 통하여 비미쉬에 대한 홍보활동에 많은 도움을 주었다. '친구들' 내에서 활동을 하며 그곳에서 많은 개인회원들에게 큰 도움을 받고 있다.

일반적인 홍보활동의 측면에서 몇몇 신문사 동료들을 언급해야 하는데 박물관에 도움을 준 그들의 역할이 때로는 나를 꽤 열성적인 사람으로 보이게까지 만들기도 했다. 60년대 중반 이전까지 나는 항상 언론이라는 것을 '무감각'하거나 냉정하게 생각해왔다. 하지만 내가 힘든 시기를 거치는 과정에서 그들과 몇 차례 만날 기회를 가지면서 아주 다른 경험을 하게 됐다. 《노던 에코》의 해리 에번스는 정말이지 최고의 도움을 주었다. 이미 앞서 '타이니 팀'에 관한 그의 제안을 언급했는데 첫 단계에서 그는 나에게 이미 수집했거나 수집하려는 물건에 관한 주제로 매주 글을 연재하는 필진으로 의뢰했고 그것은 우리의 유물수집 작업에 커다란 도움이 되었다. 존 엑셀비는 신문에 감탄스러울 정도의 글을 실어주었고 또한 〈살아있는 역사〉라는 소책자를 발행할 때 큰 도움을 주었다. 그 밖에 잊지 말아야 할 사람들이 있는데 그들 또한 열정적이고 큰 조력자들이었다.

BBC의 연대기 영화인 '가스공장에서 일했던 사람들'의 프로듀서였던 레이 수트클리프는 1967년과 68년 사이 어려웠던 시기에 묵묵히 우리의 홍보를 맡아 완벽히 수행해 주었다. 텔레비전은 여론 형성에 항상 영향력이 있다고 받아들여지는데 다른 한편 그런 점에서 미디어라는 매체가 공정한 소설로 더욱 영향력이 있을 뿐 아니라 다채롭기까지 하지 않은가 말이다! 레이는 우리가 수집했던 모든 종류의 품목들을 기록할 수 있었고 인근의 멋진 브란스페스 보관소에서 어느 정도 시간을 보냈으며 그런 다

'예스터데이 쇼'가 로저 버지스에 의해 BBC 뉴캐슬 스튜디오에서 정기적으로 방영됐고 큰 인기를 끌었다. 비미쉬 수집품에 대한 엄청난 양의 선별과정을 거치곤 했다.

음 '친구들'의 결성과 우리의 〈살아있는 역사〉 소책자도 기록으로 남겨주었다.

그리고 나서 얼마 후 레이는 첫 번째 방문지로 비미쉬 홀에 도착하여 버스에서 내리는 합동위원회 위원장인 맥밀런 의원을 그곳에서 간단하게 인터뷰했는데 그 자리에서 비미쉬가 새로운 박물관의 본가本家가 되어야만 한다고 선언하였다. 많은 시간이 지나고 내가 은퇴했을 때 나의 또 다른 BBC 친구인 로저 버지스Roger Burgess는 로버트 휴이슨Robert Hewison과 함께 '비미쉬를 만든 사람The Man Who Made Beamish'이라는 영화를 만들었다.

1981년 비미쉬 직원들. 로울리 역에서 사진을 찍었다. 이 직원들 중 몇 명은 '일자리 창출' 계획에 의거 채용했고 그들이 초창기 비미쉬 발전에 가장 큰 도움이 되었다.

    그리고 나는 그다지 많은 책임이 필요 없는 자리이지만 그럼에도 불구하고 훨씬 더 많은 일을 함께해왔던 비미쉬의 다양한 동료들에 대한 감사를 이 글에서 밝혀야만 할 것 같다. 모든 사람들에게 고맙지만 짧은 지면을 통해 몇몇 사람들만 간추려 보면 맨 먼저 로지를 얘기해야 할 것 같다. 그녀는 최초의 직원이자 아직까지도(1999년 현재) 비미쉬에서 근무하고 있고 지금은 선임관리자Senior Keeper이기도 하다. 그녀는 쉴 새 없이 모든 수집품들을 옮기고 여전히 박물관이 갖추어야 할 기본을 유지하는 일을 담당하고 있다. 앨런 역시 여전히 유물의 관리를 맡고 있는데 로지가 있을 때 같이 임명이 됐고 로지와 함께 아직까지 남아있는 설립 당시

두 명의 직원 중 한 사람이다. 이언 월든은 처음에 산업 부문의 관리자였고 나의 무분별한 제안을 공학적으로 실현 가능케 해준 사람이다. 우리는 그의 감독 하에 벌인 아주 극적인 '덩케르크 식' 작전을 포함하여 초창기에 함께 일했고 방대한 수집품들을 브란스페스 군부대로부터 새로운 장소인 앤필드 플래인으로 옮기는 일도 함께했다. 그는 현재 더들리Dudley에 있는 또 다른 크고 점차 발전하고 있는 열린공간박물관인 블랙컨트리 뮤지엄the Black Country Museum 관장으로 재직 중에 있다. 그의 뒤를 이어 랠프 타르가 왔는데 열정으로 똘똘 뭉친 사람으로 지방정부의 업무 방식에 대해 참지 못하는 성격의 소유자였다. 그는 철도 지역의 재건축을 완수하기 위해 모험정신에 입각하여 일을 원만히 해냈고 타운 지역 협동조합 건물의 작업도 그가 시작했으며 광산 권양기의 재설치 역시 그가 시작했다. 처음에 노천광에서 탄을 캐서 자금을 모으자는 아이디어를 낸 사람 역시 바로 이 친구다.

랠프 타르에 이어 존 골은 우리가 개발 프로그램을 좀 더 진행시키기에 앞서 더럼 카운티 의회 건축과에서 우리의 전문적인 동료들의 신뢰를 얻기 위해 얼마간의 시간을 보냈다. 몇 년 후 그는 부관장 직을 맡아 열의에 충만했고, 나의 지나친 생각들에 대하여 오랜 기간 균형감각을 발휘하여 비즈니스와 같은 효율성의 측면과 박물관의 재정 안정성에 기여했다. 그리고 우리의 아이디어를 실현하기 위한 자금조달에 도움을 준 사람이 엘리자베스인데 비미쉬 개발 기금Beamish Development Trust의 첫 번째 담당 부서장이었다. 그녀는 광범위한 자금확보의 원천으로부터 몇백만 파운드를 끌어모았고 일시적인 스폰서를 구하는 방식을 취하기에 앞서 특별지원금과 무상기부를 비미쉬 발전 기금의 제1의 원칙으로 삼았다.

진실 되게 거의 모든 직원들(여전히 많은 직원들이 일하고 있고)이 의무감을 뛰어 넘어 열정을 다해 일하는 곳, 그곳이 바로 비미쉬다. 지역을 찾는 관람객들은 말할 필요도 없고 보존과 수집이라는 지역적 활동을 통해 수많은 북동부 사람들의 삶과 생각들 속에 뭔가 가치가 있음을 보여주고자 노력하는 곳이다.

이 모든 사람들과, 나의 부주의로 무심코 지나친 그 밖의 모든 사람들에게 미안함을 느끼며 오늘날의 비미쉬가 반석에 오르는 데 그들의 지식과 위엄과 열정에 도움을 받았음을 이 자리를 빌어 고백한다. 모든 일은 변할 수 있고 미래의 방향도 바뀔 수 있지만 그들의 헤아릴 수 없는 열정

왼쪽_1986년 프랭크 앳킨슨이 올해의 박물관 상(헨리 무어의 조각상)을 받고 있다. 이것은 현재 남쪽 입구와 넓은 주차장을 만들었던 해에 건축한 새로운 방문객센터에 전시되어있다.
오른쪽_1987년 유럽 박물관 상을 수상한 프랭크 앳킨슨. 그가 17년간 비미쉬의 발전을 이룬 후 은퇴할 때 이 저명한 상을 받게 되었다.

만큼은 여전히 지속되고 있고 그것이 계속되는 한 비미쉬는 영원히 발전할 것이다.

14. 박물관 전시물에는 어떤 일이 생겼을까?

대부분의 사회사 박물관은 기본적으로 새로운 물건들을 기회가 있을 때마다 받는다. 누군가가 뭔가를 발견하고 그것을 박물관에 제공하고 박물관 스텝들은 그것을 받아들일지 말지를 결정한다. 그 결정은 제공받은 물건이 기존의 컬렉션과 어떤 관계를 갖는지가 관건이 된다. 유용하게 빈틈을 메워줄지 혹은 그들이 가지고 있는 그 어떤 것들보다 더 나은 유물일지, 또 다른 유사한 유물과 비교했을 때 더 유용하거나 안전할지(잃어버리거나 손상을 입는다는 측면에서) 혹은 대여나 전시를 목적으로 새롭게 더 추가 한다든지 하는 점들이다. 유물들로부터 수집되는 정보(사용법이나 문서 등)가 그 유물보다 다른 유사한 유물과의 관계성 차원에서 더 나을 수도 있다. 이러한 모든 이유들로 인해 물건들을 받아들이거나 거절할 수 있고 기록, 목록화, 보관이라는 그 다음 단계로 옮겨가는 과정을 밟는다.

하지만 내가 이전에도 이미 제시했지만 우리는 그 어떤 뒷받침도 없이 지역(또는 처음에는 더럼) 수집품부터 시작했다. 우리는 백지상태로 출발했고 그것은 어떤 수집대상도 단지 그 물리적 상태라는 조건과 그것에 딸

◀ 비미쉬 수장고의 전형적인 진열대. 전시하기에는 너무나 많은 양임에도 불구하고 수많은 물건들이 전시에 앞서 보관되고 있다. 또한 강의용, 참고용 등으로 추가적인 전시가 필요할 때도 있다. 여기보다 더 많은 자료가 있는 곳은 결코 없을 것이며 지역 사람들에 의해, 지역을 위하여 보관되어 온 것이다.

린 수많은 자료를 얻기 위해서도 무엇이건 수집할 가치가 있었다. 이런 식으로 제공되는 거의 모든 것들을 받아들일 수 있게 됐다. '당신은 제공해라, 우리는 모을 것이다.' 이러한 '무차별적 수집'의 형태는 역시 또 다른 방향으로 작용했다. 왜냐하면 많은 사회사 박물관들은 아주 폭넓은 항목들이나 꺼림칙한 품목을 수집할 수는 없었기 때문이다. 이러한 선별은 설령 무의식적이라 하더라도 기계 대신 광산램프, 좀 더 전형적인 흉물스러운 가구 대신 매력적인 가구 등에 쏠리는 식으로 균형 잡히지 않은 수집으로 이어졌다.

우리는 무엇을 수집해야만 하는지 기준을 삼을 연구에 매진하지 않고 철저하게 무차별적인 방식으로 수집작업을 해왔기 때문에 이제는 무엇이 뛰어난 지역성을 갖춘 수집품이며, 적절한 보유수와 대표성과 균형을 고려한 수집은 어떤 것인지 기준을 잡기 위한 계획을 세웠다.

어떤 지역에서는 너무 많이 수집했고 수동 세탁기는 아마 30대 이상이었던 것 같고 탈수기도 지나치게 많았다. 하지만 업무 시간과 양은 절대적으로 많았고 수집품의 범위를 가늠하기가 쉽지 않았기 때문에 들어오는 대로 자료들을 분류할 기회를 잡기가 거의 불가능한 상황이었다. 때로 최종 목표를 달성했지만 한두 개의 품목에서 멈추는 경우가 생기면서 우리를 당황하게 만드는 일도 있었다. 예를 들어 재봉틀이나 모직기계 또는 물추리막대와 같은 것들이 그러한데 얼핏 돌이켜보면 너무 과도하게 우리를 대표하게 만든 것이 아니었던가 생각이 든다(물추리막대는 가로대 형태로 중심에 회전축이 있고 마차나 쟁기에 부착되어있는 것이다. 옛날에는 아주 일상적으로 눈에 띄었다). 하지만 우리가 수집을 중단하는 일은 거의 없었다. 왜냐하면 그것을 분류하고 선별하는 것보다 수집하고 보관하는 것이 한정된 시간의 업무상 더 쉬웠기 때문이다. 게다가 아무런 대가 없이 우

거대한 바퀴 모양의 구조물이 19세기에 제작된 와들 환기팬이다. 증기엔진을 이용하여 거대한 팬이 속도를 내며 회전하고 원심력을 통해 공기를 불어넣기도 하고 막장으로부터 공기를 밖으로 배출하기도 한다. 이 팬은 라이호프Ryhope 광산이 보관해온 것이며 지금은 비미쉬 수장고에 있다. 이 사진은 사우스 무어에 있는 찰리 광산의 팬과 똑같은 것이며 이러한 팬은 더 이상 존재하지 않는다.

리를 돕기 원하는 대중들에게 책임감을 느끼기도 했기 때문이다.

이러한 모든 수집과정은 당연히 또 다른 압박으로 다가왔는데 그 이유로 나는 '수집카드'라는 방법을 고안해냈고 그것은 앞에서 설명했다.

지역박물관 설립이 가까워옴에 따라 나는 '석탄', '도시', '철도', '농가' 등과 같은 장소로 대표되는 다양한 지역을 그려보기 시작했고 우리의 재현 노력이 그 범위가 확대될수록 실제 장소들 사이에 심각한 괴리가 있음이 뚜렷해졌다. 자주 느꼈던 것인데 전적으로 내 책임이었다는 것을 여기서 밝혀야겠다. 나는 이러한 문제를 토론할 사람이 아무도 없었다. 토론은 혁신을 요구하는 문제들을 해결하는 데 대체로 도움이 된다. 몇 차례 고민을 한 후 한동안 나는 작고 비공식적인 전문가 조언 그룹 또는 지식인 그룹을 구성하기로 결심했는데 특히 두 개의 그룹이 아주 유용했다.

첫 번째, 광산그룹Colliery Group은 광산의 매니저들, 고참 토목기사와 기계기사 그리고 두 명의 기술진으로 구성했는데, 석탄위원회가 선발했다. 작은 광산의 연간 작업일정 또는 과정을 확보하는 것과 1913년경 북부광산지역의 운영상황을 함께 작성하도록 요청하고자 했다. 광산과 그 광산의 노동과정에 관한 '시나리오'를 만드는 일로부터 시작했다. 우리는 당시에 채용됐을 법한 수많은 사람들의 세부 인적사항을 준비했고 무엇을 생산했는지와 같은 것들을 통해 운영 규모를 확인할 수 있었다. 이런 노력은 매우 놀라운 경험을 안겨주었다. 이 시나리오의 첫 문장을 아직도 기억하고 있는데, 그것은 자신의 관리자로서 작업에 대해 접근하고 있음을 은연중에 드러내고 있고, 물론 우리의 계획에 큰 도움이 됐다. '훌륭한 지하갱도 작업이었고 아주 소량의 경석만이 채굴된 상태로 나머지는 다시 갱도 안으로 집어넣은 상태…'('경석'은 사암 혹은 셰일과 같이 쓸모없는 암석을 말한다).

당시 나에게 조언을 해준 사람은 내가 알맞은 장비를 찾을 것으로 예상했는지 광산들을 확인시켜주고자 했다. 예를 들어 와들 환기팬으로 제9장에서 성공리에 입수한 환기장치를 이미 설명했다. 광산에서 더 이상 볼 수 없는 마지막 장비였다.

두 번째, 또 다른 성공적인 조언 그룹은 우리가 '타운 지역'에 대한 계획을 세웠을 때이다. 당시 나는 산업관리자로서 이언 월든과 (사회사) 보조관리자인 로즈메리와 같은 작은 전문가 집단을 갖고 있었다. 우리는 사회경제에 대한 자문으로 노먼 매코드 교수를, 중세지리학자로 콘젠스를, 그리고 한 사람의 조경학자와 그 밖에 몇 사람들을 두고 있었다. 우리가 처음 백지상태에서 엄청난 검토과제를 갖고 만났을 때 논의는 거의 실패했다. 왜냐하면 주제가 너무나 광범위했기 때문이다. 우리의 논의 내용이 '타운 지역'의 특징과 그 유래의 기원이어야만 했는데, 그 인구의 크기와 대표할 수 있는 시대의 범위, 상점과 가로의 종류 그리고 공공기관에 이르기까지 주제가 너무나 산만했기 때문이었다. 그래서 두 번째 미팅에서는 세 명의 박물관 사람들이 우리의 이상적인 타운(지역)의 모습을 직접 끌어냈고, 전반에 걸쳐 기본적인 결정을 내리고 이것을 우리 팀에게 제공했다. 이것은 좀 더 나은 조언을 받기 위해 필요한 구체적인 노력으로 모든 사람들을 만족시켰다. 특히 내 기억에 콘젠스 교수는 타운 지역에서 가상으로 설정한 중세풍의 토지보유 형태는 직선이 돼서는 안 되며 계획상 약간의 'S자형'으로 해야만 하고 그래야만 양끝에서 두 마리의 소가 이끄는 밭갈이의 방향전환을 재현할 수 있다고 했다. 그는 이 방식이 이제까지 중세풍 타운 계획에서 최초임을 들뜬 마음으로 제시했다. 타운 지역이 모양을 갖췄는데, 우리는 타운 지역이 강을 건너는 지점에서 시작해야 한다는 것에 동의했으며 어느 정도 비숍 오클랜드의 크기나 특징과 비슷한 면모를 갖춘 것으로 생각되었다. 17세기와 18세기는 물론 19세기의 다양한 시기를 포함하는 것으로 보일 수 있었다. 아마도 비미쉬를 찾는 관람객들은 1920년대 초반에 해당하는 것으로 보였을 것이다.

우리는 주택과 펍, 상점, 공립학교와 은행 등과 같은 공공건물의 형태와 시기 등 타운 지역에 필수적으로 들어갈 내용에 대한 계획을 만들어 냈다.

이런저런 시정으로 실질적인 개발은 앤펼드 플래인 협동조합 상회부터 시작하여 인근의 빅토리아시대의 공원, 건너편에 조지안시대 말기의 레이븐스워스 테라스, 비숍 오클랜드 인근의 펍까지 차례대로 개발했다. 이 타운 거리는 그 자체로 대표적이라 할 수 있으나 사실상 박물관 계획으로 보면 아직 시작도 안 했고, 결코 시작할 수도 없는 '타운'의 중세풍 중심지를 외곽으로 확장하려는 구상이었다. 이 계획이 시작된다면 논리적으로나 공간적으로 그와 같은 개발이 자연스러울 것이다.

이러한 종류의 박물관은 현금, 견고한 논리, 상식과 우연치 않은 발견을 조화롭게 발전시켜 나가야만 하는데 왜냐하면 앞으로 또 어떤 것을 이용할 수 있을지는 예측하기 어렵기 때문이다. 고속도로 개발이 지속적으로 팽창하고 돌이킬 수 없는 것처럼 보였을 당시 나는 절반은 우스갯소리로 심지어 작센 교회조차도 어느 날 우리의 수집대상이 될 수 있으리라 암시하곤 했다. 우리는 교회 수집품을 위한 공간을 마련할 수 있을까? 꽤 그럴듯한 얘기지만 이에 대해서는 언급하지 않는다. 앞으로 30년 후에 박물관은 미들즈브러 근처의 이스턴에 있는 작은 교회를 수집하고 있을 것이고 그 시대도 다양할 것이고 작센까지 그 기원을 거슬러 올라갈 수도 있을 것이다.

이미 설명했듯이 우리의 수많은 수집품들은 내가 자주 하는 강의나 '대중강좌'의 결과, 직접 박물관으로 들어온 것들이거나 어떤 것들은 아주 놀랍거나 아주 재미있는 일화들을 간직하고 있다. 사례가 하나 있는데 한 젊은 친구가 어느 날 전화를 걸어왔다. 자신의 아버지가 최근 돌아가셨고 어머니는 살던 집을 떠나 아들과 함께 살기를 원한다는 것이었다. 가족들은 그 집에 비미쉬에서 관심을 가질 만한 수집품목이 한두 개 정도 있을 것으로 생각했다. 확실히 그랬다. 약속을 하고 얼마 후 그 집에 도착했다. 정말이지 이런 상황에서는 지체 없이 가야 한다. 이븐우드 게이트 인근의 작은 주택이었는데 현재 비미쉬에서 볼 수 있는 것과 거의 비슷한 광산 사택이었다. 프리스틀리Priestley 부인과 광부였던 남편은 20세기 초에 결혼했고 그때와 거의 다를 바 없는 세간을 갖추고 살고 있었다. 내 관점에서 그것은 진정한 보물이었고 가족들이 원했던 유일한 서랍장 하나를 제외하고 거의 모든 것들을 수집하는 것에 흔쾌히 동의해 주었다.

당시 주임이었던 쉴라 조단Sheila Jordain과 함께 나는 하루 동안 프리스틀리 부인에게 집과 세간들에 대하여 이것저것 물어보며 보냈다. 그녀는 자신의 집과 그곳에서 살았던 거의 모든 것들에 대해 아주 잘 기억하는 이상적인 정보제공자이기도 했다. 유별난 추억 하나가 있었는데 결혼 초에 장만한 축음기와 관련된 이야기였다. 이 부부는 축음기를 가족들 이야기를 녹음하는 데 사용했다. 가족 중에 누군가 집을 나갔을 때 매우 당황해하며 축음기를 틀어 그에 대해 녹음한 것을 듣곤 했다. 20세기 초의 유머가 천진난만하고 단순하기도 하며 인정이 많았다는 것은 이를 통해 알 수 있다. 20세기 말 텔레비전 중심의 세상에서 이러한 것들을 상상하기란 쉽지 않을 것이다. 나는 이와 유사한 종류의 농담이 던져지면 참지를 못한다. 나는 한때 북부지역 텔레비전 방송 프로그램 가운데 하나인 예스터데이 쇼를 수집했는데 1930년데 모페스Morpeth 시장에서 사람들 사이에 회자됐던 다음과 같이 이야기가 있다(아래의 대화는 영국 북동부지역 사람들 즉 조디들의 대화의 일부임. 조디들은 특유의 억양과 별도의 조디사전을 찾아야만 알 수 있다. 역자는 조디들의 대화를 소개하는 것이 독자들이 조디들의 단면을 이해하는데 도움이 되기에 원문 그대로 실었다-역자 설명).

Tom	Hear ye've got a cooncilhoose, Jake?
Jake	Aye, Tom; at Stobhill
Tom	Hevye got a lend of a cart
Jake	What for?
Tom	Te tak yor forniture te stobhill
Jake	Divvent be se daft, Tom. Aal aa need is a hay fork

톰	공영 임대주택에 대한 얘기를 들어봤나 제이크?
제이크	그럼, 톰. 스톱힐에 있다더군.
톰	그럼 마차는 빌렸나?
제이크	뭣 때문에?
톰	스톱힐에 가구를 갖다 놔야 하지 않나.
제이크	참 어리석군. 필요한 건 건초용 쇠스랑이야.

확실히 프리스틀리 부인 가정의 세간들은 아주 적었고 우리는 벽난로를 청소하고 광을 내는데 사용했던 청소용 브러시까지 모든 것들을 수집했다.

방문하여 모든 것들을 수집하는 일이 항상 매끄럽게 진행되는 것만은 아니었다. 어느 토요일 아침 나는 한 가족으로부터 전화로 유사한 메시지를 전달받았다. 최근 모친이 돌아가셨고 집을 해체 중인데 우리가 관심을 가질 만한 물건이 한두 가지 있을 거라는 이야기였다. 나는 단호하게 말했다. "어떤 것도 훼손하지 말아주세요. 제가 두 시간 안에 그곳으로 가겠습니다."

그곳으로 가서 나는 두 형제와 아주 흥미로운 작은 주택을 발견했다.

우리는 대강의 대화를 나누었고 공동의 관심사항을 얘기했는데 형제 중의 한 사람이 사막에서 전쟁을 치른 듯이 보였다. 나는 전선에서 보내온 조그만 사진 편지를 떠올렸는데 군사우편은 항공기 공간을 절약하기 위해 사진학적으로 축소되어 영국의 수취인 앞으로는 인화되지 않은 필름(음화)만이 배달된다. 그는 맞다고 대답했다. 정기적으로 어머니에게 편지를 썼고 그녀는 그 모든 편지를 여태껏 보관하고 있었던 것이다. 정말 놀라운 일이라고 생각했다. 왜냐하면 당시 우리는 이런 종류의 편지들을 전혀 수집하지 못했기 때문이다. 하지만 유감스럽게도 그는 다음과 같이 말했다. "나는 당신이 이런 것에 관심이 있을 거라 생각하지 않았어요. 그래서 조금 전에 모두 태워버렸습니다." 나는 순간 화가 치밀어 올랐다.

내가 줄곧 봐왔는데 이런 경우는 아주 자연스러운 일이다. 대부분의 사람들은 그들 스스로가 관계되어있고 너무도 일상적으로 친숙한 것들이 보존할 가치가 있으리라고 생각하지 않는다.

위의 마지막 두 가지 이야기는 박물관 직원들이라면 누군가가 어떤 물건을 제공하겠다고 한다면 즉각적으로 반응해야 하고 상대가 제공하겠다고 말한 것으로 수집이 끝날 것이라고 결코 추측하지 말아야 한다는 교훈을 준다.

뉴캐슬에서 가져온 암스트롱the Armstrong 컬렉션은 이런 점에서 아주 좋은 사례다. 어느 날 중년 여성이 전화를 했는데 그녀와 그녀의 동생이 어머니가 돌아가신 후 집안을 정리했고 그들이 생각하기에 우리가 좋아할 것만 같은 인형을 보관하고 있었다. 그들은 처음에 다른 박물관에 기증했지만 거들떠보지도 않았다고 했다. 우리는 지체하지 않았고 그 인형 자체가 대단한 게 아니라는 점을 알게 되었다. 놀라운 것은 집안에 있는 호화스러운 빅토리아시대 말의 가구들이었다. 우리는 그 이전 아니 그 이

후에도 이처럼 대단한 것을 발견해본 적이 없다. 실제로 발견하게 된 새로운 아이템들을 그 자매가 이사를 가면서 몇 년이 지난 지금까지 계속 제공받고 있다. 우리는 자매들에게 집안의 문서들(그것은 뉴캐슬의 상업사에 있어 중요한 것들이었다)을 도시 아카이브 부서로 이관토록 권유했고 엄청난 양의 문서들이 시립도서관으로 보내졌다. 이렇게 인형 하나라도 따뜻하게 기증하려는 사람에게 찾아갈 때 우리는 매우 신중해야 한다.

수많은 유물수집의 기회가 있고 그 기회마다 적합한 수집 논리가 있다. 어떤 종류의 물건을 수집하든지 사회사 박물관들은 당연히 서류 종류들을 수집하게 마련이다. 어떤 기증자가 사용했던 물건을 수집하고 그 물건의 역사적 의미를 아는 것과 중개업자 내지는 골동품상을 통해 구입하는 것 사이에는 분명한 차이가 있을 것이다. 그 의미 자체로 순수하게 흥미의 대상이 될 수도 있고 실질적인 사회적 의미가 추론될 수도 있는 것이다.

비미쉬의 문서들은 내가 바라던 것만큼 훌륭한 것은 아니나 때론 관계된 정보의 가치를 기록할 수 있다. 이것은 또 앞으로 참고자료로 쓰이도록 수집번호Collecting Number를 부여한 후 보관한다.

다음 과제는 물건을 정리하고 찾는 것을 쉽게 하기 위한 분류인데, 초창기에 우리는 이 지점에서 문제에 부딪쳤다. 사회사 유물들의 분류는 영국에서도 미개척 분야이기도 했다. 더군다나 우리는 과학박물관Science Museum을 제외한 어떤 영국 박물관과 달리 산업유물을 수집했고 그 목적 또한 전혀 달랐다.

두 개의 영국 박물관, 즉 카디프 인근 세인트 페이건에 있는 국립 웨일스 민속박물관과 이제 막 떠오르는 레딩대학에 있는 영국 농촌생활사 박물관은 각기 그들만의 시스템(때로는 아주 유별난)으로 설립됐고, 위험성이 있어 아직 착수는 안 했지만 세 번째 시스템으로 로즈메리와 내가 비미쉬 설립 초창기에 결정한 것이 있다. 우리는 유물의 종류별 구성보다는 엄격하게 '유물의 이용'에 기반을 둔 우리의 논리적인 분류를 발전시키고자 했다.

넓은 범위에서 우리는 레딩박물관 시스템을 도입했으나 우리의 방식으로 바꾸었다. 결국 산업계의 유물에다가 새로운 활동범위라 할 수 있는 도시생활 세계를 함께 담은 수집과 분류를 시도한 것이다. 첫 단계에서 나는 영국표준연구소(국제십진분류법Universal Decimal Classification에 의한 도서분류법)가 개발한 새로운 시스템을 시험 삼아 도입했는데, 현재 기술 도서관에서 많이 사용하고 있으나 얼마 지나지 않아 우리는 책이라든가 그와 관련한 정보들은 유물과 유물의 이용과는 차이가 있는 것으로 결론을 내렸다. 우리는 매우 구미는 당기지만 이 시스템을 주저 없이 버리게 됐다.

산업유산에 관한 고민을 하는 동안 나는 정부가 관리하는 표준산업분류Standard industrial Classification를 우연히 알게 됐는데 이것은 모든 종류의 통계학에서 사용되고 있던 것으로 이것이야말로 우리가 수집한 산업유물의 표준이 되어야 한다고 결정했다.

몇 년 후 비미쉬는 영국 사회사 박물관의 회원으로 성장했다. 좀 더 젊고 활기찬 사고방식은 박물관에 이롭게 작용했고 몇몇 박물관 사람들은 국가적으로 받아들일 만한 시스템을 함께 만들기로 결정했다. 비미쉬 시스템이 근간으로 받아들여지고 좀 더 나은 발전에 로즈메리가 기여했다고 기쁘게 말할 수 있다. 마침내 SHICSocial History and Industrial Classification가 공식화됐고 지금은 국내적으로 그리고 실질적으로는 국제적으로도 통용되고 있다.

초기 등록과 분류 후에 세부적인 목록은 다음의 논리적인 절차를 밟고 이러한 과정은 컴퓨터가 도입됨에 따라 지난 몇 년 동안 놀라울 정도로 발전했다. 비미쉬에서 유물 목록화 작업의 도약기는 1970년대 중반이었는데 이때 유물수집이 최고조에 다다랐고 몇몇 일자리창출위원회 사람들의 노력이 더해져 유물 전체에 대한 목록화 작업의 완수가 가속화하기에 이르렀다. 로즈메리와 나는 필요한 공간에 전달하고 상대적으로 이용하기 쉬운 표준목록 양식을 고안했다. 당시 박물관문서협회Museum Documentation Association는 여전히 맹아기 상태였다. 사용자에게 편리한 것과는 거리가 먼 오히려 자신들만이 알아볼 수 있는 초보적 양식을 만들어가고 있었다.

오늘날 컴퓨터에 이와 같은 자료를 입력하면 엄청난 양의 교차항목과 데이터 복구를 스스로 알아서 제공해준다. 이것은 도서관 사서가 여러 장의 카드나 그것보다 큰 양식에 빽빽이 채우더라도 해낼 수 없는 작업이다.

그리고 이것은 오래 전에 내가 보우 박물관에서 시작한 사진 컬렉션을 생각나게 만든다. 이때 나는 나와 관련 있는 북동부지역의 무언가를 기록하고 자원봉사자들에게 이와 같은 기록 정리에 대하여 중요성을 일러주기 시작했다. 나중에 우리는 사람들에게 옛 사진들을 우리에게 건네주거나 단지 복사를 위해 사진을 빌려주는 것을 권했다. 그 결과 일련번호를 부착한 사진첩이 차곡차곡 쌓이게 됐고 서랍들마다 산화방지용 봉투 안에 넣은 원판 사진들을 채워두게 되었다. 그즈음 나는 은퇴했고 우리는 새로운 메커니즘을 찾는 중이었다. 왜냐하면 수집품들이 수작업으로 찾을 정도의 일상적인 업무 수준을 넘어 수집됐기 때문이다. 나는 마이크로필름 카드상에 분류된 배치화면 안에 모든 것들이 들어있는 것을 보고 놀라워했다. 즉 찾아보고자 하는 사람들은 좀 더 쉽게 그들이 찾고자 하는 책, 텔레비전 프로그램, 연구주제 등을 설명해 놓은 적절한 화면을 통해 찾을 수 있기 때문이었다.

　행운인 것은 스캐닝 과정이 컴퓨터로 끝까지 입력되기도 전에 이것이 콤팩트디스크상에 전송되어 우리가 실용적이면서 효과적으로 실물처럼 볼 수 있게 됐다는 것이다. 그래서 지금도 늘어가고 있는 약 20만 점의 그림이나 유물들을 CD-ROM으로 볼 수 있고, 하나 혹은 그 이상의 모습(예를 들어 정육점이 있는 더럼 카운티의 거리 풍경)들을 찾을 수 있게 됐다. 이러한 기술이 지금은 매우 일상화되었다고는 하지만 나는 여전히 믿기지 않는다.

　다시 비미쉬 박물관의 유물로 돌아와서 그것들을 수집하고 목록화하는 과정에서 우리는 적당한 수장고가 있어야만 했다. 완전한 해결책은 아직 멀어 보이지만 어쨌든 수장고는 여러 해 동안 문제가 되었다.

　냉정하게 말해서 박물관에 대해 완전히 정확한 조사를 할 수는 없지만 그러한 조사에 대해서는 1992년 에드워드 엘가가 출판한 책에서 피터 존슨Peter Johnson과 배리 토머스Barry Thomas가 밝히고 있다. 그 책은 《여행, 박물관 그리고 교육Tourism, Museum and Education》(영국 북동부 비미쉬 열린공간발물관의 경제적 영향The Economic Impact of the North of England Open Air Museum at Beamish)이다. 더럼대학의 경제학과에 있는 이 저자들은 비미쉬 박물관 초창기의 수많은 기록들을 면밀하게 연구했다. 비록 겉으로 보기에 확실한 사실로 밝혀진 경우가 있다 하더라도 그 이면에서 실제로 진행되어왔지만 우리가 인식하지 못하는 과정들이 있다는 것이었다. 단 하나 내가 그들과 의견을 달리하는 것은 나의 무분별한 수집으로 인해 발생된 재정적 압박과 관련된 부분이다. 그들은 이 책 32쪽 이하에서 다음과 같이 말하고 있다.

그러나 앳킨슨의 열정은 어려움을 낳고 말았다. 유물수집과 관계된 모든 것들에 대한 그의 개입과 그만의 방식은 필연적으로 노동과 물리적 역량 두 가지 모두에 대한 원천적인 압박을 낳고 말았다. 개방된 유물수집 정책과 같은 앳킨슨의 노력은 이해할 만한 것이었다. 일찍이 하나밖에 없는 유물들은 이미 사라졌고 그것은 영원히 찾을 수도 없다. 그와 같은 손실은 1960년대 말과 같이 급속한 사회변화의 시대에는 좀 더 급박한 것처럼 보였다. 그것은 또한 어림짐작으로 이루어지며 산업 혹은 사회적 유산에 대해 특히 가치 있는 것들로 입증하려는 품목들과 항상 동일시될 수는 없다. 그러나 자원이 과중한 부담에 놓인 상황에서 어떤 유물의 선택은 더욱 심각한 압박이 되고 말았다.

논리적으로는 어느 정도는 맞는 말이다. 하지만 나는 결코 그렇게 보진 않는다. 실재 위의 지적으로부터 나올 수 있는 또 다른 논리적 발전은 결국 수집은 불충분한 것임이 분명하다는 점이다. 그렇다면 왜 이러한 방법을 취했을까? 나는 만일 어떤 물건들을 수집할 상황이라 한다면 반드시 수집해야만 한다고 결정했다. 그렇게 할 수 있는 방법과 그것들을 모아둘 장소를 찾아야 할 것이다. 이에 관해 돌이켜보면 결국 정신력의 문제처럼 보인다.

내가 앞서 지적했듯이 우리는 끊임없이 수집해야만 했는데, 아마 여기에서 다음의 사람을 인용해야 할 것 같다. 초창기 보우 박물관에서 일할 때 민속생활 담당 학예사였고 지금은 머지사이드Merseyside 국립박물관 갤러리의 관장인 리처드 포스터는 다음과 같이 썼다.

나는 잉글랜드 북부의 열린공간박물관 계획에 참여하기 위해 1967년 8월 보우 박물관의 민속생활 담당 학예사로 일을 시작했다⋯. 박물관 2층 사무실 앞의 복도에서는 프랑스 금박시계와 가구, 광부의 램프, 삽, 진저맥주병 그리고 전차기어와 같은 진귀한 물건들로 복도를 채우고, 구색을 갖춘 전시회를 개최했다. 이런 일들이 좀 더 온화한 성품의 직원들에게는 오랫동안 농담에 지나지 않았다.

　　박물관 제안서 작성을 위한 수집품 목록 작업은 신경이 쓰이는 일이자 뭔가에 쫓기는 일이었다. 1967년 겨울이 생생하게 기억난다. 당시 조앤 앳킨슨은 임신한 지 몇 달이 지났고 나는 남문 위의 1층 작은 방에서 서류철을 정리하라는 지시를 받고 일을 하는 중이었다. 우리는 흩어져 있는 각종 서류더미들을 체계적으로 분류하는 최고의 지적 도전을 시도함과 동시에 국내의 산업 관련 서류에 대한 탐구를 하는 어려운 일들과 씨름하고 있었다. 마치 미치광이 같은 열정으로 맡은 일을 하며 우리는 가끔씩 서로를 위로했다. 어떤 때는 밖에서 우리의 영광된 유물로 자리매김하게 될 아직 부려놓지 않은 문화유산 더미가 도착하는 소리를 들을 때마다 히스테리가 일어나기도 했다. 때로는 대화가 거의 음모적이기도 했고 우리는 끊임없는 장물의 흐름을 멈추게 하기 위해 프랭크에게 말하였으나 항상 허사로 돌아가고 말았다. 프랭크는 내가 보기로는 이제까지 살면서 박물관의 비전에 대하여 오로지 외길만을 걸어온 사람이었고 끊임없이 잡동사니를 수집하는 일을 되풀이하곤 했다. 수집이라는 것은 실제로 10년 혹은 20년 안에 그 물건이 중요해질 수도 있기 때문에 우리가

안고 있는 한(때로는 보존해야겠다고 생각하는 한) 멈출 수도 없는 일
이었다.

리처드가 지적하듯이 유물들이 끊임없이 선물로 속속 들어왔다. 수
장고는 오직 풀어야만 할 또 다른 문제였다. 초창기 우리는 바너드 성
동쪽에 있는 바포드 부대에서 맨 처음 한 개의 임시막사를 넘겨받았고
나중에 또 다른 막사를 받았다. 초창기 묘사에 따르면 이들 군대건물들
은 함정으로 드러났는데 왜냐하면 우리가 그곳에 자리를 잡고 수장고
에 대한 보안의 필요성을 느끼고 새로운 요구조건을 하자 곧 내처지게
되었다.

'비미쉬 친구들'이 확대되었고 도움이 필요하게 되었고 심지어는 우리
가 했던 일들을 알게 할 필요가 생김에 따라 회원들을 가끔씩 토요일 오
후 브란스페스 군부대에 초청해서 감동적인 경험을 제공할 수 있었다. 이
에 대하여 1968년 7월 〈비미쉬 친구들 뉴스레터〉 4호는 다음과 같이 기
록하고 있다.

6월 9일 일요일에 약 150명의 관람객들이 수장고를 보기 위해 왔
다. 스케치한 관람지도와 간략한 유물 리스트를 실은 매력적인 안내
책자는 아주 잘 보이는 곳에 비치해두었고 관람객들이 열두 군데의
임시막사에 보관되고 있는 수천 가지의 아이템을 마음껏 둘러보았
다. 그들은 대게 평균 2시간 정도 걸리는 막사투어를 '정신교육센터'
에서 마쳤는데 그곳은 최근에 약국, 술집 그리고 광부들의 오두막
집 부엌을 건축하여 향후 박물관의 모습을 미리 볼 수 있게 한 곳
이었다.

모든 사람들이 즐거워하는 것처럼 보였다. 향수라는 것은 아주 어린아이들을 제외하고는 모든 사람들 가운데 잔잔하게 남아있는 것이었다. 회원들은 일반적으로 그 규모나 수집품들의 어마어마한 가짓수에 대해 놀랐고 그럼에도 불구하고 앞으로 해야 할 복원사업에 대한 우려가 뒤섞여있었다.

만일 우리의 전차, 증기기관차, 버스 등이 보관되어 있는 콘셋의 유물들에 브란스페스에 보관되어있는 유물들을 추가시킨다면 우리가 수집한 유물들의 규모를 어림잡을 수 있을 것이다. 첫 단계는(1968년 10월 뉴스레터 5호) 1968년 8월과 9월 두 달간 수집한 유물 목록을 '비미쉬 친구들' 회원을 위해 출간했다. 뉴스레터의 초창기 인쇄물들은 매력적인 읽을거리를 만드는 것이다.

하지만 우리가 브란스페스에 정착하자마자 군부대의 상당 부분이 유물들로 채워지기 시작했고 나는 카운티 정책기획가들이 국가석탄위원회가 의뢰한 영국 전체 노천광에 대한 조사연구에 함께 참여하여 배웠는데 조사연구는 농업을 위해 토지를 원상태로 복원시키는 작업을 하기 위한 것으로 주건물과 콘크리트 막사를 철거하기 위한 목적이었다. 실제로는 칭찬받을 만한 일이었으나 비미쉬에 있는 우리에게는 끔찍한 일이었다. 우리는 1970년까지 비미쉬 부지에 박물관을 만들기로 했고 나는 거의 사용하지 않는 제과점을 박물관 수장고로 용도를 바꾸기 위한 협상을 시작했다. 하지만 우리는 아주 신속하게 진척시키지 않았는데, 모든 유물들이 브란스페스에서 우리의 새 상점으로 운반되어 그곳에 자리 잡을 수 있도록 4주의 기간이 지난 후 완료했다. 마치 1940년 덩케르크 철수 작전에 비길 만한 과정이었다. 운반책임자 이언 월든은 유물 이전을 위한 협력에

1905년쯤 이용되던 북동부지역의 여객열차가 콘셋에 보관되어있다가 비미쉬에 전시되었다(1971년). 이 열차들은 애싱턴 광산에서 콘셋으로 옮겨졌고 수년 동안 광부들을 실어나르곤 했다.

서 믿기지 않는 역할을 해주었고 이러한 내용을 《박물관 저널》(1972년 3월)에 실었다. 우리는 4주 동안 매일 가구운반 전용 밴 다섯 대를 사용했고 부피가 큰 물건들을 운반하기 위해 저상용 운반차와 이동용 크레인과 같은 중장비도 동원했다. 이러한 놀라운 운송작전에 대하여 이 책의 10장에 나오는 박물관 기술자 앨런은 '가장 문제가 많은 것부터from the sharp end'라고 표현했다.

점차 수천 개의 유물들이 브란스페스의 수장고로부터 철수되며 말끔히 치워졌다. 그리고 비미쉬에는 가구, 상점 비품들, 인쇄기계, 농업용 기구, 석탄광산 설비, 전차의 전동기어 같은 유물들이 입고되어 전시되었다. 수장고는 가득 채워진 것처럼 보였지만 유물들이 초창기의 정신없을 정도만큼은 아닐지라도 끊임없이 속속들이 입고되었다.

이러한 상황은 자연스럽게 수집된 물품들의 보존과 복원을 고려하게 끔 나를 이끌었다. 우리가 그것들을 수집하는 열성만큼이나 수집물품들을 거의 제대로 보존할 수 없었다는 사실을 여기서 언급하는 것이 적절할 것 같다. 일반적으로 자금의 부족은 단지 유물들을 전시하기에 필요한 보관 및 관리조차도 어렵게 하였다. '파괴하는 것보다는 부패시키는 것이 더 낫다.' 이것이 유물수집에 관한 나의 생각이었다. 만일 우리가 어떤 물건이든 수집하지 못했다면 그것들은 영원히 사라졌을 것이고 말하자면 불에 타거나 녹아 없어지는 것보다 서서히 사라지는 게 더 나은 것이다. 어느 날 나는 그 유물들이 우선 그 자체적으로 정당하게 평가를 받고 나중에 그것에 대한 보존이 이루어져야 한다고 믿게 되었다. 단지 특별히 깨지기 쉽거나 혹은 광부들의 깃발과 의복들과 같이 높은 위험성을 갖고 있는 물품들은 보존하는 것이 꼭 필요했고 보관장소는 물론 최우선적 장소여야만 했다. 우리는 또한 북부지역의 퀼트를 포함해서 특히 섬유는 좀 더 나은 보관시설을 별도로 만들어놓아야 한다는 사실을 알게 되었다. 지금은 비미쉬 박물관 남쪽 방문객센터 위쪽에 신중히 시설을 만들었다.

이처럼 어마어마한 수집에도 불구하고 사본 혹은 모조품들이 전시를 목적으로 만들어져야만 하는 경우도 있었다(예를 들어 협동조합 식료품 상회의 양철통과 깡통 식료품들 같은 경우).

박물관 사람들은 진품들이 있는 곳에 특별히 사본이나 '모조품'을 전시하는 것에 대해 당연히 반대생각을 가졌지만 이와 같이 특별한 경우는 받아들여야만 했다. 우리는 또 '그린스폿green spot'이라 명명한 또 다른 기술을 채택하였다. 이 기술이 나오게 된 과정은 봅 클라크Bob Clarke가 주도한 토론회로부터 도출되었는데 그는 한때 산업사 부관장으로 일했다.

그는 대장간 벽에 걸려있는 수백 개의 말편자와 같은 어마어마한 양의 중고물품에 라벨을 붙이고 목록작성을 하는 일에 대해 걱정했다. '그린스 폿'은 목록을 작성하거나 일련번호를 매기지도 않는다. 그것은 한 전시에서 배경으로도 사용될 수 있고 잃어버리거나 도둑을 맞거나, 손상을 입어도 거의 문제가 되지 않는다. 우리는 나중에 이러한 기술을 모든 종류의 야외전시 항목에 적용시켰고 예를 들어 오두막집 내부로 관람객들이 걸어서 들어가 보게끔 했다. 바로 이 지점에서 우리는 관람객들에게 진정한 리얼리즘을 보여주고자 했으며 혹시 손상 또는 손실 나아가 관람객들이 집어갈 수 있을지도 모르는 전시물의 안전 또한 동시에 고려하였다. 따라서 이와 같이 수많은 전시물들을 우리는 그 어떠한 서류상의 표시도 붙이지 않은 상태에서 그린스폿 견본들을 전시했다. 반면 유사하지만 서류상으로 잘 정리된 수집품들은 안전하게 수장고에 보관되었다. 이 과정에서 누군가가 앤티크 상점이나 유물수집가로부터 뭔가를 구매할 수 있도록 하였고 따라서 어떠한 출처나 다른 자료 없이 그리고 어떠한 우려 없이도 전시할 수 있도록 했다. 이러한 기술을 활용하면 유물들이 야외에 전시될 수 있으며 관람객들이 직접 다뤄볼 수도 있고 실내전시에도 사용할 수 있다.

아일랜드 사람의 원본 도끼, 두 개의 도끼머리와 세 개의 손잡이를 새로 교체한 도끼에 관한 옛날이야기는 꽤나 실감날 수 있으며 게이츠헤드의 전차와 같은 유물은 원래의 바퀴가 점차적으로 닳기 때문에 다시 갈거나 새것으로 교환하면서 그 본래적 특성을 잃어간다는 사실을 어쩔 수 없이 받아들여야만 한다. 이와 같은 아이템이 제공하는 진정한 경험이 주는 긴장감은 우리의 목적과는 분명히 상충되지만 가치가 있다는 것이 나의 믿음이다. 마찬가지로 나는 우리가 1975년에 세웠고 여태까지 비미쉬

증기로 움직이는 이동기관. 조지 스티븐슨의 증기기관차를 실제로 움직일 수 있도록 복제한 것으로 1975년 이래로 여전히 운행되고 있으며 지역에 있는 수많은 공학도들의 도움과 함께 마이크 사토에 의해 만들어졌다. 진품은 달링턴에 보존되어있다.

박물관에서 한 번도 쉬지 않고 수증기를 뿜어내며 운행되어온 '증기기관 차Locomotion'의 복제품을 관람객들에게 제공하는 경험을 통해 정당화된 다고 믿는다. 그것은 선로의 일부를 떼어내어 실내에 설치하고 그 위에 얌전히 서 있으며 깨끗하고 차가운 느낌으로 세워져 있는 진품과 비교하 여 훨씬 낫다.

이 장에서 내가 서술했던 모든 것들로부터 나는 아주 실용적인 관점, 그리고 박물관 전시물의 이용의 관점에서 박물관 유물수집에 대한 나의 견해를 충분히 드러내 보였다고 생각한다. 사회사 분야의 수집물들은 독 특하며 깨지기 쉬운 것 그리고 고고학적 가치가 있는 물건들, 장식예술품 등과 비교해서 너무나도 다르며 그것들은 일반적으로 전혀 차원이 다르 게 다뤄진다. 이러한 물건들은 수집물 그 자체만큼이나 때때로 중요하게 관람객들에게 교육 효과와 영감을 불러일으킨다. 그럼에도 불구하고 견본품 혹은 중요한 장소의 고고학적 가치는 내가 이 책 10장에서 웨어데일에 있는 킬호프 납광산에 대해 언급했듯이 가장 중요한 관심사로 다뤄져야만 하는 경우가 있다.

마지막으로 교육적 측면에서 박물관 수집물들의 가치에 내해 애기해아 할 것 같다. 초등학교 저학년 시절 라틴어 첫 수업을 아직도 기억하고 있다. 열정적인 선생님은 로마시대의 동전을 몇 개 가져오셨고 우리는 거기에 새겨진 IMP CAES(임페라토르 카이사르:개선장군 황제) 등과 같은 것을 경이로운 눈빛으로 서로 돌려보았다. 작은 물건이 우리를 로마시대로 인도했던 것이다.

박물관과 그의 수집품들은 교육 목적에 있어 좋은 교보재와 훌륭한 선생님만 있다면 매우 큰 가치를 지닐 수 있다. '만들어가는 박물관'이라는 전시회의 첫 번째 진열품들 가운데 하나가 1900년경 당시 교실의 재구성인데 거기에는 책상, 석판, 잉크병, 커다란 칠판 등과 당시 수많은 학교단체들이 수록된 장부도 있었다. 안타깝게도 직원들의 숙소를 마련하기 위해 이 전시장이 필요했고 우리는 전시회를 중단해야만 했다. 하지만 완벽히 재현된 학교는 지금 비미쉬 박물관의 광업소 인근에 세워졌고 커다란 교실은 학생단체의 방문시 맞이하는 공간으로 활용되고 있다. 그곳에는 운동장에서 놀 수 있도록 굴렁쇠 다발이나 구슬이 준비되어 있는데 요즈음 아이들이 이 놀이를 하려면 방법을 배워야만 한다.

과거에 우리는 하루나 이틀 특별 과정으로 학교 교사들에게 비미쉬를 활용하는 방법에 대해 알려주는 시간을 마련하기도 했다. 첫 번째 과정은 비미쉬를 성공적으로 활용했던 교사들에 의해 다양한 예들을 소개하는 시간이었다. 이어서 두 번째 주제는 비미쉬 박물관의 여러 부분에 관한 기본적인 정보를 제공하는 것이었고 세 번째는 교사를 몇 개의 조로 나누어 박물관 내외부에서 실습하거나 자신들이 속한 반에 맞는 실습계획을 세우는 것이었다. 그들이 학교로 돌아갔을 때는 (우리의 예상대로) 한층 고무됐고 뭔가 영감을 얻기도 했을 것이다. 교사들은 학생들의 첫 방문에 대비하기 위한 구체적인 근거를 얻었을 것이다.

우리는 또 오두막집 가운데 하나를 골라 소규모 그룹을 구성해 세탁하는 날, 빵 굽는 날과 같은 학생들의 체험거리를 제공하는 시도도 해봤다. 하지만 이러한 종류의 활동은 많은 시간을 요했고 박물관 직원들과 교사들 모두 주의를 기울여야만 했다. 그렇다면 이와 같은 기회를 매우 한정된 학급에만 제공하는 것이 정당하거나 혹은 공평한 것인가?

나는 교사들에 의하여 도입되는 어린 학생들의 박물관 교육그룹과 박물관에 기반한 학교 박물관 담당관School Museum Officer을 신설해야 한다는 데 동의하지는 않는다. 오히려 교사들 스스로 박물관 시설들을 사용하는 방법을 터득하도록 하는 것이 우리의 수집품을 더욱 잘 활용하는 것이라는 생각이 든다. 안타깝게도 현재의 재정적인 어려움이 이러한 종류의 실험을 가로막고 있다. 하지만 그것은 관람객들이 비미쉬의 이곳저곳을 찾고 활기를 되찾게 만들 수 있는 교훈을 깨닫게 될 때 다시 재개될 것이다.

15. 비미쉬 관람객들: 그들을 찾고 환대하라

 고객, 방문객, 환자 혹은 학생들이 없다면 만사가 잘 되리라는 대부분의 직업에서 발견되는 그 흔해 빠진 농담은 박물관에 잘 들어맞을 수 있다. 하지만 나는 비미쉬가 북동지역의 '사람들에 의한', '사람들의', '사람들을 위한' 것이어야만 한다고 아주 초기부터 결심했다. 나는 수집품들과 수집품의 취급이라는 점에서 할 수만 있다면 아주 강력하게 지역적인 것들로 만들기 위해 노력했다. 지역 사람들이 자신들 것이기 때문에 비미쉬를 보러올 것이고, 자신들의 물건들을 수집품으로 추가했기 때문에 방문하여 즐길 것이라 생각했다.

 수년간 개발하는 동안 나는 항상 관람객의 욕구와 박물관을 확대하기 위한 우리의 긴급한 욕구 간에 균형을 맞추려고 노력했다. 그러면서 관람객들이 매년 최신의 발전을 보기 위해 재방문하거나 점진적으로 비미쉬가 박물관으로 좀 더 폭넓게 홍보되어 알려지게 되기를 기대했다. 우리 지역은 우리의 기반이었다. 하지만 우리가 전국적으로 알려지게 되려면 '무엇을 보여줘야만 하는지'와 즐기고 여유를 갖고 잊을 수 없는 관람을 만드는 지원서비스는 최고의 품질을 갖춰야만 했다.

◀ '타이니 팀' 증기해머를 1986년 비미쉬 입구에 세워놨다. 206쪽 사진은 우리가 이 해머를 어떻게 수집했는지를 보여주고 있다.

홍보

우리가 제공해야 하는 것들을 어떻게 지역에 알릴 것인가? 나는 오랫동안 박물관은 이러이러해야만 한다고 줄곧 얘기하고 다녔고 당시는 합농위원회가 1970년에 본격적으로 활동을 시작하던 때였다. 1971년 최초의 소규모 전시의 개막을 발표했는데 문제는 박물관 자체는 아직 시작조차 하지 않았음을 설명하는 노력이 필요했다. 우리가 지역에 알릴 수 있는 것은 '만들어가는 박물관'이라는 전시밖에는 없었다.

몇 년 동안 우리는 실질적으로 작은 화제가 되는 리플릿 이외에는 어떠한 광고도 하지 않았고 언론에 우리의 활동을 알리는 정도만 실행했다. 물론 이것 역시 영국 전역에 알릴 수 없었기 때문에 지역민들을 위한 정도였다. 당시 북동부지역은 관광객이 매력적으로 생각하는 장소가 아니었다. 하지만 오래지 않아 노섬브리아 관광협회Northumbria Tourist Board가 어려운 과제를 시작했을 때 우리 역시 관광이라는 것이 비미쉬 입장에서 잠재적 시장이라는 것을 깨달았다. 비미쉬에 처음 트램궤도 시스템 일부를 설치하기 위한 초기자본 확충은 우리가 이 새로운 분야에서 자리 잡게 되는 데 도움이 되었다.

몇 년 후 텔레비전은 비미쉬에 커다란 도움을 주었다. 1960년대 중반에 우리가 지방정부의 컨소시엄에 의해 승인된 지역계획을 얻어내기 위해 애쓰고 있을 때 나는 종종 새로운 화제에 관한 연사로 초대받곤 했고 이는 의심할 바 없이 비미쉬에 대한 대중성을 확보하는 훌륭한 계기가 되었다.

대략 그 무렵인 1964년에서 1966년 사이 타인 티즈 텔레비전에 교양 시리즈 프로그램이 우리의 수집활동과 전반적인 계획에 대한 일반의 인식을 끌어올리는 데 도움을 주었다. 토요일 아침에 방영되는 어린이 프로그램의 형식으로 제목은 '쓰리 리버스 클럽Three Rivers Club'이었고 나는 두 개의 시리즈를 10주 동안 이끌어가는 역할을 맡았다. 이 프로그램은 뉴캐슬 스튜디오에서 생방송으로 진행되었다. 프로듀서는 여섯 명 남짓의 11~12세 어린이를 섭외해주었고 나는 갖가지 수집품을 차에 한 가득 싣고 왔다. 회고하면 어느 토요일인가 우리는 '페니파딩penny farthing' 자전거를 포함해 오래된 자전거 몇 대를 보여주었다. 이와 같은 프로그램은 요즘에는 결코 방영되지 않을 것이다. 텔레비전이 지난 30년 남짓 동안 어떻게 변화해왔는지에 관한 많은 평가에 비추어보면 그렇게 짐작할 수 있다. 또 그와 같은 프로그램은 교육적으로 아주 훌륭한 가치가 있다는 확신을 나에게 주었다. 어느 날 아침 나는 생방송을 하기에 앞서 '예행연습'을 하는 동안 몇 달 전에(나는 정확히 그 날을 알고 있다. 왜냐하면 내가 뭔가가 반복되는 것을 피하기 위해 전체 녹화를 지금도 보관하고 있기 때문이다.) 방송에서 사용했던 몇 개의 수집품들을 준비했다. 소년들 중에 한 명이 태엽장치 '잭jack'(꼬치를 굽기 위해 부엌 벽난로에 걸어두는 꼬챙이 회전기)을 앞에 놓았을 때 정확이 그것이 무엇인지 알았고 이렇게 말했다. "아저씨가 이 프로그램에서 그것을 보여주면서 우리에게 설명해주셨어요." 텔레비전에 의해 고쳐되었던 관찰력의 한 사례라 하겠다.

지역박물관 공동위원회Regional Museum Working Party의 최종적인 핵심 결정이 있을 즈음에 레이 수트클리프가 '가스공장에서 일했던 사람들'을 제작했다. 이것은 BBC가 후원하여 발굴한 1시간짜리 연대기 프로그램인 '실버리 힐Silbury Hill'과 나란히 전국 특집방송으로 30분 동안 방영되었다. 이는 매우 시의적절했고 잘 기획된 프로그램으로, 레이가 1968년 1월 비미쉬 홀에 와서 지방정부 공동위원회와 '비미쉬 친구들'의 출범 그리고 소책자인 〈살아있는 역사〉를 꼼꼼히 기록했기 때문에 가능했고 그 자체가 대중과의 관계라는 점에서 중요한 부분이기도 했다.

비미쉬가 거의 현실화된 1970년 2월 나는 브리스톨에서 제작된 영국 어린이들을 위한 프로그램 '톰톰Tom Tom'에 초대를 받았고 우리는 스튜디오에 뜨거운 물, 증기와 비누거품 그리고 몇 가지 종류의 세탁기를 가지고 갔다. 몇 달 후인 1970년 11월, '수집가의 세계Collector's World'에서는 프로그램의 일부를 비미쉬 계획에 할애했고 브란스페스와 콘셋에 있는 수장고의 물품들을 촬영했고 잡풀이 무성하고 다 쓰러져가는 로울리 역을 거닐면서 나와 인터뷰를 했다. 당시에 우리가 수장고의 유물들을 비미쉬로 옮기려는 계획이 너무도 확고했기 때문에 말하는 것이 뻔뻔스럽게 보였을 수 있다는 생각이 든다. 어쨌든 1년이 조금 지나 우리는 바로 실행에 옮겼다.

1973년 북동부 BBC는 로저 버지스를 내세워 '예스터데이 쇼' 시리즈를 제작했는데 나는 지역적 특색이 있는 다양한 물건들을 몇 명의 패널에게 보여주며 무엇인지 알아맞히게 했다. 이 시도는 매우 재미있었고 지역에 대한 흥미를 일깨웠다. 그 시리즈의 마지막에 로저는 탁자를 돌려놓으며 로즈메리와 함께 앉아 비밀스럽게 준비했고 뭔가를 알아맞히도록 나에게 기묘한 물건을 내보였다. 다행스럽게도 나는 그게 뭔지 알았는데 미세스 암스트롱Misses Armstrong에게서 몇 년 전에 받은 물건이었다. 독특한 형태로 특별한 베니스풍의 블라인드를 닦기 위해 만들어진 길고 부드러운 솔이었다.

그 다음해인 1974년 로저는 시리즈의 형식을 바꾸었고 라디오 뉴캐슬과 라디오 컴브리아로 사람들을 불러들여 텔레비전 프로덕션과 지역 라디오를 연계하려고 시도했다. 우리는 청취자와 시청자들에게 결혼 및 출생의 관습, 계절별 놀이 등과 같이 다양한 추억활동들을 적어보게끔 했다. 존 브랜드John Brand의 '대중적 골동품에 대한 관찰(1813)'은 이러한 맥락에서 도움이 됐고 사람들이 일찍이 160년 전에 기록됐던 추억의 물품들을 발견한다는 것은 놀라운 일이었다.

1976년 세 번째 시리즈에서 우리는 다시 형식을 바꿨고 데스 침대와 같은 다양한 종류의 커다란 물건들을 가져와서 시청자들에게 그들의 옛날 물건들을 보내달라고 요청했다.

세 번째 시리즈는 아주 인기가 좋아 오늘날까지도 옛 시청자들이 그 프로그램을 언급하기도 한다. 나는 그 프로그램이 지속될 가치가 있다고 느꼈지만 텔레비전 제작자들은 항상 뭔가 새로운 것들을 만들어내기 원했다. 내 생각이지만 사람들은 성공적인 시리즈물을 반복하면 동료들이 상상력이 없다고 느낄까봐 두려워했다. 혁신은 이야기로 표현되어야 한다 Innovation has to be word.

그러나 로저는 1977년 다른 방향으로 기획을 했고 훌륭한 지역적 홍보에 성공한 시리즈를 만들어냈다. 이것은 '침입자The Invaders'라는 일반적인 제목 하에 로마인과 앵글로색슨인Romans and the Anglo-Saxon을 다루었고 그 다음에 납과 석탄 광부들의 형상을 한 19세기 '침입자'를 주제로 내 세션이 왔다. 나는 매우 흥미 있는 도전이라 생각했는데, 이전에는 내가 '카메라를 향해서 직접' 방송해본 적이 그리 많지 않았기 때문이다.

우리는 흥미를 끌기 위해 다양한 접근을 시도했다. 내가 생각한 것 중에 하나가 어떻게 19세기 광부와 그 가족이 북부의 탄광을 이리저리 전전했고 어떤 한 광산에 몇 년간 머물렀는지를 잘 보여주려고 시도했다. 나는 더럼대학 파트타임 학생을 위한 학과에서 1851년 인구센서스 기록에 근거하여 수행했던 연구에 주목했고 그 연구에서 나는 윌리엄 마튼 Willian Marton이라는 한 광부를 발견했는데(센서스 자료를 보면) 그의 가족과 자녀들의 나이뿐만 아니라 그들이 어디서 태어났는지가 조사원에 의해 기록되었다. 물론 모든 사람들을 대상으로 했는데 특히 이 자료는 어떻게 이 남자(노섬벌랜드의 밤버러에서 태어났다)가 벨포드에서 결혼해서 엘스위크(이 또한 노섬벌랜드에 있다)에 살았고 이후에 체스터 리 스트리드, 버틀리, 바이커 바, 쉴든 그리고 크룩(이 모두가 더럼 카운티 안에 있다)에 살았는지를 아주 확실하게 보여준다.

우리는 최근에 세워진 광산을 배경으로 비미쉬 부지에 흑판을 설치한 다음 간단한 지도를 핀으로 고정시켜놓고 지도 위의 경로를 카메라로 추적해갔다. 이때 카메라로 담는 기록을 달팽이가 동네를 가로질러 지나간 흔적과 비유하기도 했는데, 내가 생각하기에도 각 지점을 잘 표시한 것 같다.

다른 텔레비전 인터뷰와 짧은 방송이 이후 몇 년 동안 이어졌고 우리는 다양한 이전 및 개막식, 착공식 등의 행사를 신문과 잡지뿐만 아니라 텔레비전에도 홍보했다. 나는 어떻게 존 베처먼이 1976년에 로울리 역을 개장했는지에 대한 설명을 했다. 지역 광부 출신 작가인 시드 채플린은 광산사택을 개장했고 에즈라 경Lord Ezra(당시 국가석탄위원회 의장)은 수평갱을 개광했다.

마침내 나의 공식 은퇴 발표에 모인 지인들 앞에서 로저 버지스는 또 다른 30분짜리 영상 '비미쉬를 만든 사람'을 제작하여 상영하기로 결정했고 우리는 로버트 휴이슨을 대담자로 하여 인터뷰를 하며 이 영상을 제작했다. 그는 1987년《산업유산the Heritage Industry》이라는 책을 펴냈는데 여기서 '유산과 박물관'에 관한 그의 강한 견해를 접했던지라 인터뷰에서는 별로 감흥을 받지 않았다. 하지만 생각해보면 그는 '좋은 텔레비전good TV'이라는 프로그램을 제작하면서 나를 충분히 짜증나게 만들었던 것 같다.

　관람객들을 설득하여 비미쉬를 찾게 하기 위한 직접적인 방법에 대해서 나는 아주 잘 알고 있다. 그것은 해외는 말할 것도 없이 국내 이곳저곳에서 비미쉬를 방문하고자 하는 사람들보다 우리 지역에 있는 사람들을 비미쉬에 오게끔 하는 것이 찾기도 쉽고 설득하기도 쉽다. 지역광고에 소요되는 10파운드가 열두 군데의 지역에 소개되는데 반하여 똑같은 돈을 지역 이외의 광고에 쓰면 아마도 한 명의 관람객을 찾아오게 하기도 쉽지 않다. 한정된 예산으로 올지도 모를 그들에게 예산을 써야 할까? 나는 초창기 우리의 약점을 잘 알고 있었다. 아주 열악한 도보길, 의자도 없으며, 형편없고 충분하지도 못한 화장실, 장시간 걸어야 하고 볼거리도 얼마 되지 않는 것들이 아주 넓은 부지 곳곳에 분산되어있었다. 나는 '초기'의 내 생각이 지역사람들과 교감을 할 수 있으리라 판단했고 그들의 동정과 도움과 이해가 필요했다. 하지만 지역을 벗어나서는 거의 실행 가능성이 없었고 경비지출 또한 마땅치 않았다. 하지만 그것 역시 간단한 일은 아니었는데 왜냐하면 자금을 끊임없이 조달해야 하고 지역 이외의 관광객 비율은 자금을 지원받는 데 도움이 되는 중요한 요인이었기 때문이다.

　맨 처음부터 우리에게 도움을 주었던 한 가지 요인은 지역주민들이 자신과 관계를 맺는 사람들에게 비미쉬를 말로 홍보해주는 방식이었다. 관광산업에서 사용하는 전문용어가 있다. '친지 방문'인데 '친구와 지인 방문하기Visiting Friends and Relatives'를 뜻하는 것으로 이것은 개인적 이유로 머물고자 지역 연고를 통해 방문한 사람을 지칭한다. 이 용어에는 '지역주민'을 대상으로 한 집중적 광고가 비미쉬 박물관에 두 가족을 오게 할 수 있는 숨은 이점이 포함되어있음을 의미한다. 이처럼 지역에 밀착한 광고는 일거양득의 효과를 거둘 수 있다.

따라서 1980년대 중반까지 우리는 이 방식을 취했고 자금이 늘어나는 것에 비례하여 빠른 속도로 비미쉬 개발을 견인할 수 있었다. 나는 어떤 의미에서 아이언브리지 박물관의 위원들을 경쟁자로 여겼다. 생각은 바뀌지 않았으며 초기단계에서 매우 높은 국가적 차원에서 이 일을 지속했다. 만일 누군가가 나에게 "비미쉬? 그거 아이언브리지 같은 곳 아냐?"라고 묻는다면 확실히 곤혹스러웠을 것이다. 하지만 우리는 궁극적으로는 1986년 올해의 박물관 상Museum of the Year Award을 신청할 때까지 이미 계획된 과정대로 추진했고 결국 수상할 수 있었다. 1년 후에는 그토록 갈망하던 유럽 박물관 상Museum of Europe Award도 수상했다. 그때까지 우리는 새로운 주차장과 박물관 정문 그리고 방문객센터를 완공했고 나는 관광객들이 사방에서 비미쉬를 방문하여 만족스러워하는 모습을 보며 너무나도 기뻐했다. 그리고 아이언브리지의 연간 관람객 수가 지금까지 비미쉬에 미치지 못하고 있다는 사실도 흥미로운 일이다. 하지만 우리가 지나치게 자만해서는 안 된다.

　효과적인 홍보에 대한 또 다른 내 생각은 관람객들의 마음이 움직일 때 치고 나가는 것이었다. 바꾸어 말하면 많은 사람들이 박물관에 반응을 보이거나 놀라움을 표시한다고 생각될 때 이에 맞춰 홍보하는 것이다. 주중뿐만 아니라 특히 뱅크 홀리데이와 학교 방학이 시작할 때가 적기다. 나는 결코 관람객들의 방문 시기를 '고루 맞추기level out' 위해 많은 자금을 사용하지 않았다. 오히려 방문객이 가장 많이 찾아올 시기에 홍보함으로써 좀 더 나은 결과를 얻을 것으로 생각했다.

　호기심 많은 대중들의 대부분이 갖는 특징은 사람들이 많고 바쁜 장소에 있을 때 안도감과 행복감을 가장 많이 느낀다는 것이다. "우리는 확실히 적당한 장소를 선택했고, 모든 사람들이 바로 여기에 있기 때문이다.” 사람들이 이렇게 말하는 것을 흔히 들을 수 있을 것이다. 따라서 만일 홍보가 대중을 북돋는다면, 당신은 성공의 날을 맞이할 가능성이 있다. 8월의 뜨거운 블랙풀 해변이 좋은 예다.

반대의 경향도 드물지만 나타나는데 즉 인파를 피하고 싶고 목가적인 풍경 속에서 조용히 홀로 있고 싶어하는 사람들도 있다. 심지어 주차를 할 때도 다른 차들이 전혀 없는 한적한 도로에 차를 대놓는 사람들도 있다. 비미쉬를 방문하는 이런 부류의 사람들은 기껏해야 봄과 가을의 주중 아침에, 심지어 토요일 아침에도 있는데 이때는 대부분의 사람들이 차를 세차하거나 바삐 쇼핑을 할 때다.

나는 비미쉬를 개장할 때 가장 우선 순위로서 상업주의를 좇는다는 인상을 주지 않으려 했다. 나는 확실히 현실주의자여야만 했고 이러한 접근 방법을 보여주어야 했다. 그러나 다른 한편에서, 내가 여전히 갖고 있는 생각이지만 지역 열린공간박물관의 고결한 가치를 간직하고자 했다. 내가 바랐던 것은 비미쉬가 지역의 과거에 대한 이해와 신념, 자부심을 가질 수 있도록 하고, 그로부터 배우고, 이익을 얻고, 또 그럴 수 있는 방법을 알게 하기 위해 지역을 북돋는 것이었다.

나는 박물관 사람으로서 대표적인 수집품들의 적절한 전시와 이를 위한 설계가 나의 우선 순위 가운데 아주 앞서있다는 것을 인정할 수밖에 없다. 또한 특정 지역의 전형을 나타낼 수 있거나 심지어 아주 특별한 것들을 수집할 수 있는 기회를 놓치는 것에 대해서도 견딜 수 없었다. 따라서 이러한 주제를 한데 모아놓고 봤더니 다음과 같았다. 일상생활에서 급속히 사라지는 수많은 물건들을 이것저것 가릴 것 없이 닥치는 대로 수집할 것, 그럼도 불구하고 아직은 지역사람들에게 일정 정도 영향을 미쳤거나 매혹적 관점에서 바라볼 수 있는 것이어야 할 것. 그 다음 거기

운행 중인 비미쉬 전차. 이 전차가 운행하는 장소는 포컬리 농장으로 가는 길 인근에 자리하고 있다. 지금은 관람객들이 비미쉬 전체를 전차를 타고 돌아볼 수 있다.

에 상업주의적 요소를 가미시키고 현실에 작은 변화를 주고 넘치는 에너지와 절대적 확신을 심어주는 것, 이것이 오늘날 비미쉬 박물관을 키워낸 기반이었다.

관람객들의 동선

박물관 내 운송의 몇 가지 형식이 비미쉬에 도움에 될 것이라고 초기부터 확신을 갖게 되었다. 주요 관심사는 다음과 같았다. 기차역, 광업소 구역, 농장 그리고 약간의 삼림경관이 약 300에이커의 부지에 물결치듯 분산, 배치되어있고 관람객들은 박물관을 돌아보다가 지치게 될 것이 분명했다. 우리는 주요 구역을 이러한 방식으로 분산시켜왔다. 왜냐하면 나는 각각의 주요 센터들이 언젠가는 더욱 커질 것이라는 상황을 고려했고 특히 그곳들이 물리적으로, 가시적으로 더욱 확장되고 잘 구분될 것으로 기대했기 때문이다. 기차역과 마을은 아주 자연스럽게 인접할 수 있게 됐으나 광업소는 마치 농장처럼 우리의 시야 밖에 입지해야만 했다. 다양한 경관의 자연적 요소들이 이것에 도움을 주었다. 기차역은 각각의 역을 가장 길게 돌아가야 하기 때문에 박물관 부지의 외곽에 입지해야 하는 반면 광업소 구역은 관람객들이 그곳에 도착하기 전까지는 숨겨진 상태로 남아있어야 하기에 가운데 움푹 팬 빈 공간에 입지해야만 했다. 게다가 나는 상당량의 빙퇴석(빙하기 훨씬 이전에 남겨진 토양-역자 설명)을 박물관 곳곳에 쌓아놨는데 내가 상상했던 것은 그것이 어느 하루 석탄더미처럼 '변형이 가능'하게끔 하기 위해서다. 이것이 지금 그렇게 활용되고 있다. 물론 이미 이곳에 있어야만 하는 농장은 서쪽 맨 끝 경사면에 위치하였는데 왜냐하면 농장을 빈터에 새로 짓는 것보다는 오히려 홈 팜을 좀 더 싸게 구입하여 보수하기로 결정했기 때문이다.

이것은 우리에게 관람객들이 어떻게 박물관을 둘러보는 게 좋을지가 과제로 남겨졌다. 잠재적 관람객들에 대한 초기 분석이 제시해주고 있는 것은 노년층(바꾸어 말하면 조부모들)이 관람객의 주요 구성원들이었고 그 때문에 내부 운송체계가 더욱 필요하게 되었다. 아주 초창기 보우 박물관 시절부터 나의 연락책인 조지 허스는 전기로 작동하는 트램궤도 시스템이 가능하도록 계획을 세웠고 이 아이디어는 정말 단순하며 우아하고 향수를 자극하게끔 하여 나를 감동시켰다. 이제 우리 앞에 놓인 과제는 이 계획을 구현하기 위한 재정을 해결할 방법을 찾는 것이었다. 조지와 그의 친구들은 전차 자체는 물론 예비부품, 즉 오버헤드 케이블(마디가

'8자' 모양), 절연체(애자), 전압선, 막대기, 궤도, 발전기와 DC 컨버터 등을 모아들여 트램궤도 시스템을 갖추는 문제를 조용히 해결했다. 따라서 우리는 전차 운행에 한층 더 다가가게 되었다. 그리고 여기에 예상치 못했던 영국관광위원회로부터의 자금 지원이 더해졌다.

전차 노선의 출발지점은 지형을 따라 놓인 곡선의 철로 옆에 새로 세운 전차보관소에서 시작되었다. 하지만 그 때문에 마을이 세워지게 될 장소에 종착지를 정하는 데는 도움이 되었다. 이 단계에서 나는 이 도시구역에 관한 어떤 시도도 위원회 사무국과 협의하지 않았으나 이내 그것이 필요한 순간이 올 것이라 생각했다. 트램궤도 시스템을 위한 토목공사가 시작되었고 어느 부분은 절개를 하고 어느 부분은 축대를 세웠다. 우리의 기획 자문들은 절개면에 다양한 관목을 심을 것을 추천했다. 왜냐하면 잎이 넓은 나무를 심을 경우에 그 잎이 떨어져 경사면에서 바퀴의 부착성을 떨어뜨릴 수 있기 때문이었다.

이후 1987년 우리는 트램궤도를 새로운 방문객센터와 만나는 남쪽 끝부분까지 확장했다. 그때까지 이 트램궤도 시스템은 없어서는 안 될 요소가 되었다. 최근 들어서 환상環狀형의 전차노선이 완공되어 쾌적한 운행을 제공했고 다른 통행로의 보수가 필요할 경우 대안의 운송수단 역할을 했는데 (개발의 측면에서) 가장 최근에 만들어진 장소, 즉 포컬리 농장(동쪽에 나무로 울창한 언덕에 위치)과도 연결되었다.

초창기에 우리는 소액의 전차탑승료를 받았고 구 전차승차권에 착안하여 작은 승차권을 제공하였으나 관람객들이 박물관 입장료를 지불했는데 또다시 승차권을 구입하는 것에 불만을 제기했다. 이에 우리는 입장료를 올리고 전차는 '무료'로 운행하게 되었다. 모든 것이 무료인 이러한 방식은 인기가 있었고 당연히 이해할 만하다. 특히 관람객들이 비미쉬 전체

개장 전 전시회인 '비미쉬 이곳에서 시작하다'가 임시 주차장에서 진품들로 시작되었다. 이 전시회는 비미쉬의 계획과 미래의 발전에 대하여 관람객들의 이해를 돕기 위한 것이며 초창기에 관광객들이 박물관을 돌아보는 방법을 체득할 수 있도록 하려는 목적에서였다. 그것은 관람객들이 자신의 자동차에서 내려 드넓은 비미쉬를 걸어서 돌아보는 정도의 관심을 갖는 데까지 확대되었다.

를 둘러보는 데 도움을 주는 이러한 편의 제공이 관람객의 요청에 의한 것일 때 더욱 확실히 그 의미가 증명된다.

　화장실과 그 밖의 서비스들
　꼭 필요하지만 쉽게 간과하는 서비스가 바로 화장실이다. 우리는 초창기에 관람객들을 위한 새로운 건물 건축에 한정된 예산을 긴급히 사용하는 것이 더 낫다고 생각했다. 하지만 안타깝게도 화장실에 대해서는 거의 생각하지 못했다. 초기에 대규모 주차장도 생각하지 못하여 풀브리지 지역의 뒤편에 중앙서비스 구역을 신설했는데 시간이 지남에 따라 이런 식의 서비스 시설 확충은 부적절한 것으로 나타났다. 비미쉬 부지 인근에 주요 배수로가 없기 때문에 우리는 물탱크 시스템을 설치해야 했고 이런 일은 때로 곤혹스러움을 자아내개 한다. 곧 깨달은 바지만 우리의 주요 약점 가운데 하나가 비미쉬 부지 안 기반시설의 부족이었다. 우리는 각종 통로도 부족하고 심지어 도보길이 열악할 뿐 아니라 때로는 진흙투성이였다. 앉을 만한 자리도 없고 이곳저곳으로 전력을 공급하는 전기배선도 부족하였다. 이러한 모든 서비스들은 좀 더 많은 자금이 모이길 기다려야 했고 관람객들을 위한 더 많은 볼거리들에 들어갈 비용 또한 동시에 필요했다. 우리에게 정말 필요했던 서비스 하나는 바로 내부 방송 시스템이었다. 다시 한번 생각하건데 맨 처음 비미쉬 부지에 설치해야 할 것 중에 하나가 바로 이 시스템이었다. 비록 지금은 더욱 그 범위가 확대됐지만 그것이 처음 설립되고 수년 동안 매우 잘 운영되었다. 놀랄만한 일은 아니지만 호출 신호는 '비미쉬'였고 현대식 도시구역으로부터 멀리 떨어진 들판의 움푹 팬 곳에 이 시스템이 있었기 때문에 미세하나마 전파장애로 곤란을 겪기도 했다.

해설

초창기에 비미쉬 부지에 관한 해설을 시작했는데 그것은 비미쉬 박물관 최초의 모험적 사업에 관한 것이었다. 풀브리지라고 하는 오두막집 서너 채의 임시 이용에 대한 해설이었는데, 당시 그 근처 연약 지반에 증기굴착기가 빠지기도 했었다. 우리는 오두막집 가운데 하나를 작은 잡화상으로 개조하였고 다른 오두막집은 광부 숙소 등으로 꾸몄다. 이 광부 숙소 오두막에는 작은 카세트테이프 플레이어를 숨기고 들어가 있다가 관람객이 문을 열고 들어오면 북부라디오 뉴스 해설자인 조지 하우스George House의 짤막한 녹음을 켰다. (갑작스러운 목소리에 관람객이 깜짝 놀라는 것을 막기 위해 도입 신호entering clogs를 울린 후) 그는 "예~ 제가 아주 어렸을 적에 과거의 그것이 어쩌고 저쩌고…"라면서 시작해 서는 부엌 겸 거실에서 휴식을 취하거나 벽난로 앞에서 도란도란 얘기 하는 광경을 묘사했다. 이것은 큰 인기를 끌었고 관람객들에게 도움을 주었다. 이 프로그램은 어느 날 가족 단위의 모임들이 비미쉬를 찾았는 데 한 할아버지 관람객이 그 가족이 데리고 온 손자손녀에게 감동 깊은 얘기를 전해주는 것을 보고 영감을 얻어 만든 것이었다. 조지 하우스는 우리가 실제 '해설사'들을 배치하기 전까지 수년간 관람객들에게 기쁨을 선사했다.

나중에 우리가 트램궤도 공사를 하기 시작했을 때 오두막집 인근에 아 주 긴 야외패널을 설치하여 근처 부지의 배치를 설명하고 비미쉬의 계획

타운 거리에 있는 치과병원의 한 '해설사'.

1978년 5월 비미쉬의 100만 번째 관람객. 웨일스 여성이다. 우리는 이 시점이 대략 언제인지 알았기 때문에 그 고객을 위해 도자기 모양의 기념품을 준비했다.

에 대해 알리기도 했다. 1976년까지 부지의 북서쪽 구석에 주차장을 확장했고 트램궤도 시스템을 개발했고 기차역과 마을을 입지시키기 위한 첫 단계 사업을 시작했다. 좀 더 많은 부지에 대한 해설이 필요해지면서 우리는 커다란 양면의 패널을 설치했다. 패널의 어느 쪽을 보더라도 그것이 마치 사람들 앞에 펼쳐진 전망을 실제로 보는 것처럼 제작하였기 때문에 나는 우리가 지나치게 머리를 쓴 것은 아닌지 오히려 두려웠다. 대부분의 관람객들에게는 너무 복잡한 것처럼 여겨졌고 그들 가운데 상당수는 다른 측면으로부터 패널을 보면서 한 바퀴를 돌아가도록 되어있어서 나중에 사람들이 읽어보기가 힘들게 되었다.

그리고 나는 주차장 끝 언저리에 해설건물을 짓는 아이디어를 떠올렸는데 차를 주차한 다음 바로 눈에 띄는 장소였고 우리가 무엇을 했고 어떤 것들을 계획하는지를 설명하는 일련의 공들인 해설을 가족들에게 제공할 수 있는 장소였다. 이것은 상당 부분 나의 앞선 생각들에 기반한 것이며 관람객들에게 우리의 계획을 알림으로써 신뢰를 주려는 의도였다. 내 생각에 전체적으로 잘 운영했고 초기 관람객들은 해설건물에 대하여 여전히 당시를 회고하곤 한다.

조디 캐릭터는 로저 버지스가 고안한 것으로 그는 '비미쉬 이곳에서 시작하다'라는 소개 프로그램의 대본을 쓴 사람이다. 이 캐릭터는 조디들이 로마, 바이킹과 같은 침략자들과 마침내 최근의 광부들까지 그들을 각각 차례대로 받아들이는 모습을 나타낸 것이다.

전체 크기가 어떠하든지 간에 (얼마를 지불하던지 간에) 나사만을 이용하여 조립식으로 된 아주 저렴한 통나무 건물을 짓기로 확정했다. 우리는 주 벽면에 페인트로 8피트 높이의 메시지 '비미쉬 이곳에서 시작하다BEAMISH BEGIN HERE'라는 글을 단순 명확하게 써넣었다. 건물 내부에는 입장 대기실이 있고 이곳은 40~50명이 앉을 수 있는 강당과 연결되어있다. 이 강당에서 사람들은 네 대의 자동 슬라이드 환등기Carousel projectors를 이용하여 두 개의 스크린에서 시청각 프로그램을 볼 수 있다. 북동부 BBC의 로지와 나는 이야기를 만들어냈고 영상작업을 했는데 로저는 그것을 실질적인 전자 프로그램으로 발전시켰다. 로저의 제안에 따라 우리는 당시 두 명의 지방뉴스 아나운서였던 조지 하우스와 마이크 네빌에 착안하여 두 명의 캐릭터를 고안했다. 그런데 당시 지방 카툰작가는 우리에게 단순한 시리즈이지만 가장 효과적인 삽화를 제공해주어 우리는 자신감을 얻게 되었다. 이른바 '조디

Geordie'는 석기시대 캐릭터로 시작하여 석기시대의 얼굴을 하고 있었는데 그런 다음 로마 스타일을 흡수했고 이어 바이킹과 스코틀랜드 사람의 얼굴을 받아들였다. 결국 19세기 광산으로 들어온 이주자의 모습으로 바뀌면서 매 시기마다 새로운 캐릭터를 만들어냈다. 그 무렵 프로그램은 변화를 가져오는 중이었고 당시 계획 중이었던 '타운'에 관한 이야기를 이어갔다. 우리는 1976년 6월 개장을 목표로 나중에 영국관광위원회 의장이 된 마크 헤니그Mark Henig 경을 위해 제 날짜에 타운을 완벽하게 만들어냈고 이후 약 10년간 성공적으로 운영했다. 박물관 내 부지도 변화했고 타운도 발전해감에 따라 마침내 원래의 타운은 유행에 뒤처지게 되었다.

박물관 부지에 대한 해설은 박물관이 발전해감에 따라 더욱 공을 들였고 좀 더 성공적인 일자리창출위원회 계획 중 하나가 의상디자인과 생산부서의 신설이었다. 해당 부서는 '각 시기별' 의상을 박물관의 다양한 직원들 특히 '해설사'로 지정된 사람들에게 제공했다. 이러한 성공의 배경에는 앨런 그레이엄Alan Graham이 있다. 그는 오랜 기간 복식사업을 했고 오래된 사진 혹은 그림에 착안하여 해당 직업에 딱 알맞은 옷들을 아주 능숙하게 만들어주었다.

관람객을 상대로 설명하는 사람들 혹은 실제 해설사들은 두 가지 방식 중 하나를 택할 수 있다. 하나는 해설사들이 과거시대에 실재로 살았던 사람 즉 연기자로서 행동하는 것이며 적절한 행동을 하면서 관람객들에게 자신의 복장에 대한 정보를 제공한다. 다른 하나는 해설사들이 관찰자로서 과거의 사실들, 차이점들, 세부적인 묘사 등에 관해 전달하고 관람객에게 당시 사람들이 그렇게 해야만 했던 이유를 이해하는 데 도움을 주는 것이다. 나는 당연히 후자를 선호하는 편이다. 이러한 관찰자로서의 행동이 좀 더 신뢰가 갈 뿐만 아니라 전자의 방식보다는 많은 관람객들을 덜 당황케 하기 때문이다. 이 역할은 연기보다는 좀 더 수월하며 프로 연기자와 같은 훈련을 요하지도 않는다. 하지만 가공을 통한 행위를 시도하지만 않는다면 적절한 의복을 착용하는 것뿐만 아니라 어느 정도 적당한 몸짓을 하는 것 또한 도움이 된다. '탄광 갱도'를 안내하는 광부와 광산가옥에서 빵을 굽는 여자들이 자기 자신의 경험 혹은 그들이 자신들의 부모로부터 전해들은 이야기를 사람들에게 전달하는 것 등이 비록 이 일을 했던 당사자로서의 행동은 아니지만 작은 과업을 수행함으로써 관람객들이 당시의 삶을 떠올리게 하는 행위는 아주 좋은 사례라고 할 수 있다.

마케팅

1980년 이후 국가의 재정위기와 높은 실업률로 인해 비미쉬 관람객 수가 한 시즌에 3분의 1로 추락했고 나는 위원회를 설득하기 시작했다. 비용을 삭감하는 대신에(맨 처음 떠올리는 가장 부정적인 생각) 우리는 마케팅 부서를 신설하고, 비용을 들여 전문적인 조언을 듣고, 말 그대로 우리 자신을 효율적으로 그리고 정력적으로 '팔아야만' 했다.

우리가 착수한 한 가지 흥미로운 프로젝트는 조그마한 홍보책자에 '50 펜스를 깎아주는' 바우처를 첨부하여 배포하는 것이었다. 당시 비미쉬의 입장료는 약 2파운드였다.

한 시즌 동안 거의 맹목적으로 이 일을 하기 시작했다. 나는 이러한 홍보책자가 가장 유용하게 배포될 곳을 알아낼 필요가 있음을 느꼈다. 우리는 호텔, 자동차캠핑장소, 관광홍보센터 등과 같은 곳에 홍보책자를 가져다 두었다. 대략 200군데 정도 되었다. 그리고 나는 또 다른 컴퓨터 프로그램을 고안했는데, 각각의 홍보책자 묶음이 배포되는 곳마다 일련의

번호를 매기는 일이었다. 되돌아오는 바우처의 개수는 컴퓨터에 입력되고 시즌이 끝날 무렵 몇 시간에 걸쳐 분류 프로그램을 돌렸는데, 그것은 오늘날 기본적인 컴퓨터에 비하여 당시의 컴퓨터가 상대적으로 느렸기 때문이며 방대한 분류 작업이 진행되어야 했기 때문이다.

마침내 아주 긴 프린터 용지가 판매처별로 백분율로 표시되어 출력되었고 결과적으로 다음 시즌에 우리는 좀 더 효과적으로 홍보책자를 배포할 수 있었다. 나는 수거한 각각의 바우처를 그것을 수집한 판매처로 다시 보낼 수 있는 검색 건너뛰기를 포함한 프로그램 기능을 수행하면서 매우 기뻐했다. 컴퓨터 서적을 통해 발견하기 이전에 나는 이러한 작업을 수행하는 알고리즘을 개발했고 큰 만족을 느끼기도 했다.

이미 언급했듯이 1980년대 초에 우리는 거의 홍보를 하지 않았다. 종종 '개막식', 특별 사안인 '100만 번째 관람객' 등에 대한 신문사의 시의적절한 지원에 큰 힘을 얻곤 했다. 신중하게 계획을 세워 우리는 항상 뱅크 홀리데이 또는 학교의 방학 시작에 앞서 그 주에 벌어질 특별한 활동들을 벌였다. 그것은 보도자료 송고, 초대장, 신문사 전화 연락 등이며 일반적으로 텔레비전에 좋은 화면으로 나오게끔 하였고 지역신문 때로는 중앙지를 통해 우리의 명성을 폭넓게 알리기도 했다. 이러한 홍보에는 직원들의 수많은 시간들을 제외하고는 아무런 비용도 들지 않았다. 하지만 우리가 좀 더 공격적인 '마케팅'을 시작했을 때 그 비용이 점차 증가하게 되었고 심지어 지역에 방송사를 둔 텔레비전의 20초짜리 단발광고조차도 매우 비쌌다.

그러나 그것이 그만한 값어치를 해 만족스러운 경우들도 있었다. 뱅크 홀리데이에 앞서 제작한 텔레비전 광고의 첫 번째 사례의 경우 관람객들에 대한 현장 조사를 수행했는데 많은 사람들이 "오늘 여기에 어떻게 오시게 되었나요?"라는 질문에 "음, 지난 밤 텔레비전에 나와서요."라고 대답했을 때 우리는 적잖이 놀랐다. 박물관의 진흥은 때론 사람들의 자유로운 사고를 막음으로써 나타나기도 한다.

박물관 내 상점들은 소량의 기념품을 제공하는 장소에서 중요한 현금 수입을 창출하는 장소로 성장했다. 나는 우리 판매 물건의 일반적인 특질이 우리의 목적과 활동에 부합하는지와 관련하여 한두 가지의 정책문제들을 설정했다. 또한 '각 시대별' 장소 내에서 현대식 판매를 하지 말아야 한다는 결정을 초기에 제시했다. 매우 안타깝게도 이러한 야심찬 몇 가지의 생각들은 시장적 사고방식이 확대됨에 따라 점차로 접게 됐다. 하지만 그럼에도 내가 여전히 믿는 것은 판매 물건들의 질적 목표는 항상 달성할 수 없을지라도 꼭 설정해야만 한다는 생각이다.

재정

이상적 생각과 더불어 그 안에는 실용적이고 현실적인 면들이 작동되어야 한다. 우리의 효율성을 향상시키기 위한 초창기 시도 가운데 하나는 관람객 수와 그들이 박물관에서 사용하는 금액을 매일, 매주, 매달 기록하는 일이었다. 그리고 1979년까지 나의 첫 번째 컴퓨터를 통해 이러한 시도를 지속했고 오랜 기간 원했던 성취를 향한 작업들을 할 수 있었다. 재무제표를 빠르게 작성하는 단순한 방법이었다. 제11장에서 이미 기술했듯이 나는 이러한 복잡한 컴퓨터 소프트웨어 설계 방법을 개발했고 그것에 큰 도움을 받았다.

심지어 젊은 직원들이 벌어들인 수익의 일부가 맞지 않음을 발견하기도 했다. 예를 들어 한번은 방문객 당 (전차 탑승에 요금을 부과할 당시) 전차 탑승률이 일주일의 특정한 날 심각하게 떨어지는 현상을 보여주었다.

조사를 해보니 당시 한 젊은 자원봉사자가 전차에서 근무 중이었고 그는 관람객들에게 티켓을 끊을 필요가 없다고 말하며 현금을 받아 착복했던 것이다.

놀라운 일은 아니지만 어떻든긴에 돈은 비미쉬에서의 삶에 상당한 비중을 차지하게 됐고 반복되는 문제가 있었는데 매년 열리는 위원회에서 입장료에 관한 결정이었다. 원칙적으로 합리적인 입장료 구조에 동의한다는 전제하에서 내 의견은 다음과 같은 두 가지 요인으로 인해 매년 입장료는 달라져야 한다는 것이다. 그 두 가지 요인이란 물가상승률(70~80년대에 물가상승률은 중요한 고려 대상이었다)과 박물관의 점진적인 확장이었다. 홍보와 연계된 발전계획과 자금조달이 동반 성장했기 때문에 박물관의 성장을 위해서는 약간의 입장료 인상이 필연적이라는 것이 나에게는 항상 합리적으로 보였다. 다시 말하자면, 새로운 건물이 들어선다는 것은 신규직원의 채용, 비용지출, 난방비, 청소비 등이 추가적으로 발생한다는 의미다. 하지만 정열적이라 믿었던 위원회의 다수 구성원들은 가능한 한 입장료를 낮게 책정해야 한다고 하였다. 그러나 지방정부에게서 받는 자금이 결손분을 쉽게 보충해줄 수 없는 것이 현실이었다. 따라서 매년 훌륭한 계획들이 크게 지연됐고 합리적인 입장료를 책정하기에 앞서 몇 차례 팽팽한 긴장 속에서 미팅을 갖곤 했다. 이런 상황은 큰 좌절감을 느끼게도 했고 매끄럽고 효율적인 행정을 가로막기도 했다. 우리는 자동차에 입장료를 부과하거나, '왕복'티켓, 실업자 가족들에 대한 무료입장의 날 행사 등과 같이 이러저러한 시도를 다 해보았다. 하지만 논쟁은 해를 거듭하며 계속되었고, 나는 지금도 그때의 생각과 같다.

1990년대 말 입장료 부과에 관련한 슬픈 결과가 나왔는데, 때늦은 입장료 인상과 오히려 너무나 높아진 액수가 관람객의 방문에 영향을 미치고 있을 정도였다. 동시에 심각한 재정적 압박하에서 합동위원회는 그들의 초창기 약속을 이행하는 데 어려움을 겪고 있었다. 몇 가지 훌륭한 공개 프레젠테이션을 포함하여 새롭고도 철저한 변화가 요청되고 있다. 하지만 물론 이 모든 것들이 이제는 내 손을 떠났다.

16. 박물관 이외의 생활

    내 인생 전부를 박물관에서 보낸 것이 아니라는 사실을 증명하기 위해 나는 인생의 행간을 적절하게 채웠던 얼마간의 일에 대해 지금부터 기술하고자 한다.

    내가 맨 처음 웨이크필드 박물관에서 시작했을 때 나는 매일 버스를 타고 여행(대략 9마일)을 했고, 좀 더 어린 시절인 크리글스톤Crigglestone의 코우크스 공장에서 일했을 때도 그랬다. 그러나 여행이 끝날 무렵 젖은 상태로 추위에 떨며 몇 시간이고 지친 상태로 보내게 됐을 때 나는 평지를 찾았고 다행스럽게도 웬트워스 테라스 아트 갤러리Wentworth Terrace Art Gallery로부터 100야드 정도 떨어진 지점에 마음에 드는 직장을 갖게 됐다. 나는 제법 잘 적응한 것 같고 관리자 자리를 이어받아 2~3년간 그곳에서 행복하게 보냈다. 지하실을 차지한 나의 안주인은(나는 대부분 1층을 차지했다) 단지 BJ로만 알려진 아이를 갖고 있었으며, 커다란 유리병에 사온 커피 추출물에서 커피를 내려 마시는 것에 만족하며 살면서 좋은 삶에 대한 매우 원초적인 생각을 갖고 있었다. 나는 갤러리와 너무나

◀ 노섬벌랜드의 오래된 목사관에 있는 17세기 벽난로 앞의 프랭크와 조앤(그리고 애견 단).

도 가까이 살았기 때문에 슬리퍼를 신고 사무실에 있는 내 자신을 발견한 적도 있었다.

웨이크필드에서의 생활은 나에게 보헤미안(관습에 구애받지 않는 사람들-역자 설명)과도 같았다. 왜냐하면 해리 하워드 아트 갤러리Harry Howarth's Art Gallery에 모였던 우리 중에 어떤 이는 낙천적으로 수십 년 동안 구두수선을 하다가 갤러리를 설립하기도 했다. '음악과 예술 증진을 위한 위원회CEMA: Council for the Encouragement of Music and Arts'에서 평화로운 시간을 보내기도 했고 어떤 경우에는 갤러리에서 CEMA 전시회를 갖기도 했다. 그러면서 런던에서 헬렌 카프Helen Kapp와 같은 강사를 불러오기도 했는데 그녀는 내가 웨이크필드를 떠난 뒤 내 후임자가 되기도 했다. 데스몬드 수트클리프Desmond Sutcliffe와 그의 활동적인 아내 로이스Lois가 자주 방문했는데, 데스몬드는 시내에서 엔지니어 회사를 하면서 광고·홍보 필름을 감독하기 위해 린제이 앤더슨Linsay Anderson을 초청했다. 그리고 우리는 한동안 영화세계로 인도됐고 린제이 또한 갤러리에서 시간을 보내면서 많은 모임에 참석하여 즐기곤 했다.

내가 이미 앞에서 기술했지만 토요일 오후가 되면 대부분 동굴탐험을 하기 위해 웨이크필드에서 세틀로 단숨에 달려갔다.

1951년 웨이크필드를 떠나 할리팩스로 이사했는데, 가파른 도로를 따라 오르면 나오는 퀸스버리Queensbury 근처에 있는 뱅크필드 박물관 옆에 내 아지트를 발견한 것이었다. 근처에는 말벗을 찾고 있던 좀 우울해 보이는 홀아비가 살고 있었고, 나는 그의 작은 집에서 침실을 얻고 부엌을 공유했지만 내가 사용한 적은 거의 없었다. 나는 길만 건너면 나오는 박물관 지하실에서 아침식사와 면도를 하곤 했다. 얼마 후 나는 좀 더 사생활을 보호받기 위해서 캐러밴을 빌렸고 할리팩스를 벗어나 언덕 위 높은 벽 뒤에 지금은 사람이 살지 않는 저택 옆에 차를 세워두었다. 정문 관리실에는 나에게 저택의 수돗물을 사용할 수 있게 허락해준 친절한 여인이 살았는데 어머니처럼 나를 돌봐주었다. 이곳은 편리한 시설을 갖춘 숙소의 좋은 사례였다. 나는 침대에서 나와 비틀비틀 걸을 수 있었고, 옷가지를 되는 대로 걸칠 수도 있고, 반대편 높은 담에서 얼마 떨어지지 않은 곳에서 버스를 탈 수 있고, 언덕 아래로 내려가면 박물관 입구로 갈 수 있고, 박물관 지하실에서 거룩한 목욕을 마칠 수도 있었다. 그곳은 편리하면서 생각에 잠길 수 있는 독신자에게 안성맞춤의 숙소였다.

이 모든 것들이 조앤 피어슨을 박물관 조수로 임명하면서 변했고 1년이 조금 지난 뒤 그녀와 결혼했다.

당시 우리는 칼더 계곡 위에서 전통적인 오두막집을 물색했는데 최근에 하나로 합쳐진 두 채의 18세기 오두막집을 발견했다. 우리는 약간의 수리를 했는데, 나의 부친이 수도배관 수리를 돕기 위해 우리를 찾아왔고 집 안에 세탁실과 목욕탕을 갖추었다. 하지만 전기선은 언덕을 가로질러 설치해야 했기 때문에 얼마간 가스통을 이용해야 했다.

전반적인 생활이 점차 나아지는 가운데 집수리는 생각했던 것보다 오래 걸렸다. 나는 두터운 석벽을 통과하는 출입문 구멍을 뚫었고, 시멘트를 발라 일을 안전하게 끝마치기 전에 임시로 윗부분의 돌을 목재 기둥으로 받쳐놓았다. 동시에 나는 식새 계단을 걷어내기 시작했는데 그것은 커다란 석재 계단으로 이루어져 있고 일부가 오두막의 외벽에 이어져 있어 애초에 별로 필요 없는 것이었다. 돌과 씨름하고 나무로 받치면서 석재 계단이 반쯤 사라진 바로 그 시점에 지금까지도 악명 높은 1953년의 동해안(북해) 홍수가 엄청난 피해를 입혀서 발라놓았던 시멘트가 완전히 휩쓸려 떠내려갔다. 우리는 과거에 만들다 그만둔 계단을 헤치고 문이 될

1954년 소어비의 홀린스 게이트. 이 집이 나와 조앤의 첫 번째 집이었으며 두 개의 작은 오두막집을 하나로 합체하여 만들었다.

예정이었던 뻥 뚫린 벽을 뛰어넘어 다녔는데, 모든 것이 안전하게 유지되기를 바랐다. 다행히 아무런 문제는 없었지만 매우 심란한 상황이었다. 우리는 1953년의 홍수를 결코 잊을 수가 없을 것이다.

한겨울에 몇 차례의 폭설을 겪었는데, 한번은 소어비브리지에 자동차를 버려둘 수밖에 없었다. 당시에 우리의 첫 아기인 가이를 남루한 자루에 싸서 언덕으로 올라왔다. 그 낡은 자루가 차에서 찾을 수 있었던 유일한 물건이었기 때문이다.

우리는 폭설이 왔을 때 직접 박물관에 가지 않더라도 그곳과 연락을 유지하기 위해 전화를 가설했다. 하지만 첫 번째 폭설이 여지없이 전화선을 끊어버렸고 우리는 또다시 연락두절 상태가 되고 말았다.

1958년 다시 한번 좌절을 겪게 되었는데 십든 홀에 있는 웨스트요크셔 민속박물관으로 일을 확장시키려는 시도가 불가능하게 되었기 때문이다. 그것은 내가 더럼 카운티에 있는 보우 박물관에 지원을 했는데 너무나도 늦게 지원결과가 나왔기 때문으로 나는 적지 않게 당황했었다.

그때 우리는 '뱅크The Bank'에서 3층짜리 연립주택을 발견했는데 아주 다행스럽게도 옆집 역시 빈 집이라는 것을 알았고 그 두 집을 바로 구입했다. 결과적으로 우리는 원래대로 한집에 함께 되돌아오게 되었다. 나중에 이 집에 대해서 연구하고 관찰을 해보니 비록 지금은 거의 대부분이 18세기 중반에서 말까지의 모습을 하고 있었지만 원래는 중세시대 것이라는 확신을 갖게 되었다.

우리는 이곳에서 10년간 행복하게 살았다. 그곳에서 닐Neil이 태어났고 재미있는 손님들이 머물곤 했다. 우리 집을 찾았던 몇몇 예술사가들 중 한 명이 앤서니 블런트Anthony Blunt인데 그는 '여왕사진 관리관Keeper of the Queen's Pictures'으로 알려져 있는 인물이었다. 당시는 그가 러시아 스파이로 밝혀지기 전이었다. 한번은 스페인 회화와 물레방앗간에 관한 산업고고학 전문가와 함께 숙소에 머문 일이 있었다. 나는 지금껏 한 자리에 있는 두 사람이 공통의 관심사를 끌어내는 데 그토록 무력하거나 의지가 없는 경우를 경험한 적이 없었다. 그러나 다행히도 작은 물레방앗간이 나오는 스페인 그림에 대한 화제가 떠오르면서 분위기가 달라졌다. 모든 것이 잘 풀렸고 각각의 전문가가 서로 무언가를 배우는 것이 가능하다는 점을 깨달았다.

내가 의제가 된 '지역 열린공간박물관'에 대한 강연을 적어도 하루 걸러 저녁마다 하게 된 것도 이 집에 살면서부터였다. 내가 고대 로마에 빗대어 하는 진부한 농담처럼 열린공간박물관은 건립되기까지 오랜 시간이 걸렸던 것이다.

주말에는 때때로 더럼 카운티 주변을 드라이브했고 오래된 집들과 허물어진 헛간들을 유심히 살펴보았다. 당시 이러한 종류의 오래된 건물들이 허물어지기 일보직전으로 서 있었고 어느 누구도 그곳에서 살 생각을 하지 못했다. 이러한 건물들은 한 번도 '목록Listed'에 오른 적이 없었고 누군가로부터 발견되기를 기다리며 서 있거나 아니면 썩어서 무너지고 있었다.

때마침 나는 북동부지역 산업고고학에 관한 책 출판에 몰두했는데 이 때문에 박물관 설립 착수는 더욱 지체됐다. 그러던 중 우리는 오래되고 육중한 캐러밴을 얻어 며칠간의 휴가 기간 동안 버려진 산업유산의 잔재들을 더 수집하기 위해서 노섬벌랜드로부터 아주 멀리 떨어진 곳까지 가서 수집해오곤 했다. 나에겐 아주 행복한 시간이었으나 다른 한편 그렇게 좋지는 않았는데 내가 어떤 폐허를 관찰하고 사진을 찍고 기록하는 동안 아내 조앤은 번번이 차 안에서 내키지 않지만 두 아이와 함께 지루한 시간을 보냈기 때문이다.

마침내 1970년, 비미쉬 박물관 설립을 위한 합동위원회가 출범했고 나는 이 위원회의 첫 번째 위원장으로 임명됐다. 우리는 1970년 8월에 바너드 성을 떠났고 게이츠헤드 남쪽의 로우 펠Low Fell, 솔트 웰 로드 아래에 있는 웅장하면서 오래된 빅토리아 하우스를 발견하게 되었다. 19세기 후반기에 로우 펠은 뉴캐슬의 부유한 기업가들이 상당히 선호했던 훌륭한 거주지였다. 이 기업가들은 자신들의 공장에서 멀리 벗어나 남쪽으로 가기를 원했다. 이곳은 여전히 숲으로 둘러싸여 조용하면서도 꽤 매력적인 지역이다. 우리 집은 크고 튼튼하게 지어졌지만 한눈에 봐도 나이 어리고 매력적이었던 나무들이 집 주변을 둘러싸고 있는 탓에 오히려 어두컴컴했다. 그런데 지금은 너무나 많이 자랐다. 정원이라고 하기에는 공간이 너무 좁아 나에게 적당한 장소인지 걱정스러웠고 대지의 대부분은 가파른 경사나 큰 나무들로 막혀있는 상태였다. 조앤은 안타깝게도 이러한 제약들 때문에 불만이 점차 커져만 갔다.

이러한 지형 탓에 지하실은 꽤 건조하면서 바람이 잘 통했고 전에 살고 있던 사람들이 이곳을 훌륭한 놀이방으로 사용했다. 나는 이곳을 작업실이자 암실로 바꿨다. 비록 내가 좋아하는 것 이상으로 '놀' 수 있는 기회는 줄어들었지만, 이곳에서 나는 새로 나온 전자부품들을 어설프게 고치기도 했고, 당시 나의 첫째 아이는 입학 전에 전자기기에 관한 흥미를 키우기도 했다.

나는 비미쉬에서 왕복으로 얼마 되지 않은 거리에 살았고 아침저녁으로 약간의 교통체증을 겪었을 뿐 최적의 장소였다는 생각이 든다.

1982년 오빙햄Ovingham으로 이사하면서 그동안 한 번도 집과 직장이 멀리 떨어져 본 적이 없었다는 사실을 깨달았다. 집과 마을과 시골, 이 모든 것들이 나에게 즐거움을 안겨줬고 나는 교통체증과 관계없이 운전을 하지 않았다. 우리는 아주 우연한 기회에 오래된 목사관을 발견했다. 조앤이 지방신문에서 조악한 사진을 본 것이 계기였는데 그렇지만 우리는 이 목사관에 거의 가보지 않았다. 당시에 우리는 장모(최근 혼자가 되었다)를 위해 '노인을 위한 별채'를 구비한 집을 찾는 중이었다. 다행스럽게도 우리 부부에게는 시간이 있었고 직접 가서 집을 보았는데 매우 쓸쓸해 보였지만 우리는 완전히 반했고 그 집을 사기로 결정했다. 집의 남쪽에는 중간에 문설주가 있는 길고도 낮은 창문이 있었는데 이것은 할리팩스에서의 기억을 떠올리게 했다. 우리는 항상 '할리팩스 풍'으로 보이는 집들에 애착을 가졌던 것 같다. 물론 동의를 얻는 과정을 포함하여 그 집을 사는데는 몇 달이 걸렸고 그 사이 로우 펠에 있는 우리 집을 팔았다. 마침내 모든 준비가 끝난 후 우리는 이 목사관으로 이사했고 집을 고치고 개량하기 위한 장기간의 작업에 착수했다. 방습공사를 하고 전기배관을 완전히 새로 깔고 새로운 중앙난방을 설치했다. 이렇게 모든 것을 완벽하게 리모델링했다. 우리는 또 몇 가지 흥미로운 점을 발견했는데 그것은 벽돌을 쌓고 석고를 바른 중세시대의 출입구와 두 쌍의 벽돌로 쌓은 17세기 벽난로, 그리고 말끔히 복원된 다양한 종류의 17세기 석고작품들이었다.

우리는 오빙햄에서 즐거운 시간들을 보냈다. 아마도 마을살이가 조앤과 나의 어린 시절을 떠올리게 해주었던 것 같다. 비록 작은 농장들이 모인 사회나 커다란 광산지역 사회와 다르다 할지라도 말이다. 우리는 마을의 생활방식에 빨리 적응해나갔다. 우리가 마을 일에 참여하게 된 일 가운데 하나는 추정가격 15,000파운드의 비용이 들어갈 990년경에 세워진 교회탑 벽돌보수공사였다. 기금조성에 대한 나의 평판(모금을 다른 사람들과 함께 한 경우가 상당히 많았기 때문에 전적으로 정당하지는 않지만) 때문에 목사님은 기금조성을 내가 이끌어주었으면 했다. 결국 그렇게 했고 우리는 2년 안에 기금총액을 달성하였다. 조앤의 제안으로 시작한 특별한 모금활동이 있었는데 그것은 '은반지ring of silver'였다. 모든 사람이 함께 참여하도록 권하여 교회 주위를 동전으로 둥그렇게 두르자는 아이디어였다. 동전을 모두 모아보니 1,000파운드를 훌쩍 넘는 금액이었다. 우리는 또 '비트 더 바운즈beat the bounds(걸어 다니며 교구의 경계를 정한다는 뜻-역자설명)'라는 자선 걷기 행사를 현재 교구의 경계 안에서 실행하였다(초기에는 범위가 더 넓었고 강을 넘어가는 경우도 있었다). 이것은 매우 재미있는 일로 발전했는데 우리는 심지어 지역의사들의 무선통신 서비스까지 등록하여 필요한 경우 행사 참여자들과 긴밀한 연락관계를 취하기도 했다(당시에는 휴대폰이 없었다!). 우리는 또다시 상대적으로 노력을 덜 들이면서 모금액 1,000파운드를 넘겼다. 이와 더불어 반갑게도 영국유산 역시 상당한 금액을 후원해주었다.

이 프로젝트는 우리 부부를 마을의 많은 사람들과 직접 접촉하게 만들었고 나는 교구 교회협의회의 자리에 초대받았고 이를 계기로 나중에 부의장이 되었다.

내가 이끌었던 또 다른 모금활동은 위틀 데네Whittle Dene 숲의 매입을 돕기 위한 것이었다. 이 숲은 마을과 인접한 유원지 지역으로 주말에 사람들이 찾아가 휴식을 취하는 장소이기도 했다. 삼림기금Woodland Trust이 매입기금 대부분을 부담하기로 했으나 당연하게도 마을 역시 참여를 요청받았다. 실행한 결과 12,000파운드의 기금을 모았다.

잘 알려져 있는 마을의 '독서실Reading Room'이 지금은 마을회관이 됐지만 재미있는 역사를 간직하고 있으며 중추적 기능을 담당하고 있다. 과거의 의장, 부의장이면서 종종 위원회의 선출직 구성원이었던 나는 이 독서실이 특별히 재미난 기능이 있음을 알게 되었다. 몇 년 전에 나는 과거 마을생활에 관한 사진 전시회에 초청을 받았을 때 마을 사람들에게서 약 150장의 오래된 사진을 수집해서 전시회에 참가했고 이 사진들은 재미있는 볼거리가 됐다. 나는 비미쉬에서 몇 가지 작품들과 카운티의 사료보관실에서도 사진패널을 몇 가지 빌렸다. 그리고 빌린 모든 사진들은 안전한 보관을 위해 사본을 만들어 비미쉬 사진기록실로 보냈다.

폐암 판정을 받았을 때의 끔찍했던 시간을 제외하고 나는 살면서 심각한 병에 걸린 적이 없었다. 30년이 넘도록 담배를 피우지 않았는데 이 때문에 세상이 불공평한 것이 아닌가 느끼기도 했다. 아마도 담배연기로 가득 찬 방에서 위원회 회의를 하면서 받았던 그야말로 '간접흡연' 때문이라는 생각이 든다. 폐암은 비미쉬에서 은퇴하자마자 판정을 받았다. 판정을 받은 날 조앤과 나는 비미쉬와의 작별파티에 가서 사람들을 만난 후 집으로 돌아왔을 때 의사에게 연락을 받고 병원에 갔다. 나는 이전에 짜증스러운 기침에 대해 불평을 늘어놓은 적이 있었고 엑스레이도 찍은 적이 있는데 이에 관해 잊고 있었다. 의사에게 '폐에 어두운 부분shadow on the lung'이 찍혀 나왔으니 즉시 흉부상담을 받아야만 한다는 당황스러운 말을 들었다. 이 때문에 1주일 후 나는 병원에 입원하게 되었고 폐 하나를 떼어냈다. 분명한 것은 조기에 재빨리 진단했기 때문에 운이 좋았고 이후 나는 화학치료법이나 그와 비슷한 종류의 어떤 치료도 받은 적이 없다.

돌이켜 생각해보면 내가 수술실에 들어가기 전에는 완벽하게 안정감을 유지했지만 몇 시간 안에 완전히 다른 느낌을 갖게 될 것임을 알고 있었다. 그리고 예상한 대로였다.

누구나 예상할 수 있듯이 원래의 상태로 회복하는 데에는 몇 개월이 걸렸다. 유럽 박물관 상은 내가 비미쉬를 퇴직하기 전에 발표됐다. 이는 더럼대학의 성에서 개최되는 일생 최대의 순간이기도 했다. 이 순간이 수술을 마친 뒤 얼마 지나지 않아 찾아왔고, 나는 주치의에게 말했다. "나는 꼭 참석해야 합니다!" 나는 조심스럽게 출발하여 지팡이를 짚은 채 등장했고 내 자신이 아주 연약하게 느껴졌다.

긍정적으로 생각하면, 이제까지 일에만 몰두한 생활로부터 매우 바람직한 방식으로 벗어나 계속해서 축복을 받았다는 생각이 든다. 나는 은퇴한 다른 사람들을 봐왔고 그들과 무엇을 함께해야 할지 생각이 많았다. 나는 여러 집단의 사람들에게 은퇴에 대해 자문해주는 일에도 참여를 해봤고, 병원에서 매일 아침 잠에서 깨어 신음하며 일어나 오늘 하루를 어떻게 보내야 할지 모르는 그런 사람들도 만나봤고, 구조조정으로 해고

된 지 얼마 안 되는 조선소의 목수들도 만났다. 그래서 나는 일하던 생활에서 방금 벗어난 내 자신이 겪을 혹독한 어려움을 예상해보기도 했다.

하지만 나는 그와 같은 어려움을 겪은 적이 없다! 몇 달 동안의 강제적인 활동 중지 기간이 지나면서 나는 건강이 회복되고 인생은 변하기 시작했다. 나는 토머스 뷰익Thomas Bewick의 자서전의 초안을 작성하면서 그와 관련된 기금(토머스 뷰익 탄생지 기금) 일에 열중하게 되었고 박물관과 갤러리 위원회의 일에 참여하였다.

나는 비미쉬를 은퇴하고 나서 토머스 뷰익 출생지 기금의 이사장을 맡아 바쁘게 보내고 있었다. 이 일은 18세기 자연주의자이자 목판화가인 토머스 뷰익이 태어난 작은 시골집을 구입하여 보존하고 관람객들을 위해 적절하게 꾸미는 일을 하는 것이었다. 이 시골집 옆에 토머스 뷰익의 가족이 1840년대 초에 지은 저택이 있는데 이곳도 함께 구입했다.

이 일은 나중에 꽤나 큰 일이 되었고 1988년 당시에 퀸 마더가 공식 개장행사에 참석했다. 나는 이 사업을 수행할 누군가를 찾고 있었다. 안타깝게도 출퇴근이 매우 합리적이었던 반면 상근 학예사 비용을 충당하기 위한 충분한 정기후원금을 제공받지는 못했다. 박물관 사업에 착수하고 유물을 보관하고 구입하는 데 50만 파운드가 소요됐다. 하지만 당시에 우리는 정말이지 놀랍고도 우연치 않은 두 가지를 구매했는데, 이로 인해 투자 기금의 설립을 위한 자금은 거의 바닥이 났다. 가장 즐겁고도 놀라운 것 가운데 하나는 토머스 뷰익이 직접 조각한 약 150개의 원본 목판화의 발견이었다. 이것은 1790년의 '네발짐승의 역사History of Quadrupeds', 1797년과 1804년의 '영국 새의 역사History of British Birds', 그리고 1818년의 '이솝이야기Fables of Aesop'다. 이 작품들은 당시 시카고의 상업적 목판화가의 손에 있었는데 이는 1942년 토머스 뷰익 가문의 사촌

체리번에 있는 작은 박물관 개관식에 참석한 퀸 마더. 체리번은 나무조각가이자 자연주의자였던 토머스 뷰익의 출생지이기도 하다. 맨 왼쪽에 조앤, 그 옆이 루테넌트 리들리 경(퀸 마더를 호위하는 관직).

이 미국에 전체 작품 가운데 일부를 판 것이었다. 우리는 이러한 보물들을 본국으로 가져오기 위해 국립유산기념기금으로부터 100퍼센트의 보조금을 얻을 수 있었기 때문에 토머스 뷰익 탄생지 박물관을 설립하는 데 큰 도움을 받았다. 또 다른 놀라운 발견은 토머스 뷰익이 수집하고 직접 쓴 책을 모은 작고 완벽한 도서관이었는데, 이 역시 국립유산기념기금에 엄청난 도움을 받아 미국에서 다시 가져왔다. 1990년까지 명예사무총장이었던 앤 베레스포드와 나는 상근직으로 일했고 우리 둘은 이 일을 완수하기 위해 일선에서 은퇴할 수 없었다. 이어서 나는 국립유산기금과 협상을 벌였는데 얼마나 흥미로운 일인지 알고는 흔쾌히 동의해주었다. 그래서 1991년에 우리는 공식적으로 토머스 뷰익 탄생지 박물관을 국립유산기념기금에 소유권을 넘겼고 나는 다시 홀가분해졌다.

1994년은 마을 독서실 건물이 지어진 지 100년이 되는 해였고 나는 이를 기념하기 위해 또 다른 전시회를 열자고 제안했다. 기록된 것도 보존된 것도 거의 없다는 사실을 접한다는 것은 매우 슬픈 일이거니와 어떤 이들이 마을을 떠날 때 19세기 말 교구신문의 작은 묶음을 맨섬으로 가지고 가지 않았더라면 우리는 빈약한 전시회라도 열 수 있었을 것이다. 이 전시회를 성사시키기 위해 나는 글들을 모으고 최근의 마을회관 활동에 관한 사진들을 삽화로 넣어 소책자를 만들었다. 이 자료들을 아들 닐의 컴퓨터에서 작업하여 마을의 프린터가 모두 소진될 때까지 출력하였다(내가 적당한 컴퓨터를 갖기 전 일이다).

비미쉬를 은퇴하고 난 후 1994년 12월까지 나는 박물관과 갤러리 위원회의 이사로 재직했고 그 시간의 대부분을 위원회의 등록위원회 의장으로 박물관 등록계획을 개발하는 책임을 맡았다. 꽤 재미있었지만 의장으

노섬벌랜드 미클리 인근의 체리번에 있는 토머스 뷰익이 출생한 오두막집. 지금은 내셔널 트러스트에 의해 관리되고 있다.

로서 정신없이 바빴던 시기였다.

우리의 오빙햄 집 또한 그냥 가만히 내버려 둘 수 없었는데 항상 뭔가 주의를 기울일 필요가 있었던 것 같다. 이 집은 1378년에 지어진 것으로 17세기 중엽 근대식으로 고쳤다. 그때 부엌칸이 추가되있고 1800년경에 다시 확장되었다. 거실의 경우 때로는 조용히 앉아있을 만큼 차분하게 설계되었고 이 상태로 600년이 넘도록 지속적으로 사람들이 거주해왔다고 한다. 큰 저택도 아니고 시골의 이런 집들 가운데 이처럼 한 곳을 오랜 기간 점유하면서 여전히 평온하고 친근하게 느껴지는 집은 거의 없을 것이다.

1987년 박물관과 미술관 위원회 위원으로 위촉되기에 앞서 나는 국립기관 세 곳에서 자문역할을 맡고 있었다. 첫째는 공동위원회가 설립될 당시 박물관과 미술관 위원회에서 1971년 '기술적인 자료의 보존The Preservation of Technological Material' 상임위원회를 만들었고 결과적으로 기술기금Technological Fund이 빅토리아 앨버트 기금과 나란히 설립되었다.

1971년 영국 재무부 수장인 에클스 경Lord Eccles(예술 분야에 특별한 책임을 더불어 맡고 있던 장관)이 '영국의 주요한 지방박물관과 갤러리들의 요구사항과 국가기관과의 관계 향상을 위한 제언에 관한 고찰' 위원회를 설립했는데, 내가 여기에 자문위원으로 위촉됐다. 이에 대한 결과보고서가 1973년 출판됐고 가끔 〈라이트 보고서Wright Report〉로 언급되곤 하는데 의장이자 교육과학부 차관이었던 라이트C. W. Wright가 서문을 썼기 때문이다.

1975년 상임위원회(이것이 훗날 박물관과 미술관 위원회가 되었다)는 공동위원회에 착수하게 되는데 이 위원회는 당시 의장이었던 아서 드루 경Sir Arthur Drew의 지휘 아래 〈박물관 체계에 대한 구조A Framework for a system of Museums〉에 관한 보고서를 1978년 펴냈다.

나는 이 모든 것들에 대해 심사숙고해야 했기에 당시에 감정이 복잡해지기도 했다. 우리의 어떤 작업은 비록 당시에는 정밀하고도 흥미로운 일이었지만 헛된 노력이 되기도 했다. 그 밖의 다른 부분들은 아마도 어느 정도 도움이 됐고 또 어떤 부분들은 박물관과 미술관의 업무나 다양한 정부부처가 보는 관점에 도움이 됐다. 그러나 나는 1987년에서 1994년 사이에 박물관과 미술관 위원회의 등록위원회의 역할이 박물관 분야를 위해 진정 가치 있다고 여겨지게 될 것이라 믿었다. 이 기간 동안 내가 이 위원회의 위원장으로 있었던 것은 커다란 행운이었고 내가 맡았던 일이 굉장히 유용한 것이었다고 생각한다. 정말이지 너무나 즐거웠다. 1995년에 신년서훈New Year Honours 명단에서 대영제국 사령관 훈장Commander of the Order of the British Empire을 수여받는다는 사실을 알게 되었다. 전혀 뜻밖의 일이었고 너무도 감동적인 일이었다.

이보다 앞서 또 다른 기쁨을 안겨준 상이 있었는데 그것은 더럼대학으로부터 명예박사학위Honorary Doctorate of Civil Law: DCL를 비미쉬를 은퇴하면서 받게 된 것이다. 이것은 학문적 성과의 의미를 담고 있었고, 화려한 더럼 성城 안에서 빨간색 박사학위 가운 등 의복을 갖추고 조앤과 막내아들 닐이 함께하는 가운데 이루어졌다.

인명사전《후즈 후Who's Who》에 나에 대한 항목에는 반 농담으로 동굴탐험으로 수록되어있고 취미는 컴퓨터 프로그래밍으로 되어있다. 그리고 나는 이 훈장과 명예박사학위를 독자들에게 신뢰를 주기 위해 여기에 충분히 자세하게 언급했다. 하지만 나는 여전히 커다란 기쁨을 주는 또 다른 여러 종류의 취미생활을 하고 있다.

자연사의 다양한 분야처럼 뭔가(딱정벌레류, 고사리류, 화석과 광물 등)를

1987년 더럼대학으로부터 명예 법학박사학위를 수여받았다. 막내아들 닐과 부총장인 프레데릭 홀리데이 교수(지금은 '경'이 되었다)와 함께.

수집하는 취미의 종류들을 대충 훑어보니 뭔가 깨닫는 게 있다. 오늘날 특정 분야에 대한 연구를 제외하면 어느 누구도 딱정벌레를 수집하지 않겠지만 또 다른 사람들은 여전히 이러한 취미를 추구할 수 있으며 나는 물론 여전히 하고 있다. 그러나 나는 내 수집품들을 음미하고, 관심사를 표현하기에 급급한 사람들에게 수집품을 보여주는 것을 즐긴다.

　내가 여전히 활동적으로 참여하고 있는 또 하나의 취미가 사진이다. 나는 사진을 항상 목적이 아닌 도구로 생각하며, 최근에는 다양한 해외여행을 완벽하게 지속적으로 기록하기 위해 유용하게 활용했다. 지금

(1990년대 말-역자 설명)은 컬러인쇄가 값이 매우 싸졌고 좋은 자동 카메라(줌렌즈는 축복이다)와 같은 것들을 손쉽게 사용할 수 있다. 나는 때때로 기분 좋게 앨범들을 훑어보기 위해 앨범꽂이를 들여놨다. 그러나 디지털 카메라를 사려는 모험을 하지는 않았다. 왜냐하면 여전히 비싸기도 했고 또 여전히 기술이 개발 중(속도가 빠르다 하더라도)에 있기 때문이다. 하지만 확언하건대 다음 단계는 일상적인 기록이 가능한 음화 필름을 사용하지 않는 사진이다.

최근 우리 사진 앨범들의 대부분은 해외여행으로 채워져 있는데, 여기에는 어느 정도 진지한 의도가 담겨있었다. 우리는 베니스, 요르단(특히 페트라), 이집트(작은 증기외륜선으로 나일강 상류까지)를 여행했고, 흥미를 고려하여 스페인(특히 세빌리아), 캐나다(특히 록키산맥) 그리고 미국(특히 콜로니얼 윌리엄스버그)에서 머물렀다. 초창기에 우리는 절반은 사업 목적으로 호주를 여행하며 박물관 동료들의 안내에 따라 사회사 박물관부터 다른 박물관에 이르기까지 두루 다녔다. 그리고 나는 우리의 복원 '증기기관차'와 관련하여 일본을 두 차례 방문했다. 확실히 새로운 문화는 유익했다.

또 하나의 취미가 있었는데 땜질하고 수선하는 일인데 꽤 쓸모가 있다. 나는 작업실도 하나 만들었다. 여기에 여러 가지 잡동사니들을 모아놓고 모든 종류의 가정용 기구를 수선하고 수리하는 곳으로 사용했다. 여기에 어울리는 말로 '낭비하지 않으면 부족할 것도 없다'는 전쟁시 사용하던 격언이 있다. 하지만 나는 단지 약간만 더 오래 장비를 사용할 수 있는 것만으로도 큰 만족감을 느낀다. 이것이 환경에도 유익하다.

17. 못다한 이야기: 몇 가지 출판물들

　현대 학문의 세계에서 실존의 기쁨 또는 괴로움은 거부하기 힘든 출판의 필요성을 제기한다. 나는 초기 학창 시절 말고는 그런 세상과 떨어져서 일한 적이 없다. 나는 관찰과 발견에 관한 글을 쓰는 것을 즐겨왔다. 최근에 내 자신의 출판목록을 작성하기로 마음먹고 나서야 내가 일을 하면서, 상근직에 있을 때보다는 다른 여러 일들을 하면서 내가 얼마나 많은 글을 썼는지 깨달았다. 물론 중복된 것들도 있다. 예를 들어 1960년에 좀 더 책임감 있게 《궤린Gwerin》에 기고했던 글을 바탕으로 두 개의 대중적인 글(요크셔 생활Yorkshire Life과 전원생활Country Life)을 뽑아내기도 했다. 《궤린》은 당시 영국에서 이런 종류의 글을 출판할 수 있는 단 하나의 지면이었다. '궤린'은 웨일스 말인데 이 명칭을 꿋꿋하게 지키다가 나중에 같은 뜻의 《민속생활Folk Life》이라는 이름으로 바뀌었다.

　작가로서의 내 경력은 1948년에 엉국동굴학협회British Speleological Association가 발간하는 잡지 《동굴과학Cave Science》에 랭커스터 구혈의 일부를 간략하게 묘사한 글이 실리면서 시작됐다. 이 동굴은 오랫동안 발견되지 않았고 우리는 많은 주말과 휴일에 이 동굴을 탐험하고 묘사하는

◀ 내가 가장 많이 인화한 사진. 샤이어무어에 살고 있는 은퇴 광부인 프랭크 핸드가 난롯가에 앉아 있다.

데 시간을 보냈다. 2년 후에 나는 옥스퍼드 구혈에 대해 기술했는데 이 동굴은 랭커스터 구혈 인근에 자리한 것으로 이 둘이 동일한 구혈의 일 부라는 것을 밝혀냈다.

내가 첫 박물관 생활에서 주중에 일을 하는 사이에 나온 하나의 가시 적 결과는 웨이크필드와 관련된《박물관 전시에서의 색상과 움직임Colour and Movement in Museum Display》에 관한 보고서였고《박물관 저널》에 실렸다. 7년 후에 할리팩스 박물관에서 나는 나의 첫 소책자를 발간했는데 사실 이것은 대부분 18세기 서신대장과 일기를 공들여 편집한 것이었다. 나는 이 책자의 제목을 〈18세기 할리팩스에서의 모직과 소모사梳毛絲 무역Eighteenth Century Woollen and Worsted Trade in Halifax〉이라고 붙였다.

'못 만들기'에 대한 연구는 십든 홀의 웨스트요크셔 민속박물관을 설립할 당시 수공예품 관련 유물을 수집하기 위한 시도에서 시작되었다. 나는 고향마을에서 못 만들기와 관련해 경험했던 것들을 떠올릴 수 있었다. 이것은《목수Woodworker》라는 제목으로 출판됐고 또한 BBC의 '두 번째 북부 시골사람Second Northcountryman'으로 방송됐다.

나는 초기 전통적인 건축을 포함하여 '수압'으로 돌을 세공하는 것에 관해 내가 저술했던 것을 할리팩스에서 관찰했다. 후더스필드 인근 다이 브즈 하우스 반Dives House Barn의 중세 지붕에 대한 나의 관찰을 중심으로 작성한 논문도 이때 썼다. 이때는 특히 신이 났는데 내가 십든에 민속 박물관을 확장할 수 없어 좌절했었기 때문에 아마 더 그랬을 것이다. 그래서 전통건축에 관심을 집중하기도 했다. 당시 할리팩스를 떠나기 바로 전에 짧은 논문 몇 편을 작성했지만 보우 박물관으로 옮기고 나서야 출판됐다. 1962년에 내가 제안했던 새로운 열린공간박물관에 대한 글을 요청받아서 '국립사회서비스위원회National Council for Social Service'에서 발행하는 《마을the Village》에 〈차별화된 박물관a Museum with Difference〉을 발표했다. 내 생각에 이 글이 우리의 새로운 계획에 관해 뭔가를 출판했던 첫 번째 시기였다. 로빈 맥다월과 나는 1967년에 할리팩스의 측랑이 있는 건물aisled hall에 대한 우리의 논문 작성을 끝냈고 그때서야 비로소 나는 런던 고고학회 회원Fellowship of the Society of Antiquaries of London 자격을 획득했다. 가장 즐거운 논문 가운데 하나였다.

내가 오랫동안 필사적으로 노력한 논문이 〈회전력의 원천으로서의 마력The Horse as a Source of Rotary Power〉이었다. 《뉴커먼학회보》에 실렸는데, 내가 이 논문을 과학박물관에서 개최된 뉴커먼학회 회의에서 다 읽은 후에 승인이 떨어졌다. 나는 마력을 이용한 기계를 설명하는 초기 출판물을 찾기 위해 대영박물관 도서관에서 많은 시간을 보냈고 마침내 1960년 초에 논문을 작성할 수 있었다.

〈페나인 지역 건초 만들기〉는 칼더밸리 언덕 위에 있는 나의 오두막집 주변을 주말에 산책하면서 만들어진 영감을 바탕으로 썼고 동시에 이 과정을 16밀리 영화기록으로 남겼다.

1962년 다시 활기를 찾은 영국동굴학회의 첫 번째 정기회의에서 정식으로 의뢰받은 〈크레이븐 지역 석회동굴의 형성Formation of Limestone Caverns in the Craven Area〉이라는 논문을 호기심을 끄는 차원에서 여기에 끼워 넣고 싶다. 이 논문으로 엄청난 재미를 보았는데 1950년대로 되돌아가 동굴에 대한 관찰과 답사의 열정을 되찾을 수 있게 해주었다.

산업고고학이 1960년대 초 새로운 주제로 등장하기 시작했고 영국고고학회는 초기 입문책자를 출판하기로 결정했다. 그러나 불행하게도 이러한 시도는 나와 다른 동료들의 공헌에도 불구하고 완전히 없던 일이 돼버렸다. 그들이 하기에는 너무 이른 감이 없지 않았다. 그러나 이 과제를 케네

스 허드슨이 맡아서 책으로 구성했고 젊은 출판인인 존 베이커John Baker
가 발행했다. 이 책은 동굴 관련 주제로 출판된 수많은 책들 중 첫 번째
출판물이었음이 입증됐고 이후 데이비드 앤 찰스 출판사는 특별히 지역
별 시리즈에 주목했다. 나는 이들에게 원고 청탁을 받았고 북동부지역의
동굴에 대한 책을 쓰게 됐다. 그래서 나는 1960년대 말 더럼과 노섬벌랜
드 전체를 아우르는 현장답사를 수행하기 시작했다. 그리고 사람들이 '비
미쉬 문제Beamish Problem'라고 부르는 다양한 압박이 등장하기 시작했는
데 그 압박으로부터 탈피하게끔 해주기도 했다. 모든 가족이 주말이면 새
로운 장소를 찾아 나섰고 휴일 대부분을 그런 식으로 보냈다. 이것은 분
명히 새로운 주제였고 그래서 그런지 우리는 '발견discoveries'에 꽤나 흥미
를 가졌다. 가이와 마크는 아주 잘 참아줬고 때로는 수많은 기록사진들
속의 '척도scale' 역할을 번갈아 했다. 마침내 1974년 이것이 두 권의 책으
로 나왔다. 다양한 출판물이 연기되어 초조하게 지내는 동안 우리 지역
출판인인 프랭크 그레이엄이 1971년에 〈잉글랜드 북동부의 열 가지 산업
고고학 현장〉이라는 제목의 팸플릿을 발간했다.

　1960년대로 거슬러 올라 《민속생활》이라는 책자가 1963년에 《궤린》을
대신하는 저널로서 처음 발행됐다. 이 저널은 웨일스 민속박물관의 아이
워스 피트Iorwerth Peate에 의해 편집·간행되었다. 그리고 나는 창간호에
페나인 지역의 너 앤 스펠 게임the Pennine game of Knur and Spell(공놀이의
일종-역자 설명)에 관한 한 편의 글을 게재했다.

　1958년에 북동부로 이사했고 보우 박물관의 책임자로 취임했다. 그때
놀랍게도 나와 핸콕 박물관Hancock Museum의 토니 타이난, 뉴캐슬 라잉
아트 갤러리의 콜링우드 스티븐슨만이 '자유로운' 박물관 사람들이었다
는 것을 발견했다. 달링턴, 미들즈브러, 선덜랜드, 사우스쉴드 등의 다른

모든 관장들은 도서관의 관리를 받았다. 나는 이것이 영국 전체의 일반적인 관례임을 알게 되었고 도서관의 관리 아래 운영하는 것과 박물관장이 직접 운영하는 것에 따른 박물관과 갤러리의 효율성을 비교하기 위한 자료들을 모으기 시작했다. 나는 매우 확연한 차이를 발견했고 완곡하지만 엄격한 비교와 다양한 준거 그리고 참신한 그래프를 수록한 글을 《박물관 저널》에 게재했다. 가장 훌륭한 박물관과 갤러리는 그곳 기획자들에 의해 운영되는 것이 당연했다. 기획자들이 그들의 위원회에 대해 직접 책임을 지기 때문이다.

1964년 앤 워드와 나는, 우리가 어떻게 짬을 냈는지는 모르겠지만, 세드버그에서 수집했던 '나무로 된 바퀴'에 관한 호기심을 주제로 글을 쓰게 됐다. 그리고 1964년에 더럼대학 고고학과의 벌리Birley 교수는 에든버러 근처 페니퀵Penicuik의 존 클라크 경Sir John Clerk이 1724년에 로마시대 방벽Roman Wall을 방문하고 이에 대해 쓴 일기의 고고학적 내용을 출판했다. 존 클라크 경은 잘나가는 스코틀랜드의 광산소유자였을 뿐만 아니라 아마추어 고고학 연구자로 존경받았다. 벌리 교수는 그 일기가 뉴캐슬 지역의 석탄광산에 대한 내용도 포함하고 있다고 논문에서 언급했다. 그때 이래로 나는 석탄산업과 토머스 뉴커먼의 증기엔진에 대한 흥미를 갖게 되었고 그 일기의 복사사진을 빌릴 수 있는지 묻기도 했다. 그 후 고통스러운 베껴 쓰기의 시간이 시작됐는데 가장 지독한 글쓰기이자 초기 채굴기술에 대한 흥미 있는 내용의 발견이기도 했다.

이 시기에 나는 부모님이 자신들의 어린 시절 집에 대한 기억을 되살릴 수 있도록 도우면서 주말을 보냈다. 나의 아버지는 1885년생이고 어머니는 1891년생이었는데 두 분 모두 요크셔의 웨스트라이딩에서 꽤 유복한 광부의 자녀로 태어났다. 이들의 회고를 모은 결과를 《민속생활》이라는 책자에 소개했는데, 이 안은 현대 소비사회에서 자라난 세대들에게는 거의 믿기지 않을 정도의 이야기들로 채워져 있다.

더럼 카운티 지역역사모임이 결성되고 얼마 지나지 않아 새로운 위원회가 매년 출판물 시리즈를 내기로 결정했다. 그 순간에는 어느 누구도 첫 권을 맡을 수 있을 것 같지 않았기 때문에 나는 북동부 탄광업에 관한 것으로 내자고 제안했다. 이 주제와 관련해서 나는 한동안 사회사 수집품과 연계하여 작업을 진행시켜 오던 차였다. 그런데 내가 이 내용을 완성하기 전에 우리의 명예편집위원이 더럼시를 떠나게 되어 내가 대신 일을 떠맡게 되었다. 내 스스로 내 작품의 편집자가 되어 제멋대로 만드는 재미있는 일에 착수한 셈이었다. 이 작품은 1966년《위대한 북부탄광 1700~1900》이라는 이름으로 출판되었다. 모두 2쇄를 찍었는데 1968년에 이어 1979년에 한 번 더 찍었다.

1974년과 75년에 박물관협회 회장이 되었고 더럼에서 있었던 회장 당선 연설에서 나는 '공룡에게 무슨 일이 일어났는지 기억하라Remember What Happened to the Dinosaurs'라는 주제로 강연하며 기획자들과 박물관장들에게 시대가 변하고 있음을 일깨우려고 했다. 공룡이 그들의 거대한 크기와 느릿느릿한 움직임 때문에 멸종됐다는 점을 상기해야만 한다. 그들을 둘러싼 외부의 변화를 쫓아갈 수 없었던 것이다. 1년 정도 지난 후 나는 덴트Dent로부터 그들의 '생활과 전통Life and Tradition' 시리즈물을 쓰도록 요청받았다. 결과물로 나온 것은 상당 부분 비미쉬를 위해 수집된 수집품과 자료들의 요약으로 보일 수 있다.

1976년 '농촌 여가경영의 경제적 효과Economic Aspects of Courtryside Recreation Management'에 관한 회의 참석을 요청받았는데 여기서 꽤 재미있는 경험을 했다. 우리의 활동을 다른 시각으로 볼 수 있게 만들어주었

웨어데일의 스탠호프 인근에 있는 폐허가 된 납광산 제련소 열기송풍구. 크기를 가늠하기 위해 마크를 세웠다. 이 사진은《잉글랜드 북동부 지역의 산업고고학》이라는 책을 준비하면서 찍은 것이다.

고 이에 따라 나는 입장료를 계절별로 다양하게 책정하자고 제안했던 것이 생각난다. 여름철 외부 관광객부터 겨울철 지역민에 이르기까지 관람객이 변할 수 있다는 관점에서 시작된 것으로 당시에는 꽤 참신한 아이디어였다. 이 회의에서 나는 처음으로 경제적인 측면들에 대해 현실적인 눈을 뜨게 됐다. 오늘날에는 너무나도 당연한 얘기지만 당시에는 매우 혁신적이었다. 또 당시에 나는 두 개의 환등기를 사용하여 크로스페이딩cross-fading(페이드아웃과 페이드인을 동시에 구사하는 기법-역자 설명) 실험을 했는데 이 새로운 기술이 매우 탁월하게 느껴지기도 했다.

1980년 애플 컴퓨터를 손에 쥐게 된 후 베이식으로 프로그램을 만들기 시작했으며 나의 야심찬 첫 프로그램 단편작을 출판할 가치가 있다고 느껴서 '프랙티컬 컴퓨팅practical computing'에 보냈다. 하지만 당시에는 초보적 수준이었다.

1980년에 무어랜드 출판사의 '그림책picture book' 시리즈에 도움을 주기 위해 초청받은 후 몇 년간은 비미쉬 박물관과 관련한 희로애락과 씨름하며 한층 성장한 박물관 운영에 열중했다. 그러던 1985년 나는 초창기 나의 수집 기술을 정당화하는 글을 써서 《박물관 저널》에 〈무차별적 수집가Unselective Collector〉라는 제목으로 발표했다. 〈비미쉬의 실험The Beamish Experiment〉 또한 이때 영국 박물관 《친구들 협회 저널The Journal of the British Association of Friends of Museums》에 발표됐다.

1980년대 중반 데이비드 앤 찰스 출판사에서 빅토리아시대의 영국에 대한 새로운 시리즈로 북동부지역 부분을 쓰기 위해 나를 찾아왔는데, 이것은 이제 막 은퇴한 나에게 어마어마한 도전이 됐다.

콜린스 앤 브라운 출판사가 의뢰한 노던 라이프Northern Life는 30년대, 40년대, 50년대의 픽쳐 포스트Picture Post의 사진첩에서 수백 장의 사진을 선별해서 구성한 다음 짧은 사진 설명 문구를 배치하는 일이었는데, 편집의 즐거움을 느낄 수 있었다.

그 후로 나는 이 자서전을 만들기 위해 자료들을 모으고 글을 쓰거나, 최근에 비미쉬 친구들의 의장으로써 토머스 뷰익에 관한 아직 출판되지 않은 글 전체를 모아서 출판하거나, 자폐아동들에게 필요한, 다양하고 흥미로운 전문적 시도를 하는 일에 내 정력을 쏟으며 보내고 있다.

개인 감사의 글

　지금의 비미쉬가 잉태돼서 탄생하고 발전하기까지 역할을 담당해주었던 많은 사람들에게 감사를 전한다. 이 책 속에 등장하는 많은 사람들이 인정받고 있음을 그들 스스로가 알게 되는 것이 나의 바람이다. 만일 나의 불찰로 생략된 사람들이 있다면 진심으로 사과하고 싶다. 박물관에 자신의 주옥같은 물건들을 기증했던 수천 명의 북부지역 사람들과 그밖의 다른 지역 사람들이 보존과 재현 프로젝트를 시작하는데 역할의 일부를 담당한 것에 대하여 만족을 느끼길 바랄 뿐이다.

　이러한 여건 속에서 너무나도 오랜 기간 인내하며 참아준 아내에게 감사를 표하는 것은 매우 당연한 일일 것이다. 이 책에 담겨진 내용 아니 그보다 훨씬 오래 전부터 아내 조앤은 기다려왔던 것이다. 초기 단계에서 비미쉬 설립이 매우 불안정한 것처럼 보였고 커다란 긴장과 걱정의 시간을 보냈기 때문이다. 그래서 물론 조앤에게 틀림없이 고마움을 표해야 하겠지만, 여러 측면에서 영향을 받았을, 당시 어렸던 가이와 마크 그리고 닐에게도 고마움을 전한다. 나는 이 책이 다른 이들에 대한 기억을 상기시키고 어떤 일들에 대해 설명할 수 있기를 바란다. 매우 작은 불평이었든 아니면 매우 큰 도움이었든 간에 나와 함께한 모든 이들에게 진정으로 감사를 드린다.

이언 베인, 내가 진정으로 고마움을 표현해야 될 사람으로 그의 인내심과 탁월한 전문적 기술이, 매우 특별하게 다룰 만하고, 읽지 않는다 하더라도 들여다볼 만한 가치가 있는 한 권의 책을 만들어냈다.

나는 또 짐 로슨에게 고마움을 전해야 하는데 그는 지속적인 관심을 갖고 이 책에 사용된 훌륭한 사진을 제공해주었다.

그리고 브라이언 모리슨(지금은 모리슨 경)이 박물관과 미술관 위원회의 의장으로 있을 때 나는 그의 밑에서 수년 간을 행복하게 일했고 그는 지금 이 책과 관련한 몇 가지 이야기들을 전해주기에 충분한 사람이다. 참으로 고맙게 생각한다.

전제허락

　앨런 그라임스는 〈비미쉬 친구들 뉴스레터〉 100호('만들어가는 박물관')
로부터 발췌하여 다시 사용할 수 있도록 허락해주었다. 보우 박물관은 켄
달H. P. Kendall이 찍은 은으로 된 백조와 바키스랜드 홀Barkisland Hall의
사진을 사용하도록 허락해주었다. 크리스 호우는 흐르는 시냇물A Stream
Passage의 사진, 엘런 심슨은 징글링 폿의 사진, 리키R. D. Leakey는 페니겐
트 구혈에 있는 단체사진, 그리고 《펀치》에 실린 에멧의 삽화 사용을 허
락해주었다. 그 밖의 모든 사진들 가운데 프랭크 앳킨슨이 소유한 다음
쪽의 사진을 제외하고는 잉글랜드 북부의 열린공간박물관인 비미쉬가 소
유하고 있다.

　44, 54, 55, 56, 63, 70, 81, 90, 95, 103, 107, 113, 121, 122, 126, 129, 135, 137,

138, 140, 144, 157, 175, 176, 210, 222, 223, 228, 231, 237, 240, 250, 267, 275,

284, 300, 303, 386, 390, 399, 402, 405, 411.

● 화보 사진

사진 1 : BeamishMuseum at English Wikipedia [CC0], via Wikimedia Commons
사진 2, 3, 5, 7, 8, 9, 10, 12, 26, 27 : 이용규
사진 4, 6, 15, 24, 25 : By Barry Skeates from newbury, UK)[CC BY 2.0(https://
creativecommons.org/licenses/by/2.0)], via Wikimedia Commons
사진 11, 13, 14, 16, 17, 18, 19, 20, 21, 22, 23, 28, 29 : Photograph by Mike
Peel(www.mikepeel.net). [CC BY-SA 4.0(https://creativecommons.org/licenses/
by-sa/4.0)], from Wikimedia Commons